THÉOPHILE GAUTIER

HISTOIRE
DE
L'ART DRAMATIQUE

EN FRANCE

DEPUIS VINGT-CINQ ANS

(3ᵉ série)

BRUXELLES
ÉDITION HETZEL
MELINE, CANS ET COMPAGNIE, LIBRAIRES-ÉDITEURS
Boulevard de Waterloo, 35

1859

HISTOIRE

DE

L'ART DRAMATIQUE

DÉPOSÉ AUX TERMES DE LA LOI

BRUXELLES. — TYP. DE VEUVE J. VAN BUGGENHOUDT
Rue de Schaerbeek, 12

I

MARS 1843. — Théâtre-Français : *les Burgraves*, trilogie par M. Victor Hugo. — Analyse de la pièce. — La composition et le style. — Attitude du public. — Qualité dominante chez M. Hugo. — Les génies mâles et les génies féminins. — Les acteurs.— Italiens : représentation au bénéfice de madame Grisi. — *Otello*. — L'enthousiasme rétrospectif. — Mario. — Innovation dans le costume du More de Venise. — Tamburini, Lablache. —Variétés : *une Nuit de mardi gras*. — Le cancan. — Opéra : *Charles VI*, paroles de MM. Casimir et Germain Delavigne, musique de M. Halévy. — La pièce et la partition. — Le cortége de Lancastre. — Où les classiques rendent des points aux romantiques. — Baroilhet, madame Stoltz.

15 mars 1843.

Théatre-Français. *Les Burgraves.* — Autrefois, sur le faîte des rochers qui hérissent les bords du Rhin, se dressaient, au milieu des nuées, des donjons inaccessibles habités par des burgraves, bandits gentilshommes, voleurs homériques qui rançonnaient les passants, pillaient les convois et remontaient ensuite à leurs nids avec leur proie dans les serres. Éventrées par les assauts, ébréchées par le temps, disjointes par l'envahissement de la végétation, les hautes tours des burgs abandonnés tombent pierre à pierre dans le fleuve ou pendent formidablement sur l'abîme en fragments démesurés. Aux brigands héroïques bardés de fer ont succédé les filous et les escrocs. La ruse a pris la place de la force, les voyageurs ne sont plus détroussés que par les aubergistes. — Dans ses admirables *Lettres sur le Rhin*, M. Victor Hugo, avec ce talent descriptif qui n'eut jamais d'égal, nous a fait parcourir quelques-uns de ces antiques repaires féodaux dont il sait tous les secrets; la salle d'armes, les caveaux aux voûtes surbaissées, l'escalier en colimaçon, le couloir qui circule dans l'épaisseur des murs, l'oubliette au fond pavé d'ossements, la guérite en poivrière accrochée aux créneaux comme un nid d'hirondelle, il nous a tout montré, il nous a promené dans toutes les salles, à tous les étages. — C'est sans doute en visitant un de ces donjons que l'idée des *Burgraves* est venue à l'illustre poëte. Il aura d'abord, par le travail de la pensée, *restauré* les portions en ruine, remis à leur place les pierres écroulées, rattaché le pont-levis à ses chaînes, rétabli les planchers effondrés, arraché le lierre et les herbes parasites, replacé les vitraux dans leurs mailles de plomb, jeté un chêne ou deux dans la gueule béante des cheminées, posé çà et là dans l'embrasure des fenêtres quelques chaires de bois sculpté; puis, quand il aura vu toutes les choses ainsi arrangées et remises en état dans le manoir seigneurial, la fantaisie lui aura pris d'évoquer les anciens habitants, car le poëte a, comme la pythonisse d'Endor, la puissance de faire apparaître et parler les ombres. Hatto se sera présenté le premier, puis Magnus son père, puis Job l'aïeul, le cercle de la rêverie s'élargissant et se reculant toujours : cette vision des temps disparus, M. Victor Hugo l'a fixée et réalisée en vers magnifiques, et il en est résulté la trilogie des *Burgraves*.

Lorsque la toile, en se levant, laisse les yeux des spectateurs pénétrer dans le monde fantastique que sépare du monde réel cet étincelant cordon de feu qu'on appelle la rampe, nous sommes au burg de Heppenheff, une de ces hautes demeures féodales escarpées, inabordables, se cramponnant au rocher par des serres de granit, faisceaux de tours engagées les unes dans les autres, où la muraille continue la montagne à s'y méprendre, et dont les ruines du Château-Gaillard, près des Andelys, aux bords de la Seine, peuvent donner une idée à ceux qui n'ont pas vu les burgs du Rhin. Les nuages baignent les créneaux, et l'épervier, en passant, se déchire la plume au fer de la lance des sentinelles; les fossés sont des abîmes où blanchit, tout là-bas, dans la vapeur bleue, l'eau savonneuse d'un torrent. Le vertige vous prend à vous pencher aux étroites fenêtres. — Nulle communication avec le dehors, pas un joint dans cette armure de pierre de taille que revêt, par-dessus l'armure de fer qui ne le quitte jamais, le vieux burgrave Job le maudit, Job l'excommunié, espèce de Goetz de Berlichingen centenaire, Titan du Rhin qui veut mourir comme il a vécu, sans loi, sans maître, qui repousse d'un pied obstiné l'échelle de l'empire appliquée à ses murailles, et, pour montrer qu'il est en révolte ouverte contre la société, plante un grand drapeau noir sur sa plus haute tour. Cette grande salle délabrée où l'abandon tamise sa poussière fine, où l'humidité verdit les pierres, où l'araignée travailleuse suspend ses rosaces aux nervures brisées, c'est la galerie des portraits seigneuriaux du burg de Heppenheff.

Au fond, l'on voit flamboyer, à travers les pleins cintres d'une galerie romane, un coucher de soleil aux teintes menaçantes et sanguinaires. Le premier étage de ce promenoir se compose de piliers courts, trapus, écrasés, à l'attitude massive, aux chapiteaux fantastiques ; le second, de colonnettes plus légères et plus rapprochées ; par l'interstice des arcades se découvrent en perspective les sommets des remparts et des autres tours du burg. Des lumières scintillent déjà aux barbacanes, d'où s'échappent par éclats de stridentes fanfares de clairons et de tumultueux refrains de chansons à boire. Hatto, le plus jeune et le plus méchant des burgraves, est en train de banqueter avec ses compagnons. La chose dure depuis le matin et a toute la mine de se vouloir prolonger : on ne s'arrête pas en si beau chemin. Au vacarme insolemment joyeux de la fête se mêle par instant le bruit sinistre de pas lourds et de feuilles froissées : ce sont les captifs, les esclaves qui reviennent du travail, conduits par un soldat le fouet en main. Certes, si jamais lion a dû se croire en sûreté dans son antre, c'est le comte Job. La herse est baissée, le pont-levis ramené ; l'archer veille à son poste ; la chambre du comte, avec sa porte étoilée d'énormes clous, ses serrures compliquées de secrets, est comme une autre forteresse au cœur de la première ; les esclaves sont enchaînés solidement ; les cachots ont des profondeurs inconnues et ne lâchent jamais leur proie ; que peut craindre le vieux

Prométhée sur son roc? Qu'il ne descende du ciel un vautour envoyé par Jupiter!

Eh bien, dans ce manoir si bien gardé, malgré les remparts, malgré les sentinelles, a su se glisser un ennemi. Vous voyez cette vieille, sombre, dévastée, avec sa tristesse d'orfraie, son morne et froid regard de spectre, ses durs talons qui résonnent sur les dalles comme les talons du commandeur, son nom rauque et bizarre, ses allures sinistrement mystérieuses : c'est la haine, c'est la vengeance, c'est Guanhumara, pauvre esclave vendue et revendue vingt fois, qui a traîné les bateaux qui vont d'Ostie à Rome et qui, changeant sans cesse de maître et de climat, a vécu pendant soixante ans de tout ce qui fait mourir. Dans cette variété d'infortunes, à travers cette existence errante, elle a trouvé des secrets merveilleux ; effrayante pour les tigres eux-mêmes, elle a cueilli dans les forêts monstrueuses de l'Inde les herbes puissantes qui donnent la vie ou la mort ; durant les immenses nuits des pôles où les étoiles brillent six mois aux cieux, elle a médité sur les forces secrètes des astres et des philtres ; elle a conversé avec les noirs esprits et lentement combiné le plan de sa vengeance, que Satan lui-même ne saurait désirer plus complète ; elle erre à travers ce manoir dont elle connaît tous les replis, dont elle a sondé tous les souterrains ; car on lui laisse une espèce de liberté en considération de quelques cures surprenantes qu'elle a faites. — Elle inspire à ses compagnons d'infortune une espèce d'effroi vague, de terreur superstitieuse, et elle se promène ayant toujours autour d'elle un cercle de solitude. Pendant qu'elle s'est tapie, hargneuse, muette et sombre dans un coin, les prisonniers causent entre eux des mystères du burg et se disent tout bas des paroles dont l'écho leur fait peur.

On a vu, au cimetière, Guanhumara qui, les manches relevées, préparait une horrible mixture avec des os de mort en murmurant une incantation bizarre ; cette fenêtre aux barreaux défoncés qui s'ouvre sur l'abîme et qui laisse descendre une trace de sang sur la muraille jusque dans les eaux du torrent, cette fenêtre qui donne du jour à ce caveau dont on ne connaît plus l'entrée, on y a vu trembler une lueur. Un fantôme habite ce trou perdu. « En quel temps sombre, mystérieux et plein d'événements étranges vivons-nous ! Tout chancelle, tout croule! La violence, le meurtre, le pillage règnent sans obstacle. Les choses ne se passaient pas ainsi du temps de Barberousse. Ah! s'il vivait encore, il saurait bien châtier l'insolence des burgraves. — Mais il n'est pas mort définitivement, dit un captif, il y a une prédiction ainsi conçue : « Barberousse sera cru mort deux » fois et renaîtra deux fois. » Le comte Max Edmond l'a vu près de Lautern, dans une caverne du Taunus, au-dessus de laquelle tourne sans cesse un cercle de corbeaux. Il était là assis gravement sur une chaise d'airain ; ses longs cils blancs lui descendaient jusque sur les joues, et sa barbe, autrefois d'or, aujourd'hui de neige, faisait trois fois le tour de la table de pierre sur laquelle il appuyait son coude. Quand le comte Max Edmond s'approcha, Barberousse ouvrit les yeux et lui demanda si les corbeaux s'étaient envolés. « Non, sire, » répondit le comte, et le fantôme empereur se rendormit. — Chimères, chansons, histoires de nourrice, contes à dormir debout que tout cela ! Barberousse s'est noyé dans le Cydnus en face de toute l'armée. — Mais on n'a pas retrouvé son corps... Qui sait ! la prédiction, accomplie une fois, ne peut-elle pas l'être deux ? dit quelqu'un de la troupe, moins sceptique que les autres. J'ai vu, il y a longtemps, à l'hôpital de Prague, un gentilhomme dalmate nommé Sfrondati, enfermé comme fou et qui racontait l'histoire que voici : Pendant sa jeunesse, il était écuyer chez le père de Barberousse, qui, effrayé des prédictions faites à la naissance de son enfant, l'avait donné à élever, sous le nom de Donato, à un autre fils bâtard qu'il avait eu d'une fille noble. Le duc Frédéric avait caché son rang à ce bâtard, de peur d'exciter son ambition ; et, en lui confiant son fils légitime, il ne lui avait rien dit autre chose, sinon : « Voici ton » frère. » Les deux frères eurent une querelle, quand Donato eut vingt ans, à propos d'une fille corse qu'ils aimaient tous deux ; l'aîné se crut trahi et tua l'autre, ainsi que Sfrondati ; ou, du moins, il s'imagina les avoir tués. Au bord d'un torrent, des pâtres recueillirent deux corps sanglants et nus que les eaux avaient jetés sur la rive : c'étaient Sfrondati et Donato ; ils n'étaient pas morts ; on les guérit, et Sfrondati n'eut rien de plus pressé que de ramener Donato à son père. L'affaire fut étouffée. Fosco disparut, s'enfuit en Bretagne, et ne revint que bien des années après. Quant à Sfrondati, son esprit s'était troublé et n'avait plus que de vagues lueurs de raison. Le duc Frédéric, voulant assoupir tout cela, l'avait fait enfermer. On ne savait ce qu'était devenue la fille corse, vendue à des bandits, à des corsaires. A son lit de mort, Frédéric avait fait venir son fils, et lui avait fait jurer sur la croix de ne chercher à tirer vengeance de son frère que lorsque celui-ci aurait cent ans révolus, c'est-à-dire jamais. Fosco, sans doute, est mort sans savoir que son père Othon était le duc Frédéric, et son frère Donato l'empereur Barberousse. » Tels sont, ou à peu près, les discours que font entre eux les esclaves, marchands, bourgeois ou militaires, chacun jetant son mot et sa rime avec cet imprévu et cette habileté qui caractérisent M. Victor Hugo dans ces conversations qui tiennent lieu du chœur antique au drame moderne.

Quand les captifs ont achevé leurs récits, le soldat gardien fait claquer son fouet et les chasse devant lui, attendu que monseigneur Hatto et la compagnie doivent venir visiter cette aile du château, et il ne faut pas que les regards soient choqués par la vue de ces misérables.

Les jeunes burgraves ne se hasardent pas souvent de ce côté, car c'est là que Magnus et Job se sont creusé leur tanière. Cet escalier ténébreux conduit aux salles qu'ils habitent. Job trône là dedans sous un dais de brocart d'or, ayant à ses côtés son fils Magnus, qui lui tient sa lance. Immobiles, pensifs, ils restent silencieux des mois entiers. Ils songent à leurs exploits, à leurs crimes peut-être, car, malgré leur air patriarcal, le père et le fils sont au fond de vrais bandits, et, s'ils n'ont pas les vices efféminés des époques de décadence, ils ont toute la rudesse féroce et toute l'âpreté brutale des temps primitifs. Ce sont des êtres de fer, toujours habillés de fer; ils n'ont d'autre robe de chambre que la cotte de maille, ils vivent dans leur armure et ne se meuvent qu'avec un cliquetis d'acier. Pour Hatto et ses amis, ils trouvent plus commode d'être vêtus de velours et de soie, de passer leur vie dans les longs festins, de se couronner de fleurs, d'embrasser les belles esclaves, et de laisser le gros de la besogne à des brigands subalternes, espèce de chiens ou de faucons dressés à rapporter la proie. Ils préfèrent le choc des verres à celui des épées, et peut-être, quoi qu'en disent les aïeux homériques, n'ont-ils pas tout à fait tort.

Les captifs retirés, on voit paraître une pâle et blanche figure; est-ce une vision, est-ce un ange égaré dans cette caverne de chats-tigres? D'une main, elle s'appuie sur une suivante, de l'autre sur le bras du franc archer Otbert, beau jeune homme de vingt ans, qui l'aime et qu'elle aime; elle s'assoit ou plutôt elle se laisse tomber dans un fauteuil près du vitrail haut en couleur, qu'elle se fait ouvrir pour jeter sur la campagne un regard, le dernier peut-être, car elle est poitrinaire, car elle va mourir. — Ce corps si charmant, le tombeau le réclame; cette âme si pure et si douce, les anges l'appellent! Millevoye est devenu célèbre pour quelques vers sur ce sujet, que cette scène de Régina et d'Otbert efface comme un rayon de soleil fait disparaître un pâle reflet de lune. Jamais poésie plus ravissante, plus tendre, plus mélancolique, plus amoureusement parfumée des senteurs que le soir exhale de son urne, n'a caressé l'oreille humaine. C'est le charme indéfinissable de la musique, plus le sens et les images. — L'amour d'Otbert se répand en effusions lyriques d'une ardeur et d'une tendresse incomparable. « Tu vivras! » s'écrie-t-il avec un accent que donne la foi de la passion, lorsque la jeune fille, enivrée, éperdue, pousse un cri de désespoir sublime, en sentant que la vie lui échappe, et se trouve trop aimée pour mourir.

Otbert s'adresse à Guanhumara. Ne tient-elle pas la vie et la mort dans sa puissante main? Guanhumara ne pourra lui refuser la vie de Régina. Des liens mystérieux unissent, d'ailleurs, Otbert à la sinistre vieille. C'est un enfant qu'elle a volé et dont elle a pris soin pour quelque projet formidable et terrible, et même, sans vous faire attendre plus longtemps, nous vous dirons qu'Otbert n'est autre que Georges, un enfant que Job a eu dans sa vieillesse à plus de quatre-vingts ans, comme un patriarche qu'il est; la diabolique vieille l'a pris comme il jouait sur la pelouse et l'a emporté dans un pli de ses haillons. Elle l'a élevé avec une horrible pensée de meurtre et de vengeance; elle veut punir le fratricide par un parricide, car, s'il ne s'agissait que de tuer Job, dans lequel vous avez déjà reconnu l'assassin de Donato, ce serait la chose la plus simple du monde. Guanhumara n'a-t-elle pas à son service toute une pharmacie empoisonnée, jusquiame, euphorbe, sucs de mancenillier et de l'arbre upa?

Mais cela serait trop doux, trop simple, trop peu corsé. Otbert lui dit : « Peux-tu sauver Régina ? — Oui ; mais que m'importe ! Qu'elle meure ! — Ah ! je rachèterais sa vie au prix de mon âme, si Satan en voulait. — Es-tu bien décidé ? Vois ce flacon. Que Régina en boive une goutte chaque soir, elle vivra. Mais, pour l'obtenir de moi, il faut me faire le serment de tuer, quand je voudrai, où je voudrai, qui je voudrai, sans grâce ni merci, comme un assassin, comme un bourreau. — Je le jure. » Le pacte conclu, Guanhumara tire de sa ceinture une petite fiole. Dans cette liqueur noirâtre sont quintessenciées la vie, la santé, la fraîcheur ! Allons, ce n'est pas payé trop cher !

Une folle bouffée de vent apporte encore un bruit de chants et de trompette. C'est Hatto qui s'avance suivi de sa bande joyeuse, le verre à la main, les roses sur la tête. La conversation est des plus animées, car on a fait de nombreuses saignées aux deux tonnes de vin d'écarlate que la ville de Bingen donne chaque année au comte Hatto. Chacun raconte ses exploits et ses bonnes fortunes ; la liste en est longue ! l'un se vante d'avoir pillé, l'autre d'avoir faussé un serment fait sur l'Évangile, et mille autres peccadilles de ce genre ; mais, pendant que ces messieurs babillent de la sorte, la porte du donjon s'est ouverte. Un spectacle étrange se présente aux yeux. D'abord, c'est Magnus, vêtu de buffle et d'acier, ayant sur les épaules une grande peau de loup dont la gueule s'ajuste derrière sa tête en manière de casque. Il a le poil mélangé, et s'appuie sur une énorme hache d'Écosse ; quoique vieux, il annonce une vigueur colossale, des muscles invaincus. Sur la marche supérieure se tient debout un second personnage, plus âgé, à la tête chauve, aux tempes veinées, dont la barbe tombe en longues cascades blanches sur la poitrine comme celle du *Moïse* de Michel-Ange : c'est Job, autrefois Fosco. A côté de lui se tiennent Otbert et un écuyer portant la bannière noire et rouge.

Les compagnons de Hatto sont trop occupés d'eux-mêmes pour s'apercevoir de l'arrivée de Magnus et de Job, qui gardent un silence de granit, jusqu'à l'instant où l'un des convives se vante de n'avoir pas tenu un serment. Magnus prend alors la parole et lance une de ces magnifiques apostrophes familières à M. Victor Hugo, sur la vieille loyauté allemande, sur la différence des serments et des habits d'autrefois, avec les serments et les habits d'aujourd'hui. Jadis tout était d'acier, maintenant tout n'est que soie et clinquant; les vêtements et les paroles, rien ne dure.

Les jeunes burgaves ne font pas grande attention à ce discours, accoutumés qu'ils sont aux allocutions homériques de leurs grands parents.

Le petit comte Lupus entonne une chanson que nous reproduisons ici, parce que la musique, quoique charmante, a un peu couvert les paroles, qui certes méritaient d'être entendues tout à fait pour la nouveauté de la coupe et la franchise du jet :

> L'hiver est froid, la bise est forte,
> Il neige là-haut sur les monts.
>   Aimons, qu'importe !
>   Qu'importe, aimons !
>
> Je suis damné, ma mère est morte.
> Mon curé me fait cent sermons.
>   Aimons, qu'importe !
>   Qu'importe, aimons !
>
> Belzébuth, qui frappe à ma porte,
> M'attend avec tous ses démons.
>   Aimons, qu'importe !
>   Qu'importe, aimons !

Pendant que Lupus chante, les autres, penchés à la fenêtre, s'amusent à jeter des pierres à un mendiant qui semble vouloir demander l'hospitalité. « Quoi! s'écrie Magnus en sortant de sa torpeur, c'est ainsi qu'on reçoit un mendiant qui supplie, un hôte envoyé par Dieu même! De mon temps, nous avions aussi notre folie, nous aimions les chants, les longs repas; mais, quand venait un malheureux ayant froid, ayant faim, on remplissait un casque de monnaie, une coupe de vin, on l'envoyait au vieillard, qui continuait gaiement sa route, et l'orgie recommençait de plus belle sans remords et sans souci. — Jeune homme, taisez-vous, dit à Magnus le burgrave centenaire. De mon temps, lorsque nous chantions plus haut encore que vous, et que nous nous réjouissions autour d'une table colossale sur laquelle on servait des bœufs entiers couchés sur des plats d'or, si un mendiant se présentait devant la porte du burg, on l'allait chercher, les clairons sonnaient, et le vieillard s'asseyait à la plus belle place... Enfants, rangez-vous! Écuyers, allez chercher cet homme, et vous, clairons, sonnez comme pour un roi! » On exécute les ordres de Job, et bientôt on voit se dessiner dans la rougeur du soir, encadré par une arcade du promenoir, au sommet de l'escalier, un pèlerin avec un manteau déchiré, des sandales poudreuses, et une barbe qui lui tombe jusqu'au ventre. Les clairons sonnent une seconde fanfare et la toile baisse sur ce tableau, l'un des plus grands, des plus épiques qui soient au théâtre, et qui, dans l'effet grandiose de l'idée et de la forme, n'a d'équivalent que la scène de l'affront dans *Lucrèce Borgia*.

Au commencement de la seconde partie, le mendiant débite un de ces beaux monologues politiques où M. Victor Hugo résume, dans une soixantaine de vers, la situation d'un pays, le caractère d'une époque. Il excelle à construire ces espèces de plans à vol d'oiseau, d'où l'on découvre, sous une forme distincte et réelle, tous les événements d'un siècle. Du haut de sa pensée, la tête vous tourne, comme du sommet d'une flèche de cathédrale. — C'est un enchevêtrement de piliers, d'arcs-boutants, de contre-forts, une complication qui étonne et décourage. On sent que, pour sortir de là, il ne faut pas être moins qu'un Charlemagne, un Charles-Quint, un Barberousse. Aussi, le mendiant si royalement accueilli par Job est-il l'empereur Frédéric Barberousse lui-même. — Toute cette politique transcendante, en vers d'une beauté cornélienne, est joyeusement interrompue par l'entrée de Régina, l'œil humide d'un gai rayon, la bouche épanouie, la joue en fleur; le philtre de Guanhumara a produit son effet: la pâle enfant, si blanche et si transparente, qu'elle eût pu servir de statue d'albâtre à coucher sur son propre tombeau, est revenue soudain à la vie, à la santé, au bonheur, comme évoquée par les drogues souveraines de la sorcière.

Otbert est si radieux de bonheur, qu'il a presque oublié la condition fatale posée par Guanhumara. Elle a tenu sa promesse, il faut qu'il tienne la sienne; car la sorcière peut, avec un second philtre, faire replonger dans l'ombre de la tombe la souriante figure qu'elle vient de lui arracher.

Job ne se sent pas d'aise; il n'a pas été sans voir, par-dessus son grand fauteuil d'ancêtre, Otbert et Régina nouer leurs regards et se renvoyer leurs âmes dans un sourire. Il comprend que ces deux enfants s'aiment et qu'il faut les marier. Une secrète sympathie l'entraîne, d'ailleurs, vers Otbert ; ce front chaste et fier, cet œil assuré, lui plaisent et le ravissent ; c'est ainsi qu'il était lui-même à vingt ans, c'est ainsi que serait son Georges, enlevé tout jeune et sacrifié par des juifs dans un sabbat. Otbert ne connaît ni son père ni sa mère ; mais n'importe ! Lui, Job, n'est-il pas bâtard d'un comte et légitime fils de ses exploits ? L'obstacle à tout ceci, c'est Hatto, à qui Régina est fiancée. Il faut d'abord gagner du terrain : Otbert et Régina fuiront par une poterne secrète, dont Job leur donne les clefs. — Le vieillard se charge du reste : les amants vont partir la joie aux yeux, le paradis au cœur ; mais le démon est là, dans l'ombre, qui ricane et qui grince. Guanhumara, accrochée comme une chauve-souris par les ongles de ses ailes dans quelque coin obscur, a tout entendu. Elle va prévenir Hatto qu'Otbert enlève sa fiancée. Hatto accourt rugissant et furieux. Otbert lui crache son mépris à la face, le provoque, l'insulte ; mais Hatto repousse du pied son gant en l'appelant faussaire, misérable, esclave et fils d'esclave : « Tu n'es pas l'archer Otbert ; tu te nommes Yorghi Spadaceli ; je te ferai chasser à coups de fouet par mes valets de chiens : je ne veux pas me battre avec toi. Si quelqu'un de ces seigneurs prend ton parti, j'accepte le combat contre lui à toute arme, à l'instant, ici même, deux poignards sur la poitrine nue. » Le mendiant, qui a écouté cette scène avec une indignation contenue, s'écrie : « Je serai le champion d'Otbert. — Voilà qui est bouffon ! Nous tombons de l'esclave au mendiant. Qui donc êtes-vous pour vous avancer ainsi ? — Je suis l'empereur Frédéric Barberousse, et voici la croix de Charlemagne. » Cette révélation subite terrifie d'étonnement toute l'assemblée. « Barberousse, dit Magnus, je saurai bien te reconnaître ; voyons ton bras : en effet, tu portes la trace du fer triangulaire dont mon père t'a marqué. Messeigneurs, je déclare que c'est bien l'empereur Frédéric Barberousse ! » L'empereur, son identité constatée, se livre aux reproches les plus violents ; il prend chaque burgrave à partie, dit son fait à chacun avec cette éloquence soudaine et terrible, ces grondements et ces tonnerres qui rappellent les colères des héros de l'Edda. En entendant ces rugissements léonins que pousse le vieil empereur, indigné de tant de lâchetés, de trahisons et de rapines, les plus hardis frissonnent et se courbent ; Magnus seul reste debout, sa haine gronde plus haut encore que la colère de Barberousse. Les burgraves, enhardis par l'exemple de Magnus, commencent à entourer Frédéric d'un cercle plus resserré et plus menaçant. La hache énorme du géant va faire voler en éclats l'épée de l'empereur lorsque Job le maudit, qui n'a encore pris aucun parti dans cette querelle, s'approche de Magnus, lui met la main sur l'épaule et dit en s'agenouillant : « Frédéric a raison, lui seul peut sauver l'Allemagne ; soumettons-nous. » Barberousse, redevenu maître de la scène, dispose de tout à son gré, donne des ordres, envoie les uns à la frontière, condamne les autres à rendre ce qu'ils ont pris, fait mettre en liberté les captifs et charge des chaînes qu'on ôte à ceux-ci les plus coupables des burgraves. « Maintenant, Fosco, va m'attendre où tu te rends chaque soir, » dit Barberousse à voix basse au vieux burgrave, qui reste atterré ; car nul au monde ne le connaît à présent sous ce nom. Tous ceux qui l'ont su se reposent depuis longtemps sous la tombe.

A la troisième partie, nous sommes dans le caveau perdu, un endroit effrayant et lugubre, aux échos inquiétants, aux profondeurs pleines de ténèbres : un soupirail grillé de barreaux, dont trois sont tordus et défoncés, laisse filtrer un blafard rayon de lune qui dessine sur la muraille opposée une empreinte blanche comme un suaire. Job est assis, accoudé à un quartier de pierre, près d'une petite lampe tremblotante que l'humidité fait grésiller et qui ne sert qu'à rendre les ténèbres visibles. Il déplore sa chute ; il est enfin vaincu, lui, le demi-dieu du Rhin, le grand révolté, le vieil aigle de la montagne. Il repasse dans sa mémoire toutes les actions de sa vie, Donato, Ginevra, Georges, son enfant perdu, ce remords et ce désespoir de toute heure. A ses sombres lamentations l'écho répond opiniâtrément : « Caïn ! » L'écho, c'est Guanhumara, qui s'avance, tranquille et terrible, sûre de sa vengeance. Elle se dresse devant le burgrave, qui frissonne pour la première fois de sa longue vie, et se fait reconnaître par un récit bref et saccadé où elle lui retrace en peu de mots toutes les circonstances du crime qui s'est commis dans le caveau perdu. « Maintenant, écoute ceci : Ton fils Georges est vivant ; c'est moi qui l'ai volé et qui l'ai élevé pour ma vengeance. Le fils tuera le père ; un parricide pour un fratricide, ce n'est pas trop. Georges, c'est Otbert. Il a fait un pacte avec moi. J'ai rappelé Régina à la vie, à la condition qu'il frapperait une victime désignée par moi. La vie que j'ai donnée à Régina, je puis la lui reprendre. Cela me répond de la résolution d'Otbert. — Otbert sait-il qu'il va tuer son père? — Non ; meurs voilé, c'est la seule grâce que je t'accorde. » Des pas chancelants se font entendre dans la profondeur du souterrain : c'est Otbert qui arrive, éperdu, vacillant, pour tenir sa fatale promesse. Ici a lieu une scène admirable où l'âme est tordue, torturée, où les pleurs jaillissent des yeux les plus secs. Personne n'a jamais su faire parler l'amour paternel comme l'auteur des *Feuilles d'automne*, de *Notre-Dame de Paris* et des *Rayons et les Ombres*. Job ne veut pas mourir sans avoir embrassé son enfant ; il rejette son voile, s'élance dans les bras d'Otbert, agité lui-même de pressentiments terribles, et, tout en assurant qu'il n'est pas son père, il lui prodigue les caresses les plus paternelles. « Tue-moi ; tu ne peux laisser mourir ta Régina ; d'ailleurs, tu me crois vénérable, je ne suis qu'un coupable, un satan ; sois l'archange vengeur, frappe sans crainte ; j'ai poignardé mon frère ! » Otbert, malgré les supplications éperdues de Job, hésite encore à faire son métier de bourreau.

Guanhumara, le voyant chanceler dans ses résolutions, s'avance et lui dit : « Régina ne peut plus attendre qu'un quart d'heure. » Otbert, hors de lui, s'élance le couteau à la main ; mais il est retenu par Barberousse, qui surgit tout à coup du sein de l'ombre, et qui, dit : « Ginevra, cette vengeance est inutile ; Donato n'est pas mort : Donato, c'est moi. Fosco, lorsque tu tenais mon corps penché sur l'abîme, tu as murmuré une phrase que nul au monde n'a pu entendre : « A toi la tombe, à moi l'enfer ! » —Fosco tombe à genoux râlant : « Grâce ! pardon ! » Barberousse le relève et le presse sur son cœur. — Guanhumara ou plutôt Ginevra, désarmée, ressuscite tout à fait la fiancée d'Otbert, et, comme désormais sa vie n'a plus de but, elle avale le contenu d'une petite fiole et tombe foudroyée par la violence du poison. — En effet, à quoi sert, quand on est vieille, hideuse à voir, de retrouver un amant adoré à vingt ans? Pourquoi remplacer par une réalité affreuse un fantôme charmant, un souvenir plein de grâce et de fraîcheur?

Cette analyse, que nous avons faite avec toute la religion due à l'œuvre d'un grand poëte, quoique longue, est bien incomplète encore; nous aurions voulu, ambition au-dessus de nos forces, reproduire quelques traits de ces figures sauvages et gigantesques qui rappellent par leurs formes violentes, leurs mouvements terribles, leurs allures de lions en colère, les illustrations dessinées par le célèbre peintre allemand Cornelius pour l'histoire des *Niebelungen*. Pourrons-nous seulement comme il convient louer cette versification ferme, carrée, robuste, familière et grandiose, qui annonçait le poëte souverain, comme dirait Dante. A chaque instant, un vers magnifique, d'un grand coup de son aile d'aigle, vous enlève dans les plus hauts cieux de la poésie lyrique. C'est une variété de ton, une souplesse de rhythme, une facilité de passer du tendre au terrible, du plus frais sourire à la plus profonde terreur, que nul écrivain n'a possédée au même degré.

Le public s'est montré digne, cette fois, de la grande œuvre qu'on représentait devant lui. Il a écouté avec le respect qui convient au peuple de l'Athènes moderne l'œuvre de son premier poëte, applaudissant les beaux endroits, n'inquiétant pas l'action pour un détail hasardeux ou d'une bizarrerie relative. Aussi, il faut dire que jamais assemblée pareille ne s'était réunie pour écouter une œuvre humaine. Tout ce que Paris, le cerveau du monde, renferme de savant, d'intelligent, de passionné, de célèbre et d'illustre à un titre quelconque se trouvait à l'appel : la littérature, les arts, le théâtre, la politique, la banque, l'élégance, la beauté, toutes les aristocraties. Chaque loge renfermait au moins une renommée. Il n'y a, dans ce temps, que M. Victor Hugo qui préoccupe à ce point la curiosité et l'attention publiques. Qu'on lui soit favorable ou hostile, tout le monde s'occupe de ses œuvres. Un drame de lui est toujours un événement, un sujet de discussions; lui seul peut substituer les querelles littéraires aux querelles politiques.

Il serait sans doute facile (assez de critiques le feront) de chercher noise au poëte sur un détail, sur une entrée, sur une sortie; mais cela importe peu : les esprits médiocres excellent toujours dans ces mécanismes et ces adresses. Pour notre part, nous aimons assez les beautés choquantes, et nous acceptons parfaitement un peu de bizarrerie, de barbarie, de mauvais goût, si l'on veut, pour arriver à certains vers éclatants et soudains qui font dresser l'oreille à tout véritable poëte, comme une fanfare de clairon à tout cheval de guerre. — Il y a chez M. Victor Hugo une qualité la plus grande, la plus rare de toutes dans les arts : la force! Tout ce qu'il touche prend de la vigueur, de l'énergie, de la solidité; sous ses doigts puissants, les muscles sortent et se détachent, les formes s'accentuent, les contours se dessinent nettement; rien de vague, rien de mou, rien d'abandonné au hasard. Il a cette violence et cette âpreté de style qui caractérisent Michel-Ange; son génie est un génie mâle, — car le génie a un sexe. Raphaël est un génie féminin, ainsi que Racine; Corneille est un génie mâle; — nul ne se rapproche davantage de la grandeur sauvage d'Eschyle. Job a des tirades qui ne seraient pas déplacées dans le *Prométhée enchaîné*. L'imprécation de Guanhumara quand elle prend la nature à témoin de son serment de vengeance, est un des plus beaux morceaux de notre littérature; c'est l'ampleur et la poésie à pleine volée de la tragédie antique, bien différente de la tragédie classique.

> ... O vastes cieux ! ô profondeurs sacrées !
> Morne sérénité des voûtes azurées !
> O nuit dont la tristesse a tant de majesté !
> Toi qu'en mon long exil je n'ai jamais quitté,
> Vieil anneau de ma chaîne, ô compagnon fidèle !
> Je vous prends à témoin ! — Et vous, murs, citadelles,
> Chênes qui versez l'ombre aux pas du voyageur,
> Vous m'entendez, je voue à ce couteau vengeur,
> Fosco, baron des bois, des rochers et des plaines,
> Sombre comme toi, nuit ! vieux comme vous, grands chênes !

Quelle merveilleuse puissance il a fallu pour faire revivre ainsi toute cette époque évanouie et perdue dans la nuit d'un passé douteux. Reconstruire ce monde de granit habité par des géants d'airain ! rebâtir pierre à pierre, avec une patience d'architecte du moyen âge, ce burg inaccessible et formidable, aux murailles où circulent des couloirs ténébreux, aux caveaux pleins de mystères et de terreurs, avec ses vieux portraits de famille, ses panoplies qui rendent d'étranges murmures lorsque la bise les effleure de l'aile et qui semblent être encore remplies par les âmes dont elles ont revêtu les corps ! Quelle force de réalisation il a fallu pour mêler ainsi les fantômes de la légende aux personnages naturels, et mettre dans ces bouches impériales et homériques des discours dignes d'elles ! Soutenir ainsi ce ton d'épopée, ce bel élan lyrique pendant trois grands actes, M. Hugo seul pouvait le faire aujourd'hui.

Les Burgraves ont été joués avec beaucoup de talent et d'ensemble. Ligier a très-bien rendu les portions énergiques du rôle de Barberousse; Beauvallet et Guyon, aidés tous deux par des voix magnifiques, sont restés constamment à la hauteur de leurs personnages. Beauvallet surtout, dans celui de Job, s'est montré tour à tour simple et majestueux, paternel et terrible. Cette création lui fait le plus grand honneur. — Geffroy a rendu avec intelligence et chaleur le rôle d'Otbert. Mademoiselle Théodorine a pris rang tout de suite par la création de Guanhumara; nul doute qu'elle ne devienne une excellente reine tragique, et qu'elle ne rende d'importants services au drame moderne, qui lui a fait sa réputation.

20 mars.

ITALIENS. *Bénéfice de mademoiselle Grisi.* — Lundi de l'autre semaine, a eu lieu la représentation au bénéfice de mademoiselle Giulia Grisi. On donnait *Otello*. Cette représentation offrait un attrait double. Depuis longtemps, mademoiselle Grisi n'avait pas paru dans le rôle de Desdemona, qu'elle avait, par complaisance, cédé à madame Pauline Garcia, et l'on sait comme elle est belle, pathétique et sublime dans cette création, où Rossini s'ajoute à Shakspeare pour former un type impérissable de grâce et de mélancolie; ensuite, c'était la première fois que Mario abordait le rôle du More de Venise. Comme vous pensez bien, il ne manquait pas de dilettanti fanatiques de Rubini, qui criaient au sacrilége, à la profanation. Regretter le passé et mépriser le présent est un travers commun aux vieillards et aux amateurs de théâtre. « Ah ! si vous aviez entendu Garcia ! ah ! si vous aviez entendu Donzelli dans *Otello !* » disaient, du temps de Rubini, ces mêmes enthousiastes, qui se font maintenant du nom et du souvenir de Rubini une arme contre Mario. Peut-être, nous qui sommes jeune aujourd'hui, dirons-nous à notre tour, dans quelques années : « Ah ! si vous aviez entendu Mario chanter le More de Venise ! » Cependant nous ne partageons nullement ces admirations rétrogrades.

Laissons dormir les morts sous leur dalle de marbre ou leur tertre de gazon. Suspendons de temps à autre à leur monument une couronne de pieux souvenir ; c'est bien, mais ne faisons pas occuper par des fantômes la place des vivants. Ne tournons pas toujours les yeux vers les soleils qui se couchent, ayons aussi un salut pour les aurores. Certes, il est beau de respecter les chefs-d'œuvre et de s'incliner devant les grands maîtres et les grands artistes d'un autre temps ; mais cette admiration exclusive n'est-elle pas un ingénieux détour de l'envie pour ne pas louer les contemporains ? Il est doux de faire l'éloge d'un mort sur lequel on a l'avantage de la vie, qui ne vous gêne en rien, que vous ne trouvez jamais sur votre route et qui vous sert à déprécier vos rivaux.—Nous ne croyons pas au progrès, mais nous ne croyons pas non plus à la décadence. Nous valons pour le moins nos ancêtres. — Tout cela veut dire que nous nous contentons parfaitement de mademoiselle Grisi et de Mario.

Mario, par une innovation que nous approuvons et que plusieurs journaux ont blâmée, toujours à cause de cet amour exagéré de la tradition, paraît d'abord revêtu d'un costume de général vénitien du XVIe siècle, brassards et gantelets d'or, cotte de mailles, surcot de damas ramagé, comme en peint Paul Véronèse ou Giorgione ; ce changement est des plus logiques. Otello, entré au service de Venise, doit nécessairement porter le costume de son grade. Qu'il reprenne chez lui ses cafetans, ses vestes brodées et ses habitudes orientales, rien de plus simple. Mario a donc fait preuve de bon goût.

La cavatine du premier acte a peut-être été dite par le jeune ténor avec trop de mollesse et de coquetterie, du moins dans les idées qu'on se fait du caractère d'Otello ; quant à nous, il nous semble que l'indolence et la volupté de l'Orient se trouvent indiquées de cette manière et forment un heureux contraste avec les explosions et les rugissements de la catastrophe. Rien n'est plus doux qu'un More lorsqu'il ne vous coupe pas la tête ou ne vous étrangle pas. Ces tigres au repos ont des câlineries veloutées, de petits airs langoureux et patelins à les faire prendre pour les plus doux animaux du monde. Il n'est donc pas nécessaire qu'Otello se pose tout d'abord en bête fauve. — Mario a chanté avec beaucoup d'âme et d'énergie l'andante *Il cor mio si divide*, dans le duo si dramatique du second acte, et a déployé une vigueur qu'on ne lui soupçonnait ni dans l'âme ni dans la voix pour toutes les portions féroces du rôle : son succès a été complet ; il a obtenu les honneurs du *bis*, et s'est fait fréquemment applaudir.

Tamburini a bien rendu le petit rôle d'Iago. — Il est à regretter que Rossini n'ait pas donné plus d'importance à ce diabolique personnage, sans lequel la cruauté du More n'a plus d'excuse. Lablache a fulminé la malédiction avec cette puissance tragique qui n'appartient qu'à lui. — Quant à mademoiselle Grisi, sa beauté, son jeu, son chant ne laissent rien à désirer. Magnifique trinité si rare dans la même personne! A la fin de la pièce, il y a eu avalanche de bouquets, averse de camellias, et même, invention anacréontique et nouvelle, on a lâché, d'une des loges du cintre, une petite colombe blanche chargée d'une couronne, et qui, effrayée des cris et du tumulte, au lieu d'aller s'abattre mythologiquement aux pieds de la diva, s'est posée sur la tête d'un monsieur quelconque au milieu du parterre.

VARIÉTÉS. *Une Nuit de mardi gras*. — Cette pièce, ou plutôt cette parodie n'est qu'un prétexte adroit pour amener le dénoûment chorégraphique que vous devinez sans doute sous le titre.

La troupe des Variétés a déjà fait ses preuves en ce genre d'exercice, et, cette fois encore, elle l'a exécuté au gré des amateurs, et les amateurs sont nombreux.

Le cancan (pardon, ô Terpsichore!) est bien décidément, aujourd'hui, notre danse nationale. C'est en vain qu'à son origine on l'a poursuivi, proscrit ; il a grandi malgré les sergents de ville, êtres pudiques s'il en fut; la persécution lui a fait des prosélytes. Il a d'abord envahi les guinguettes, puis les théâtres, et, peu à peu, il s'est glissé dans les salons où il fait son apparition vers les quatre heures du matin, lorsque les personnages sérieux se sont éclipsés ; bientôt il aura droit de bourgeoisie. Les jeunes gens de bonne famille qui fréquentent les bals masqués suspects se laissent entraîner à de grandes libertés d'attitude, et rapportent nécessairement dans les bals du monde une désinvolture qui trahit toujours un peu leurs études pittoresques. Les jeunes filles, de leur côté, dans tout le chaste abandon de leur ignorance virginale, se permettent des ondulations plus accentuées pour ne pas être en désharmonie avec leurs danseurs, en sorte que cette danse diabolique se propage d'une manière effrayante. Les grands parents, les philosophes et autres moralistes en seront incessamment réduits à se voiler la face et à se vider des boisseaux de cendre sur la tête en signe de désolation. Le Cancan, fils ingrat, a détrôné sa mère la Cachucha. La danse classique s'est réfugiée en Espagne ; on ne danse à présent dans les Castilles et l'Andalousie que le menuet français, que le plus pur rigodon. Il nous souvient qu'à Grenade, ayant voulu nous donner le spectacle de la cachucha, nous priâmes deux charmantes sœurs de notre connaissance de vouloir bien la danser devant nous. A cette demande, dont nous ne soupçonnions pas alors l'incongruité, on nous répondit fort majestueusement qu'il n'y avait que des Françaises qui pussent exécuter une semblable danse. Que diraient les pudiques Grenadines, si elles assistaient aux exercices de mesdames Esther et Boisgontier !

30 mars.

OPÉRA. *Charles VI.* — L'époque adoptée par M. Casimir Delavigne serait plus favorable pour une tragédie que pour un opéra. La démence d'un roi, les intrigues politiques qui s'agitent autour de lui, la trahison d'une mère qui dépossède son fils au profit d'un étranger, tout cela prête plus à la tirade qu'aux chœurs, aux morceaux d'ensemble et aux grands airs. M. Casimir Delavigne, auteur tragique avant tout, a porté ses habitudes du Théâtre-Français à l'Académie royale de musique, et son livret montre une certaine gêne dans la coupe et l'agencement des situations, un embarras dans la versification qui trahissent l'homme dépaysé.—Voyons le parti que l'habile auteur a cependant su tirer d'une donnée qu'il aurait pu choisir plus naturellement lyrique.

Après une ouverture brillante, richement instrumentée, où le motif principal de l'opéra, le refrain patriotique qui ouvre et qui clôt l'ouvrage, est très-adroitement amené, la toile se lève et nous laisse voir un intérieur rustique. Nous sommes dans la maison de Raymond, le père d'Odette de Champdivers. Odette va quitter sa demeure champêtre, et ses compagnes déplorent son départ dans un chœur gracieux. Elle va à la cour distraire la mélancolie du vieux roi, fou et malade, et jouer auprès de lui le rôle d'un ange consolateur; à la cour, elle regrettera plus d'une fois sa chaumière, ses amies et surtout un certain écuyer qui s'appelle Charles comme le Dauphin, comme le roi de France, et qui lui parlait d'amour avec une voix si douce! Mais la noce différée se fera plus tard, car Charles est constant. Ce nom amène le père Raymond à des considérations politiques. Son goût est de haïr les Anglais; c'est un goût comme un autre, assez commun en France, quoique ces antipathies de peuple à peuple commencent à devenir un peu bien ridicules. Pendant qu'il se livre à ses déclamations antibritanniques, une fanfare de cor se fait justement entendre dans la forêt voisine.—C'est la reine Isabeau qui chasse avec Bedford. Cette musique échauffe les oreilles de Raymond, qui se met à chanter, sur l'invitation des paysans, une vieille chanson de guerre, espèce de *Marseillaise* ou de *Parisienne* du temps, dont voici les paroles, qui auraient pu être plus lyriques et plus imagées, venant d'un poëte tel que M. Casimir Delavigne :

> La France a l'horreur du servage,
> Et, si grand que soit le danger,
> Plus grand encore est son courage
> Quand il faut chasser l'étranger.
> Vienne le jour de délivrance,
> Des cœurs ce vieux cri sortira :
> Guerre aux tyrans! jamais en France,
> Jamais l'Anglais ne régnera!

Le chant trouvé par M. Halévy pour ce morceau a de l'énergie, de l'ampleur, de l'entraînement, surtout aux deux derniers vers, entonnés à l'unisson par toutes les voix. L'écuyer Charles arrive tout à propos pour chanter le second couplet.

> Réveille-toi, France opprimée !
> On te crut morte, et tu dormais ;
> Un jour voit périr une armée,
> Mais un peuple ne meurt jamais.
> Jette le cri de délivrance,
> Et la victoire y répondra.
> Guerre aux tyrans ! jamais en France,
> Jamais l'Anglais ne régnera !

Le moment est certes mal choisi pour se livrer à de pareilles fanfaronnades, attendu que les Anglais sont maîtres de la plus grande partie du territoire. Lionel, capitaine anglais, qui a entendu les chants, entre avec sa bande et signifie aux paysans de se rendre. Cet ordre est mal reçu, comme vous le pensez bien ; les manants saisissent des faux, des fléaux, des bâtons, tout ce qu'ils trouvent sous leur main. L'écuyer Charles tire son épée ; mais la fanfare de chasse se rapproche, la reine va paraître ; les combattants baissent les armes, et Charles, qui a ses raisons pour ne pas être vu d'Isabeau, demande à Raymond, surpris, de le cacher. Raymond le pousse dans une petite chambre en face de celle d'Odette. — Isabeau entre avec Bedfort, qu'elle congédie en lui donnant rendez-vous dans une heure sous le chêne du grand veneur ; puis elle fait venir Odette, qu'elle veut entretenir en particulier ; car, en la plaçant auprès du roi, elle a son intention, celle d'être mise au courant, par une créature à elle, des moindres pensées, des lueurs fugitives qui peuvent traverser l'épaisse nuit de la démence royale. Elle donne donc, avec un faux semblant d'intérêt pour le roi, des instructions à Odette, qui, dans sa simplicité de jeune fille, répond *oui* à chaque phrase et ne s'aperçoit pas que le rôle qu'on veut lui faire jouer est tout vilainement celui d'espionne.

Tout en causant avec elle, Isabeau aperçoit au cou de la jeune fille une chaîne avec des fleurs de lis d'or et d'argent. « Qui vous a donné ce bijou ? le roi ? — Non, reine : un jeune homme, un amant, bientôt un époux. — Il se nomme? — Charles. — Quand le voyez-vous? — Ce soir, peut-être. — Il faut le retenir, me le livrer; c'est un perfide, un traître, un ennemi du roi! » s'écrie Isabeau, qui, plus clairvoyante qu'Odette, a tout de suite reconnu dans ce mystérieux Charles, Charles de France, le dauphin proscrit. — La reine sort et va prévenir Bedfort de ce nouvel incident. Odette reste un instant seule, abîmée de douleur, avec la pensée que celui qu'elle aimait est un ennemi de la France. Charles ne tarde pas à venir, et s'étonne du trouble et de l'effroi d'Odette, qui lui retire sa main qu'il veut prendre. « Laissez-moi, je vous connais maintenant; vous m'avez trompée, je pars. — Eh! qui donc ose t'arracher à moi? — Le roi. — Le roi, dit Charles; à ce nom, mon amour en respect se change; je suis son fils, le dauphin de France. — Pauvre fille que je suis! répond Odette les pleurs dans les yeux, plus d'espoir pour mon amour! pardonnez ce dernier cri d'un cœur qui se brise. Je serai désormais tout au roi, tout à la France. — On m'a prédit qu'une femme sera pour moi l'ange de la victoire, dit le Dauphin, qui déjà a oublié son amour; sois cette femme. — C'est mon vœu, monseigneur, répond Odette; mais d'abord tâchons de vous sauver; car la reine est allée chercher Bedford pour vous surprendre ici. Attachez cette écharpe à cette fenêtre, laissez-vous couler au bas du mur; vous trouverez une barque cachée sous les saules, et vous pourrez, à la faveur de l'ombre, gagner l'autre rive sans être aperçu. » En effet, Bedford et sa troupe se précipitent sur le théâtre; mais Charles est déjà en lieu de sûreté.

Au second acte, l'action est transportée à l'hôtel Saint-Paul, dans une riche salle gothique éblouissante de lumières. — Il y a concert à la cour : des chanteurs exécutent une vilanelle d'Alain Chartier ; ces couplets, en vers de quatre syllabes, à rimes masculines croisées, sont, à part quelques maladroites affectations gothiques, gracieusement tournés et sortent de la poésie de diablotins et de mirlitons, que les librettistes ordinaires ont l'habitude de fournir aux compositeurs. — Pendant que tout ce monde rit, danse, chante, boit et mange, le pauvre roi, à qui l'on a oublié de donner à souper, erre, comme un spectre famélique, dans les galeries désertes; son cerveau malade est traversé de vagues ressouvenirs. Il se croit mort depuis longtemps, et parle de lui-même comme s'il était enterré. — La phrase

> Vous qui m'aimiez au temps où j'étais roi,
> Je souffre encor, passants, priez pour moi !

est pleine de sentiment, et Baroilhet la dit avec une expression déchirante. — Odette, inquiète de son absence, arrive et cherche à le consoler. Le roi ne veut pas répondre, sous le prétexte assez judicieux que les morts ne parlent pas. En vain la jeune fille s'efforce d'éveiller dans la pensée éteinte du monarque quelque image souriante et gracieuse; en vain elle lui parle de l'azur des cieux, de l'or du soleil, de l'argent des marguerites; le roi reste silencieux, le regard flottant, les bras inertes, la contenance affaissée. Tout à coup, Odette aperçoit des cartes sur la table. — On sait que les cartes furent inventées dans le but de distraire Charles VI, pour lequel Jacquemin Gringoneur, l'imagier, avait peint un magnifique jeu tout historié d'azur, de vermillon et d'or. « Jouons à la bataille. Les rouges représenteront les Français; les noirs seront les Anglais :

> A la victoire où nous courons,
> Je guide, à travers la poussière,
> Des Anglais les noirs escadrons.
> Sonnez, clairons !

dit Odette.

> — Moi, les Français, comme aux beaux jours
> Où, de leur sanglante bannière,
> Les couleurs triomphaient toujours.
> Battez, tambours ! »

répond Charles VI, enthousiasmé de ce combat imaginaire. — Madame Stoltz est charmante dans cette scène, qu'elle joue et chante en actrice consommée. Il est impossible d'avoir plus d'esprit, de verve sympathique et de finesse étincelante. Le morceau est, au reste, un des meilleurs de l'ouvrage comme coupe, mélodie et rhythme. C'est franc, animé, vivant; c'est de la musique, enfin. Grâce à une innocente supercherie d'Odette, le pauvre roi remporte la victoire et se console par ce triomphe illusoire de la défaite réelle d'Azincourt ; mais sa joie est de courte durée. La terrible Isabeau revient flanquée de Bedfort, et fait signer au roi un acte de déshérence qui déclare le Dauphin indigne de régner et transporte la couronne au jeune Lancastre. Odette, désespérée, cache ses yeux sous sa main, et le fou continue tout seul sa partie avec une joie idiote.

Le troisième acte s'ouvre devant la maison de Raymond, le père d'Odette, qui, de batelier, s'est fait tavernier, et qui bientôt échangera cet emploi contre celui de gardien des caveaux de Saint-Denis. Des étudiants sont en train de boire, et, tout en choquant leurs verres, ils font des imprécations contre les Anglais et des vœux pour le Dauphin, qui se trouve là déguisé, et qui attend l'arrivée du roi, son père, qu'Odette a promis de lui amener. Le roi paraît, appuyé sur le bras d'Odette ; des bourgeois l'environnent ; il est précédé par des jeunes filles qui jettent des fleurs sur son passage. Odette veut ménager une réconciliation entre Charles et le Dauphin, qu'Isabeau a calomnié indignement. Charles croit que son fils veut l'empoisonner, et se refuse à le voir ; il ne le connaît même plus, et, en sa présence, lui parle de lui-même comme d'un absent. Enfin, grâce à Odette, une lueur de raison pénètre dans le cerveau obscur du monarque en démence. Il s'attendrit ; les larmes germent dans ses yeux desséchés ; il reconnaît son fils et le serre sur son cœur. Une conspiration s'organise pour faire rentrer le Dauphin dans ses droits. Sur un signal d'Odette, la poterne d'une tourelle du palais s'ouvrira, quand le Dauphin, déguisé, aura sonné trois fois du cor ; il sera introduit dans le château, et l'on enlèvera Charles VI, que l'on conduira au camp de Dunois.

Ce pacte conclu, la scène change et représente le vieux Paris, éclairé par un soleil d'automne, avec ses toits pointus, ses tours, ses bastilles, son peuple fourmillant et bigarré. A la droite du spectateur, s'élève le perron et non le péristyle de l'hôtel Saint-Paul ; — car M. Casimir Delavigne, habitué au goût pseudogrec, n'est pas très-exact en fait d'architecture gothique. Le théâtre est plein de monde. Ici, les Anglais chantent un chœur de fête ; là, les Français chantent un chœur de deuil. Sur les marches de l'hôtel Saint-Paul sont groupés Isabeau de Bavière, Charles VI, Odette et les seigneurs de la cour. Un magnifique cortége défile. C'est Bedfort qui amène le jeune Lancastre, au front duquel Charles VI, d'après l'acte qui déshérite le Dauphin, doit poser la couronne de France. Les léopards vont dévorer les lis.

Le spectacle de cette procession est réellement des plus magnifiques, et se fait admirer même après les splendeurs de *la Juive*. C'est un luxe inimaginable de casques, de cuirasses, d'armures d'acier et d'or, de chevaux, de bannières, de blasons, que l'Opéra seul peut offrir avec cet éclat et cette exactitude. On y voit même des canons de l'époque, composés de barres de fer reliées par des cercles, avec leurs roues pleines et leurs affûts contournés. C'était alors une nouveauté dans toute sa fleur. Seulement, toutes ces magnificences n'aboutissent à rien, et Bedfort en est pour ses frais. Charles VI se refuse à reconnaître Lancastre, et se met à chanter *la Marseillaise*, nous nous trompons, nous voulons dire le *vieux cri* patriotique :

> Guerre aux tyrans ! jamais en France,
> Jamais l'Anglais ne régnera !

Le peuple fait chorus et se précipite sur les Anglais, qui lui rendent ses coups de poing en bourrades et en coups de hallebarde. Il s'ensuit une effroyable bagarre, d'un désordre fort pittoresque, sur lequel la toile tombe au milieu d'applaudissements adressés surtout à la beauté matérielle du spectacle.

A l'acte quatrième, nous sommes dans la chambre à coucher du roi, une haute salle gothique au plafond d'azur fleurdelisé d'or, aux boiseries de chêne sculpté, un lieu lugubre et propre aux apparitions ; car la reine trouble encore, au moyen de fantasmagories hideuses, l'esprit déjà si troublé du pauvre monarque. Elle est furieuse ; Bedfort n'est guère plus content. Il ressent vivement l'outrage public fait au petit duc de Lancastre. Charles VI voudra-t-il revenir de sa première décision ? « Je saurai bien l'y contraindre, » dit Isabeau. Le roi paraît ; son indigne femme lui fait les reproches les plus violents, lui présente l'acte de déshérence signé de lui, et l'effraye par toutes sortes de menaces. Charles, qui est dans un de ses moments lucides, saisit le parchemin, le brûle à la flamme d'une lampe, et déclare que jamais il ne consentira à frustrer son fils de la couronne en faveur de Lancastre.

La reine, qui voit, à la résolution de Charles, qu'il faut frapper un grand coup, se retire la menace à la bouche, la rage au cœur, afin de préparer les épouvantails dont elle se sert pour intimider le roi. Celui-ci, resté seul avec Odette, la prie de lui dire la chanson dont elle endort chaque soir son vieil enfant. Ce couplet est très-gracieux et d'une mélodie charmante. Quand il est endormi, ou plutôt quand Odette le croit endormi, — car les fous ont leur malice, — Charles se relève sur son séant et commence à promener par la chambre des regards effarés. Tout prend autour de lui un air suspect et surprenant. Des lueurs rouges flamboient à travers les vitraux de couleur; des sons surnaturels se font entendre; un mur s'ouvre, il en jaillit une espèce de spectre hérissé, fauve, velu, barbu, moustachu : c'est l'homme de la forêt du Mans, celui qui s'est jeté à la bride du destrier royal. « Me reconnais-tu? crie-t-il au roi par l'organe menaçant de Massol. C'est moi qui t'ai prédit tous les malheurs qui te sont arrivés, et il t'en arrivera bien d'autres. Regarde! » Trois spectres sortent de terre. Ils ont l'armure et le casque des chevaliers; mais leurs visières, en se levant, laissent voir les grandes orbites creuses et l'affreux ricanement de la tête de mort. C'est Louis d'Orléans, Jean-Sans-Peur et Clisson, assassinés tous trois. « Tu périras de même, » dit l'homme barbu. Chaque fantôme, interrogé par le roi sur le nom du futur assassin, répond : « Ton fils! ton fils! ton fils!... »

Comme si tout cela ne suffisait pas, les panneaux de la boiserie s'écartent et découvrent une perspective d'apparitions funèbres éclairées par des feux de Bengale verts, ce qui est le comble du sinistre en fait de feux de Bengale. Le squelette de la Mort soulève une pierre sépulcrale et se montre armé de sa faux traditionnelle, à peu près comme dans les tombeaux Pompadour que l'on voit à Saint-Sulpice et autres églises du temps.

Après une pareille scène, les classiques ne seront plus en droit de reprocher aux romantiques leurs catafalques, leurs bières et l'abus qu'ils font dans leurs drames de toutes sortes d'ustensiles lugubres. Voici, d'un seul coup, l'homme de la forêt du Mans, très-sauvage et très-effroyable à l'œil; trois chevaliers noirs, à tête de mort;

une perspective de cimetière; plus, un squelette allégorique orné de ses attributs; — ce qui est peu gai et peu anacréontique. — La musique de cette scène est, du reste, très-bien appropriée à la situation; elle est sombre, lugubre, effrayante, et rappelle heureusement les passages sataniques de *Robert le Diable*. Aux cris de frayeur que pousse le roi, on accourt. Isabeau dit à Bedfort : « Vous voyez, j'étais sûre que cet éclair de raison s'éteindrait bien vite. » Odette tâche en vain de rappeler à lui le malheureux roi, qui s'agite comme un forcené, demande des armes et pousse des imprécations contre son fils, auquel il croit des intentions parricides et qu'il veut livrer aux fureurs de sa marâtre. Pendant cette scène, un appel de cor se fait entendre. C'est le signal convenu entre Odette et le Dauphin. Malheureusement, Charles, épouvanté par les fantômes qui viennent de lui apparaître, trahit le secret de la conspiration, chante, à la place d'Odette, qui s'y refuse, le couplet qui doit servir de réponse aux fanfares du cor, et fait si bien, que le Dauphin, trompé, arrive juste pour tomber entre les mains de Bedfort et de la reine.

De la chambre du roi, nous sautons sur les bords de la Seine, non loin de Saint-Denis, au camp de Dunois. Il fait nuit. Des feux de bivac scintillent çà et là. Dunois, Tanneguy-Duchâtel, Lahire, Saintrailles, forment différents groupes. Poultier, sous l'habit d'un homme d'armes, chante à ses camarades une romance sur Jean de Nivelle, mélodie gracieuse et fraîche qui, soupirée par la voix d'argent du jeune ténor, a produit beaucoup d'effet et obtenu les honneurs du *bis*. De toutes parts arrivent de nouveaux combattants et de nouveaux renforts. Mais bientôt paraît Odette avec son père, Raymond; elle annonce tristement que le roi est retombé en démence et que le Dauphin est prisonnier des Anglais. Demain, le Dauphin sera à Saint-Denis, où le roi doit remettre à Bedfort l'oriflamme et déclarer son fils indigne du trône. Les chevaliers du parti du Dauphin complotent de s'aller cacher dans les caveaux de Saint-Denis et de troubler la cérémonie par une irruption soudaine. Ils comptent sur Raymond pour faciliter l'exécution de leur projet; car, ainsi que nous l'avons dit plus haut, le père d'Odette a été nommé gardien de la sépulture des rois.

La scène change encore et représente l'intérieur de l'église de

Saint-Denis, magnifique effet de diorama dû aux pinceaux de MM. Séchan, Diéterle et Despléchin, qui n'ont pas de rivaux pour l'exactitude et la réalité de leurs architectures. Les vitraux étincellent de tous les feux du prisme ; le soleil plonge ses longs rayons sous les ogives obscures, et l'illusion est si complète, que l'on croit sentir l'odeur de l'encens. L'oriflamme est suspendue sous une espèce de portail découpé à jour, qui s'élève, on ne sait trop pourquoi, au milieu du théâtre. Charles s'avance soutenu par Isabeau, plus pâle que les statues des rois ses aïeux, et demande ce que l'on veut de lui. « Le châtiment d'un traître ! » répond la reine. Malgré les réclamations du Dauphin, qui proteste de son innocence, Charles prend l'oriflamme et va la remettre à Bedfort, en ordonnant au peuple de reconnaître Lancastre pour roi. Mais, à cet instant, Odette sort des caveaux avec les chevaliers français, saisit l'oriflamme, et, descendant rapidement l'escalier, remet la sainte bannière aux mains du Dauphin. Sans respect pour la sainteté du lieu, une lutte va s'engager, quand Charles, illuminé d'une inspiration prophétique, prédit à Bedfort et à la reine leur fin prochaine et misérable. Il voit dans l'avenir les victoires de la Pucelle, le sacre de Reims, le bûcher de Rouen, etc., etc. ; puis il tombe mort dans les bras de ceux qui l'entourent ! « Le roi n'est plus ! dit Dunois. — Vive le roi ! » répond le peuple en se rangeant autour du Dauphin.

> Guerre aux tyrans ! jamais en France,
> Jamais l'Anglais ne régnera !

Et la toile tombe sur ce refrain patriotique.

Baroilhet, chargé du rôle principal, a représenté le vieux roi avec un grand talent de comédien et de chanteur. Son regard, son geste, son maintien, tout est bien d'un fou et d'un vieillard. Il a donné aux endroits lucides de son rôle un ton de sensibilité tout à fait sympathique, et s'est montré à la hauteur de sa réputation. — Madame Stoltz, dans le personnage d'Odette, a fait voir, ce dont nul ne doutait, qu'elle est une actrice parfaite, pleine d'intelligence, d'esprit et de passion. Sans être aussi irréprochable comme chanteuse, elle a fait preuve des plus rares qualités.

II

AVRIL 1843. — Palais-Royal : *les Hures graves*. — Variétés : *les Buses graves*. — En quoi consiste le comique des parodies. — Quels sont les vrais parodistes. — N'est pas parodié qui veut. — Ambigu : *les Enfants trouvés*, par M. Bouchardy. — L'auteur absent de son œuvre. — Tort de la critique. — Italiens : concert de Sivori. — *Le Carnaval de Venise*. — Variétés : *les Caravanes de Mayeux*. — Des types originaux créés par l'époque actuelle. — Début de Neuville. — Le comique dans la difformité. — Rentrée de Dolorès et de Camprubi. — La rondalla.

4 avril.

PALAIS-ROYAL et VARIÉTÉS. *Les Hures graves.* — *Les Buses graves.* — Nous avouons très-humblement n'avoir jamais rien compris aux parodies. En effet, que peut-il y avoir de plaisant à mettre un récureur d'égouts à la place d'un empereur, un cocher de fiacre à la place d'un seigneur élégant, une maritorne à la place d'une duchesse? La seule parodie amusante et curieuse des œuvres des grands maîtres est faite par leurs disciples et leurs admirateurs ; ce sont eux qui, par leurs imitations maladroites, mettent en relief tous les défauts de l'ouvrage qu'ils copient. Le sérieux profond qu'ils apportent dans leurs exagérations est beaucoup plus comique que les inventions les plus saugrenues des parodistes. Les auteurs de vaudevilles qui, jusqu'à présent, ont fait la charge des pièces de M. Hugo, n'ont pas le moins du monde le sentiment de la manière du poëte. Les vers de leurs pièces, loin de donner l'idée du style et du rhythme romantiques, ressemblent aux vers d'épître de M. Casimir Delavigne. On n'y retrouve ni les tournures, ni les images, ni les coupes, ni les idées familières à la jeune école. Une caricature, pour être bonne, doit contenir les traits réels du modèle, déviés, il est vrai, et accentués dans le sens ridicule, mais cependant faciles à reconnaître au premier coup d'œil. Les parodistes ordinaires sont tellement étrangers aux idées poétiques, qu'ils ne peuvent même pas s'en moquer avec justesse. Nous défions qui que ce soit, sur vingt vers pris au hasard dans *les Hures graves* ou dans *les Buses graves*, de reconnaître que c'est de Victor Hugo qu'on a voulu se moquer.

Outre que les parodies frappent souvent à faux, elles ont l'inconvénient de ridiculiser même les plus belles choses; mais il n'en est pas moins convenu qu'elles font honneur aux ouvrages qui les provoquent. — Rien n'aura donc manqué au succès des *Burgraves* : ni l'ardente sympathie des lettrés et de toute la presse, ni les applaudissements et l'argent de la foule, — ni l'opposition systématique qui s'attaque à toutes les grandes idées ; car un désordre paraît être organisé depuis quinze jours pour entraver la pièce, et une dizaine de malveillants prétendent troubler l'impartial plaisir du public. On se récrie aux meilleurs endroits, on empêche d'entendre à chaque représentation ce qui a été applaudi à la représentation précédente. Nous devons dire aux siffleurs systématiques que c'est peine perdue. Le public libre qui vient aux *Burgraves* pour son argent, et qui écoute sérieusement une œuvre sérieuse, voudra qu'on la lui laisse entendre. Ensuite, il prononcera. Mais, quelle que soit son opinion, il saura la prendre dans la pièce et non dans la tyrannie violente de quelques envieux ameutés.

11 avril.

AMBIGU-COMIQUE. *Les Enfants trouvés.* — D'après ce titre et la tournure habituelle d'esprit de M. Bouchardy, nous nous attendions à un de ces drames compliqués à charpente enchevêtrée inextricablement, plein de péripéties surprenantes, de rencontres fabuleuses, de reconnaissances inouïes, qui ont le don de remuer le public des boulevards, et d'intéresser même des spectateurs plus littéraires par la variété et l'imprévu des événements. — Nous avons été surpris assez désagréablement, nous l'avouons, de nous trouver face à face avec une pièce *simple*, vide, honnête à mériter le prix Montyon, et que l'on pourrait croire puisée au vertueux encrier de Berquin ou de Fenouillot de Falbaire. Pas la plus petite énigme, pas le moindre brouillamini; c'est clair et limpide comme bonjour. Pour soutenir de telles œuvres, il faut une grande imagination de détail, une science profonde de style; quand les faits manquent, il faut des pensées.

Où étiez-vous, ô Bouchardy de *Gaspardo*, du *Sonneur de Saint-Paul*, de *Lazare le Pâtre*, et même de *Christophe le Suédois* et de *Pâris le Bohémien*? Calderon du boulevard du Temple, vous dont les mélodrames, traduits en castillan, obtiennent des succès d'enthousiasme par toutes les Espagnes, et que j'ai vu affiché à Jaën, au cœur de l'Andalousie, une ville sauvage, où l'on ne marche que le navaja dans la ceinture et le tromblon sur l'épaule, à l'angle d'un glorieux mur blond et confit au soleil, comme une orange de Portugal, à deux pas de la cathédrale des ducs de Médina-Cœli et de la montagne fauve où s'émiettent sous l'ardente chaleur les vieilles murailles de la forteresse des rois goths! — comment se fait-il que vous soyez à ce point absent de votre œuvre? La faute n'en est pas à vous, mais peut-être bien à nous autres feuilletonistes; j'ai bien peur que vous n'ayez suivi nos conseils. En effet, la critique a la mauvaise habitude de demander toujours aux gens autre chose que ce qu'ils donnent et que ce qu'ils ont.

Aux écrivains sombres, énergiques, à noires conceptions, à scènes violentes, elle vante le calme de la composition, la pureté des lignes, la modération du style, toutes les qualités inverses; aux natures élégiaques et poétiques, la force, l'action, le mouvement. On conseille à Caravage d'être l'Albane, à l'Albane d'être Caravage. Lorsqu'un artiste écoute ces billevesées, il lui arrive une chose toute simple : il perd son talent. Les critiques, et nous tout le premier, ont maintes fois reproché à M. Joseph Bouchardy la complication extrême, les moyens forcés, la recherche d'effets bizarres de ses drames, et voilà qu'il s'est jeté brusquement de l'autre côté, qu'il est sorti de propos délibéré de sa nature. Il a eu tort. Qu'il retourne à ses longues histoires, invraisemblables quelquefois, mais pleines de surprises et d'intérêt; qu'il se perfectionne, mais dans le sens de sa manière; qu'il ne cherche pas à être simple, mais qu'il s'étudie à trouver de nouveaux nœuds, de nouveaux imbroglios, des reconnaissances encore plus extraordinaires, des effets encore plus inattendus, cela vaudra mieux que de marcher hors de sa voie et d'imiter

M. Bouilly. Nous ne doutons pas que M. Bouchardy ne soit encore à temps de rentrer dans son originalité première ; mais que cette tentative lui suffise, qu'il revienne bien vite à lui-même, car il pourrait bientôt perdre les qualités qu'il avait, sans pour cela acquérir celles qui lui manquent.

Nous avons cru devoir faire ces observations toutes bienveillantes ; car M. Joseph Bouchardy est, dans la sphère qu'il s'est choisie, un génie original ; il a un cachet particulier, et, bien qu'il nous satisfasse peu sous le rapport du style, nous serions fâché de le voir s'égarer de la sorte et tomber dans la foule vulgaire des mélodramaturges.

Italiens. — Le concert de Sivori a eu lieu dans la salle des Italiens, devant une assemblée nombreuse et choisie. — Camillo Sivori a été le lion musical de la saison, et, depuis Paganini, aucun violoniste n'a obtenu un pareil succès ; succès mérité de tout point et qui ne doit rien au charlatanisme. L'exécution de Sivori est vraiment prodigieuse : c'est une légèreté, un caprice, un brio, une hardiesse inimaginables ; il fait des choses impossibles par-dessous la jambe. Les variations sur *le Carnaval de Venise*, de Paganini, dépassent tout ce qu'on peut rêver en fait de difficultés, et elles sont surmontées d'une manière si triomphante, qu'il semble que rien n'est plus aisé que de jouer ainsi du violon. — Le vieux air vénitien qui sert de thème à ces merveilleux caprices est délicieux et vaut plusieurs charretées d'opéras : il est joyeux et mélancolique à la fois ; les pleurs y sont tout près du rire, et, quand on l'entend jouer par Sivori, toutes sortes de folles visions vous traversent la fantaisie. Vous voyez nager dans l'azur les ramiers blancs de Saint-Marc, filer les gondoles sous les ponts de marbre ; chaque note, en passant devant vous enveloppée de la *baüte* de dentelles noires, soulève un instant son loup de velours et vous découvre une figure aimée autrefois. Les modulations vous bercent languissamment comme les flots assoupis, et la rêverie s'emparerait tout à fait de vous si une phrase nasillarde et chevrotante comme l'éclat de rire d'un groupe de masques ne venait vous réveiller tout à coup et faire renaître le sourire sur vos lèvres.

19 avril.

Variétés. *Les Caravanes de Mayeux.* — *Dolorès et Camprubi.* —Que dire de ce vaudeville infortuné ? La tâche du critique est assez difficile, s'il veut être consciencieux. *Les Caravanes de Mayeux* sont peut-être une fort belle chose. Qui sait? on a tellement sifflé d'un bout à l'autre de la pièce, qu'il n'a pas été possible d'en entendre une syllabe. Quelle a été la raison d'une réprobation si universelle et si aigre ? — car ce vaudeville, autant qu'on en peut juger à la lorgnette, a la même apparence que tout autre.—Peut-être vient-il trop tard.—Quelques années après la révolution de juillet, Mayeux était un type fort populaire ; les chansonniers, les caricaturistes s'en étaient emparés ; l'on n'entendait, l'on ne voyait que lui ; c'était une espèce d'être allégorique et bizarre, personnification de l'esprit gouailleur et comique du Parisien, une silhouette étrange, qui, si elle avait été fixée par un grand écrivain, aurait pris place à côté de Panurge, de Falstaff, de Sancho-Pança, de Polichinelle et autres symboles du réalisme et du bon sens pratique ; on prêtait à Mayeux, comme à Pasquin et à M. de Talleyrand, toutes sortes de bons mots sur toutes sortes de choses.

Mais c'était à propos de femmes que Mayeux ne tarissait pas ; car, malgré sa bosse, ou plutôt à cause de sa bosse, Mayeux était un grand séducteur : observation profonde de cette loi ironique et fatale qui, depuis Vénus mariée à Vulcain, livre toujours les plus belles aux plus laids. Don Juan et Jupiter n'étaient auprès de lui que des fats ridicules. Malheureusement pour Mayeux, Robert Macaire et son ami Bertrand, bravant le préjugé du public qui les croyait guillotinés tous deux en punition du meurtre indélicat commis sur la personne de ce bon M. Germeuil à la culotte beurre frais, firent une seconde apparition sur le théâtre des Folies-Dramatiques ; le bandit fit oublier le bossu, et occupa exclusivement les crayons des Daumier, des Philippon, des Traviès et autres princes de la lithographie : notre époque, que l'on dit stérile, a produit, dans une dizaine d'années, quatre types d'une originalité incontestable : Mayeux, Robert Macaire, Bertrand, M. Prud'homme ; c'est beaucoup : — la vie de tout un peuple et de toute une littérature souvent suffit à peine pour en produire un seul.

Quoi qu'il en soit, *les Caravanes de Mayeux* ont été fort mal acceptées du public des Variétés, et le débutant Neuville n'a pas eu de chance de commencer par ce rôle. Les spectateurs, il est vrai, l'ont applaudi à plusieurs reprises et l'ont rappelé à la chute du rideau comme pour lui prouver que c'était bien à la pièce et non à lui qu'ils en voulaient. Peut-être y a-t-il quelque chose de pénible dans le spectacle de cette difformité physique imitée d'une manière trop réelle : les bosses de Polichinelle sont des bosses de fantaisie dont le développement extravagant n'a rien de douloureux et ne paraît pas impliquer un état maladif chez celui qui les porte. Cependant, nous n'avons guère le droit d'être difficile sur le comique de la difformité, comique employé par Homère pour son Thersite et son Cyclope, car presque tous nos bouffons actuels n'excitent le rire que par quelque monstruosité : Arnal et Odry par leur laideur idéale, Hyacinthe par son nez, Lepeintre jeune par son embonpoint d'hippopotame, Alcide Tousez par son enrouement ; de sorte que, si l'on ramenait la plupart d'entre eux à de véritables formes humaines, ils n'auraient plus aucune action sur le public. Supposez donc Lepeintre jeune maigre et parlant avec une langue au lieu d'agiter dans les vastes profondeurs de ses bajoues ce quartier de lard qui lui en tient lieu. — Qu'Alcide Tousez se fasse couper les amygdales et que Hyacinthe emprunte pour une soirée un nez grec de Jupiter ou d'Apollon, et ils seront, à coup sûr, beaucoup moins amusants.. — Les auteurs ou l'auteur unique, qui, à ce que nous croyons, est M. Brisebarre, avait compté sur ce moyen désopilatif ; il s'est trompé, et M. Roqueplan fera bien de ne pas s'obstiner à maintenir sur l'affiche une pièce si nettement repoussée par les spectateurs.

Si *Mayeux* n'a pas réussi, en revanche les danseurs espagnols obtiennent un grand succès. Nous avons retrouvé avec grand plaisir Dolorès et Camprubi, qui parurent pour la première fois, il y a quatre ou cinq ans, sur le théâtre même des Variétés. — Depuis, nous avons vu, à Madrid, à Séville et à Cadix, danser tous les pas nationaux par les meilleurs danseurs, et nous n'en avons pas trouvé beaucoup, quoi qu'en disent les Espagnols, de préférables à ce charmant couple.

— La cachucha est toujours applaudie avec transport, mais ce qu'il y a de plus neuf et de plus intéressant, c'est *la rondalla de Zaragoza*, qui forme comme une espèce de petit intermède de danse.

La rondalla est, à proprement parler, le nom que porte la sérénade aragonaise. — Le galant va se poster sous le balcon de sa belle et chante les couplets en s'accompagnant d'une guitare qu'il racle avec les ongles et frappe avec la paume de la main pour mieux accentuer le rhythme. Ses amis font sentinelle aux deux bouts de la rue et empêchent tout le monde de passer, même les habitants du quartier. Si deux vaillants se trouvent avoir chacun une passion dans la même rue, le combat devient inévitable, on quitte les guitares pour les couteaux, et l'on se bat jusqu'à l'arrivée des alguazils, que l'on charge à frais communs, sauf à reprendre la querelle plus tard.

Voici les paroles d'une de ces rondallas :

« Adieu, noble Saragosse, — avec ton riant faubourg! — adieu, enfants et femmes! — adieu, Vierge du Pilar!

» J'entre dans la rue où tu habites, — belle aux cheveux d'impératrice ; — si tes galants ont du cœur, — dis-leur de se montrer.

» Mon corps se rit du plomb, — mon cœur des poignards, — et le sang de mes veines enrage — de ce qu'ils n'osent sortir.

» Dans ta rue, il y a de la boue ; — pour la traverser, il faut un pont ; — je le bâtirai avec les côtes d'un galantin — et le sang d'un bravache.

» Je prends congé de toi — parce qu'il me faut aller dormir ; — mais je laisse mon cœur — attaché au clou de ta porte. »

Certes, voilà une sérénade farouche et caractéristique. Cela ressemble peu aux bouquets à Chloris et aux madrigaux français.

La rondalla a été fort bien mise en scène aux Variétés. D'abord on voit les belles fringantes qui se promènent les coudes dans la mantille, la rose à l'oreille, le grand peigne d'écaille sur la tête, suivies de leurs novios et de leurs attentifs; les promeneurs, embossés dans leur cape, roulent des papelitos entre leurs doigts; l'éventail va son train, s'ouvre et se referme avec cette prestesse étincelante et ce sifflement coquet que ne peuvent oublier ceux qui ont passé quelques soirées d'été au salon d'une alameda espagnole ; puis les groupes se dissipent, les allées deviennent désertes ; au *cri cri* des grillons, enfermés dans de petites cages de laiton suspendues aux fenêtres, commence à se mêler le *fron fron* des guitares. Un galant, après avoir placé ses amis en sentinelle au bout de la rue, vient s'établir sous un balcon avec sa bande de musiciens, et, comme dit la chanson andalouse, il faut qu'une dame ait le sommeil et le cœur bien durs, si elle n'entend pas du fond de son lit le frôlement d'une aile de cousin contre une corde tendue; aussi les infantes pour qui se donne la rondalla, ne tardent pas à paraître à la fenêtre. — La musique devient plus vive; on chante avec accompagnement de castagnettes, de *alza !* de *olà !* et de *ay !* la charmante chanson :

> *La Virgen del Pilar dice*
> *Que no quiere ser Francesa,*
> *Que quiere ser capitana*
> *De las tropas aragonesas.*

Seulement, par politesse pour la France qui les a si bien reçus, les Espagnols disent que la Vierge del Pilar ne veut pas être Anglaise, — attention délicate, mais inutile !

III

MAI 1843. — Théâtre-Français : *Judith*, tragédie de madame Émile de Girardin. — Grandeur et décadence de la tragédie. — Corneille et Racine. — Crébillon et Voltaire.— La révolution romantique. — La néotragédie. — Mademoiselle Rachel. — Tentative de restauration classique. — *Judith* est moins une pièce qu'un rôle. — Les décorations et la mise en scène. — Le costume de mademoiselle Rachel. — Beauvallet. — Odéon : *Lucrèce*, tragédie de M. Ponsard. — Les maladroits amis. — Caractère du talent de M. Ponsard.— Sa pièce; la composition et le style. — Madame Dorval, Bouchet, Bocage. — Porte-Saint-Martin : *Mademoiselle de la Vallière*, drame en vers de M. Adolphe Dumas. — Les abstractions au théâtre. Frédérick Lemaître, mademoiselle Klotz, Clarence.

2 mai.

Théatre-Français. *Judith*. — La tragédie existe-elle encore? est-ce un être réel, ayant la pourpre de la vie dans les veines et le souffle chaud de l'existence à la bouche? Nos passions, nos idées, nos instincts, peuvent-ils encore se traduire sous cette forme? Nous ne le pensons pas. Sans doute, il s'est rencontré et il se rencontrera encore des poëtes qui, par caprice ou par curiosité, feront des tragédies en alexandrins plus ou moins symétriques, comme il s'est trouvé de tout temps des érudits qui composaient des vers grecs ou latins, comme il y a dans l'Inde des brahmes qui écrivent en sanscrit, en phalou ou autres dialectes perdus ; la poésie est essentiellement archaïque et, par la pesanteur de ses entraves, reste toujours en arrière d'une centaine d'années sur l'idiome que l'on parle, ce qui explique l'aversion de la foule pour les vers, presque toujours écrits en langue savante ou morte.

La tragédie, malgré d'illustres tentatives et de glorieux efforts, n'est plus dans nos mœurs : depuis Corneille et Racine, qui tous deux innovaient dans le fond et dans la forme, on ne trouve plus aucun auteur tragique digne de mémoire, si ce n'est, à une grande distance au-dessous, Crébillon et Voltaire. Tous les deux n'étaient déjà plus que des imitateurs ; ils suivaient de plus près que nous la tradition non encore altérée des grands maîtres, mais ils n'écrivaient pas le style de leur époque avec la liberté et la franchise d'allure qui caractérisent leurs devanciers. Pour Corneille et pour Racine, à part les imitations grecques et latines auxquelles, depuis Ronsard, la littérature française n'a jamais pu se soustraire, la tragédie était le moule obligé, la forme vivante où ils devaient couler leur pensée. On faisait alors une tragédie ou une comédie en cinq actes en vers, comme aujourd'hui l'on fait un drame et un vaudeville. — C'était la mode. Melpomène et Thalie : deux masques, l'un pâle, allongé, les paupières rougies, la bouche crispée aux angles ; l'autre vermillonné, potelé, l'œil oblique et bridé aux coins par un rire éternel ; deux chaussures : un cothurne et un brodequin, voilà. — Ces princes de la scène n'allaient pas s'amuser à reproduire les mystères et les moralités des frères de la Passion, leurs prédécesseurs à l'hôtel de Bourgogne, ou les farces grecques de Jodelle. — Ce que nous disons de Corneille et de Racine s'applique également à Molière. — Malheureusement, un respect exagéré de ces grands maîtres a fermé la porte, pendant des siècles, à toute innovation, et l'on a continué, tant bien que mal, à refaire ce qu'ils avaient si bien fait : nous avons eu un théâtre mort, où le gouvernement était obligé de payer des acteurs, pour jouer des pièces embaumées que les vivants ne voulaient pas venir voir. — Cela durait encore en 1827.

On n'a pas oublié quelles oppositions systématiquement violentes accueillirent les premières tentatives des novateurs ; car le Français se console de n'avoir pas la tête épique par la bosse tragique, qu'il possède seul entre tous les peuples. — Cependant, du jour où le cor d'*Hernani* fit résonner sa fanfare sous les voûtes poudreuses du théâtre de la rue Richelieu, malgré la destinée orageuse de la pièce, la tragédie proprement dite reçut un coup mortel. Les chefs-d'œuvre des maîtres restèrent des chefs-d'œuvre ; mais les pâles et ennuyeux fantômes qui avaient la prétention d'y ressembler s'évanouirent comme des brouillards au lever de l'aurore. — En effet, après les scènes terribles de la Révolution, les magnificences épiques, les batailles de géants, les triomphes et les revers de l'Empire ; tout ce fracas d'événements, cette élévation démesurée, cette chute si profonde, qu'elle faisait dire à lord Byron que nul, depuis Satan, n'était tombé de plus haut; c'était, à coup sûr, un divertissement que de voir un prince et sa princesse, flanqués chacun d'un confident et d'une confidente, débiter sous un vestibule des tirades d'alexandrins ayant invariablement un point tous les deux ou tous les quatre vers.

— D'ailleurs, l'étude des littératures étrangères, de Shakspeare, de Goethe, de Schiller, avait accoutumé les esprits à plus de mouvement, à une reproduction plus immédiate de la vie. Les pensées et les sentiments modernes brisaient les anciens moules et se répandaient à pleins bords. La mise en scène fit d'immenses progrès. Au vieux et inamovible péristyle classique succédèrent des chambres habitables, des palais possibles, des forêts, des jardins, des rues, tout ce que pouvait exiger l'action, libre désormais du joug des trois unités.

La tragédie semblait donc oubliée définitivement. M. Casimir Delavigne lui-même y avait renoncé, et, d'une main timide, il empruntait à la jeune école quelques couleurs pour en charger sa palette appauvrie. Faute d'interprètes suffisants, l'ancien répertoire tombait en désuétude et se jouait devant les banquettes ou les provinciaux, venus là pour se corriger de leur prononciation, lorsqu'il y a trois ou quatre ans bientôt, apparut tout à coup une jeune fille venue on ne sait d'où, une enfant pâle et frêle, œil de charbon dans un masque de marbre, qui jeta sur son épaule un bout de draperie grecque et se mit à débiter les uns après les autres, au grand étonnement d'abord, et ensuite aux grands applaudissements de tous, ces beaux rôles abandonnés ou trahis, qu'il fallait aller chercher dans sa mémoire ou sur les rayons de sa bibliothèque. Grâce à elle, nous avons revu Hermione, Camille, Émilie, Pauline, toutes ces belles, chastes et nobles héroïnes que nos pères admiraient tant et que nous nous étonnions de trouver si solennellement ennuyeuses. — A coup sûr, si jamais succès a été grand, légitime et sans protestation, c'est celui de mademoiselle Rachel. Et cependant, chose étrange! pendant quatre ans, à Paris, en ce temps où tout le monde est poëte, en présence de triomphes si éclatants, il ne se trouva personne qui eût l'idée d'écrire une pièce pour la jeune actrice.

Qu'on n'objecte pas ici la difficulté d'aborder la scène. Ni Victor Hugo, ni Alexandre Dumas, ces rois dramatiques pour qui vouloir est pouvoir, ni les autres princes du théâtre n'eurent un instant cette pensée, tant la tragédie est une chose sortie de nos habitudes, de nos usages et de nos façons de voir.

Il ne faut pas s'y tromper, l'intérêt qui s'attache à mademoiselle Rachel ne s'étend pas aux pièces qu'elle joue : dans *Phèdre*, par exemple, tant qu'elle est en scène ou qu'elle récite une tirade, toute la salle est attentive, les mouchoirs restent dans les poches, les rhumes sont étouffés, on entendrait voler un moucheron. Dès qu'elle a fini et qu'elle rentre dans la coulisse, les conversations recommencent, on tourne le dos au théâtre, on rit aux éclats, on lit le journal, à peu près comme dans les théâtres d'Italie, lorsque la prima donna vient de chanter son grand air. Cependant les vers qu'on déclame sont toujours des vers de Racine, et d'une beauté égale à ceux qu'on applaudissait tout à l'heure. Il est vrai que, les traditions tragiques étant perdues, les rôles secondaires sont remplis d'une manière presque toujours médiocre et souvent ridicule. Outre ces motifs d'inattention quand l'actrice en vogue n'occupe plus la scène, la vie actuelle est tout à fait différente de celle qu'on menait autrefois. Les représentations du temps de Louis XIV commençaient à quatre heures et finissaient sur les huit heures; après quoi, l'on soupait. C'est précisément à cet instant là que le rideau se lève aujourd'hui; on arrive au théâtre fatigué par les mille soins divers de la journée, assoupi par la torpeur de la digestion, dans une salle incommode où les meilleures places sont mauvaises, et construite sans le moindre soin des lois de l'acoustique; il faut prêter une attention excessive pour suivre, dans leurs nuances délicates, ces analyses du cœur humain, ces développements de passion qui forment tout l'intérêt de la tragédie, conçue au point de vue classique, où, par suite de la règle des unités, les événements ne peuvent apparaître que dans des récits, malgré le précepte formel d'Horace, qui dit : « Les choses mises sous les yeux frappent plus l'esprit que celles confiées à l'ouïe. » Les anciennes pièces, que tout le monde connaît et sait par cœur, étaient donc merveilleusement propres à faire briller le talent de mademoiselle Rachel, en ne laissant plus au spectateur que le soin d'apprécier la manière dont tel couplet ou tel hémistiche avait été dit. C'est à cette paresse d'esprit que la musique doit le prodigieux développement qu'elle a pris depuis quelques années. — Pendant un opéra, on peut causer à demi-voix, rêver ou penser à autre chose; l'orchestre même, lorsqu'on ne l'écoute pas, occupe vaguement l'oreille et donne à la salle un certain air de fête; le ballet, avec ses groupes légers, ses tableaux changeants, son attrait purement oculaire, est un spectacle qui convient à une civilisation blasée, qui va au théâtre plutôt pour se distraire que pour se donner une nouvelle contention d'esprit. C'est ce que madame de Girardin, l'auteur de *Judith*, a parfaitement compris : elle a choisi un sujet connu de tout le monde, traité plusieurs fois, et qu'elle a su renfermer dans trois actes fort courts.

Son intention n'a pas été précisément de faire une tragédie, mais bien de tracer un caractère, de dessiner un personnage, d'écrire un rôle pour mademoiselle Rachel, qui ne pouvait toujours être renfermée dans le vieux répertoire; il lui a paru piquant, à elle, femme, d'écrire une pièce dont une femme est l'héroïne, et de donner pour interprète à sa création une jeune fille juive comme Judith, belle et fière comme elle. Elle a cru que ce serait pour l'actrice comme une espèce d'épopée nationale, et que celle-ci aurait plus de cœur à tuer Holopherne avec le grand damas que lui prêtent Raphaël, Allori et Paul Véronèse que toute autre actrice chrétienne. Son œuvre a donc été conçue à ce point de vue tout particulier. Aussi Judith, déjà en prière sur sa terrasse orientale, au lever du rideau, ne quitte-t-elle pas la scène un instant. Le style dans lequel la pièce est écrite, entièrement différent de la manière habituelle du poëte, est très-bien combiné pour ménager à la jeune tragédienne la transition de la poésie classique à la poésie moderne. C'est une étude racinienne fort adroite, où nul mot trop actuel ne vient faire dissonance, et qui cependant ne tombe pas dans le pastiche. Mademoiselle Rachel a dû se sentir à l'aise dans cette versification correcte, limpide, harmonieuse, ferme, sans violence, et rappelant par endroits les grâces bibliques d'*Esther*.

La décoration représentant l'extérieur des remparts de Béthulie est vraiment digne de l'Opéra. La maison de Judith, les lignes fuyantes des murailles montant et descendant avec les anfractuosités des roches, les montagnes azurées par l'éloignement et dorées par le soleil, l'air transparent et chaud de l'Orient, tout cela a été parfaitement rendu par M. Cambon. La tente d'Holopherne est d'une grande richesse et d'un arrangement ingénieux. — Les costumes de mademoiselle Rachel sont d'un goût, d'une sévérité et d'une richesse rares : son costume de deuil, au premier acte, si noblement et si chastement drapé ; au second acte, sa robe rose pâle, constellée d'or, son manteau de pourpre, heureuse association de nuances, son écharpe orientale chamarrée de dessins et de broderies merveilleuses, les cascades de perles qui ruissellent de son cou sur sa poitrine et ses épaules, la magnificence biblique de ses pendants d'oreille et de ses ornements de tête la rendaient la Judith la plus noble et la plus splendide qu'un poëte et qu'un peintre pussent rêver. Aussi l'un de nos jeunes artistes, M. Chassériau, qui possède au plus haut degré le sentiment de l'antique, en avait-il fait les dessins, suivis par mademoiselle Rachel avec une docilité digne de son esprit et de son intelligence. Le costume du troisième acte est tout simplement de Raphaël, c'est assez dire qu'il est d'un goût charmant et d'un caractère exquis. Nous insistons beaucoup sur ces détails purement matériels et que le Théâtre-Français néglige souvent. Les yeux, accoutumés aux splendeurs de mise en scène des autres théâtres, s'attristent quelquefois à la Comédie-Française devant des pauvretés et des négligences inexcusables. — Les tragédies du temps de Louis XIV étaient jouées par des acteurs magnifiquement habillés à la mode de l'époque, avec des tonnelets, des justaucorps de brocart, des casques empanachés, des manteaux semés de clinquant et de passequilles, entre deux ou trois rangs de marquis, étincelants de velours, de soie, d'or et de diamants, ce qui formait un spectacle magnifique à voir.

Mademoiselle Rachel a rendu avec un art infini les nuances si diverses de son rôle : elle a été d'abord l'humble et triste veuve qui met toute sa joie dans l'aumône et dans la prière, gardant toutefois au fond de sa douleur un accent de fierté qui fait pressentir l'héroïne ; puis la femme inspirée qui voit briller les flammes du Sinaï et qui entend parler le Dieu de Déborah dans les roulements du tonnerre, l'ange sauveur de la cité, qui se dévoue au salut de tous, et, comme un guerrier qui va combattre, s'arme de ses plus belles parures pour aller à l'ennemi. La tirade qui termine le premier acte a été dite par mademoiselle Rachel avec une énergie et une vigueur admirables; dans sa scène avec Phédyme, elle s'est montrée acérée, étincelante d'ironie, sublime de dédain; le passage de la tentation a été rendu avec ce savant délire, ce désordre de génie, d'abandon et cette retenue qui n'appartiennent qu'aux artistes accomplis, et tout le rôle avec cette noblesse, cette sévérité de statue antique, ce geste sobre et rare, ces plis de draperie rappelant la Mnémosyne dont elle seule a le secret.

Beauvallet a été ce qu'il est toujours, acteur habile et consommé, mettant au service de son intelligence un des plus beaux organes que l'on ait peut-être jamais entendus au théâtre. Dans la scène où Judith force à s'agenouiller les rois révoltés, il a été fulgurant d'indignation et de majesté. Dans le reste du rôle, il a su se montrer tendre sans afféterie, passionné sans faiblesse, sans cesser d'être Holopherne, le bras droit du grand Nabuchodonosor, le colosse d'orgueil et d'épouvantement. Il a évité avec beaucoup d'adresse les écueils de ce personnage, aisément dangereux en des mains moins expérimentées.

Odéon. *Lucrèce.* — Si jamais tragédie est venue à point, c'est à coup sûr *Lucrèce*. Entre *les Burgraves* et *Judith*, quelle admirable position! les éloges donnés à M. Ponsard amènent naturellement d'amères critiques contre M. Victor Hugo, et les articles faits sur *Lucrèce* sont consacrés en grande partie à de violentes diatribes contre l'auteur de *Ruy Blas*, de *Marion Delorme*, des *Orientales* et de tant d'autres chefs-d'œuvre qui resteront dans la langue comme des monuments. On est toujours bien aise de saper un homme de génie avec un homme de talent; c'est une tactique qui, pour n'être pas neuve, n'en est pas moins habile, et qui temporairement produit toujours un certain effet.— Il s'est trouvé des critiques qui ont loué M. Ponsard de manquer de lyrisme, d'imagination, d'idées et de couleur, et l'ont félicité d'avoir surtout des qualités négatives. Nous croyons que le jeune poëte sera peu flatté de ces compliments étranges, dictés par une haine aveugle contre un auteur illustre qui possède ces *défauts* au plus haut degré.

Il est fâcheux vraiment pour M. Ponsard, honnête et consciencieuse nature, studieux et loyal jeune homme, qu'on fasse de lui un instrument, un bélier à battre en brèche une gloire que quinze ans d'assauts n'ont pu entamer. Les mêmes gens qui ont fait un si grand bruit de la camaraderie et du cénacle tombent aujourd'hui en des excès et des violences admiratives qui dépassent les furies romantiques les plus échevelées. A les entendre, il ne s'agit pas moins que d'un Corneille ou d'un Racine nouveau. Nous ne sommes pas de ceux qui croient que l'esprit humain s'est arrêté après le siècle de Louis XIV. Il viendra encore de grands poëtes : notre siècle, tout jeune qu'il est, en compte déjà trois ou quatre à qui il ne manque que d'être morts pour faire une excellente figure en marbre de Paros ou de Carare, sur un piédouche de bon goût, et qui serviront, dans quelque cinquante ans, à désespérer tous les talents qui pourront naître. Si M. Ponsard était un Corneille ou un Racine, cela serait fâcheux, car il n'aurait pas d'originalité propre, et la peau d'un autre, fût-ce la peau d'un grand homme, vous va toujours moins bien que la vôtre. A la représentation, nous avons été fort surpris. Nous nous attendions à une œuvre purement classique et notre attente a été trompée assez heureusement.

Le passé ne se recommence pas, et, dans les pastiches les plus résolus, la vie moderne entre toujours par quelque coin. L'unité de lieu n'est pas gardée dans *Lucrèce*, puisque l'action se promène de Collatie à Rome. Brute est un personnage de drame, s'il en fut; car la tragédie rigoureuse n'admet pas le mélange du sublime et du grotesque; Brute, avec ses apologues, sa folie feinte, ses plaisanteries hasardeuses, rappelle Menenius et surtout Hamlet et Lorenzaccio, qui cachent tous deux un grand dessein sous un masque grimaçant ou stupide. L'abus de la couleur locale, tant reproché aux poëtes de la nouvelle école, est poussé fort loin par M. Ponsard, et son style, souvent énergique et libre, n'a pas cette sainte horreur du mot propre, cet académique amour de la périphrase qui distingue les auteurs de l'école classique; il s'inspire de Corneille; seulement, au lieu d'en prendre les allures chevaleresques et castillanes, il s'en approprie assez heureusement le côté normand et raisonneur; beaucoup de morceaux sont versifiés avec vigueur et simplicité. La pensée apparaît clairement sous la robe du rhythme.

M. Ponsard, autant qu'on peut le juger sur un premier ouvrage, est un esprit net et droit, plein de bon sens, nourri de bonnes études et capable de devenir, s'il ne prend pas au sérieux tous les éloges perfides dont on l'accable, un très-bon poëte dramatique; s'il n'a pas encore la science du théâtre, il a du moins déjà un instinct du dialogue très-remarquable. Sa *Lucrèce* est une belle et bonne étude qui donne de hautes espérances. En homme de goût et d'esprit, M. Ponsard a profité du *Coriolan* et du *Jules César* de Shakspeare, des *Nuits romaines* de M. Jules de Saint-Félix, du *Caligula* d'Alexandre Dumas, de la *Fête de Néron* de Soumet, des *Poëmes antiques* d'Alfred de Vigny et de toutes les tentatives de ce temps-ci pour reproduire les mœurs latines. Ce que nous disons là n'est pas pour rabaisser le mérite de M. Ponsard et le troubler au milieu de son triomphe; mais il nous semble juste de rappeler de nobles efforts, de beaux résultats qu'on semble méconnaître.

Lucrèce, avec tout son succès, ressuscitera-t-elle la tragédie? Nous ne le croyons pas. Sans doute, pendant six mois, il va arriver de tous les départements des tragédies grecques et romaines. Toute clarté attire les phalènes, et l'Odéon aura de la peine à y suffire; sans doute, tout Paris ira voir la pièce de M. Ponsard; elle le mérite sous plus d'un rapport, et elle ne le mériterait pas, que l'immense retentissement qu'on lui a donné suffirait pour attirer la foule. — Ces réflexions nous ont paru nécessaires avant d'arriver à l'analyse de la tragédie nouvelle, qui n'a pas besoin de beaucoup d'explications.

Le sujet de *Lucrèce* est connu de tous ceux qui ont eu l'honneur de traduire les premières pages du *De viris illustribus*. Vous y trouverez les personnages obligés : Lucrèce, Collatin, Sextus, Brute, plus une Tullie, un peu de l'invention de l'auteur, et qui n'en est pas plus mauvaise pour cela. Voici en peu de mots la donnée de la pièce :

Tarquin le Superbe fait le siége d'Ardée. — Sextus, Collatin et Brute, dans une orgie qu'ils font pour charmer les loisirs du siége, viennent à parler de la vertu de leurs femmes. Chacun vante la sienne. « Que peuvent-elles faire à cette heure? — Allons les surprendre. » Les jeunes Romains montent à cheval et trouvent leurs femmes occupées à des banquets et des fêtes, ou autres passetemps peu conjugaux. Lucrèce seule, en attendant le retour de son époux, file de la laine au milieu de ses esclaves. En vain lui conseille-t-on de prendre du repos et d'abréger ses veilles, elle répond avec une simplicité biblique :

> La vertu qui convient aux mères de famille,
> C'est d'être la première à manier l'aiguille,
> La plus industrieuse à filer la toison,
> A préparer l'habit propre à chaque saison ;
> Afin que, revenant au foyer domestique,
> Le guerrier puisse mettre une blanche tunique,
> Et rendre grâce aux dieux de trouver sur le seuil
> Une femme soigneuse et qui lui fasse accueil.

La vue de Lucrèce allume dans le cœur inflammable de Sextus une passion violente. Il revient quelque temps après, sous prétexte d'un message donné par Collatin,

> Et, le fer à la main, la menace à la bouche,

déclare son amour à Lucrèce. « Si tu me résistes, je te tuerai ! dit-il. — Tuez-moi, répond la courageuse femme. — Mais, dans ta couche, je placerai à côté de toi le cadavre d'un bel esclave, et je dirai que je vous ai surpris et poignardés tous deux pour venger l'honneur de mon ami. » La triste Lucrèce se résigne. Le lendemain, elle avoue tout à Collatin, son époux, à Lucrétius, son père, à Brute, son ami, dont elle a deviné la feinte folie, et, bien qu'innocente, elle se frappe d'un coup de poignard. « Qu'importe ! dit-elle,

> Qu'importe
> Que le corps soit vivant quand la pudeur est morte ?
> . . . .
> Je m'absous du forfait et non pas du supplice ;
> Il ne faut pas qu'un jour, des désordres complice,
> Mon exemple devienne un prétexte invoqué
> Quand au devoir d'épouse une autre aura manqué ! »

Brute tire le fer du sein de Lucrèce, et tous jurent, sur la lame fumante, de venger la morte et de chasser les Tarquins.

La figure de Lucrèce a naturellement peu d'animation; elle est blanche et froide comme la neige du Soracte. La seule action de sa vie est sa mort. Aimer son mari, rester chez soi et filer de la laine, cela est fort honnête, mais peu dramatique. — M. Ponsard, et il faut l'en féliciter, a eu le bon goût de ne pas chercher, comme l'ont fait d'autres auteurs, à rendre son héroïne intéressante par un amour secret à l'endroit de Sextus; il l'a conservée dans toute sa simplicité primitive. — Le Sextus, figure d'un dessin élégant et vif, nous paraît un peu bien roué pour un don Juan romain de l'an 240; il n'aurait pas été déplacé à la cour d'Auguste, aux petits soupers où Horace récitait ses odes épicuriennes, et même un peu plus tard, sous quelque empereur voluptueux.

Tullie est un personnage heureusement inventé, quoique d'une dépravation un peu anticipée; on peut même dire que c'est le plus humain et le plus intéressant de la pièce, Lucrèce n'étant en quelque sorte qu'une pure abstraction, une personnification de la pudeur. Pour reprocher à Sextus ses dédains, Tullie trouve des accents passionnés et vrais :

> Répondez franchement et sans lâche détour :
> Qu'étais-je avant pour vous, et que suis-je en ce jour ?
> Parlez! Un mauvais acte est une double honte
> Pour qui l'ose commettre et n'ose en rendre compte.
> Si vous ne m'aimiez point, si ce n'était qu'un jeu,
> Ayez au moins le cœur de m'en faire l'aveu ;
> Soyez bravement traître ; assassinez en face,
> Et non comme un voleur qui dans l'ombre s'efface !...
> Pour qui tous ces repas prolongés dans la nuit ?
> Pour qui tous ces parfums, tous ces chants, tout ce bruit ?
> Dis : était-ce pour moi? J'en étais obsédée.
> N'est-ce donc pas toi seul qui m'as persuadée ?
> Je t'ai trop écouté ; sans toi, sans tes discours,
> Je connaîtrais la paix qui fait les heureux jours ;
> Je saurais quels plaisirs habitent la retraite,
> Et si l'humble existence a sa douceur secrète...

> Ainsi j'ai tout bravé pour lui plaire, à ce point
> Que l'œil d'un fou s'émeut d'en être le témoin !
> Je fais rougir un fou ! ma honte est son ouvrage,
> Et de railler encore il trouve le courage !
> Quand j'écoute, attentive, il m'explique comment
> Je ne fus qu'un moyen de divertissement !
> Soyez flétri, Sextus, pour ce langage infâme !
> Vous faites bassement d'outrager une femme
> A qui, plus que jamais, votre respect est dû,
> Pour la dédommager du nom qu'elle a perdu.
> Je n'ai plus qu'une chose à vous dire, et j'achève :
> Du pied de vos dédains mon orgueil se relève ;
> Je renonce à la plainte enfin. Persévérez ;
> Vous ne m'entendrez plus, — mais vous me reverrez !
> Quand j'irai chez les morts, avant que d'y descendre,
> Je prendrai mon courroux tout fumant dans ma cendre,
> Et je l'emporterai du milieu du bûcher,
> Comme le tigre emporte une proie à lécher.
> Je parcourrai le Styx, caressant ma vengeance,
> Pour mettre tout l'enfer dans mon intelligence,
> Et, le jour où sur vous planeront des malheurs,
> Ce jour-là, je promets mon ombre à vos pâleurs !

Quant à Brutus ou Brute, comme l'appelle M. Ponsard, c'est un caractère entièrement manqué. Tout le monde le devine. Lucrèce pénètre le secret de sa feinte folie, Valère sait que ce n'est qu'un jeu, et, si Tullie ne s'aperçoit pas que son mari est l'homme du monde le plus sensé, c'est qu'elle a l'esprit occupé ailleurs. La folie d'Hamlet est bien autrement conséquente avec elle-même. Le spectateur est à peine dans la confidence de son bon sens ; et, la pièce achevée, on doute encore si les extravagances du prince danois étaient entièrement volontaires. Un seul personnage — et la scène eût été alors d'un grand effet — devait deviner Junius dans Brute, c'était la sibylle de Cumes, en vertu de son intuition surnaturelle, et ce mot :

> Salut, Brute ! salut, premier consul romain !

aurait éclaté comme une prédiction vengeresse et menaçante. —

M. Ponsard, on ne sait pourquoi, s'est privé de ce moyen vraiment théâtral et qui eût justifié l'arrivée de la sibylle.

Madame Dorval, dans le rôle de Lucrèce, a montré son intelligence et son talent ordinaires. Bouchet a donné à celui de Sextus un cachet de distinction et de légèreté qui en diminue l'odieux; et Bocage, quoiqu'il se soit peut-être trop laissé aller à ses habitudes de drame, s'est fait souvent et vivement applaudir.

24 mai.

PORTE-SAINT-MARTIN. *Mademoiselle de la Vallière.* — La Porte-Saint-Martin a été de tout temps un théâtre littéraire. C'est là qu'ont été joués *Marino Faliero, Marion Delorme, Lucrèce Borgia, Antony, Léo Burkart*, et tant d'autres œuvres remarquables, que leur audace de conception et d'exécution eussent peut-être rendues dangereuses sur la scène de la rue Richelieu. L'école moderne doit beaucoup à ce théâtre de la Porte-Saint-Martin, où elle a trouvé, pour interprètes intelligents et dévoués, Frédérick Lemaître et madame Dorval, Bocage et mademoiselle Georges; et, en revanche aussi, le théâtre de la Porte-Saint-Martin doit beaucoup à l'école moderne : l'éclat, le bruit, la foule et les recettes. De brillants et productifs succès dans un autre genre n'ont pas fait oublier à MM. les directeurs les obligations contractées envers l'art pur, et, en acceptant ce drame de *la Vallière*, par M. Adolphe Dumas, qui porte un nom d'heureux augure à la scène, ils se sont montrés dignes de leur mission.

M. Adolphe Dumas a fait représenter autrefois, sur le théâtre de l'Odéon, une pièce intitulée *le Camp des croisés*, qui a laissé des souvenirs dans la mémoire des amateurs de beaux vers, lesquels sont beaucoup plus nombreux que l'on ne pense. — Depuis quelque temps, il nous semble que l'on fait trop bon marché, au théâtre, du style et de la versification. Tout bon ouvrage dramatique doit contenir une charpente, une armature, comme tout corps humain renferme un squelette; cela est incontestable. Mais le squelette seul, quelque justes que soient ses proportions, est une chose fort hideuse et fort répugnante à voir, s'il n'est revêtu de muscles et de chair; les muscles et la chair ne suffisent même pas : il faut sur tout cela une peau, un épiderme avec la fraîcheur et l'éclat de la vie. C'est le style qui est la peau du drame et ce qu'on aperçoit d'abord. On peut donc, indépendamment de toute action, éprouver un plaisir particulier à écouter des vers noblement pensés, bien écrits et bien rhythmés, et c'est, à coup sûr, une des plus pures voluptés de l'intelligence. Le *Semper ad eventum festina* d'Horace n'est pas toujours juste. — Sans cela, les pantomimes seraient les œuvres dramatiques les plus estimables, puisqu'elles ne donnent lieu à aucune digression et se hâtent sans arrêt vers le dénoûment. — L'action n'est pas toujours dans le fait, elle est souvent dans la pensée. Tel acteur qui n'a dit qu'un vers a parfois plus agi que tel autre après vingt entrées et vingt sorties. Le verbe a une force terrible, et les langues coupent les têtes mieux que ne le font les damas.

Dans le sens vulgaire du mot, la pièce de M. Adolphe Dumas n'est pas dramatique, et cependant elle intéresse, car elle renferme une pensée élevée et touchante, exprimée en vers souvent heureux. C'est un quadruple mythe symbolisé par quatre abstractions : la royauté, l'amour, le génie et la religion. — La royauté ou le monde, c'est Louis XIV; l'amour, c'est mademoiselle de la Vallière; le génie, c'est Molière, et la religion, Bossuet. — Peut-être même M. Adolphe Dumas a-t-il eu tort d'emprunter des noms réels et de *prendre à l'histoire*, comme l'a dit son homonyme, *un clou pour y suspendre son tableau*. Il eût peut-être mieux valu pour lui, ainsi que Gœthe l'a fait dans sa *Fille naturelle*, appeler ses personnages le Roi, le Poëte, l'Amante, etc., etc. Il eût été plus libre dans sa fantaisie et ne se fût pas trouvé dans la nécessité de contrarier des dates et des faits bien connus pour l'arrangement de sa fable. — Voici en quelques mots l'idée du drame de M. Adolphe Dumas, autant que nous avons pu la saisir à travers l'action :

Le roi a vingt ans; tous les nobles instincts de la jeunesse palpitent dans sa poitrine; il aime; il comprend, il sent l'amour; il devine le génie, ainsi que toute âme bien née, que le contact du monde n'a pas encore corrompue. — La Vallière, tendre, dévouée, n'aimant que Louis dans le roi de France, représente le type virginal et mélancolique de la vraie jeune fille perdue au milieu du monde; elle ne sait que prier et pleurer et se repentir, non de son amour, mais de sa

faute; sa délicatesse de sensitive est froissée à chaque instant par la brutalité toujours croissante de son amant, que la vie réelle envahit et qui perd la compréhension des pudiques susceptibilités de l'âme.
— Elle n'est plus comprise que du *génie*, sublime hermaphrodite intellectuel, qui se compose d'une cervelle d'homme et d'un cœur de femme; malheureux lui-même et trahi dans sa passion de poëte, il a le secret de toutes les douleurs.

La Vallière et le poëte ont été trompés tous les deux par leur cœur : l'une en aimant un roi; l'autre, une comédienne. — La Vallière a cru qu'elle pourrait faire du monarque un homme, Molière de la courtisane une femme, erreur funeste : la puissance et la corruption ne se laissent pas vaincre ainsi! — Supposez le poëte amoureux de la Vallière, quel ineffable paradis! quel océan d'extases et de délices! car le suprême génie peut seul comprendre le suprême amour. — Au lieu de cela, le poëte et l'amante finissent tous deux misérablement : l'un meurt sur son tréteau, l'autre s'enterre vivante aux Carmélites. Louis XIV continue à représenter glorieusement le soleil en perruque in-folio, et la Béjart va faire des soupers fins avec les messieurs du bel air. — Pauvre homme de génie! pauvre femme de cœur! qu'alliez-vous faire là? — Benserade et Montespan, voilà ce qu'il faut à la cour; ni la supériorité de l'esprit, ni celle de l'âme ne se pardonnent dans le monde. Le roi n'a vu dans l'amour de la Vallière qu'un plaisir, dans le génie de Molière qu'un moyen de jeter le ridicule sur une aristocratie insolente.

M. Adolphe Dumas a trouvé moyen, avec une donnée si abstraite, de se faire écouter religieusement d'un parterre accoutumé à des émotions plus violentes et moins psychologiques. Il est vrai qu'il avait pour interprètes Frédérick Lemaître, admirable de véhémence, de sensibilité et d'ironie dans le rôle de Molière, et mademoiselle Valérie Klotz, qui est bien la plus charmante la Vallière qu'on puisse imaginer : elle a su faire jaillir de ses beaux yeux de véritables larmes qui en ont fait verser bien d'autres dans la salle. — Clarence représente Louis XIV avec intelligence, tenue et dignité.

IV

JUIN 1843. — Gymnase : *Lucrèce à Poitiers, ou les Étables d'Augias*, par M. Léonard (de Châtellerault). — M. Ponsard. — Le fétichisme littéraire. — Ce qu'on appelle une époque de décadence. — Un toast de Léon Gozlan. — *Lucrèce* atteinte et convaincue de romantisme. — Prosodie de l'école moderne. — Variétés : *la Quenouille et le Métier*. — Pourquoi pas *la Quenouille de Barberine ?* — Les Chinois de Paris. — Grande irrévérence du critique. — Les soleils couchés et les soleils levants. — L'Odéon subventionné. — Gaieté : reprise de *la Chambre ardente*, drame de MM. Mélesville et Bayard. — Quand les vaudevillistes s'en mêlent ! — Analyse qui réclame un chimiste. — Mademoiselle Georges. — A propos de la pluie et du beau temps.

13 juin.

GYMNASE. *Lucrèce à Poitiers, ou les Étables d'Augias.* — Les vaudevillistes, qui sont cependant des gens hardis et qui ne respectent rien, n'ont pas osé faire la parodie de la *Lucrèce* de M. Ponsard. Le cœur leur a manqué! le nouveau dieu littéraire n'a pas eu un athée, pas même un protestant. Il y a eu intimidation, car nul sujet ne prêtait plus à la caricature que *Lucrèce*, cette fileuse sempiternelle, cette ouvrière en tuniques blanches, qui n'a fait dans sa vie qu'une seule action remarquable, celle de mourir. Mais toucher à l'arche sainte! ô ciel! quel sacrilége! Hasarder une plaisanterie sur *Lucrèce!* cela ferait descendre le tonnerre du haut des cieux. Aussi, comme vous le pensez bien, la *Lucrèce à Poitiers* du Gymnase n'est qu'une simple apothéose, à laquelle M. Ponsard assistait en pleine loge, plus heureux que les Césars romains, qui ne devenaient dieux qu'après avoir mangé des champignons. Cette boutade en vers est une revue satirique sans esprit, sans sel, ni attique ni autre, et qui ramène aux beaux jours de M. Jay, d'heureuse mémoire. Les plaisanteries les moins rances datent de 1827. On ne saurait rien voir de plus usé, de plus râpé, de plus traîné sur les tables d'estaminet. Selon M. Léonard (de Châtellerault), les plus grandes illustrations poétiques de ce temps-ci ne sont que de viles ordures ; notre admirable littérature moderne n'a servi qu'à encombrer les étables d'Augias, et c'est M. Ponsard qui est chargé du nettoyage ; c'est lui dont le bras vigoureux détourne l'Alphée du classicisme pour le faire passer à travers les écuries du romantisme. Quel gaillard ! — Certes, nous avons tout le premier rendu justice au mérite de M. Ponsard ; nous avons dit de son étude tragique tout le bien que nous en pensions ; mais celui qui serait la perle d'un fumier composé de Victor Hugo, de madame de Girardin et de Casimir Delavigne, il faudrait le saluer le premier poëte du monde.

L'intrigue de cette bluette est nulle : c'est la procession habituelle des revues, *les Burgraves*, *Judith*, *Charles VI*, *Lucrèce*, représentés par la même actrice. Ces sortes de choses ne sont guère tolérables qu'au mois de décembre, et, à en croire le calendrier, nous sommes au mois de juin.

Vous pensez bien que la fanfare de rigueur en l'honneur de Corneille et de Racine n'est pas oubliée. — Corneille et Racine sont, personne n'en doute, de grands génies, d'illustres poëtes, la gloire de leur époque, dont ils étaient l'expression vivante ; mais ne serait-il pas bientôt temps de les laisser tranquilles dans leur sereine immortalité ? Le monde vieillit, les siècles s'accumulent, et chaque jour s'étend la liste des noms et des faits à retenir. Il ne resterait plus de place à la génération présente pour se développer et vivre au soleil, si l'on ne mettait enfin trêve à ce respect chinois pour les ancêtres littéraires. Qu'on brûle de temps à autre des papiers d'or et d'argent devant leurs pagodes, mais qu'on ne traîne pas perpétuellement leurs momies au milieu de nous. Ils ont été, nous sommes, d'autres seront : c'est la chanson éternelle. Ils valaient mieux que nous ! — Eh ! sans doute ! Depuis le commencement du monde, les pères valent mieux que les enfants. Que voulez-vous ! il faut bien donner cette satisfaction à l'envie contemporaine : il est si doux de louer des gens réduits à l'état de poussière impalpable, qu'on ne trouve jamais sur son chemin, qui ne vous gênent pas et vous dispensent de rendre justice aux mérites vivants.

Le fétichisme intéressé que l'on professe pour Corneille, Racine, et même Molière, a nui plus qu'on ne pense au développement de l'art moderne. Les louanges excessives et souvent inintelligentes qu'on leur prodigue, ajoutées à l'extrême injustice avec laquelle on traite les œuvres récentes, finissent par jeter dans le découragement les esprits les plus fermes et les plus courageux. S'il n'y a pas eu de tragédie en France depuis cent cinquante ans, on le doit à Racine et à Corneille, ou, pour mieux dire, à l'abus qu'on fait de leur nom. Il en est ainsi de Molière, qui serait sifflé aujourd'hui pour la liberté de mots, la fantaisie de style, et les hardiesses scéniques de toutes sortes qu'il se permet, et à bon droit. A chaque comédie nouvelle, le chœur des rétrogrades de s'écrier : « Ce n'est pas la comédie de Molière ! » si bien que l'on n'en a plus fait ! Pour notre part, nous avouons, que, malgré tout le respect que nous inspirent les anciens chefs-d'œuvre, nous aimerions autant autre chose. Nous ne portons plus les perruques in-folio, les justaucorps à crevés, les canons et les talons rouges de nos aïeux, pourquoi porterions-nous leurs tragédies et leurs comédies ? Ils travaillaient dans les conditions d'intérêt et d'amusement de leur époque, et ils avaient raison.

D'ailleurs, notre siècle littéraire est-il réellement inférieur au siècle de Louis XIV ? Est-ce donc un temps de décadence que celui où se trouvent réunis Chateaubriand, Lamartine, Victor Hugo, Alfred de Musset, Alexandre Dumas, Alfred de Vigny, Auguste Barbier, Béranger, Barthélemy et Méry, de Balzac, madame Sand et tant d'autres, tous divers, tous originaux, d'une individualité si forte et si tranchée, innovant dans le fond et dans la forme. Ingres, Delacroix, Decamps, pour ne parler que des plus notoires, ne valent-ils pas Lebrun, Mignard et Parrocel ou Vandermeulen ? Notre école de peinture, qui avait toujours été placée la dernière, n'est-elle pas en tête du mouvement ? Rome aujourd'hui est à Paris. Notre littérature alimente tous les autres pays ; on ne joue sur les théâtres de l'Europe que des traductions ou des imitations de nos pièces.

Nous avons acquis une qualité qui, jusqu'à présent, semblait nous manquer, l'imagination. Tous les sujets de nouvelles, de romans, de vaudevilles, de pièces de théâtre, sont trouvés par nous ; autrefois, c'était l'Espagne ou l'Italie qui inventait, le reste n'était que des centons grecs ou latins plus ou moins adroitement assemblés, à ce point que, si un commentateur allemand voulait annoter un de nos chefs-d'œuvre les plus vantés et citer en marge les passages imités, la part réelle de l'auteur ne serait pas de cent vers.

Un homme d'infiniment d'esprit, et dont nous aurions pu joindre le nom à ceux que nous avons cités, n'était la peur d'écrire une litanie, se trouvait dans un dîner où l'on portait des toasts. Quand vint son tour, il leva son verre et dit avec cet accent méridional qui est un charme de plus : « A la mort des morts ! » Cette plaisanterie a un sens profond.

Quoi qu'il en soit, n'en déplaise à M. Léonard (de Châtellerault), M. Ponsard continue très-peu Corneille et Racine, et, si sa tragédie a eu du succès, c'est grâce aux imitations de Shakspeare, d'André Chénier, de Jules de Saint-Félix, de Soumet et de Dumas, à la recherche de la couleur locale, aux éléments modernes qu'elle renferme.

— Les classiques se sont laissés prendre aux noms latins francisés et aux doux souvenirs du *De viris illustribus*, le seul livre qu'ils possèdent à fond. En effet, une œuvre où l'unité de temps et de lieu est violée, qui renferme un personnage grotesque, où les vers enjambent l'un sur l'autre, où les césures sont mobiles, est-elle une tragédie dans l'acception du mot ?

Et, à propos d'enjambement et de césure mobile, une erreur encore assez répandue, même parmi les gens plus instruits que M. Léonard (de Châtellerault), c'est de croire que l'école romantique ait introduit dans la versification une anarchie complète. Rien n'est plus faux. La vérité se trouve dans le contraire.

La versification a été portée, dans ces derniers temps, au plus haut degré de perfection ; l'art, détourné de sa voie par Malherbe, Racine et ses continuateurs, a été repris au point où l'avaient laissé Corneille, Molière et la Fontaine, ces élèves de Ronsard et de Régnier, du moins pour les procédés de style et de prosodie. Par une contradiction assez bizarre, les hommes qui se prétendent classiques, en s'opposant aux coupes et aux enjambements des vers romantiques, ne s'aperçoivent pas qu'ils sont imités des poëtes grecs et latins, objet de leur admiration exclusive : ainsi, André Chénier, cette abeille de l'anthologie, est plein de vers brisés, de même que Ronsard et les poëtes de la pléiade, qui savaient l'*Iliade* et l'*Odyssée* par cœur, et composaient couramment sur tous les mètres dans la langue d'Homère et de Virgile.

Racine, loin d'être un classique, est, au contraire, un novateur, un romantique dans la force du terme, puisque, rompant avec la tradition, il parle le *roman*, c'est-à-dire l'idiome, le jargon du jour. En effet, il repousse tout archaïsme et dans le style et dans la forme; il parle le langage des ruelles, épuré et perfectionné, mais avec tous les mots à la mode; ce ne sont que des *flammes*, des *soupirs*, des *yeux*, des *feux*, des *madame*, des *seigneur* et des *princesse* à n'en plus finir. Retrancher ces locutions de Racine serait le diminuer d'un bon quart. Chez lui, ce magnifique mouvement donné aux arts et à la poésie par la renaissance ne se fait plus sentir; il n'a plus rien de gaulois, et, quoi qu'on en ait dit, contient fort peu de grec; il est français. — Mettez à côté d'une page de Racine une page de Corneille ou de Molière, et vous aurez de la peine à croire qu'elles aient été écrites par des poëtes contemporains. Aussi, quand on disait le vieux Corneille et le jeune Racine, cette différence s'appliquait encore moins à leur âge qu'à leur manière. Pour le public, Corneille, Molière et la Fontaine ont vieilli, et, dans ces dernières années, *le Cid*, *Don Sanche* ne se jouaient qu'avec les retouches d'Andrieux, — un singe faisant les griffes et la crinière à un lion! — Quant à nous qui préférons un peu de barbarie à beaucoup de fadeur, nous regardons la venue de Malherbe comme une chose fâcheuse, et nous trouvons qu'à partir de Racine, les secrets de la versification se perdent, la science des coupes disparait; la rime s'appauvrit, les rhythmes et les mètres si variés, si ingénieux de la renaissance, tombent en désuétude; il ne reste plus que le filandreux alexandrin à rime plate et cet abominable vers décasyllabique dont Voltaire a, par sa *Pucelle*, rendu l'emploi désormais impossible.

Victor Hugo, un de ces poëtes que Dante appelle souverains et qu'il place dans l'Élysée, une grande épée à la main comme des guerriers, et qui réunit en lui deux qualités qui semblent d'abord opposées l'une à l'autre, un lyrisme effréné dans la pensée et une miraculeuse patience de ciselure dans l'exécution, a fait accomplir à la versification un immense progrès qui a été pris pour une décadence par certains esprits, judicieux sur d'autres points, lesquels s'imaginent que les vers romantiques ne sont que de la prose plus ou moins rimée, et que le vers droit, à période carrée, est beaucoup plus difficile que le vers moderne. Déjà Lamartine, avec ses grands coups d'aile, ses élégances enchevêtrées comme des lianes en fleurs, ses larges périodes, ses vastes nappes de vers s'étalant comme des fleuves d'Amérique, avait fait crever de toutes parts le vieux moule de l'alexandrin ; mais il restait encore beaucoup à faire.

Dans ses *Orientales*, Victor Hugo se plut à réunir un grand nombre de formes, de stances, ou entièrement neuves, ou restaurées des vieux maîtres. Il revêtit son inépuisable fantaisie de tous les rhythmes et de toutes les mesures; il donna des exemples de tous les entre-croisements et de tous les redoublements de rimes, et reproduisit dans son œuvre l'ornementation mathématique et compliquée de l'Orient. Son école, composée alors d'Alfred de Vigny, de Sainte-Beuve, d'Alfred de Musset et d'Antony Deschamps, auxquels d'autres vinrent bientôt s'adjoindre, chercha la richesse de la rime, la variété de coupe, la liberté de césure, et trouva mille charmants secrets de facture. Bien des mots exilés dans la prose purent enfin rentrer dans les vers. L'exclusion systématique du mot propre produit, dans les poëtes de l'école racinienne, une tonalité toute particulière : les terminaisons en er, en é, en *ant*, en *eux*, en *able*, finissent presque tous les vers pseudoclassiques, ce qui n'a rien d'étonnant, vu l'énorme consommation d'infinitifs et d'adjectifs à laquelle oblige la périphrase.

On nous pardonnera ces réflexions, qui ont pour but de faire comprendre aux gens du monde que l'école romantique ne procède pas à l'aventure ; ces vers brisés ou *cassés*, comme disent les classiques dans leur aimable atticisme, exigent de longs travaux, de patientes combinaisons, sont plus riches de rimes, plus sobres d'inversions et de licences grammaticales que les vers qu'ils s'imaginent être des chefs-d'œuvre de pureté, parce qu'ils sont tout simplement monotones.

VARIÉTÉS. *La Quenouille et le Métier.* — Dans ce recueil de charmantes comédies que M. Alfred de Musset a intitulé *le Spectacle dans un Fauteuil*, il en est une qui a pour titre *la Quenouille de Barberine*. C'est une perle enchâssée dans l'or.

Ulric, seigneur bohême, vit pauvrement dans le château de ses ancêtres avec la belle Barberine, sa femme, qu'il aime, comme elle le mérite, de toute la force de son bon et loyal cœur; mais il est affligé de ne pas voir cinq à six aunes de velours traîner derrière ses jolis pieds le dimanche à la messe, et il veut aller à la cour du bon roi Mathias pour tâcher de rétablir un peu sa fortune.

Mais c'est un grand souci pour un voyageur qu'une jolie femme à la maison, et le brave Ulric, bien qu'il ait grande confiance en sa femme, a de la peine à partir. Arrivé à la cour de Bohême, où la reine Béatrice d'Aragon lui fait un excellent accueil, il se prend de querelle, à propos de la vertu des femmes, avec un jeune écervelé, le comte Rostolphe de Rosemberg, qui parie d'avoir conquis Barberine en un mois, à condition qu'Ulric ne la préviendra pas et ne s'y opposera en rien. — Ulric consent à cette étrange gageure, qui a lieu devant la reine, étonnée de voir à un si jeune homme que Rosemberg une si mauvaise opinion des femmes. Rosemberg part, et l'inquiétude commence à envahir l'âme d'Ulric. Celui-ci achète d'un juif suspect, Polacco, un miroir magique où l'image de la femme à laquelle on pense apparaît blanche comme la robe de Marie, si elle est fidèle, blonde comme l'épi mûr, si elle est tentée, et noire comme le charbon, si elle est coupable. Rosemberg arrive au château, et, grâce aux nouvelles qu'il apporte d'Ulric, reçoit un accueil d'abord bienveillant de Barberine; s'enhardissant bientôt, il lui déclare son amour, dont Barberine écoute l'aveu sans témoigner d'indignation, sans faire de bruit, comme une honnête femme qu'elle est et qu'elle veut rester.

Feignant de céder aux instances du présomptueux Rosemberg, Barberine lui assigne un rendez-vous dans une petite chambre, en haut d'une tourelle. Rosemberg s'y rendra le premier, et, quelques minutes après, Barberine ira le rejoindre; mais, quand le crédule jeune homme est entré, il entend tirer sur lui les verrous. Le guichet de la porte s'ouvre et la jolie tête de la jeune femme apparaît fraîche et pure dans le cadre de chêne.

« Seigneur Rosemberg, lui dit-elle d'un ton calme et froid, comme vous n'êtes venu ici que pour commettre un vol, le plus odieux et le plus digne de châtiment, le vol de l'honneur d'une femme, et, comme il est juste que la pénitence soit proportionnée au crime, vous êtes emprisonné comme un voleur. Il ne vous sera fait aucun mal, et les gens de votre suite continueront à être bien traités. Si vous voulez boire et manger, vous n'avez d'autre moyen que de faire comme les vieilles femmes qui gagnent leur vie en prison, c'est-à-dire de filer. Vous trouverez une quenouille et un rouet tout préparés dans cette chambre, et vous pouvez avoir l'assurance que l'ordinaire de vos repas sera scrupuleusement augmenté ou diminué selon la quantité de fil que vous filerez. »

Rosemberg a beau crier, chanter, faire du vacarme, secouer les barreaux, la prison est solide et la comtesse inflexible. A la fin, l'appétit l'emporte sur la fausse honte, et le pauvre diable file comme s'il n'avait fait que cela de sa vie. Barberine écrit l'histoire à son mari, tout en le priant d'excuser la jeunesse de Rosemberg, plus étourdi que méchant, et que cette aventure corrigera de sa présomption. Ulric a gagné le pari. Le miroir est aussi blanc que l'argent le plus pur, aussi net que la neige la plus immaculée. A peine une légère teinte d'or l'a-t-elle coloré un instant.

La reine, contente d'avoir vu l'honneur de son sexe si bien soutenu, promet au comte d'aller visiter sa femme. « Nous ferons le voyage exprès, dit-elle, suivie de toute notre cour, afin qu'on sache que le toit sous lequel habite une femme chaste est aussi saint lieu que l'église, et que les rois quittent leurs palais pour les maisons qui sont à Dieu. »

Pourquoi n'a-t-on pas joué tout simplement *la Quenouille de Barberine* telle qu'elle était écrite dans le livre du poëte?

20 juin.

LES CHINOIS DE PARIS. — Un pauvre vieux journal, *le Constitutionnel*, s'est ému de nos réflexions sur *Lucrèce à Poitiers, ou les Étables d'Augias*. Il trouve outrecuidant de notre part que nous n'acceptions pas bénévolement la qualification de *fumier* appliquée à la littérature moderne par M. Léonard (de Châtellerault); il nous accuse de vouloir chasser du théâtre toutes ces belles et touchantes héroïnes, Chimène, Camille, Hermione, Iphigénie, Monime, Zaïre, Mérope, Aménaïde; telle n'est pas notre pensée et *le Constitutionnel* le sait mieux que personne. Le Théâtre-Français est un musée où les anciens chefs-d'œuvre doivent être présentés sous le plus beau jour possible, et c'est pour cela que les comédiens de la rue Richelieu reçoivent une subvention du gouvernement.

Il faut conserver les traditions du passé, garder pieusement la mémoire des grands hommes, mais ne pas leur sacrifier le présent. Corneille, Racine et Molière, dont vous avez sans cesse les noms à la bouche, ont vu *les Horaces*, *Athalie*, *le Misanthrope*, les trois plus riches fleurons de leur couronne, tomber honteusement devant le parterre. Ils furent critiqués à outrance, précisément par les mêmes motifs que vous jetez à la tête des poëtes actuels, comme novateurs, corrupteurs du goût, de la morale et de la langue : les diatribes dirigées contre *le Cid* par Scudéri ressemblent, à s'y méprendre, aux feuilletons du *Constitutionnel* contre M. Victor Hugo. Molière est traité tout à fait en petit garçon par les Jay de l'époque : il ne sait pas les règles, ses caractères sont outrés ; son comique trivial ne peut plaire qu'à la populace ; il n'a pas l'art d'écrire purement en vers. Tout cela est accompagné de force éloges sur les écrivains antérieurs, sur les modèles, etc., etc. Sans doute, la postérité a bien vengé ces grands hommes des mépris de leurs contemporains ; mais ils ont vécu malheureux, inquiets, et sont morts doutant de leur génie. Nous l'avons déjà dit et nous le répétons, l'admiration rétrospective est un des mille détours de l'envie, qui préfère les soleils couchés aux soleils levants et surtout aux soleils à leur midi. Si Corneille, Racine et Molière sont admirables, c'est parce qu'ils ont été nouveaux, qu'ils ont apporté au théâtre des idées et des sentiments personnels ; c'est là ce qui les fait vivre, et non les imitations plus ou moins adroites des Latins et des Grecs. Les poëtes modernes ont mis en circulation beaucoup de pensées, de sentiments, d'images, qui tiennent à notre temps, à nos mœurs, à nos désirs, à nos rêves, et dont on ne retrouve la trace dans aucune autre littérature ; c'est par là qu'ils existent, en dépit de toute critique et de toute cabale. On a beau dire, des statues, si pur qu'en soit le marbre, si nobles qu'aient été les personnages qu'elles représentent, ne valent pas des hommes de chair avec un cœur qui palpite et un sang qui bouillonne de la vie universelle.

Nous avons pour ces statues toute l'admiration qu'elles méritent ;

nous jetterons des couronnes sur leurs socles, mais voilà tout ; nous sommes pleins de vénération pour nos ancêtres littéraires, mais le xvii⁰ siècle est depuis longtemps tombé dans l'abîme éternel ; et, si respectables que soient des ancêtres, on ne vit pas avec eux, par la raison qu'ils sont morts. Rien ne peut arrêter le vol du temps : les Chinois (nous sommes fâché de nous servir encore de ce mot qui vous déplaît si fort, ô patriarcal *Constitutionnel!*) ont essayé de réaliser cette chimère, de continuer le passé dans le présent et de faire que hier soit aujourd'hui. Il y a des milliers d'années qu'ils ont inventé la boussole, l'imprimerie, la poudre à canon, et, quand les Anglais sont venus, ils n'ont trouvé d'autre moyen de défense que de se cacher derrière des paravents semés de dragons verts, et de crier : *Hou! hou!* ainsi que le prescrit l'ancien rite. — Mais laissons là cette polémique ; nous n'avons relevé l'attaque anonyme du *Constitutionnel* que parce qu'elle nous donne l'occasion de revenir sur une thèse que nous aimons à soutenir : à savoir que ce siècle n'est pas inférieur au siècle de Louis XIV. Cette vérité ne peut être niée que par des gens d'une autre époque, qui ne communient en rien avec celle-ci, que par des esprits retardataires ou rétrogrades, ignorants du mouvement des intelligences et chez qui le sentiment moderne n'a pas encore pénétré.

Odéon. — Une subvention de soixante mille francs vient d'être accordée à l'Odéon. Soixante mille francs, ce n'est pas assez, mais c'est toujours mieux que rien. L'Odéon a rendu des services, et il en rendra encore. Il habitue à des plaisirs littéraires une jeunesse quelquefois un peu turbulente dans ses amusements. Il contre-balance, par un répertoire varié, tragédie, comédie et drame, l'influence de plus en plus envahissante du vaudeville. Il a donné, avec des chances diverses, quatre ou cinq pièces remarquables, sans compter d'utiles reprises d'anciens ouvrages. Ce n'est pas trop que la littérature sérieuse ait deux théâtres, lorsque tous les autres appartiennent aux flonflons et à la musique.

Il faut donc que l'Odéon vive. — Qu'il se fasse, comme nous le lui avons conseillé déjà, un répertoire composé, moitié d'ouvrages nouveaux, moitié d'imitations ou de traductions en vers des chefs-d'œuvre étrangers, tant anciens que modernes, le Théâtre-Français suffisant à la représentation de notre vieux répertoire tragique et comique. De cette façon, l'on pourrait faire un cours complet d'art dramatique. Le passé et le présent, la France et l'étranger, seraient mis en présence pour la plus grande instruction du public, qui verrait avec reconnaissance s'élargir le cercle de ses idées et de ses plaisirs.

GAIETÉ. *La Chambre ardente.* — Les représentations de mademoiselle Georges viennent de commencer à la Gaieté. *La Chambre ardente* en a ouvert la série, qui doit se continuer jusqu'à la réouverture de l'Odéon. — Parmi les anciens ouvrages du répertoire de la Porte-Saint-Martin, *la Chambre ardente* n'est pas, à beaucoup près, ce qu'il y a de meilleur, et l'on aurait pu mieux choisir pour mettre en goût le public : ce drame, de deux vaudevillistes, pèche surtout par l'agencement, qui décèle une grande inexpérience de la spécialité. Il est vrai qu'en revanche l'horreur y coule à pleins bords : à chaque tableau, — et l'on n'en compte pas moins de neuf, — deux ou trois personnages meurent par le poison, par le fer ou par le feu, de sorte qu'il ne reste plus guère à la fin que le souffleur, encore le malheureux doit-il être à bout de respiration. Les auteurs, MM. Mélesville et Bayard, pour être sortis une fois de leurs habitudes, ont voulu s'en donner à cœur joie.

Le sujet de *la Chambre ardente* est emprunté, comme on sait, au recueil des *Causes célèbres*, où les dramaturges modernes ont été si souvent puiser leurs idées. C'est l'histoire, à peu près exacte, de la marquise de Brinvilliers, cette célèbre empoisonneuse qui, avec l'aide du chevalier de Sainte-Croix et de l'Italien Eccili, épouvanta si longtemps le règne de Louis XIV. Il faudrait un chimiste ou, tout au moins, un pharmacien pour faire l'analyse complète de la pièce, où le sublimé corrosif joue le principal rôle. « La Brinvilliers empoisonnait des tourtes de pigeonneaux (sans doute au moyen de champignons vénéneux), dont plusieurs mouraient, qu'elle n'avait aucun dessein ni envie de tuer ! » dit madame de Sévigné dans une de ses lettres. MM. Bayard et Mélesville n'ont eu garde de négliger ce détail ; ils ont même accompagné les tourtes mortifères de biscuits pétris d'arsenic et de verres d'eau saturés de vitriol. Grâce à ces mixtures indigestes, leur héroïne tue non-seulement son père, son oncle, ses frères, son mari et tous ses proches, mais encore la belle-sœur du roi, madame Henriette d'Angleterre elle-même, ce qui jette un jour tout nouveau sur la fin prématurée de cette princesse. La Brinvilliers commet tous ces crimes d'abord par amour pour Sainte-Croix, ensuite par tendresse pour sa fille ; car elle est bonne mère, bonne amante et bonne empoisonneuse. On la suit ainsi, à travers les morts subites, jusqu'au pied de la Chambre ardente, — bien qu'à l'époque ce terrible tribunal ne fût pas encore institué, — et, pour tableau final, on voit se dresser son échafaud (un magnifique bûcher en bois de choix, comme en peignent fallacieusement les charbonniers sur les volets de leurs boutiques). « Là, écrit encore madame de Sévigné, qui assistait à l'exécution, elle fut un quart d'heure *mirodée*, rasée, dressée et redressée par le bourreau : ce fut un grand murmure et une grande cruauté... Le lendemain, on cherchait ses os, parce que le peuple prétendait qu'elle était sainte. « Le fait est que son confesseur la trouva « si bien illuminée par la grâce, qu'il eût voulu, dit-il, être à sa place. » O bienheureuse martyre, priez pour nous !

Nous avons dit que *la Chambre ardente*, oubliée depuis dix ans, ne méritait pas d'être ressuscitée ; nous devons ajouter, pour être juste, que les spectateurs de la Gaieté se sont montrés d'un avis contraire : ils ont bruyamment applaudi la pièce, et surtout mademoiselle Georges, qui, dans le rôle de la Brinvilliers, a déployé toutes les ressources de son admirable talent. Au quatrième acte, son jeu pathétique a électrisé la salle entière, et, au cinquième, il est tombé des loges une telle averse de bouquets, que le bûcher de la Brinvilliers n'était plus qu'un monceau de fleurs. — L'entourage de mademoiselle Georges est, au reste, d'une médiocrité rare. — L'acteur Gouget a cependant obtenu quelque succès, un *succès de chute* : c'est-à-dire que, atteint à son tour par le poison d'Eccili, qui frappe comme la foudre, il s'est laissé choir de son haut, roide et tout d'une pièce, de si terrible façon, de manière à si bien faire croire qu'il s'était cassé les reins, que les titis en ont manifesté leur joie par trois salves de bravos, et qu'à la sortie, on les entendait répéter encore : « Est-il bien tombé ! » exclamation que les passants auront sans doute appliquée au drame.

Là se borne notre butin de la semaine. Les théâtres, qui ont conservé le vieux préjugé de l'été, et qui s'imaginent que les mois de juin et de juillet existent autre part que sur l'almanach, n'ont donné aucune première représentation, sous prétexte de chaleurs parfaitement absentes.

Malgré quelques intrépides qui s'obstinent encore à porter, vers certaines époques, des pantalons de coutil ou de nankin, l'été est une saison abolie. — A qui faut-il s'en prendre? — La terre vieillit et se détraque; elle a besoin de se purger, de suivre un régime, et l'on ne ferait vraiment pas mal de s'adresser aux phalanstériens, qui prétendent avoir des recettes pour redresser les climatures. Plus de printemps, plus d'été, plus d'hiver, mais une espèce d'automne qui dure toute l'année; les fleurs et les plantes continuent, par un vieux reste d'habitude, de faire acte d'apparition à peu près aux mêmes mois; les oiseaux font leur nid à tout hasard; mais bientôt tout cela sera changé : les cerises viendront en décembre, on moissonnera en janvier. Le soleil s'encroûte, ses taches s'élargissent de jour en jour; chaque année, il jette moins de chaleur et de lumière.

Quoique nous soyons encore loin d'être un burgrave, nous nous souvenons parfaitement d'un temps où il y avait quatre saisons distinctes, dont les portraits existent dans les anciens dessus de portes et dans les illustrations de Matthieu Laensberg. Le 21 ou le 22 mars, le Printemps faisait son entrée, de l'air le plus galant, en habit vert tendre, un bouquet de perce-neige et de violettes au côté. Son trimestre achevé, il se retirait poliment, donnait une poignée de main à l'Été, couronné d'épis jaunissants, de bluets et de pavots, et qui s'en allait à son tour, quand, à la date précise, l'Automne, son panier de vendange sous le bras, venait le relever de sa faction. L'Hiver, avec son carrick à six collets, paraissait juste le jour marqué pour allumer les poêles. Jamais une entrée n'était manquée; le service céleste était admirablement fait: la pluie, le vent, obéissaient aux almanachs. Peut-être, par mesure d'économie, a-t-on supprimé l'*avertisseur* qui faisait paraître les Saisons à point nommé. Il ne gèle plus, et Tortoni est obligé d'envoyer des vaisseaux chercher des glaces au Spitzberg, au Groenland, dans les mers du pôle; la neige ne sera bientôt plus qu'une tradition dont les tableaux de Malbranche conserveront le souvenir.

Tout ce qui est caractéristique s'efface et disparaît. — Plus de saisons, par conséquent plus d'habits différents; la tenue d'hiver et d'été ne subsiste plus que sur les billets de garde nationale. Nos ancêtres avaient des habits de saisons de toutes couleurs, et nous, leurs malheureux fils, nous sommes condamnés au drap et au caoutchouc à perpétuité. Ce sera un joli temps que celui où — grâce à la fréquence des rapports, à la rapidité des moyens de communication, à la fusion des races, au déboisement et au défrichement — les peuples, composés d'individus absolument pareils, mèneront une existence sans aventure possible, sous un climat le même toujours et partout. Le type blond et le type brun se confondront dans une nuance bâtarde : déjà la femme blonde est une rareté. Tout le monde aura la même figure, et l'on sera obligé de se marquer avec des numéros pour se faire reconnaître. Les animaux, à l'exception de ceux qui fournissent des biftecks et que l'on déformera d'après les principes des éleveurs anglais, seront impitoyablement supprimés et remplacés par des machines; le charbon sera l'âme de cette création d'acier et d'airain; on fera mûrir les fruits dont on aura besoin dans des serres chauffées à la vapeur; et le soleil, se sentant inutile, prendra des vacances dont il profitera pour se faire redorer par le procédé Ruolz. Mais, au bout de quelques siècles, lorsque toutes les races vivant encore auront disparu, il arrivera que les entrailles épuisées du globe ne fourniront plus de charbon : les machines ne pourront plus jouer, et la dernière heure du monde industriel ne tardera pas à sonner.

V

JUILLET 1845. — Opéra : reprise d'*OEdipe à Colonne*, de Guillard et Sacchini. — Du simple et du composé en fait d'art. — Qualités de la musique de Sacchini. — L'opéra ancien et l'opéra moderne. — Porte-Saint-Martin : *Lénore*, drame de MM. Cogniard frères. — La ballade de Burger. — Ce qu'en ont fait MM. Cogniard. — Madame Dorval. — Opéra : *La Péri*, ballet de MM. Théophile Gautier et Corally, musique de M. Burgmuller. — A M. Gérard de Nerval, au Caire. — La nostalgie des âmes. — L'Orient rue Lepelletier. — Métamorphose d'un poëme en ronds de jambe. — Couleur locale et réalisme. — Carlotta Grisi. — Le pas de l'abeille. — La musique de M. Burgmuller.

5 juillet.

OPÉRA. Reprise d'*OEdipe à Colonne*. — Voilà près d'une quinzaine d'années que l'œuvre de Guillard et de Sacchini n'avait été jouée; la reprise d'*OEdipe à Colonne* est donc pour beaucoup de monde comme une première représentation. Au dire des anciens amateurs, l'*OEdipe* est infiniment supérieur aux productions modernes comme poésie et comme musique. Certainement, le style de Sacchini est large, simple, grandiose parfois, mais un peu monotone. Nos oreilles, à tort ou à raison, n'ont plus l'habitude de cette manière. Accoutumées à une orchestration abondante en ressources de tout genre, variée en effets, elles sont étonnées de la sobriété des accompagnements, formés en général de basses et de violons. En art, on ne peut pas rétrograder, c'est-à-dire revenir du composé au simple. Nous ne prétendons pas que l'un vaille mieux que l'autre, mais nous en sommes à la période des complications : et, en cela, nous n'avons fait que suivre la marche ordinaire des choses.

Il ne faut accuser ni le mauvais goût du siècle ni le génie des compositeurs : les premiers venus s'emparent des idées et des sentiments généraux et formulent naïvement les magnifiques lieux communs qui remuent l'intelligence humaine. Ils écrivent ce qui leur vient à l'esprit sans s'inquiéter de rien ; car, n'ayant pas de prédécesseurs ou étant séparés des civilisations précédentes par les ténèbres de quelque barbarie, ils ne sont pas tourmentés par la crainte d'être accusés de plagiat. Ils s'emparent, comme ils en ont le droit, des situations naturelles, des idées émouvantes, et agissent sur un public vierge et qui n'est pas blasé par la tradition. Ils n'ont donc pas besoin de recourir à des moyens extrêmes, à des recherches bizarres comme les artistes qui arrivent plus tard et qui n'ont pas les mêmes facilités. — Il ne suffit pas d'être un homme de génie, il faut vivre dans un siècle de génie ! Il arrive quelquefois dans les civilisations avancées qu'on naît avec le talent d'un autre ou du moins avec un talent identique.

Sous peine de passer pour imitateur ou plagiaire, il faut changer la direction de son esprit et le cultiver dans un autre, inconvénient qui n'existait pas aux époques de renaissance. — On ne doit donc pas faire un si grand mérite à nos devanciers de leur simplicité de pensée et d'exécution. Nous disons ceci, car il n'est pas douteux que l'œuvre de Sacchini ne soit une occasion pour beaucoup de personnes de reprocher à l'école musicale moderne son vacarme, ses éclats de cuivre, ses cris et ses effets outrés. Cependant, il est difficile de se dissimuler que la représentation de l'*Œdipe à Colonne*, malgré les incontestables beautés dont cette partition est semée, n'a causé aux spectateurs qu'un plaisir grave, cousin germain de l'ennui.

La musique est, de tous les arts, celui qui vieillit le plus vite ; ne s'appuyant pas, comme la poésie, sur la philosophie et l'observation ; n'ayant pas, comme la peinture, un point de comparaison perpétuel avec les phénomènes extérieurs, la musique donne une plus large part à la mode, à la fantaisie, à la convention ; des mélodies qui faisaient pleurer nos pères nous semblent grotesques, et nous ferions des airs de ballet avec les morceaux les plus pathétiques. Tous les cinquante ans au plus, le goût musical se renouvelle ; c'est ce qui fait que les reprises de chefs-d'œuvre sont rarement heureuses, si la tradition en est interrompue pendant un quart de siècle seulement. L'ennui des ouvrages modernes fait réclamer à grands cris, et à juste titre, la réapparition d'opéras célèbres, et, lorsqu'ils sont remis à la scène, leurs plus chauds prôneurs eux-mêmes sont surpris du peu de plaisir qu'ils éprouvent. A les entendre, les passages surannés jettent du ridicule sur des morceaux d'une beauté éternelle, et la réputation du compositeur y perd plutôt qu'elle n'y gagne. Quoi qu'on en puisse dire, la place de Gluck, de Piccini, de Sacchini et des maîtres du temps passé est dans les bibliothèques et sur les pianos des amateurs.

Ce sont d'inépuisables sujets d'études pour les virtuoses ; mais, au public vivant, il faut des œuvres vivantes. Rien ne remplace l'atmosphère contemporaine. Quelque admirateur que l'on soit du passé, on éprouve une espèce de froid à voir représenter un chef-d'œuvre ancien ; on sent que ce sont des paroles mortes, des mélodies mortes. L'âme est partie : il n'y a plus cette animation que communique à une pièce un public en communion avec l'auteur ; ces demi-mots jetés, ces phrases suspendues, que chacun complétait d'après les notions répandues alors, ne sont plus compris que par une intuition rétrospective dont peu d'esprits sont capables.

Le mérite principal de Sacchini consiste dans la beauté des récitatifs, dans la netteté et l'accent de la déclamation ; c'est par là qu'il est un grand compositeur lyrique dans la vraie acception du mot. L'opéra, comme on le concevait alors, représente, à proprement parler, la tragédie avec la mélopée et les évolutions des chœurs antiques. L'opéra d'aujourd'hui est en quelque sorte une symphonie visible où le sens des harmonies de l'orchestre est traduit par les personnages et les décorations : les voix y font le rôle d'instrument, puisque les paroles qu'elles récitent ne sont presque jamais entendues.

L'opéra moderne est le drame du son et non de la pensée, les vers n'y servant que de fils de canevas où se brodent les dessins mélodiques. Cette différence est immense. Jadis la conception du poëte était respectueusement et fidèlement traduite par le compositeur, qui tâchait d'attacher sous chaque vers une musique appropriée au sens des mots. Maintenant, les *paroliers*, car on n'ose plus dire les poëtes, sont considérés à peu près comme rien ; la musique règne seule, on lui sacrifie tout. En notre qualité de faiseur de vers, nous avouons que nous trouvons l'ancienne manière préférable ; mais le public n'est pas de notre avis, il ne fait aucune attention à la phrase poétique, la phrase musicale l'occupe tout entier; qu'un thème gai soit sur des paroles tristes, peu lui importe; or, comme la qualité de Sacchini est précisément la justesse et l'appropriation de la musique au texte, il étonne plus qu'il ne charme la génération actuelle; et, si l'on ne peut que louer M. Léon Pillet, sous le rapport de l'art, d'avoir remis au théâtre l'*OEdipe à Colonne*, il est à craindre que cette reprise n'attire pas beaucoup de monde; Rossini et Meyerbeer nous ont gâtés.

Massol remplissait le rôle de Polynice; Levasseur jouait OEdipe; Canaple, Thésée, et madame Dorus, Antigone. L'exécution, sans être supérieure, a été satisfaisante et des applaudissements intelligents ont salué au passage tous les beaux morceaux, et ils sont nombreux.

18 juillet.

PORTE-SAINT-MARTIN. *Lénore*. — Il n'est pas de ballade plus populaire que celle de *Lénore*; on en a fait des multitudes de traductions tant en prose qu'en vers. Parmi les plus exactes et les mieux rhythmées, on peut citer celle de M. Émile de la Bédollière; mais la meilleure, car elle est excellente, est celle qu'en avait faite, il y a quelques années, notre ami Gérard de Nerval, et qui a été mise en musique par ce malheureux Hippolyte Monpou, si cruellement enlevé au milieu d'une mélodie commencée, au moment où il allait recueillir le fruit de ses longues luttes de toutes sortes. On ne saurait rien imaginer de plus fidèle que cette traduction, aussi allemande que l'original; c'est le même nombre de couplets, de vers, de mots, de syllabes. Le *kling* et le *klang* de la sonnette, le *trapp trapp* du galop, le *hop hop* du cavalier qui excite son cheval, son noir destrier; le hourra des fantômes et tous les cris étranges jetés à travers les rimes, qui augmentent l'effet de terreur et donnent à la poésie une apparence vraiment diabolique, s'y trouvent reproduits d'une façon merveilleuse.

La *Lénore* de Burger peut être considérée comme un des chefs-d'œuvre de la poésie romantique dans la plus étroite acception du mot. Rien n'y procède de l'antique; les Romains et les Grecs n'en pourraient revendiquer ni une idée, ni un mot; tout est moderne dans cette légende, à laquelle l'uniforme des hussards de Frédéric II donne quelque chose de plus bizarre encore par le mélange de la réalité et du fantastique. — La musique de Monpou était digne en tout point de la ballade; l'harmonie imitative n'y manquait pas, et quelle harmonie! le sifflement du vent, les larges gouttes de la pluie, le bruit des fers du cheval, la respiration haletante de Lénore, le grincement de la grille tournant sur ses gonds, etc., etc.

Nous vous laissons à penser dans quel ahurissement étaient plongés les honnêtes bourgeois qui entendaient sans préparation aucune, vers et musique, cet effroyable cauchemar germanique. Les gardes municipaux, indécis, avaient envie d'arrêter préalablement le poëte et le compositeur, sous la prévention de tapage nocturne. Les gens âgés regrettaient fort les petites chansons grivoises d'autrefois où il est question de quelque fillette, bergerette, gentillette, qui va danser sur l'herbette, à l'ombre de la coudrette, au son de la musette, la rirette, turlurette; poésie facile et coulante qui ne trouble pas l'imagination et ne provoque pas de vilains rêves la nuit; mais Gérard et Monpou se seraient plutôt fait tirer à quatre académiciens que de sacrifier l'un, une consonne dure, l'autre, un coup de tam-tam.

Transporter un tel sujet au théâtre est une entreprise presque impossible, et cependant nous croyons qu'il aurait mieux valu mettre en scène la ballade à la façon des mystères du moyen âge, que d'en chercher en quelque sorte le côté prosaïque et bourgeois comme l'ont fait MM. Cogniard frères, mis cette fois en défaut par leur habileté de directeurs et de dramaturges. Le public n'a pas pour la poésie l'horreur que lui supposent les gens prétendus expérimentés. Il est aussi las que possible des *ficelles*, qu'il connaît à fond et qui ne lui font plus la moindre illusion. D'ailleurs, il est toujours fort ennuyeux d'être pris pour dupe et celui qui vient vous démontrer que le spectre qui a fait hérisser vos cheveux sur votre tête, perler une sueur froide dans votre dos n'est autre chose qu'un torchon promené au bout d'un manche à balai, est sûr d'être parfaitement accueilli.

La *Lénore* de MM. Cogniard est faite d'après une nouvelle dramatique de M. Henri Blaze, à qui l'on aura sans doute fait l'objection qu'elle n'était pas jouable; sans la connaître, nous sommes sûr qu'elle aurait produit plus d'effet que la pièce, pourtant très-adroitement agencée, des frères directeurs. Les gens habiles au théâtre, tout préoccupés qu'ils sont des entrées, des sorties, de la manière d'amener les situations, d'éviter les longueurs, n'oublient ordinairement qu'une chose, c'est l'idée et le sens du drame. Un poëte, si maladroit qu'il puisse être, ne fera pas cette faute; les personnages entreront et sortiront comme ils pourront, d'autres resteront en scène les bras croisés; mais la véritable pièce aura été jouée, aucun des mots essentiels n'aura été omis. Les scènes que les faiseurs auraient impitoyablement retranchées, sont précisément celles qui obtiennent le plus de succès; pourtant, quelquefois, elles n'ont pas l'air de tenir à l'action, mais elles tiennent à l'idée, à la poésie, à la couleur; en ôtant ces longueurs-là, on arrive aux beaux résultats que vous voyez tous les jours.

Le dénoûment heureux de *Lénore* n'a contenté personne, car il détruit toute la poésie et la moralité de la ballade; Wilhem devient un garçon beaucoup trop réel, et Lénore n'est plus punie de son blasphème; et cependant quel frisson de terreur a parcouru la salle au premier des trois coups frappés à la petite porte du presbytère par Wilhem, que chacun croyait encore un spectre et non un hussard beaucoup trop de Felsheim. — Le style de la pièce présentait un phénomène bizarre, il semblait composé de deux spirales de différentes couleurs se croisant et reparaissant à intervalles, comme ces fils laiteux qui se contournent dans le pied des anciens verres de Venise. Tantôt on aperçoit un petit fil mince et d'un bleu de vergissmeinnicht qui révèle la manière tout allemande de M. Henri Blaze, l'exact et élégant traducteur des deux *Faust;* tantôt un gros fil rouge trempé dans le sang du mélodrame qui dénonce MM. Cogniard aux yeux les moins attentifs. — La définition de l'amour qui peut vaincre la mort et se faire ouvrir les portes du tombeau pour venir à un rendez-vous, la scène des adieux, l'allocution du vieux Strélitz à son manteau de guerre ont procuré aux spectateurs un plaisir bien rare, celui d'entendre des phrases bien faites, exprimant de jolies pensées et d'un tour vraiment littéraire.

Madame Dorval, qui représentait Lénore, a eu trois ou quatre de ces mouvements superbes qui n'appartiennent qu'à elle. Dans la scène du blasphème, avec quelle convulsion désespérée, avec quel anéantissement douloureux, elle se jette par terre, se roulant à travers ses cheveux dans la poussière et les larmes! et, quand Wilhem vient la prendre, comme elle est bien prête à partir, à le suivre, à travers la Silésie et la Bohême, jusqu'à la tombe s'il le faut, et comme elle saisit de sa main brûlante cette froide main qui l'entraîne vers le tombeau! — Raucourt a très-bien rendu le vieux Strélitz. Mademoiselle Valérie Klotz est, comme toujours, très-intelligente et très-jolie. Quant à Clarence, il semble protester tout le long de la pièce, par sa pâleur de spectre, contre la vie que lui ont rendue MM. Cogniard.

25 juillet.

Opéra. *La Péri.* — J'aurais bien voulu, mon cher Gérard, t'aller rejoindre au Caire, comme je te l'avais promis; tu n'as pas de peine à le croire : j'aimerais mieux me promener en devisant avec toi au bord du Nil, dans les jardins de Schoubrah, ou gravir la montagne de Mokattam, d'où la vue est si belle, que de polir de la semelle de mes bottes les différentes espèces de bitume et d'asphalte qui s'étendent depuis la rue Grange-Batelière jusqu'à la rue du Mont-Blanc. Mais quel est l'homme qui fait ce qu'il veut, excepté toi peut-être? Comme don César de Bazan, tu vois des femmes jaunes, noires, bleues, vertes; tu vois des ibis et des rats de Pharaon, homme heureux! Moi, je n'ai pas quitté Paris, mille soins m'ont empêché; on a toujours à la patte quelque fil invisible qui se fait sentir au moment où l'on va s'envoler; sans compter le feuilleton, tonneau des Danaïdes où il faut verser chaque semaine une urne de prose, et la page à finir, et la page à commencer, et l'espoir trompé chaque jour, et tous les chers ennuis dont la vie est faite. Enfin, je suis resté, et, ne pouvant te suivre, je me suis fait construire un Orient et un Caire, rue Lepelletier, à l'Académie royale de musique et de danse, à dix minutes de chemin de chez moi.

On n'est pas toujours du pays qui vous a vu naître, et, alors, on cherche à travers tout sa vraie patrie; ceux qui sont faits de la sorte se sentent exilés dans leur ville, étrangers dans leurs foyers, et tourmentés de nostalgies inverses. C'est une bizarre maladie : on est comme des oiseaux de passage encagés. Quand arrive le temps du départ, de grands désirs vous agitent, et vous êtes pris d'inquiétudes en voyant les nuages qui vont du côté de la lumière. — Si l'on voulait, il serait facile d'assigner à chaque célébrité d'aujourd'hui non-seulement le pays, mais le siècle où aurait dû se passer son existence véritable : Lamartine et de Vigny sont Anglais modernes ; Hugo est Espagnol-Flamand du temps de Charles-Quint ; Alfred de Musset, Napolitain du temps de la domination espagnole ; Decamps, Turc asiatique ; Marilhat, Arabe ; Delacroix, Marocain. On pourrait pousser fort loin ces remarques, justifiables jusque dans les moindres détails, et que viennent confirmer même les types de figure. — Toi, tu es Allemand ; moi, je suis Turc, non de Constantinople, mais d'Égypte. Il me semble que j'ai vécu en Orient ; et, lorsque, pendant le carnaval, je me déguise avec quelque cafetan et quelque tarbouch authentique, je crois reprendre mes vrais habits. J'ai toujours été surpris de ne pas entendre l'arabe couramment ; il faut que je l'aie oublié. En Espagne, tout ce qui rappelait les Mores m'intéressait aussi vivement que si j'eusse été un enfant de l'islam, et je prenais parti pour eux contre les chrétiens.

Dans cette préoccupation de l'Orient, un jour de pluie grise et de vent aigre, j'avais commencé, par réaction sans doute, je ne sais quoi, comme un petit poëme turc ou persan ; et j'en avais déjà écrit vingt vers, lorsque cette idée judicieuse me tomba du plafond, que, si j'en écrivais davantage, personne au monde ne les lirait sous aucun prétexte. Les vers sont la langue des dieux, et ne sont lus que par les dieux, au grand désespoir des éditeurs. Je jetai donc mes strophes dans le panier aux ébauches, et, prenant un carré de papier, je confiai mon sujet aux jolis petits pieds qui, de quatre lignes d'Henri Heine, ont fait le dernier acte de *Giselle*.

Voici à peu près quelle avait été ma fantaisie, à laquelle je n'attache, d'ailleurs, aucune importance ; chaque bouffée d'opium, chaque cuillerée de hachich en fait éclore de plus belles et de plus merveilleuses.

Dans l'intérieur d'un harem aux colonnettes de marbre, aux pavés de mosaïque, aux murailles découpées comme des guipures, au milieu des parfums s'élevant en nuages, des jets d'eau retombant en rosée de perles, un jeune homme beau, riche comme un prince des *Mille et une Nuits*, rêve nonchalamment, le coude noyé dans la crinière d'un lion, le pied posé sur la gorge d'une de ces Abyssines dont la peau est toujours froide, même lorsque souffle le vent de feu du désert : — une espèce de don Juan oriental, arrivé au bout des voluptés et non pas des désirs ! Son catalogue ne se compose pas des dernières venues, de la grande dame ou de la grisette, de la courtisane ou de la petite pensionnaire, de tout ce que le hasard écrit sur la liste du don Juan européen. Ce n'est pas l'intrigue, l'aventure, les complications, les maris trompés, que cherche mon don Juan ; c'est la possession de la beauté dans toutes ses formes et sous tous ses aspects. Chrétien, il eût été un grand peintre ; mais, dans une religion qui ne permet pas la reproduction de la figure humaine, de peur d'idolâtrie, il ne peut fixer ses rêves que par des tableaux réels. Dans ce sérail unique, se trouvent réunis tous les types de la perfection féminine : la Géorgienne aux formes royales, la Grecque au profil droit découpé en camée, l'Arabe pure et fauve comme un bronze, la juive à la peau d'opale, inondée d'opulents cheveux roux, l'Espagnole fine et cambrée, la Française vive et jolie, cent chefs-d'œuvre vivants que signeraient Phidias, Raphaël, Titien ; et cependant Achmet répète tout bas cette ghazel mélancolique que le sultan Mahmoud jetait à l'azur du Bosphore, du haut des terrasses du sérail : « J'ai quatre cents femmes, et je n'ai pas d'amour. »

En effet, qu'est-ce que le corps sans l'âme, la lampe sans la lumière, la fleur sans le parfum ? Qu'importe au triste Achmet que les plus belles odalisques se roulent de désespoir sur les peaux de tigre ? que la cadine trouble de ses pleurs dans l'eau du bassin le reflet de son charmant visage ? Il reste froid au milieu de l'amour qu'il inspire ; en vain l'eunuque, ministre de ses plaisirs, achète au poids de l'or les plus rares esclaves, rien ne peut retenir un instant le regard distrait du maître. La matière le rebute et le fatigue. Comme tous les grands voluptueux, il est amoureux de l'impossible ; il voudrait s'élancer, dans les régions idéales, à la recherche de la beauté sans défaut ; l'ivresse ne lui suffit pas, il lui faut l'extase ; à l'aide de l'opium, il tâche de dénouer les liens qui enchaînent l'âme au corps ; il demande à l'hallucination ce que la réalité lui refuse. Ainsi, ces yeux bleus comme le jour ou noirs comme la nuit, ces épaules nacrées, ces bras polis, ces poitrines satinées que gonfle le souffle de la vie, toute cette jeunesse, tout cet éclat, ne suffisent pas à charmer l'ennui de ce cœur insatiable. A côté des formes les plus pures que puisse revêtir la beauté humaine, il se dit : « N'est-ce donc que cela ? » Ce qu'il appelle de toutes ses forces, c'est l'esprit, c'est l'âme, c'est le rayon. Il veut d'un amour avec des ailes de flamme, un corps de lumière qui se meuve dans l'infini et dans l'éternité comme un oiseau dans l'air.

La terre, symbolisée par Achmet, tend les bras vers le ciel, qui la regarde tendrement par les yeux d'azur de la Péri. — En effet, si les mortels ont, depuis les temps les plus reculés, rêvé des unions divines, le ciel, dans l'immortel ennui de ses félicités, a souvent cherché des distractions sur la terre. C'est une si belle chose d'aimer, de souffrir, de briller un instant et de disparaître pour toujours, que les anges désertaient le paradis et descendaient ici-bas pour avoir commerce avec les filles des hommes ; toutes les mythologies ne sont pleines que de cela : sans compter les innombrables *avatars* de Brahma et de Vichnou, l'histoire de Jupiter n'est qu'une perpétuelle incarnation. Encore ne se contente-t-il pas de se faire homme, il se fait bête pour réussir plus sûrement. — La matière se plaint de la pesanteur de ses chaînes, de la corruptibilité de ses formes, elle aspire à l'idéal, à l'infini, à l'éternel. — L'esprit, au contraire, dans sa mélancolie abstraite, désire la sensation, l'émotion, la douleur même ; il s'ennuie de n'avoir point de corps, le besoin du sacrifice et de la passion le tourmente.

> Toujours les paradis ont été monotones :
> La douleur est immense et le plaisir borné,
> Et Dante Alighieri n'a rien imaginé
> Que de longs anges blancs avec des nimbes jaunes.
> Les musulmans ont fait du ciel un grand sérail ;
> Mais il faut être Turc pour un pareil travail.
>
> Notre Péri là-haut s'ennuyait, quoique belle ;
> C'est être malheureux que d'être heureux toujours.

> Elle eût voulu goûter nos plaisirs, nos amours,
> Être femme et souffrir ainsi qu'une mortelle.
> L'éternité, c'est long! — Qu'en faire à moins d'aimer?
> Leila s'éprit d'Achmet; qui pourrait l'en blâmer?

Achmet et la Péri, c'est-à-dire la matière et l'esprit, le désir et l'amour, se rencontrent dans l'extase d'un rêve, comme dans un champ neutre; ce n'est que lorsque les yeux du corps sont endormis que les yeux de l'âme s'éveillent. Les liens charnels sont dénoués, et le monde invisible se révèle, les esprits du ciel descendent, ceux de la terre montent, et des unions mystérieuses s'accomplissent dans un vague crépuscule où l'on pressent déjà l'aurore du jour éternel. — Mais toute initiation demande des épreuves, toute foi appelle le martyre. Il ne suffit pas d'avoir vu l'esprit vêtu de ce blanc de neige et de flamme qui caractérise les apparitions sur le Thabor symbolique; il faut encore le reconnaître dans ses incarnations, sous les humbles voiles de la chair, sous l'enveloppe fragile et périssable. Après l'avoir compris par le cerveau, il faut le comprendre par le cœur : le désir n'est rien sans l'amour; cette essence aérienne va emprunter un corps : celle que vous aurez aimée à l'état de péri, il faut l'aimer à l'état de femme, sans ailes, sans couronne, sans puissance.

Le beau mérite de croire à la divinité entourée de splendeurs, assise sur un trône d'éblouissements avec un soleil pour marchepied! — Sacrifiez-vous pour l'esprit comme l'esprit se sacrifie pour vous; quittez la terre comme il a quitté le ciel, et, de la réunion de ces deux dévouements naîtra l'ange complet, c'est-à-dire un être dont chaque moitié aura renoncé à son bonheur pour le bonheur de l'autre; l'égoïsme de l'âme et l'égoïsme de la matière sont vaincus, et de ce double anéantissement résulte la félicité suprême. — La terre est le rêve du ciel, le ciel le rêve de la terre, telle est l'idée fondamentale de ce poëme tourné en ronds de jambe. — Tu vois, mon cher ami, que *la Péri*, ballet-pantomime en deux actes, est aussi convenablement bourrée de mythes, que peut le désirer un professeur d'esthétique allemand. Je serais désespéré qu'on m'accusât de manquer de profondeur à propos de chorégraphie et que l'on pût croire que je n'ai pas lu la symbolique de Kreutzer.

Maintenant que je t'ai expliqué l'idée du poëme que je voulais faire, je vais te donner quelques détails sur le ballet qu'on représente à l'Académie royale de musique, et cela, sans que ma modestie en souffre le moins du monde, car *la Péri* est l'œuvre de Corally et de Burgmuller, de Carlotta et de Petitpa, et je puis en parler avec éloge comme d'une chose qui m'est totalement étrangère.

Et, d'abord, je te remercie beaucoup des détails locaux que tu m'as envoyés et qui ne me sont arrivés que lorsque mon siége était fait; mais comment diable aurais-je placé parmi les comparses de l'Opéra ces Anglais vêtus de caoutchouc, avec des chapeaux de coton piqué et des voiles verts pour se préserver de l'ophthalmie; ces Français étranges, portant fièrement et en guenilles les modes de 1816; ces Turcs ridicules, accoutrés de l'uniforme de Mahmoud, en polonaises à brandebourgs et en tarbouch enfoncé jusqu'aux yeux? Le costume des femmes fellahs, que tu dis si gracieux, et qui consiste en une tunique fendue des deux côtés, depuis l'aisselle jusqu'au talon, n'aurait guère pu être réalisé qu'avec des modifications qui lui auraient ôté tout son caractère. Cependant je crois, lorsque tu reviendras, que tu seras content de la décoration du premier acte, qui représente une salle du harem d'Achmet. Cela ne ressemble pas à ces cafés turcs ornés d'œufs d'autruche, chargés, dans les opéras et les ballets, de donner une idée des magnificences orientales. C'est un intérieur vrai, bien étudié, d'une exactitude parfaite. Voilà bien les murailles de stuc, les lambris de carreaux vernissés, le plafond aux caissons de cèdre, les voûtes travaillées en ruche d'abeilles, les vases aux larges ailes, pleins de roses et de pivoines; et puis, là-bas, au fond, dans l'ombre fraîche et recueillie, le long divan qui invite au repos, le cabinet doré où l'on serre les tasses, les cafetières, les pipes : une décoration habitable, et dans laquelle un vrai croyant ne se trouverait pas trop dépaysé.

Si tu as été dans les cafés des fumeurs d'opium et que tu aies fait tomber la pâte enflammée sur le champignon de porcelaine, je doute que, devant tes yeux assoupis, il se soit développé un plus brillant mirage que l'oasis féerique exécutée par MM. Séchan, Diéterle et Despléchin, qui semblent avoir retrouvé la vaporeuse palette du vieux Breughel, le peintre du paradis. Ce sont des tons fabuleux, d'une tendresse et d'une fraîcheur idéales ; un jour mystérieux, qui ne vient ni de la lune ni du soleil, baigne les vallées, effleure les lacs comme un léger brouillard d'argent, et pénètre dans les clairières des forêts magiques ; la rosée étincelle en diamants sur des fleurs inconnues dont les calices sourient comme des bouches vermeilles ; les eaux et les cascades miroitent sous les branches ; c'est un vrai songe d'Arabe, tout fait de verdure et de fraîcheur. Jamais peut-être, à moins de frais, l'Opéra n'avait obtenu un plus brillant effet. Quelques aunes de toile, quelques pots de couleur, une rampe de gaz, et c'est tout. Le pinceau, manié par une main habile, est un grand magicien.

Quelque charme que puissent offrir les péris orientales avec leurs pantalons rayés d'or, leur corset de pierreries, leurs ailes de perroquet, leurs mains peintes en rouge et leurs paupières teintes en noir, je doute qu'elles soient plus jolies que Carlotta, et surtout qu'elles dansent aussi bien.

Au second acte, quand le rideau se lève, tu verras, du haut d'une terrasse, le Caire à vol d'oiseau, et tu ne voudras jamais croire que MM. Philastre et Cambon n'ont pas été en Égypte. La forteresse, la mosquée du sultan Hassan, les frêles minarets qui ressemblent à des hochets d'ivoire, les coupoles d'étain et de cuivre qui reluisent çà et là comme des casques de géant, les terrasses surmontées de cabinets de cèdre, puis, là-bas, tout au fond, le Nil débordé et les pyramides de Giseh perçant de leur angle de marbre le sable pâle du désert ; rien n'y manque, c'est un panorama complet. Je ne sais trop ce que j'aurais vu de plus en allant là-bas moi-même.

C'est dans la salle du harem, entr'ouverte un moment pour l'apparition de la Péri, et sur la terrasse du palais d'Achmet, que se passe l'action du ballet, rendue légère à dessein pour laisser toute latitude au chorégraphe. — Je ne te parle pas d'un petit bout de prison, qui n'est là que pour donner le temps d'allumer les splendeurs de l'apothéose et de mettre les nuages en place. Par la fenêtre de cette prison, on jette sur les crochets Achmet, qui a refusé de livrer l'esclave, dont la Péri a pris le corps ; tu penses bien qu'elle ne le laisse pas arriver jusqu'aux terribles pointes, et qu'elle l'emporte avec elle dans son beau royaume d'or et d'azur. J'aurais préféré la décoration primitive qui rappelait le tableau de Decamps, et laissait à la scène toute son épouvante. Il y avait peut-être un effet de surprise dans ce corps lancé, qui montait au lieu de descendre, et tombait en plein paradis. Mais les habiles et les prudents ont prétendu que le ballet ne se prêtait pas à de telles violences, et peut-être ont-ils raison. Du reste, cela est peu important; le principal dans un ballet, qu'il soit écossais, allemand ou turc, c'est la danse, et jamais ballet n'a été plus heureux sous ce rapport que celui de *la Péri :* le pas du songe a été, pour Carlotta, un véritable triomphe; lorsqu'elle paraît dans cette auréole lumineuse avec son sourire d'enfant, son œil étonné et ravi, ses poses d'oiseau qui tâche de prendre terre et que ses ailes emportent comme malgré lui, des bravos unanimes éclatent dans tous les coins de la salle. Quelle danse merveilleuse! Je voudrais bien y voir les péris et les fées véritables! Comme elle rase le sol sans le toucher! on dirait une feuille de rose que la brise promène : et pourtant, quels nerfs d'acier dans cette frêle jambe, quelle force dans ce pied, petit à rendre jalouse la Sévillane la mieux chaussée; comme elle retombe sur le bout de ce mince orteil ainsi qu'une flèche sur sa pointe!

A la fois correcte et hardie, la danse de Carlotta Grisi a un cachet tout particulier; elle ne ressemble ni à Taglioni, ni à Elssler; chacune de ses poses, chacun de ses mouvements est marqué au sceau de l'originalité. — Être neuf dans un art si borné! — Il y a dans ce pas un certain saut qui sera bientôt aussi célèbre que le saut du Niagara. Le public l'attend avec une curiosité pleine de frémissement. Au moment où la vision va finir, la Péri se laisse tomber du haut d'un nuage dans les bras de son amant. Si ce n'était qu'un tour de force, nous n'en parlerions pas; mais cet élan si périlleux forme un groupe plein de grâce et de charme; on dirait plutôt une plume de colombe soutenue par l'air qu'un corps humain qui se lance d'un plancher; et ici, comme en bien d'autres occasions, il faut rendre justice à Petitpa : comme il est dévoué à sa danseuse! comme il s'en occupe! comme il la soutient! Il ne cherche pas à attirer l'attention sur lui, il ne danse pas pour lui tout seul; aussi, malgré la défaveur qui s'attache aujourd'hui aux danseurs, est-il parfaitement accueilli du public. Il n'affecte pas cette fausse grâce, cette mignardise ambiguë et révoltante qui ont dégoûté le public de la danse masculine. Mime plein d'intelligence, il remplit toujours la scène et ne dédaigne pas les plus minces détails ; aussi son succès a-t-il été complet, et il peut s'attribuer une part des applaudissements soulevés par cet admirable pas de deux, qui, dès à présent, prend place à côté du pas de *la Favorite* et du pas de *Giselle*. — Je n'ai pas besoin de te décrire le *pas de l'abeille*, que tu as dû voir exécuter au Caire dans toute sa pureté native, à moins que le pudique Méhémet-Ali n'ait exilé dans le Darfour toutes les almées sans exception, comme vient de me le raconter un voyageur.

Si tu savais avec quel chaste embarras Carlotta se débarrasse de son long voile blanc; comme sa pose, alors qu'elle est agenouillée sous les plis transparents, rappelle la Vénus antique souriant dans sa conque de nacre; quel effroi enfantin la saisit lorsque l'abeille irritée sort du calice de la fleur ! comme elle indique bien les espoirs, les angoisses, toutes les chances de la lutte ! comme la veste et l'écharpe, et le jupon où l'abeille cherchait à pénétrer, s'envolent prestement à droite, à gauche, et disparaissent dans le tourbillon de la danse ! comme elle tombe bien aux genoux d'Achmet, haletante, éperdue, souriant dans sa peur, plus désireuse d'un baiser que des sequins d'or que la main du maître va poser sur le front et sur le sein de l'esclave !

Si mon nom ne se trouvait pas sur l'affiche, quels éloges je te ferais de cette charmante Carlotta ! J'ai vraiment regret d'avoir fourni quelques lignes de programme qui m'empêchent d'en parler à ma fantaisie ; ma position est embarrassante. Si tu étais là, tu m'épargnerais cette peine ; mais je ne peux pas aller prendre un feuilletoniste au coin pour faire cette besogne. Je suis obligé de me critiquer moi-même, et j'avoue que, si je me disais la moindre chose désagréable, je m'en demanderais raison sur-le-champ. Je suis très-chatouilleux à cet endroit, et laisse à mes amis, qui s'en acquitteront parfaitement, le soin de relever les fautes de l'auteur ; comme feuilletoniste, je me permettrai de louer sans restriction les arrangements et les groupes de Corally, qui n'a jamais été plus frais, plus gracieux, plus jeune. Le kiosque de cachemires est d'une invention charmante ; le pas de quatre du second acte est plein d'originalité et de couleur, musique et danse ; il est, d'ailleurs, parfaitement exécuté par mesdemoiselles Caroline, Dimier, Robert, et Dabbas.

Mademoiselle Delphine Marquet, dans le rôle de la favorite disgraciée, a fait preuve d'un talent dramatique réel et plein d'avenir ; elle porte à ravir un admirable costume, calqué sur un dessin de Marilhat, qui sied parfaitement à sa beauté noble et sévère. Quant à Barrez, il a su faire quelque chose, à force de talent, d'un méchant petit bout de rôle que je me plais à reconnaître très-mauvais. — Pour la musique, elle est élégante, délicate, distinguée, pleine de motifs heureux et chantants qui se fixent dans la mémoire comme la valse de *Giselle*, et je n'ai peur que d'une chose, c'est que M. Burgmuller, poursuivi par les pianos et les orgues de Barbarie, ne soit forcé de s'expatrier de ce beau pays de France, où il vient de se faire naturaliser, ne prévoyant pas cette vogue.

VI.

AOUT 1843. — Ambigu : *un Français en Sibérie*, drame de MM. Noël Parfait et Charles Lafont. — Un canard qui a des chevrons. — Les dramaturges naïfs et convaincus. — Le seul qui existe à l'heure qu'il est. — Un nouveau Japhet. — Chauvinisme de deux hommes d'esprit. — Matis, Verner, Bousquet. — Salle Ventadour : *Pigeon vole, ou Flûte et Poignard*, opéra de M. Castil Blaze. — Revanche contre XXX. — Les *paroliers*. — La poésie et la musique. — Opéra : reprise des *Martyrs*, de MM. Scribe et Donizetti. — Massol, madame Dorus. — Un dieu déchu.

8 août.

AMBIGU. *Un Français en Sibérie.* — De temps en temps, quand la session des chambres est terminée et que la disette de matière force les grands journaux à s'occuper des phénomènes de la nature avec une attention tout académique, à ces époques où tombent les pluies de crapauds, où l'araignée de mer agite ses pinces, où les veaux naissent ornés de deux têtes, où les vieillards atteignent l'âge de cent dix ans, on voit souvent paraître, dans les colonnes remplies à grand'peine, un paragraphe ainsi conçu :

« Jean-Pierre Duval, soldat de la grande armée, vient de rentrer dans son village natal, après une longue absence. Il était resté prisonnier au fond de la Sibérie, et ce n'est qu'en s'exposant à des fatigues et à des dangers de toutes sortes qu'il est enfin parvenu à regagner le sol de sa patrie; il a eu d'abord beaucoup de peine à se faire reconnaître : ses parents étaient morts depuis longtemps, etc. »

Cette nouvelle, qui a dû être vraie quelquefois, n'est plus aujourd'hui qu'un canard et même un canard sauvage : il est tant revenu de soldats de Sibérie pendant la clôture des chambres, que la campagne de Russie, qui, jusqu'à présent, avait été regardée comme désastreuse, aurait contribué, au contraire, très-efficacement à augmenter la population de la France, si l'on additionnait le nombre des retours mentionnés par les journaux.

Quoi qu'il en soit, cette donnée a un fond si naturellement poétique, qu'elle ne pouvait manquer de séduire l'imagination des dramaturges : aussi MM. Noël Parfait et Charles Lafont ont-ils bâti, sur ce texte, un mélodrame très-bien agencé, très-intéressant et même très-bien écrit; c'est là le seul reproche que nous adresserons aux auteurs. — Hélas! le vrai, le pur, l'antique mélodrame a cessé d'exister! Où êtes-vous *Aqueduc de Cozenza*, *Ruines de Babylone*, *Chien de Montargis*, *Paoli*, *Valentine de Milan* et autres estimables productions où le crime reposait sa tête sur l'oreiller rembourré d'épines du remords, où la vertu malheureuse et persécutée gémissait dans la tour du Nord et finissait par recevoir sa récompense après mille tribulations? Vous êtes tombés dans le gouffre de l'oubli avec mille autres choses qui valaient mieux que vous! avec la beauté des jolies femmes d'alors, qui sont vieilles maintenant, ou qui ne sont plus qu'une pincée de cendre sous le gazon; avec notre jeunesse enfuie, et les claires larmes de nos yeux, et les frais sourires de nos lèvres, et tout ce que le temps emporte en se renouvelant, il est vrai, mais par d'autres et pour d'autres, ce qui est une médiocre consolation pour celles et ceux qui font le plongeon dans l'eau noire du fleuve qui ne rend rien! Chers mélodrames, niais, plats, stupides, écrits en style uscoque ou malgache, vous aviez une qualité qui nous manque à tous tant que nous sommes : vous étiez sérieux, vous aviez foi en vous-mêmes ; vous étiez sincèrement convaincus d'être des mélodrames en trois ou en cinq actes. O croyance inaltérable ! ô puissance des premiers âges ! ô grands auteurs qui saviez à peine l'orthographe ! ô poëtes inspirés, Eschyles de la Gaieté, Eurypides de l'Ambigu-Comique, qui étiez avec votre public en si parfaite communion, vastes cerveaux traversés par l'idée populaire ! vous, si naïfs, si candides, que vous étiez la dupe de vos propres princesses et de vos propres tyrans, et qui pleuriez aux malheurs de votre invention, comme le plus simple chérubin du paradis à quatre sous ! Ces temps sont loin : l'ironie nous perd ; nous ne croyons plus à rien, pas même aux mélodrames que nous faisons. Une peur semble dominer tous les esprits, la peur d'être soupçonné d'attacher de l'importance à quoi que ce soit. Aussi un auteur n'achève pas une phrase sans vous faire savoir qu'il ne croit pas un mot de ce qu'il dit et qu'il est infiniment trop spirituel pour s'attendrir sur de pareilles billevesées.

Un seul dramaturge moderne semble avoir conservé le sérieux des anciens jours. — C'est M. Joseph Bouchardy, et cela explique son immense succès. Certainement, M. Bouchardy possède une habileté extrême pour enchevêtrer les charpentes d'une action ; il sait par mille ressources faire naître et grandir la curiosité ; il pousse l'intérêt jusqu'à l'exaspération ; mais il a un avantage sur tous ses rivaux : c'est la foi profonde en son œuvre ; chez lui, jamais un mot sceptique ne vient jeter de doute sur les sentiments des personnages. Le style, quoique souvent incorrect, est toujours sincère. Voilà le secret des fortes recettes et des nombreuses représentations de *Gaspardo*, du *Sonneur de Saint-Paul* et de *Lazare le Pâtre*. Comment voulez-vous que le spectateur croie à votre fable si vous n'y croyez pas vous-même, et si vous l'avertissez de la supercherie par des éclats de rire à demi étouffés ?

Venons maintenant à l'analyse du drame de MM. Lafont et Noël Parfait. — Étienne Morin est parti comme sergent en 1812 pour la campagne de Russie, laissant un fils né d'une union contractée hors de France. Les papiers qui constatent la légitimité d'Auguste (c'est le nom de ce fils) ont été confiés par Étienne Morin à son frère Bernard. Ce Bernard, homme honnête, mais faible, cédant aux mauvaises instigations d'une certaine madame Duval, espèce de servante maîtresse ornée d'un garnement de fils, a supprimé les titres d'Auguste et s'est approprié un héritage qui devait revenir à ce dernier. Cela se passe seize ans après la déroute de Moscou. Bernard Morin, qui se fait appeler Desgraviers, du nom de la terre qu'il habite, pour dépister les recherches de son frère, au cas où il serait encore vivant, se sent nuit et jour la peau entamée à vif par ce cilice de poil de chameau qu'on appelle la conscience. Il a la conviction d'être une parfaite canaille, malgré son air bourgeois, ses naïfs pantalons de nankin et sa redingote patriarcale.

Pour réparer autant que possible le tort qu'il a fait à Auguste, il veut lui donner sa fille Louise en mariage. Cela ne fait pas le compte de madame Duval, qui a formé le projet d'unir Louise avec son cher napan de fils, gaillard extrêmement fort au noble jeu de billard, très expert dans l'art d'absorber une infinité de petits verres de différentes liqueurs et autres exercices d'estaminet. Ce digne jeune homme conçoit, tout en méditant ses carambolages, un projet d'une profondeur passablement machiavélique, pour se débarrasser de son rival : il persuade au débonnaire et confiant Auguste que son père n'est pas mort et qu'il travaille aux mines de Sibérie : la tête du jeune homme se monte, et, dans un bel accès d'amour filial, il part pour la Russie, abandonnant sa fiancée dans l'espoir de retrouver son père.

Au second acte, nous sommes en Sibérie : un brave paysage saupoudré de neige avec des sapins et des cabanes en troncs d'arbres. Cela nous a fait plaisir et nous a rappelé agréablement *Élisabeth, ou l'Orpheline russe*, de madame Cottin. Il faisait une chaleur atroce dans la salle en général et dans notre loge en particulier, ce qui nuisait peut-être un peu à l'effet de la scène, car l'on ne pouvait s'empêcher d'envier le sort de malheureux si fraîchement détenus !

Parmi les prisonniers se trouve un Français qui n'est autre, comme vous l'avez déjà deviné, que le sergent Étienne Morin, à la recherche duquel est parti, nouveau Japhet, l'honnête Auguste, malgré l'amour de Louise et les remontrances de M. Desgraviers.

Étienne Morin a la manie des évasions ; ces évasions manquent toujours, comme toutes les évasions, et procurent au vieux troupier d'abondantes volées de coups de knout, qui ne contribuent pas peu à conserver dans son âme le souvenir de sa patrie et le désir d'y retourner. Les mineurs ont beau chanter plus ou moins en chœur et sur un ton fort attendrissant :

> Pauvres mineurs, plongés dans l'ombre,
> Nous vivons où dorment les morts ;
> Notre ciel est la voûte sombre
> Qui doit s'écrouler sur nos corps !
> La terre couvre d'épais voiles
> Nos jours aussi noirs que des nuits,
> Et nous ne voyons les étoiles
> Que par la bouche de nos puits !

> L'or et l'argent, fleurs de la mine,
> Ont beau s'ouvrir dans le sillon,
> Hélas ! nul astre n'illumine
> Leurs cents couleurs d'un seul rayon !
> De la nuit et de l'esclavage
> Délivre-nous, Dieu de bonté
> Qui donnas à tous en partage
> Le soleil et la liberté !

Le vieux grognard, peu satisfait de ces couplets élégiaques, répète le refrain de Lepeintre jeune dans *les Cabinets particuliers* : « Je voudrais bien m'en aller! » Il communique cette idée louable à une jeune mougike qui vend aux prisonniers de l'eau-de-vie de pomme de terre quand ils ont quelques kopecks, et leur fait crédit quand ils n'en ont pas. Dût-il recevoir la plus atroce raclée, Étienne Morin est décidé à revoir, non pas sa Normandie, mais bien son Alsace.— La récréation accordée aux prisonniers (deux heures par mois!) une fois terminée, on les fait redescendre dans les noires profondeurs de la mine. Adieu, pâle rayon d'un soleil glacé, mais qui semble bien doux pourtant aux yeux éblouis des pauvres mineurs. Une nuit de trente jours va peser sur eux ! Que la roche ne s'éboule pas sur leur tête! que le feu grisou s'arrête aux grilles de leur lampe! que la veine trop dure ne les blesse pas de ses éclats meurtriers!

Les mineurs rentrés comme des taupes dans leurs couloirs souterrains, arrive un étranger mourant de faim et de fatigue, blanc de neige, hérissé de glaçons; vous avez déjà reconnu Auguste dans ce voyageur égaré, Auguste en route pour Tobolsk. Il raconte sa longue odyssée de misère; il est parti de France avec quatre-vingts francs, et vous pensez bien que son voyage n'a pas été un voyage d'agrément. Pendant qu'il débite son récit, un vacarme effroyable se fait entendre, on sonne la cloche d'alarme, on bat le tambour: un éboulement a eu lieu dans la mine; l'éboulement n'a fait qu'une seule victime, — c'est le prisonnier français. — Dufavel anticipé, il est resté engagé sous les décombres. Auguste n'a pas plus tôt entendu ce mot, qu'il s'élance dans la mine et parvient à tirer le pauvre diable de ce sépulcre. Être enterré mort, ce n'est pas déjà trop gai, être enterré vivant est encore plus mélancolique, et le brave Auguste a bien fait d'arriver tout à point de Strasbourg pour éviter ce désagrément à monsieur son père. Aussi, tout grognard et tout grognon qu'il est, Étienne Morin remercie son libérateur avec effusion. — Survient Borisoff, l'intendant général des mines, qui raille les prisonniers de la terreur que leur a inspirée l'éboulement, et les force, le knout à la main, de retourner au travail. Étienne, à cet outrage, sent bouillonner son vieux sang dans ses veines; il arrache le bâton des mains de Borisoff, et le lui briserait sur le corps, s'il n'en était empêché par les soldats. Dans cette querelle, le nom d'Étienne Morin est prononcé. Auguste pousse un cri. Ce mineur qu'il vient d'arracher à la mort, c'est son père! son père, pour lequel il a obtenu, à Saint-Pétersbourg, un ordre de délivrance de l'empereur. Il montre cet ordre à Borisoff, en le sommant de mettre en liberté le vieux soldat. Borisoff refuse, car les mines étant devenues la propriété du prince Golovkine, Étienne Morin se trouve serf, et doit, pour être libre, payer une somme de deux cents cinquante roubles. Auguste, qui n'a emporté de Paris que quatre-vingts francs, après un voyage de quinze cents lieues, n'a pas sur lui deux cents cinquante roubles. Bien au contraire! Heureusement, MM. Lafont et Noël Parfait sont gens de ressources: ils vont faire trouver au pieux Auguste la somme dont il a besoin.

Le fiancé de la petite cantinière doit partir pour l'armée, ce qui est dur à la veille de devenir le mari d'une jolie fille; il cherche un remplaçant et offre trois cents roubles pour un homme de bonne volonté. Auguste s'engage, et, avec le prix de son sang, paye la liberté de son père, auquel il n'ose se faire connaître, car le stoïque vieillard ne voudrait pas sans doute accepter un tel sacrifice.

Étienne Morin part pour la France, chargé d'une lettre à l'adresse de mademoiselle Desgraviers, dont l'image est toujours empreinte au cœur du bon Auguste. Sur ces entrefaites, la nouvelle de la révolution de juillet arrive jusque dans ces contrées hyperboréennes: Un lointain reflet de l'arc-en-ciel tricolore vient réchauffer la clarté blafarde des aurores boréales! Des bruits de guerre se répandent, et Auguste, pour ne pas être obligé de porter les armes contre sa patrie, brise son épée, arrache ses épaulettes, sans souci de la mort qui l'attend et qu'il n'évite que par l'intercession de l'ambassadeur de France, touché d'un si beau dévouement filial et patriotique.

Cette intervention est fort utile à la pièce, car elle permet au jeune Auguste de revenir en France assez à temps pour faire reconnaître son père, très-mal reçu par M. Desgraviers, madame Duval et son estimable fils, qui voulaient faire arrêter comme vagabond le vénérable débris de la grande armée, dont le pantalon et la capote ne sont pas faits, il est vrai, pour inspirer aux gendarmes une confiance illimitée. — A la suite de cette reconnaissance, le frère, bourrelé de remords, se précipite dans les bras du grognard, met à la porte la Duval et son fils, et accorde au vertueux Auguste la main de la charmante Louise.

Avec un sujet qui prêtait tant au chauvinisme, il faut louer les deux auteurs de la modération qu'ils ont déployée dans leurs tartines militaires; peut-être même ont-ils été un peu trop sobres de ce côté, toujours par suite du même scepticisme dont nous parlions tout à l'heure. La pièce n'en a pas moins obtenu un succès des plus complets; elle est fort bien jouée par Matis, Verner et le jeune Bousquet, et nous ne doutons pas qu'elle ne combatte avec avantage les chaleurs de l'été, qui, piqué de nos critiques, s'est enfin déterminé à faire son apparition, — apparition encore trop prompte aux yeux des directeurs de spectacle, qui osent appeler *beau temps* un temps à ne pas mettre un feuilletoniste dehors.

30 août.

Salle Ventadour. *Pigeon vole, ou Flûte et Poignard.* — Le *Pigeon vole* de M. Castil Blaze n'a pas réussi comme l'auteur semblait s'y attendre, et n'a obtenu qu'un succès de fou rire. M. Castil Blaze, qui a longtemps signé, au *Journal des Débats*, des articles de musique de ce monogramme formidable XXX, et fait preuve de beaucoup de verve et d'esprit, affirme qu'il est victime de toutes sortes de cabales et de machinations ; une multitude d'ennemis tracent autour de lui des parallèles et des lignes de circonvallation ; s'il faut l'en croire, on aurait employé, pour empêcher la représentation de ce malheureux et innocent *Pigeon vole*, plus de diplomaties scélérates, plus de ruses infernales que n'en contient le livre du *Prince*, par Machiavel. Nous concevons très-bien que les compositeurs, les musiciens, les chanteurs à qui M. Castil Blaze a pu donner jadis de la férule sur les doigts, en aient conservé rancune; cependant, si *Pigeon vole, ou Flûte et Poignard* avait eu réellement un mérite aussi transcendant que l'affirme l'auteur, le public en aurait saisi quelque chose ; il est vrai que, à l'exception de madame Casimir, qui a chanté son rôle avec cette perfection qu'on lui connaît, tous les autres acteurs recrutés par l'ancien critique des *Débats* étaient d'une telle faiblesse, qu'il se peut bien qu'ils aient chanté des morceaux fort agréables sans que personne s'en soit aperçu. Quelques vers, d'une facture tout à fait burlesque, ont soulevé des rires homériques dans tous les coins de la salle, — et des spectateurs mis en gaieté, à tort ou à raison, ne s'arrêtent plus ; quand une salle est une fois dans cette disposition d'esprit, les choses les plus touchantes, les plus pathétiques, ne font qu'augmenter l'hilarité.

M. Castil Blaze professe un grand mépris pour les poëtes qui écrivent des livrets d'opéra ou d'opéra-comique ; il les appelle assez comiquement des *paroliers*. Ce mépris est certainement justifié par une foule de lignes boiteuses, de cadences tronquées, de césures hors de place que se permettent les auteurs de poëmes lyriques, gens de théâtre plus que versificateurs, et qui ignorent, pour la plupart, les règles de la prosodie française. Sur ce point, M. Castil Blaze a raison : rien n'est plus mal coupé pour la musique que les vers de mirliton donnés pour canevas aux mélodies de Rossini, de Meyerbeer, d'Halévy, d'Auber, et nous sommes de son avis là-dessus. Nous l'avons dit toutes les fois que l'occasion s'est présentée, nous voulons des vers symétriques, rhythmés, à repos concordants; mais nous les voulons en même temps poétiques, ou, du moins, sensés et bien écrits. L'indifférence tout italienne de M. Castil Blaze pour le sens des paroles ne sera jamais acceptée en France. Une mélodie charmante, peut s'adapter à des vers stupides, pourvu qu'ils soient bien coupés ; mais, si les vers étaient spirituels, l'effet serait double. Que peuvent dire à l'âme et au génie du musicien les abominables fadaises, les révoltantes niaiseries dont on farcit les livrets?

Ne serait-il pas plus simple de chanter tout bonnement *traderi dera*, que de débiter de semblables pauvretés? Pourquoi, par exemple, ne ferait-on pas composer à M. Scribe et autres habiles des opéras en prose, que mettraient en rimes les mille jeunes gens qui font bien les vers aujourd'hui ? On profiterait ainsi de l'expérience des uns et de la fraîcheur des autres. La langue française, quoi que l'on en puisse dire, se prête merveilleusement à la musique. L'*e* muet, bien employé, peut produire une multitude d'effets charmants; et, d'ailleurs, il est facile de le faire disparaître par l'élision, lorsqu'il gêne la mélodie. L'entrelacement des rimes masculines et féminines donne lieu aux combinaisons les plus variées. Des strophes de toute forme et de toute longueur se prêtent aux caprices des compositeurs; depuis le vers-écho d'un seul pied jusqu'au majestueux alexandrin de douze syllabes, l'échelle est vaste à parcourir. Seulement, il faudrait que les opéras fussent écrits par de véritables poëtes. Louons M. Castil Blaze d'insister sur la nécessité de vers rhythmés et bien prosodiés pour la musique; mais blâmons-le de son mépris pour l'idée en elle-même. Le sens commun et le nombre peuvent fort bien s'accorder ensemble. On peut faire mentir le mot de Beaumarchais : « Ce qui ne vaut pas la peine d'être dit, on le chante. » Avec ces deux ailes, la poésie et la musique, l'âme peut monter bien haut,—jusqu'à Dieu peut-être ;—à quoi bon en briser une, de gaieté de cœur?

OPÉRA. Reprise des *Martyrs*. — La reprise des *Martyrs* avait attiré du monde lundi dernier à l'Académie royale de musique, mais non pas autant qu'on aurait pu s'y attendre d'après l'importance de l'ouvrage et l'intervalle écoulé depuis sa dernière représentation. *Les Martyrs* sont pourtant une œuvre remarquable sous beaucoup de rapports, et qui contient plusieurs morceaux hors ligne; mais peut-être le sujet en est-il un peu trop sacré, et n'offre-t-il pas l'espèce d'intérêt romanesque que la plus grande partie des spectateurs, et surtout des femmes, demandent à un livret d'opéra. — L'exécution a été satisfaisante : Massol, qui jouait le rôle du proconsul, a parfaitement dit son duo avec madame Dorus, et il est difficile d'imaginer un plus riche costume antique que la cuirasse d'or et les habits de pourpre dont il est revêtu à son entrée triomphale.

Les décorations, encore fraîches, sont magnifiques et pleines de style ; c'est un beau spectacle que cette ville aux terrasses de marbre, entremêlées de verdure, avec ses palais en amphithéâtre, que le soleil illumine d'une lumière blonde ; son arc de triomphe flanqué de colonnes de porphyre africain et de statues de bronze, sous lequel passe un long cortége de joueurs de trompettes et de flûtes tibicines, de barbares enchaînés, de rois captifs, d'esclaves portant sur des brancards des trépieds d'argent, des coupes d'or, des statuettes d'airain de Corinthe ; de guerriers coiffés de têtes de lion, en manière de casques, de belles jeunes filles habillées en amazones et en victoires, — splendide défilé, que termine brillamment le quadrige du triomphateur ! Certains groupes et certains ajustements rappellent le *Trajan* de M. Eugène Delacroix.

L'intérieur qui succède à cet immense tableau donne de la vie antique une idée plus nette que toutes les recherches des savants : on dirait que MM. Séchan, Despléchin et Diéterle ont toujours habité Herculanum ou Pompéi, tant ils ont le sentiment intime et familier de l'architecture et de l'ameublement de ce monde disparu. C'est vrai et neuf. Qu'il y a loin de cette sincérité et de ces recherches aux banales colonnades d'angélique ou de gelée de groseille dont on se sert pour les pièces grecques et romaines !

Quelle belle décoration que celle qui représente le temple de Jupiter Tonnant ! que ces théories d'adorateurs se déroulent bien sur les marches étincelantes de ce gigantesque escalier ! que le fronton dessine majestueusement dans l'azur limpide son noble triangle blanc !

comme la flamme voltige joyeusement sur les trépieds d'airain! comme les couronnes d'ébène et d'olivier étreignent les tempes des prêtres et des sacrificateurs! — Que doit penser Jupiter de ce sacrifice qu'on lui fait à l'Opéra? La fumée de l'encens a-t-elle réjoui ses narines de marbre? a-t-il éprouvé quelque joie dans son immortel ennui de Dieu déchu, en voyant le simulacre de ses anciens honneurs? — Nous y songions en regardant les comparses faire les libations suivant les rites consacrés. — Pauvre Jupiter Olympien, dont on nous a fait si souvent copier le nez à l'estompe! dieu à la chevelure ambroisienne, au noir sourcil qui ébranle l'univers d'un mouvement, toi qu'Homère a chanté, que Phidias a sculpté en or et en ivoire, les poëtes, les artistes te regretteront toujours, et auront bien de la peine à se persuader que tu n'existes plus!

VII

SEPTEMBRE 1843. — Palais-Royal : *Paris, Orléans et Rouen*, par MM. Bayard et Varin. — Le vaudeville à la vapeur. — Alcide Tousez, Ravel, Sainville, Grassot. — Opéra-Comique : *Lambert Simnel*, paroles de MM. Scribe et Mélesville, musique de feu Hippolyte Monpou. — Originalité du talent de Monpou. — Œuvres qui ont fondé sa réputation. — Son œuvre posthume. — Masset, mademoiselle Darcier. — Gymnase : *l'Amour et le Hasard*, par M. de Lucy (lisez : Vial). — Une plaisanterie de M. Poirson. — Gaieté : *Paméla Giraud*, drame de M. de Balzac. — Ténacité de l'auteur du *Père Goriot*. — Elle a fait son génie. — Facultés dramatiques de M. de Balzac. — Ses premières tentatives au théâtre. — Sa nouvelle pièce. — Ambigu : *les Bohémiens de Paris*, drame de MM. Dennery et Grangé. — Il y a bohème et bohème. — Succès de décorations.

11 septembre.

PALAIS-ROYAL. *Paris, Orléans et Rouen.* — Nous vivons dans une époque bizarre, époque de décadence, selon les uns, de progrès, selon les autres; nous qui ne croyons ni au progrès ni à la décadence, mais bien au déplacement, nous ne dirons ni bien ni mal de l'époque, qui ne vaut ni plus ni moins qu'une autre : la somme d'intelligence que peut dépenser l'humanité est toujours la même en tous les temps; seulement, elle s'applique à d'autres objets. C'est comme la marée, qui ne couvre un rivage qu'en en quittant un autre. Plusieurs arts sont morts ou en train de mourir; la séve les abandonne pour se porter ailleurs ; l'architecture est défunte, et il faudra l'ensevelir dans le linceul brodé à jour des vieilles cathédrales; depuis plus de deux siècles, elle n'a pu produire ni une idée, ni une forme; — la sculpture a cessé d'être, malgré les magnifiques efforts de quelques artistes païens de la renaissance, du jour où la déchéance de la chair a été proclamée du haut du Golgotha ; — la peinture est en train de mourir, bien qu'il y ait aujourd'hui beaucoup de peintres de talent qui cherchent à maintenir les traditions de l'art; mais le public n'en est plus occupé, et les populations ne suivraient plus par les rues une madone peinte, fût-elle de M. Ingres! La poésie a eu, il y a une quinzaine d'années, sa période d'influence et d'action ; on se haïssait ou l'on s'aimait pour une césure; il y avait des Capulets et des Montaigus, des guelfes et des gibelins littéraires prêts à tirer l'épée pour le moindre mot; c'était le temps où s'épanouissait ce beau bouquet de poëtes si inattendu après les stérilités de l'Empire, Chateaubriand, Lamartine, Victor Hugo, Sainte-Beuve, Alfred de Musset, de Vigny, Béranger; — puis le temps est venu de la musique : les pianos ont envahi jusqu'aux plus humbles demeures.

Maintenant, le rêve des masses est la vitesse. — Par le fer, par la vapeur, on cherche à vaincre

L'antique pesanteur à tout objet pendante.

Il semble que l'unique affaire soit de dévorer l'espace.—Est-ce pour fuir l'ennui que l'on fait douze ou quinze lieues à l'heure? Mais l'ennui vous attend au débarcadère. — C'est un symptôme singulier que ce besoin de locomotion rapide qui s'empare à la fois de tous les peuples. « Les morts vont vite! » dit la ballade. Serions-nous morts, en effet, ou serait-ce un pressentiment de la fin prochaine de notre planète qui nous pousserait à multiplier les voies de communication, pour pouvoir la parcourir tout entière dans le peu de temps qui nous reste?

Le théâtre lui-même, toujours si en arrière, le théâtre, dernier organe de la vulgarisation des idées, commence à se préoccuper des chemins de fer. Le vaudeville voit, dans les départs et les arrivées des waggons, des éléments comiques et des sujets de calembours. En effet, avec les chemins de fer, plus de sécurité pour les amants : un mari que pique une mouche jalouse peut arriver en quelques minutes des pays les plus lointains et les plus extravagants. MM. Bayard et Varin, les deux auteurs de la pièce nouvelle jouée au Palais-Royal, ont tellement abusé de ce moyen de locomotion, qu'il nous serait fort difficile de suivre les allées et venues de leurs personnages, uniquement occupés, pendant trois actes, à se poursuivre les uns les autres de Paris à Orléans, et d'Orléans à Rouen, où ils ont grand'-peine à se retrouver.

Tout ce que nous pouvons dire, c'est qu'Alcide Tousez, Ravel, Sainville et Grassot jouent ce vaudeville de circonstance avec une rondeur, une gaieté, un entrain qui l'ont fait patiemment supporter jusqu'au bout. On ne saurait dire, en effet, que la pièce a réussi; ce sont les acteurs qui seuls ont eu du succès. MM. Bayard et Varin avaient trop compté peut-être sur le comique de mots : pour défrayer trois actes, il faut aussi, il faut surtout du comique dans les situations. Grassot dit quelque part en voulant expliquer le mécanisme des chemins de fer : « Je comprends les remblais et les tunnels, je comprends les rails, je comprends le charbon de terre et la fumée; c'est là le plus important, le reste va tout seul. » En se préoccupant si peu de la machine, c'est-à-dire de l'intrigue de leur pièce, les deux auteurs nous semblent avoir raisonné comme Grassot.

19 septembre.

OPÉRA-COMIQUE. *Lambert Simnel.* — S'il est un musicien auquel les poëtes doivent de la reconnaissance, c'est assurément ce pauvre Hippolyte Monpou : loin de rechercher les paroles insignifiantes, il s'attaquait bravement aux plus beaux vers, aux rhythmes les plus savants et les plus compliqués; rien ne l'effrayait, pas même les mètres sautillants, les rimes à écho, les contre-petteries gothiques des

Odes et Ballades ; il savait tirer de tout cela des mélodies inattendues, des effets étranges, blâmés des uns, admirés de quelques autres, et, grâce à *l'Andalouse,* à *Mon beau navire,* au *Fou de Tolède,* bien que bizarre, il était devenu populaire. Monpou était un compositeur littéraire et romantique ; élevé à l'école de Choron, il avait beaucoup étudié la musique des grands maîtres du xvie et du xviie siècle. Il en avait contracté un certain goût d'archaïsme, un style figuré contrastant fort avec les habitudes modernes ; de là aussi son absence de symétrie dans le rhythme, ses enjambements et ses suspensions de césure, qui le rendaient plus propre que tout autre à mettre en musique les vers des novateurs, rendus également ennemis des périodes carrées par la lecture des anciens et de Ronsard.

Pendant longtemps, Hippolyte Monpou, de même que tous les poëtes dont il traduisait les vers, fut regardé par les bourgeois électeurs et éligibles comme un écervelé, comme un furieux qu'on avait tort de laisser chanter sans muselière ; quand il s'asseyait au piano, l'œil en feu, la moustache hérissée, il se formait autour de lui un cercle de respectueuse terreur : aux premiers vers de *l'Andalouse,* les mères envoyaient coucher leurs filles et plongeaient dans leurs bouquets, d'un air de modeste embarras, leur nez nuancé des roses de la pudeur. La mélodie effrayait autant que les paroles ! Peu à peu, cependant, l'on finit par s'y faire ; seulement, on substituait *teint* à *sein* bruni, et l'on disait :

C'est la maîtresse qu'on me donne...

au lieu de :

C'est ma maîtresse, ma lionne...

qui paraissait, en ce temps-là, par trop bestial et monstrueux.

Une foule de romances, toutes plus charmantes les unes que les autres et dont plusieurs sont devenues populaires, répandirent la réputation de l'auteur, qui put enfin aborder le théâtre, objet de tous ses vœux. *Le Luthier de Vienne, les Deux Reines, Piquillo,* — dont les jolies paroles étaient dues à la collaboration d'Alexandre Dumas et de Gérard de Nerval, — *le Planteur* et *la Chaste Suzanne,* à la Renaissance, se succédèrent rapidement, et la mort surprit Monpou sur la partition inachevée de *Lambert Simnel*. Cette partition, qui dénote un grand progrès, achevée par Adolphe Adam avec une délicatesse discrète, une conscience et une piété d'artiste qui font honneur à son talent et à son cœur, a été représentée à l'Opéra-Comique avec le plus grand et le plus légitime succès.

Nous ne sommes pas de ceux qui attendent qu'un homme soit mort pour lui trouver du génie ; les admirations posthumes nous touchent peu, et ce que nous disons de Monpou devenu une pincée de poussière, nous l'aurions dit de Monpou se promenant sur le boulevard en fumant un cigare ou en ruminant quelque mélodie : *Lambert Simnel* renferme des morceaux qui ne dépareraient l'œuvre d'aucun maître et qui n'auraient besoin, pour être jugés excellents, que d'avoir quelques douzaines d'années de plus et d'être signés d'un nom étranger. Le canevas sur lequel Monpou a brodé sa musique n'est pas des plus neufs, mais cela importe peu.

Lambert Simnel, le héros de la pièce, est un simple garçon pâtissier. Tout naturellement, il aime la fille de son maître, qui, tout naturellement encore, ne veut pas la lui accorder, surtout depuis que Simnel, s'étant mêlé à une émeute dans les querelles des Deux Roses, a laissé casser les vitres de la boutique et brûler une fournée de petits pâtés. Ajoutez à cela que la naissance du garçon pâtissier n'est pas des plus limpides : il provient d'une mère assez mal située dans le monde, et d'un père problématique, qu'elle n'a jamais voulu lui faire connaître. Touchée de la douleur de son fils, que maître Bread a renvoyé, elle part pour un voyage de quelques jours en lui promettant au retour un extrait de naissance et une dot; ces deux promesses décident maître John Bread : il accorde, sous condition, la main de Catherine (c'est le nom de la fillette) à son ex-garçon.

Sur ces entrefaites, paraissent trois coquins, — ce n'est pas trop : — lord Lincoln, le major Town et le chapelain Richard Simon ; ils viennent de voir expirer l'héritier du trône, le comte de Warwick, mannequin royal dans les manches duquel ils espéraient fourrer leurs bras. La merveilleuse ressemblance de Lambert Simnel avec le prince défunt inspire à l'aimable trio l'idée de se servir de lui pour fabriquer un faux comte de Warwick. Grâce au nuage qui plane sur sa naissance, ils n'ont pas de peine à persuader à Lambert qu'il est le descendant des ducs d'York, et ils le font reconnaître comme tel. Lambert Simnel, qui est après tout un homme de cœur et d'esprit, prend sa position au sérieux ; il pense et agit en vrai fils de roi. Il sauve le prince de Galles, qu'il trouve caché chez la duchesse de Durham ; il empêche les désordres et les pillages. Cela ne fait pas le compte de lord Lincoln, ni celui du major Town, et encore moins celui du chapelain Richard, qui s'imaginaient régner derrière ce prince de leur invention. Pendant que tous ces événements se succèdent, la mère de Lambert Simnel revient. Elle a enfin épousé le père de Simnel, un ancien soldat. Dégrisé de son rêve et déjà dégoûté de son rôle, le pâtissier-prince, qui n'a pas oublié Catherine, résigne volontiers sa couronne au profit du prince Édouard, à qui elle revenait de droit ; — son dernier acte d'autorité est de faire pendre Lincoln.

Notre tâche acquittée envers l'analyse, passons aux appréciations musicales.

L'introduction s'ouvre avec vigueur et franchise ; on y remarque un chant de violoncelles soutenu d'accords dissonants très-bien nuancé et parfaitement rendu par l'orchestre ; le chœur des garçons pâtissiers, au premier acte, est plein d'originalité et d'entrain. — Une phrase charmante qui se reproduit plusieurs fois dans le cours de l'ouvrage, le chant de guerre de Lancastre et de Richmond, fait sa première apparition à la rentrée triomphante de Lambert Simnel, après la batterie pendant laquelle il a laissé brûler la fournée de pâtisserie de son patron, maître Bread. Ce motif est si franc, si heureux, si favorable aux voix et d'un rhythme si caractéristique, qu'il a soulevé les plus vifs applaudissements, et ne peut manquer de devenir bientôt populaire. — L'air chanté par Masset est délicieux. On l'attribue à M. Adam ; cela n'a rien que de très-vraisemblable. Le trio de voix d'hommes est un morceau de premier ordre, bien trouvé, bien conduit, bien instrumenté, et d'une chute heureuse. Les couplets *J'avais fait un plus joli rêve*, la marche militaire, l'andante qui commence le quatrième acte, tels sont les passages qui se sont mis tout de suite en relief dès la première audition. En voilà plus qu'il ne faut pour appeler et justifier une grande vogue.

Masset a fait preuve de rares qualités de chanteur dans le rôle de Lambert Simnel. Mademoiselle Darcier a représenté avec beaucoup de gentillesse et d'esprit le personnage de Catherine. — Henri, Mocker et Grard ont fait valoir les figures accessoires ou épisodiques qui leur étaient confiées. — Deux jolies décorations, dues au pinceau de Cicéri, encadrent dignement l'ouvrage. — Il ne manquait au triomphe que le triomphateur.

GYMNASE. *L'Amour et le Hasard.* — L'imbroglio joué, l'autre soir, sous ce titre, et attribué à un M. de Lucy, n'a pas été du goût des spectateurs, qui en ont égayé la représentation par des bruits non moins discordants que significatifs. Mais M. Poirson a bien attrapé les siffleurs en leur apprenant le lendemain, par son affiche, que *l'Amour et le Hasard*, ce vaudeville du prétendu M. de Lucy, n'était autre chose que *le Premier Venu*, défunte comédie de Vial représentée avec un assez beau succès à l'époque du Consulat. Pour nous qui sommes désintéressé dans la question, — car, si nous enterrons les pièces, au moins n'est-ce pas nous qui les tuons, — ce petit événement dramatique nous a prouvé deux choses que nous tenions déjà pour certaines : à savoir que M. Poirson se moque très-agréablement du public, qui le lui rend bien du reste, et que nos goûts se modifient avec nos idées, nos mœurs, nos usages. — Combien de vieilleries qui passent pour des chefs-d'œuvre, si elles étaient offertes aujourd'hui à des spectateurs non prévenus, recevraient le même accueil que la ci-devant comédie de Vial ! Les acteurs n'ont cependant point fait défaut à l'ouvrage : Luguet, Klein, Pastelot et mademoiselle Nathalie ont tiré de leurs rôles tout le parti possible ; il est juste de leur en tenir compte.

30 septembre.

GAIETÉ. *Paméla Giraud.* — M. de Balzac est un des esprits à la fois les plus vifs et les plus persévérants de ce temps-ci. On a dit que la patience était la moitié du génie : personne ne peut nier dans l'auteur du *Père Goriot* et des *Scènes de la vie de province* une opiniâtreté de travail à l'épreuve de toute fatigue ; le *Labor improbus omnia vincit* semble avoir été écrit pour lui. En effet, bien différent des natures spontanées qui trouvent tout d'abord la forme qui leur est propre, M. de Balzac a fait d'immenses efforts pour dégager sa pensée du bloc ; de ces tâtonnements multipliés, est résulté une infinité d'ébauches plus ou moins informes, ne vivant qu'à demi et cependant trahissant çà et là, par quelque trait singulier, le talent futur de l'auteur. Cent ou cent cinquante volumes parurent ainsi, signés de différents pseudonymes, et se débitèrent obscurément dans les cabinets de lecture, sans qu'aucun œil investigateur devinât, sous ce monceau, l'ingénieux écrivain de *la Physiologie du mariage*, de *la Peau de chagrin* et de tant d'œuvres remarquables. Tout autre se fût découragé : M. de Balzac seul ne douta pas de lui-même, et, à force de ratures, d'épreuves chamarrées, de remaniements et de veilles, il parvint à se composer un style d'une originalité un peu martelée, mais merveilleusement propre à rendre sa pensée fine, compliquée, bourrée de détails, d'observations et d'incidences. Bien qu'il n'ait pas, comme certains écrivains, la phrase prime-sautière, M. de Balzac pose son cachet sur chaque ligne qu'il écrit. Fort d'une volonté que rien ne peut détourner, M. de Balzac s'est dit, il y a quelque quinze ans : « Je deviendrai un romancier célèbre, » et il l'est devenu, — non tout à coup, mais par une suite non interrompue d'efforts. — Du jour où il s'est *trouvé*, où il est entré en pleine possession de lui-même, il n'a fait que des bijoux : *Eugénie Grandet, la Recherche de l'absolu, les Célibataires, Sarrazine, la Femme de trente ans, le Lis dans la vallée, les Treize, Ferragus* et tant d'autres délicieux petits romans dont la liste serait plus longue que notre feuilleton.

La connaissance du cœur humain et surtout du cœur féminin, qui est un tout autre cœur, la science de la vie, la finesse d'aperçus, la vérité hollandaise des détails, la puissance de description, valurent enfin à M. de Balzac cette réputation et cette vogue que dix ans de production n'ont pas diminuées, malgré la défiance du public, toujours en garde contre la fécondité. On veut bien passer un chef-d'œuvre à un auteur, mais trois chefs-d'œuvre, quatre chefs-d'œuvre, c'est trop. — Une qualité de M. de Balzac semblait le prédestiner au théâtre, c'est la puissance de peindre les caractères. Les physionomies qu'il a dessinées vivent et se gravent profondément dans la mémoire. Personne, sans excepter Molière, n'a compris l'avarice comme M. de Balzac. Jamais Quentin Metsys, le peintre des peseurs d'or, n'a dessiné d'usuriers plus secs, plus inquiets et plus griffus ; il a introduit dans la littérature un élément tout nouveau et tout moderne, l'argent ; il a su trouver du mystère dans cette ruche vitrée où nous bourdonnons aux regards de tous. — Sans souci de compromettre une réputation si légitimement gagnée, M. de Balzac, se sentant des éléments dramatiques, a voulu dans ces derniers temps aborder la scène : ses essais n'ont pas été heureux. *Vautrin*, compromis par la frisure de Frédérick Lemaître, d'ailleurs si admirable dans ce rôle, a été supprimé après la première représentation : les journaux trouvèrent la pièce *immorale*. C'est un grand mot dont on abuse maintenant et qui produit toujours beaucoup d'effet sur les simples d'esprit. L'ouvrage était, au contraire, d'une ingénuité digne de Berquin. Il s'agissait, on se le rappelle, d'un ancien forçat qui voulait rendre à la société un ange à la place d'un démon qu'elle avait fait de lui, et qui cultivait toutes les vertus qu'il ne possédait pas, dans un être gardé de la corruption avec tout le soin de quelqu'un qui s'y connaît. — *Quinola*, dont l'existence, quoique plus longue, a été fort orageuse, grâce à nous ne savons plus quel tripotage de billets, renfermait une grande pensée et des scènes touchées de main de maître. Ces deux échecs n'ont pas empêché M. de Balzac de continuer ses tentatives, et il vient de donner à la Gaieté une nouvelle pièce, *Paméla Giraud*, qui ne nous paraît pas son mot définitif. — S'il le faut, M. de Balzac fera encore une centaine d'actes jusqu'à ce qu'il ait rencontré sa forme propre, et alors nous ne doutons pas qu'il n'enrichisse la scène d'ouvrages aussi remarquables que ses meilleurs romans.

L'art du théâtre est, en effet, un art tout particulier. Un poëte, un écrivain qui arrive à la scène est à peu près dans la position d'un peintre qui voudrait faire de la décoration. Il serait tout surpris de voir ses lignes danser à droite et à gauche, ses tons changer de valeur et d'intensité, les premiers plans reculer et les lointains avancer ; la lumière de la rampe dénature tout : cette lumière, qui monte de terre au lieu de descendre du ciel, donne aux objets une physionomie étrange et dont il faut savoir calculer l'effet. Une pièce de théâtre doit être exécutée comme ces dessins d'optique qui paraissent difformes et qui se redressent lorsqu'on les regarde dans un rouleau d'acier poli. Les portions les plus soignées, sur lesquelles on comptait, ne s'aperçoivent plus de la salle ; quelque phrase jetée au hasard prend tout à coup un relief extraordinaire; des intentions prêtées par le public rendent comiques des mots qui ne l'étaient pas; d'autres vraiment spirituels passent sans être remarqués. — Dans ce métier aventureux, les plus habiles travaillent un peu comme les ouvriers de haute lice, à l'envers et sans voir ce qu'ils font.

Quand des gens de lettres habitués au roman, à la critique, au feuilleton, abordent la scène, il arrive deux choses : ils se préoccupent extraordinairement des *ficelles, de la connaissance des planches, de la charpente,* ou bien ils s'abandonnent sans contrainte à leurs caprices d'imagination et de style. Dans le premier cas, ils perdent leurs qualités naturelles et n'acquièrent pas l'habileté pratique des dramaturges de profession. Dans le second cas, ils se font siffler et se dégoûtent du théâtre. — Avec un peu de persévérance, les uns auraient bientôt repris leur liberté d'allure, et les autres réglé leur fougue. — Après avoir donné cours à son excentricité dans *Vautrin* et dans *Quinola,* M. de Balzac, devenu timide dans *Paméla Giraud,* semble s'être abdiqué à plaisir et n'avoir cherché qu'à construire carrément et correctement un honnête mélodrame dans les conditions rigoureuses du genre. Il y a tellement réussi, qu'il ne serait pas impossible que la doloire et la bisaigüe d'un charpentier émérite aient ajusté et raboté les poutres de son édifice dramatique, comme vous allez en juger.

Cela se passe pendant les premières années de la Restauration. Paméla Giraud est une jeune fille pauvre et fleuriste, mais honnête, qui aime le plus vertueusement du monde un nommé Jules Rousseau, qu'elle croit être un simple ouvrier, son égal, et qui appartient à l'une des plus riches familles de l'aristocratie financière. Ce Jules, pour occuper ses loisirs, fait en même temps de l'amour et de la politique. Il s'est jeté dans une conspiration bonapartiste que la police de Louis XVIII ne tarde pas à éventer. Pour se soustraire aux recherches dont il est l'objet, Jules Rousseau s'apprête à quitter la France, et propose à Paméla de le suivre dans son exil; mais la grisette, qui a des principes, rejette bien loin cette proposition ; le jeune homme insiste, et, par malheur, il insiste avec tant d'opiniâtreté, que, sur la dénonciation d'un garçon tapissier, son rival, les agents de la police ont le temps de venir l'arrêter chez Paméla.

Cet événement met les parents de Jules au désespoir, car ce n'est pas moins que la peine de mort qui menace leur fils unique. Ils confient sa défense à un certain Dupré, avocat austère et misanthrope, auquel ils promettent la moitié de leur fortune et une reconnaissance éternelle s'il parvient à faire acquitter son client. Maître Dupré, assez riche pour ne pas tenir aux honoraires, et trop sceptique pour croire que les hommes se souviennent d'un service rendu, ne prend en main la cause du jeune Rousseau que dans l'espoir de démasquer le chef occulte de la conspiration, un soi-disant général de Verby, qui rappelle le Maxence Girard des *Deux Frères*. L'avocat pense du reste, avec raison, que Jules s'est laissé follement entraîner par ce Verby, et jure de mettre tout en œuvre pour le sauver. A cet effet, il va trouver Paméla Giraud, dont il connaît les sentiments à l'égard de Jules, et lui avoue que celui-ci est perdu si elle ne consent à déclarer qu'il a passé tout entière auprès d'elle la nuit du 20 août, pendant laquelle s'est tenue la réunion des conjurés.

Paméla ne recule pas devant un pareil sacrifice : bien qu'elle sache toute la distance qui la sépare désormais de M. Jules Rousseau, elle consent à racheter, par un mensonge qui lui coûtera l'honneur, la vie de celui qu'elle aime. — L'alibi est prouvé : Jules revient absous de l'accusation portée contre lui, et, comme le danger a disparu, la famille Rousseau oublie ce qu'elle doit à Paméla Giraud en retour de sa généreuse abnégation. Mais l'avocat Dupré, que la jeune fleuriste a quelque peu réconcilié avec l'espèce humaine, et qui veut lui en tenir compte, n'entend pas que les choses s'arrangent ainsi : le dévouement de la grisette lui semble l'avoir rendue digne d'épouser M. Jules ; il décide donc que le mariage des deux jeunes gens s'accomplira en dépit des obstacles, et, par toutes sortes d'habiles intrigues, qui remplissent la dernière partie de la pièce, il amène enfin cet heureux résultat.

Telle est, en résumé, la nouvelle production dramatique de M. de Balzac. L'ouvrage, quoique assez faiblement joué, a réussi, grâce à la vérité des situations, au naturel des détails et à l'esprit du dialogue. Nous citerons un mot délicieux que nous avons retenu parmi beaucoup d'autres. A propos d'un aparté de l'avocat de Jules, le personnage comique du drame émet la réflexion suivante : « Que se dit-il donc là tout seul?... Un avocat qui se parle à lui-même, ça me fait l'effet d'un pâtissier qui mangerait sa marchandise ! »

AMBIGU. *Les Bohémiens de Paris.*—Sans aller plus loin, cherchons tout d'abord querelle à MM. Dennery et Grangé pour le titre qu'ils ont donné à leur pièce. Quoi! vous appelez ces grinches, ces escarpes, tous ces affreux scélérats des bohémiens? vous appliquez ce nom charmant à ces hideux crapauds qui sautellent dans les fanges de Paris? Avez-vous jamais vu les véritables bohémiens?—Nous en avons vu, par douzaines, et nous pouvons vous assurer qu'ils ne ressemblent guère aux vôtres. Si vous aviez erré dans l'Albaycin de Grenade, et suivi le chemin blanc de poussière qui mène au monte Sagrado, vous auriez rencontré de grands drôles à la mine fière et nerveuse, fauves comme des cigares de la Havane, portant majestueusement quelque noble haillon sur leur épaule bronzée. Decamps les eût suivis, le crayon à la main, avec une respectueuse admiration. Dans leur œil de diamant noir respire l'antique et mystérieuse mélancolie de l'Orient, et l'on comprend que leurs prunelles échangent la nuit des rayons avec les étoiles; l'orgueil d'une race pure et sans mélange respire dans leurs narines ouvertes; ces hommes-là habitent, avec leur sauvage famille, des tanières creusées dans le roc, abritées par les larges spatules des raquettes, défendues par les verts poignards des aloès. Ils ont toutes sortes d'industries suspectes et diaboliques : ils jettent des sorts, fabriquent des philtres et des amulettes, vendent des recettes pour la guérison des troupeaux, et, au besoin, donneraient peut-être quelque coup de navaja à un voyageur attardé; — mais il y a loin d'eux à ces ignobles bandits dont vous appelez vous-même le vêtement ordinaire un *cache-coquin*, au grand scandale des chérubins du poulailler. Les enfants de la bohème ont leur hiérarchie, leur religion, leurs rites ; leur origine se perd dans la nuit des temps ; un intérêt poétique se rattache à leurs migrations.

Il est aussi une autre espèce de bohémiens non moins charmants, non moins poétiques ; c'est cette jeunesse folle qui vit de son intelligence un peu au hasard et au jour le jour : peintres, musiciens, acteurs, poètes, journalistes, qui aime mieux le plaisir que l'argent, et qui préfère à tout, même à la gloire, la paresse et la liberté, race aimable et facile, pleine de bons instincts, prompte à l'admiration, qu'un rien enlève et détourne, et qui oublie le pain du lendemain pour la causerie du soir. — De cette bohème, nous en sommes un peu tous, plus ou moins, ou nous en avons été : heureux temps où l'on s'imaginait avoir des dettes, pour quelques centaines de francs toujours payées deux fois, où l'on se grisait de sa jeunesse en buvant un verre d'eau, où l'on se croyait un don Juan, parce que la voisine de la mansarde vous avait souri à travers ses résédas et ses pois de senteur. Que de beaux rêves nous avons faits à travers la fumée du tabac ! quelles belles strophes nous avons récitées, et quels beaux tableaux nous avons vus ! quels échanges et quelles combinaisons d'habits noirs, les jours de soirée ! L'un de nous, forcé d'aller chez un ministre, ne put trouver dans toute la bohème qu'un habit à la française en velours grenat qu'un peintre de ses amis avait fait faire pour quelque fantaisie Pompadour qui lui avait passé par la tête un jour d'argent.—Avec les gitanos d'Espagne, les gypsies d'Écosse, les zigueners d'Allemagne, voilà les seuls bohémiens que nous reconnaissions, et, sans vouloir nous plonger tête baissée dans toutes vos horreurs, qui cependant peuvent avoir leur curiosité, nous soulevons notre verre, comme le comédien Lélio dans *la Dernière Aldini*, de madame Sand, et nous chantons d'une voix ferme et pure : « Vive la bohème ! »

L'Ambigu a fait pour cette pièce, évidemment inspirée par *les Mystères de Paris*, d'immenses frais de mise en scène ; plusieurs décorations sont réellement magnifiques. Celle du deuxième acte, qui représente une perspective de la Seine, prise au bas du pont Marie par un clair de lune, produit surtout le plus délicieux effet ; elle est due au pinceau de MM. Séchan, Diéterle et Despléchin. Une splendide toile de MM. Philastre et Cambon mérite aussi d'être admirée : c'est un panorama de Paris vu des hauteurs de Montmartre ; il termine dignement cette série de huit tableaux qui, bien plus que le drame dont ils sont l'accessoire ou le prétexte, vont attirer trois mois durant la foule à l'Ambigu.

VIII

OCTOBRE 1843. — Italiens : réouverture. — Débuts de Salvi et de Ronconi. — La sainte ampoule des artistes. — Cirque-Olympique : *Don Quijote et Sancho Pança*, par MM. Ferdinand Laloue et Anicet Bourgeois. — Une victime de l'art théâtral. — Les types de Rossinante, de don Quijote et de Sancho. — Parallèle entre l'âne turc et l'âne espagnol. — Portée philosophique du roman de Cervantès. — Palais-Royal : *Brelan de troupiers*, par MM. Dumanoir et Étienne Arago. — Levassor. — — Variétés : *Jacquot*, par MM. Gabriel et Paul Vermond. — Haine aux perroquets. — Neuville et ses imitations. — Lepeintre jeune. — Italiens : *Belisario*, opéra de M. Donizetti. — La pièce, la musique et l'exécution. — Début de Fornasari. — Vaudeville : *Madame Roland*, par madame Virginie Ancelot. — Ne touchez pas à la hache.

9 octobre.

ITALIENS. *Réouverture.* — *Débuts.* — Voici les rossignols revenus dans leur cage étincelante ; voici le Théâtre-Italien rouvert, mais, cette fois, enrichi de trois nouveaux chanteurs, — nouveaux pour nous, du moins, car chacun d'eux s'est fait une réputation sur les scènes étrangères. Salvi, Ronconi, Fornasari viennent chercher en France la consécration de leur gloire et cette couronne de laurier à feuilles d'or que Paris, l'Athènes moderne, pose sur la tête des grands artistes. Un poëte, un chanteur, un comédien que Paris a daigné favoriser de son approbation suprême peut aller partout le front levé, il est sûr des applaudissements de l'univers.

Ce n'est cependant pas que Paris se connaisse mieux en musique, en poésie, en peinture, que l'Allemagne, l'Angleterre ou l'Italie ; mais Paris est, en toutes choses, un excellent juge, impartial, perspicace, plein de sang-froid, plus sensible aux défauts qu'aux beautés, ayant peur d'admirer à vide, et sachant que ses arrêts sont sans appel. — Et puis, il faut le dire, quoique ce soit presque une injure, dans ce temps de prétention au génie, Paris possède au plus haut degré cette qualité éminemment française, l'esprit, c'est-à-dire le coup d'œil vif, l'aperçu fin, le sentiment du ridicule, la haine du faux goût, l'horreur de l'exagération, la netteté, la justesse et surtout la clarté ! Aussi, tout artiste qui n'a point passé devant cet aréopage qui fait trembler les plus hardis, se sent inquiet et doute de lui-même, quelque conscience qu'il ait d'ailleurs de son talent ; il ne sait pas, avant cette épreuve, s'il n'est, à tout prendre, qu'un comédien de province plus prétentieux qu'un autre.

Salvi et Ronconi ont reçu ensemble ce solennel baptême mardi dernier, dans la *Lucia di Lammermoor*, charmante élégie musicale dont l'effet est toujours irrésistible.

Commençons par Salvi. A tout ténor tout honneur. Salvi est grand, bien fait et d'une beauté italienne un peu grasse peut-être et trop bourrée de pâtes de Naples ; au moins, il n'offense pas les yeux et ne force pas ses admirateurs à détourner la tête. Sa voix, qui parcourt deux octaves et monte de l'*ut* d'en bas à l'*ut* au dessus des lignes, est égale, moelleuse, agile et souple dans les transitions : elle rappelle le timbre et la méthode de Rubini. Son succès a été complet et s'est décidé tout de suite, chose rare aux Italiens, surtout un jour d'ouverture.

Ronconi, qui a obtenu tant de succès cet hiver dans les salons de Paris, est précisément le contraire de Salvi, quoique sa réussite n'ait pas été moindre ; c'est un baryton, mais plus près du ténor que de la basse ; s'il n'est pas beau, il rachète ce défaut par l'expression, d'une énergie quelquefois triviale, mais capable de produire un grand effet ; son chant est large, accentué, articulé, et a du rapport avec la manière de Duprez. Il détache les consonnes, et rend aux mots les os et les nerfs dont les chanteurs les privent trop souvent ; il excelle dans les cantabile. — La *Lucia* n'est pas, à ce qu'on dit, sa pièce à effet. Dans *Maria di Rohan*, il déploie toutes les ressources de sa manière ferme, sérieuse, pleine d'intelligence et de volonté.

Ronconi est un talent mâle, Salvi un talent féminin, et Fornasari, qui doit débuter bientôt, peut lutter sans désavantage contre les souvenirs imposants de Lablache.

A la bonne heure ! Voilà une saison qui s'annonce bien !

17 octobre.

Cirque-Olympique. *Don Quijote et Sancho Pança*. — S'il est un sujet qui semble revenir de droit au Cirque-Olympique, c'est assurément celui de *Don Quijote de la Manche*, et cependant la pièce qu'on vient d'y représenter sous ce titre n'a eu qu'un médiocre succès. — L'histoire du chevalier de la Triste-Figure et de son fidèle écuyer ne renferme, en effet, rien de dramatique : ce voyage, entremêlé de mésaventures et de conversations moitié sérieuses, moitié bouffonnes, à travers les campagnes arides de la Manche et dans les gorges rocailleuses de la sierra Morena, sans autre lien que la succession des étapes et la présence des deux principaux personnages, ne peut être que difficilement renfermé dans le cadre de la scène, et ne prête même pas à de brillantes décorations; car toutes les féeries se passent seulement dans la cervelle du héros, et ne sont pas perceptibles pour le spectateur, qui ne peut voir, en réalité, que les cours d'hôtellerie et les grandes routes, théâtre de l'action matérielle. Aussi le Cirque, ordinairement si riche en ce genre, n'a-t-il que des perspectives banales et sans caractère.

Les arrangeurs, ayant suivi pas à pas l'action du roman de Cervantès, connu de tout le monde, même des feuilletonistes, nous n'entrerons pas ici dans les détails d'une analyse inutile, et nous raconterons une anecdote relative à l'un des principaux personnages de la pièce. C'est de Rossinante que nous voulons parler.

Pour représenter Rossinante, il fallait un cheval décharné, fourbu, poussif, les jambes pleines de javarts, les côtes en cercles de tonneau, la crinière mangée aux rats, la queue consternée, le col tout d'une pièce, comme ces hérons de bois qu'on donne aux enfants ; — c'était un des éléments comiques de la pièce.— Un pareil idéal, au premier abord, ne serait pas difficile à trouver dans ce Paris, qui est, si l'on en croit le dicton, l'enfer des chevaux et le paradis des femmes ; mais, pour arriver à produire un effet plus certain, on avait soumis l'acteur quadrupède à un régime d'entraînement excessif; on le faisait suer dans des couvertures, on lui faisait prendre des boissons échauffantes, on le privait de sommeil, on réduisait sa nourriture au plus strict nécessaire, si bien qu'au lieu d'être cheval, il aurait pu devenir jockey lui-même et courir sur le dos d'un de ses confrères; c'était le plus joli morceau d'anatomie qu'on pût voir, une merveille de diaphanéité. La lumière traversait son corps comme elle traverse la corne d'une lanterne ; il était tout juste assez vivant pour n'être pas mort; mais les hommes, en général, et les palefreniers, en particulier, ne savent jamais s'arrêter à temps et ne réfléchissent pas que le mieux est quelquefois l'ennemi du bien. Le garçon d'écurie, chargé de donner au pauvre animal sa maigre pitance, s'avisa, par excès de zèle pour la réussite de l'ouvrage, de retirer un grain d'avoine de la ration ordinaire. La balance entre la vie et la mort fut rompue par l'absence de ce seul grain, et Rossinante expira mélancoliquement au milieu d'une répétition.

Triste victime de l'art théâtral, si ton ombre peut sortir de la chaudière à vapeur où l'on a sans doute fait cuire ton cadavre étique pour engraisser les pourceaux de la plaine des Vertus, nous te souhaitons, dans l'Élysée où la nature dédommage les animaux des tortures que leur a fait subir l'homme, d'immenses prairies toujours couvertes d'une herbe parfumée et savoureuse, où tu vagueras en liberté, te donnant d'éternelles indigestions, de l'avoine enivrante comme du hachich, de l'orge doré et mondé dans des boisseaux d'ivoire, une eau de cristal dans des auges de marbre blanc, une *box* de bois des îles, une litière de paille de Florence et six palefreniers anglais pour t'étriller, te brosser, te bouchonner, te faire le crin et les sabots !

Le Rossinante actuel, sans être arrivé à ce haut degré de perfection, est pourtant d'une sveltesse fort convenable, et, chez lui, l'art ajoute encore à la nature : il est grimé comme un jeune homme forcé de jouer les pères nobles ; des rides et des muscles savamment accusés avec du charbon, des sabots barbouillés d'un ton gris pour simuler la poussière, produisent une illusion suffisante. Quant à nous, ce spectacle nous a plus affligé que réjoui : la difformité, la maigreur, la vieillesse et la maladie nous paraissent en elles-mêmes peu comiques.

Le don Quijote a dû être soumis aux mêmes préparations que le cheval précédemment décédé. Il est impossible d'être plus spiritualisé; la matière est complètement absente de sa forme. Son ventre est esthétique, ses cuisses sont abstraites et ses mollets problématiques. Quelqu'un soutenait à côté de nous qu'il devait avoir de fausses jambes. Ce qu'il y a de sûr, c'est qu'en perçant des trous dans ses tibias et y mettant quelques clefs, on en ferait très-aisément des flûtes! La tête n'est pas mal arrangée et ne manque pas, dans son exagération, d'un certain caractère espagnol.

Le Sancho ne nous paraît pas aussi conforme au type tracé dans le manuscrit arabe de Cid Hamet Benengeli, trouvé par Cervantès dans l'Alcazar de Tolède. Voici la description du dessin :

« Tout auprès, était Sancho Pança, tenant son âne par le licou. Au-dessous était écrit : *Sancho Zancas*, sans doute parce qu'il avait, comme le montrait la peinture, la panse large, la taille ramassée, les jambes longues. C'est pour cela que l'histoire lui donne indifféremment les surnoms de *Pança* et de *Zancas*, dont l'un signifie *gros ventre* et l'autre *jambes sans mollets*. »

Le gaillard athlétique qui représentait Sancho ne paraît pas avoir lu ce passage.

L'âne sera de notre part l'objet de sérieuses critiques, non pas qu'il ne soit fort joli, mais, par la poussière de la Manche! ce n'est pas là un âne espagnol. L'âne du Cirque est mutin, sémillant, coquet; il est de Paris, ou tout au plus de la banlieue, merveilleusement propre à renverser sur le gazon de Romainville de folles grisettes endimanchées.—L'âne espagnol a une toute autre physionomie, l'âne manchègue surtout; quelles longues oreilles attentives! quel poil chenu! quel air méditatif! quel regard amical tourné vers son maître! Comme on voit que ce sont deux compagnons inséparables, accoutumés à se parler et à se comprendre par les routes poudreuses, sous le soleil étouffant! comme il se tient patiemment auprès de son conducteur endormi, lui projetant son ombre sur la figure, et osant à peine tirer à lui, du bout de sa lèvre noire, quelque filament d'herbe sèche! L'âne espagnol mériterait d'être peint par Decamps, à côté de l'âne turc. Quelle belle étude philosophique cela ferait! Dans l'oreille baissée et l'œil morne de l'âne turc, on reconnaît l'âne fataliste, résigné à mourir sous le bâton si c'est écrit, de même que son maître est résigné à l'yatagan et au lacet. Dans le regard honnête, mais assuré, de l'âne espagnol, on comprend l'animal qui a le sentiment de son importance et de sa dignité, et qui use quelquefois du libre arbitre.

Nous ferons encore un reproche au Cirque, bien que cela nous coûte; car c'est notre théâtre de prédilection. Il a manqué une occasion charmante pour lui : c'était de montrer au public de Paris de véritables mules d'Espagne, rasées, harnachées comme elles le sont. Des oreilles de papier, ajustées à des têtes de chevaux, en font de médiocres et risibles mulets. Cependant rien n'est plus pittoresque que ces harnais chargés de pompons, de grelots, de plumets, de houppes jaunes, rouges, bleues; que cette folie de chamarrures, inconnue dans les pays utilitaires, qui permet à peine d'apercevoir autre chose de l'animal, à travers un étincelant fouillis de couleurs, que des yeux de diamant noir, bordés de longs cils comme des paupières de gazelles. — Et ces belles couvertures rayées, riches de tons à faire tourner la tête aux peintres, n'était-ce pas là où jamais le moment de les déployer ?

Pour toutes ces causes, nous avons été fort triste pendant le cours de cette représentation. Les décors nous contrariaient par leur verdure intempestive; il n'y a pas d'arbres dans la campagne de Montiel, ni aux environs de Puerto-Lapiche, où se passe la plus grande partie de l'action. Les arbres, en Espagne, ne poussent que dans les puits, et, s'il y en avait à cette époque, car c'est au mois de juillet que don Quijote fit sa première sortie, au lieu d'être vert-pomme, ils seraient parfaitement grillés et poudrés à gris.

En outre, le livre de Cervantès, qui passe pour être une des œuvres les plus comiques et les plus réjouissantes de l'esprit humain, nous a toujours laissé dans l'âme une impression de mélancolie profonde. D'abord, l'intention de l'auteur ne paraît être que de faire une satire littéraire des romans de chevalerie en vogue de son temps : à peu près comme Molière, qui, dans sa comédie des *Précieuses ridicules*, se moquait du jargon des ruelles et des bureaux d'esprit de l'hôtel de Rambouillet; mais, lorsque le curé a jeté au feu *les Prouesses d'Esplandian, Don Olivante de Laura, Florismarte d'Hircanie, le Chevalier Platir, Palmerin d'Olive* et *Don Bélianis*, et que Cervantès a satisfait ses rancunes d'homme de goût et d'écrivain, — car, lui aussi, avait fait un roman de chevalerie, — l'action s'élargit et prend de plus vastes proportions, peut-être même à l'insu de l'auteur. Don Quijote, long, maigre, hâve, desséché par le feu de sa cervelle, se trouve symboliser l'esprit, la poésie, l'enthousiasme, qui ne tient aucun compte des obstacles réels. Sancho, gros, court, ignoble, vorace, représente la raison pratique : toujours, aux élans lyriques de son maître, il riposte par quelque trivialité d'un odieux bon sens. — Vouloir redresser les torts, prendre la défense des faibles et des opprimés, aimer la justice, être loyal, fidèle et vaillant, tout cela est donc ridicule et fou? — Alors, tant pis pour le bon sens! — Chaque coup de bâton ou de pierre qui meurtrit, à travers son armure faussée, les pauvres côtes du chevalier, nous fait un chagrin sensible, et nous pleurerions presque quand on le rapporte moulu, brisé, mais soutenant toujours que Dulcinée du Toboso est la plus belle princesse du monde. — Est-ce que Dulcinée du Toboso n'est pas aussi la raillerie de l'amour, comme Sancho Pança est la raillerie de l'enthousiasme? Cette idole, parée de toutes les perfections idéales, n'est, après tout, qu'une grosse paysanne, nommée Alonza Lorenço, qui crible du blé devant sa porte. Nous sommes de l'avis de don Quijote : Dulcinée existe, elle est belle, elle est jeune, elle est charmante ; si elle crible, ce sont des perles fines dans un vase d'or, et, pour le soutenir, nous défierions les marchands de soie de Murcie, les moulins à vent et les muletiers yangois, les fantômes noirs et les lions des ménageries!

- PALAIS-ROYAL. *Brelan de troupiers.* — Il en est de la plupart des acteurs comme de certaines plantes qui ont leur terroir particulier, qu'elles affectionnent, qui leur est propre, où elles puisent une séve abondante et se développent naturellement, sans efforts, sans culture : transplantez-les sur un autre sol, et vous aurez beau faire, vous les verrez aussitôt s'étioler, dépérir, ou elles ne produiront

> Que des fleurs sans parfum et des boutons sans fruit.

Ainsi est-il arrivé de Levassor, qui nous suggère cette comparaison bucolique : il florissait au Palais-Royal ; les Variétés ont voulu se l'accaparer comme c'était leur droit, comme il semblait même que ce fût leur intérêt, et, bien que ses auteurs et son public aient suivi le transfuge au boulevard Montmartre, il n'a pu réussir à s'y acclimater ; il s'y est seulement un peu détérioré. — Aujourd'hui, voici Levassor revenu sur le premier théâtre de sa gloire comique, dans ce foyer du Palais-Royal, qui a vu naître et grandir sa réputation, et c'était si bien la nostalgie dramatique qui tourmentait l'enfant prodigue de M. Dormeuil et paralysait sa verve, que, tout d'un coup, dès son apparition en scène, il a repris sa gaieté, son entrain, son originalité d'autrefois. Ce n'est pourtant pas que la pièce dans laquelle il reparaissait lui fournît un prétexte fort heureux, ni un cadre fort large : pour n'être pas des pires, elle n'est pas non plus des meilleures, et nous croyons qu'elle a beaucoup moins fait pour l'acteur que celui-ci n'a fait pour elle.

Le *Brelan de troupiers* annoncé se compose : 1° du père Gargousse, vieil invalide couvert de lauriers et de rhumatismes; 2° du fils Gargousse, sergent-major dans les chasseurs d'Afrique, et 3° enfin, du petit-fils Gargousse, conscrit de la classe de 1844.

Levassor représente à lui seul la trinité des Gargousses. Il est tour à tour conscrit, grognard, invalide, et donne à chacune de ces physionomies un cachet si différent, si original, et en même temps si vrai, si naturel, que des spectateurs non prévenus auraient peine à reconnaître le même acteur dans les trois rôles. La décrépitude de l'invalide nonagénaire est surtout rendue par Levassor avec une si complète observation de détails, avec une démarche, une voix et des gestes si réels, que c'en est un spectacle pénible et dont on détourne les yeux malgré soi. — Mesdames Leménil et Dupuis, qui ne figurent guère dans ce vaudeville que pour y donner la réplique, se sont acquittées de leur tâche en actrices intelligentes et en bonnes camarades. — Levassor est venu jeter au milieu des bravos les noms des auteurs, MM. Dumanoir et Étienne Arago.

23 octobre.

Variétés. *Jacquot.* — Rassurez-vous, il ne s'agit pas d'un perroquet, et la pièce ne contient aucune phrase allusive à la célèbre question : « As-tu déjeuné, Jacquot ? » que l'on adresse depuis un temps immémorial à ces intéressants oiseaux, sans avoir obtenu d'eux une réponse satisfaisante puisqu'on la réitère toujours.

Nous avons, pour notre part, été charmé de ne voir ni perruche, ni ara, ni kakatoës dans le vaudeville des Variétés; car nous professons une aversion assez formelle contre ces volailles criardes qui ont le bec fait de deux lames de rasoir et crochu comme un nez de joueur, des yeux tremblotants entourés de plus de pattes d'oie et de rides que les paupières d'une grande coquette ou d'un jeune premier, et qui se font autant prier pour croasser qu'un chanteur à la mode pour dire la romance nouvelle. Il est vraiment dommage que la nature ait épuisé sa palette et son écrin sur le dos de ces atroces bêtes, rendues plus odieuses encore par leur aptitude à contrefaire la voix humaine!

Mais passons, sans plus de préambule, au *Jacquot* de MM. Gabriel et Paul Vermond (lisez : Eugène Guinot).

M. Balthazar, ancien entrepreneur dramatique, s'est retiré à Vaugirard, le centre de l'univers, à la suite d'une cécité qui ne lui permettait plus d'exercer son état de directeur. Il n'y a aucun obstacle à ce que M. Balthazar ait une fille; aussi en a-t-il une fort gentille, nommée mademoiselle Juliette. — Quand on a une fille, on veut la marier, et tout naturellement à quelqu'un qu'elle n'aime pas; les pères ne servent qu'à cela, et c'est dans ce but qu'ils ont été institués par la nature. Si les pères n'existaient pas, les auteurs dramatiques les auraient inventés; sans eux, toutes les pièces finiraient à la première scène : on s'épouserait, et tout serait dit. Comme les analyses seraient simplifiées, si les jeunes filles n'avaient d'autre famille qu'une bouteille de cristal, comme l'homunculus du docteur Wagner, si agréablement raillé par Méphistophélès!

M. Balthazar veut donc marier Juliette à M. Galop, un marchand de chevaux de ses amis. En vous disant que M. Galop est représenté par Lepeintre jeune, vous n'aurez pas de peine à croire que mademoiselle Juliette lui préfère un garçon moins massif et moins vieux. Ce préféré se nomme M. Jacquot; il a pour industrie de ne pas aller à l'atelier où il devrait travailler et de fréquenter beaucoup les petits théâtres borgnes, où il joue la comédie à la satisfaction générale des particuliers.

Balthazar, en sa qualité d'ancien directeur du théâtre de Sainte-Menehould, n'a pas précisément horreur des comédiens; il ne professe pas à l'endroit des acteurs les préjugés gothiques et bourgeois, mais il leur veut du talent, ce en quoi il a raison; seulement, il ne peut pas s'imaginer que ce petit Jacquot puisse en avoir. Que fait

Jacquot? Profitant de la cécité de Balthazar, à qui il a fait croire qu'il était lié avec les principaux acteurs de Paris, il lui persuade de les inviter tous à dîner. Ce surcroît de convives alarme Jeanneton, qui ne trouve pas son garde-manger assez garni pour traiter une compagnie si illustre et si nombreuse. « Rassure-toi, lui dit Jacquot, c'est moi seul qui suis tous ces messieurs. »

En effet, voici Ravel qui entre, Ravel qui a fait partie de la troupe de Balthazar à Sainte-Menehould, dont il évoque les touchants souvenirs, et puis Numa, qui est venu tout en fumant son cigare. « Ah çà! lui dit Ravel, tu fumes donc, toi, maintenant? — Eh! mon Dieu, oui. — Tu trouves donc ça agréable? — Non, je trouve ça dégoûtant. — Alors pourquoi fumes-tu? — Je n'en sais rien. » Cette explication est d'une vérité et d'une profondeur sublimes, et beaucoup de fumeurs acharnés n'en pourraient pas donner d'autre. — A Numa succède Alcide Tousez, le délicieux Jocrisse que vous savez, et une foule d'autres notabilités comiques, dramatiques ou tragiques.

Tous les aveugles du monde y seraient trompés; seulement, Balthazar ne l'est pas. Guéri depuis quinze jours, il met à profit sa cécité prétendue pour tout observer dans la maison, et il abuse même avec mademoiselle Jeanneton du privilége accordé aux aveugles d'avoir leurs yeux au bout des doigts. Le talent que Jacquot a déployé dans toutes ces imitations fait concevoir au père de Juliette l'espérance qu'il pourra un jour devenir un comédien original; il s'adoucit donc et lui accorde la main de la jeune personne, malgré les gloussements plaintifs de Galop.

Le succès de cette petite pièce, cadre ingénieux pour les imitations de Neuville, a été complet. — Quant à Neuville, il pousse l'illusion au plus haut degré. C'est non-seulement la voix, l'intonation, les tics, mais aussi, chose plus surprenante, le geste, l'habitude de corps, la physionomie, et même les traits du visage. Cinq ou six masques se succèdent sur la figure de l'acteur avec une rapidité merveilleuse. — Le célèbre comédien Garrick avait cette faculté à un tel point, qu'il posait pour le portrait de personnes mortes ou absentes. — Neuville, applaudi à tout rompre, a été forcé de reparaître à la fin de la pièce.

Lepeintre jeune, en jockey, est une des bouffonneries les plus énormes qu'on puisse imaginer. — Jamais porcelainier chinois ne rêva, pour le divertissement d'un mandarin splénétique, un poussah

Si monstrueusement en dehors du possible.

Il grogne, il renifle, il souffle et se vautre à travers l'action, en poussant des rires et des cris comme un hippopotame en belle humeur dans la vase et les roseaux d'un fleuve de l'Inde. — Comme il figurerait bien assis au fond d'une pagode, des anneaux d'or aux jambes, et soutenant dans sa main un nez fait en trompe d'éléphant!

30 octobre.

ITALIENS. *Belisario.* — *Belisario*, quoiqu'il n'ait jamais été représenté à Paris, n'est pas une nouveauté; presque tous les morceaux en ont été chantés dans les salons et dans les concerts, et, par conséquent, sont connus de tous les dilettanti; en outre, une traduction française de M. Hippolyte Lucas a été jouée en province.

Belisario a été composé par Donizetti pour le théâtre de la Fenice, à Venise, où il a obtenu un grand succès; mais ce succès remonte à 1836 et nul art ne se modifie aussi rapidement que la musique; en quelques années, les formes vieillissent et les ouvrages, bien que tout à fait modernes, semblent déjà remonter à une période de l'art désormais accomplie. Donizetti, qui est avant tout un homme d'esprit et de savoir-faire, paraît avoir la conscience de cette facilité de la musique à devenir promptement surannée, car il change son style, modifie ses formes, et a soin de suivre le mouvement qui se fait dans l'art. D'un opéra à l'autre, ses progrès sont sensibles. Quand il s'agit d'un ouvrage exécuté sur une autre scène moins sévère que la nôtre, il renforce les récitatifs, ajoute des morceaux et tâche de se mettre à la mode le plus possible. Peut-être n'est-ce pas là du génie, mais, à coup sûr, c'est de l'intelligence, et l'intelligence unie à l'habileté pratique n'est pas encore tellement commune, qu'il faille la mépriser.

Le sujet de *Belisario* ne nous est guère sympathique; il réveille en nous des idées de Marmontel assez désagréablement soporifiques, et puis les pièces basées sur une infirmité, soit naturelle, soit accidentelle, ont quelque chose de répugnant et de pénible à voir, que l'on ne doit pas exposer sur la scène. — Tout le monde connaît Bélisaire : le tableau de David et celui de Gérard l'ont popularisé. Le jeune enfant qui lui sert de caniche et le *Date obolum Belisario* ont ému de tout temps les cœurs sensibles ; il est donc inutile de s'engager sérieusement dans l'analyse d'un livret italien, la chose la moins importante qu'il y ait au monde, même aux yeux du poëte, qui l'écrit sans autre souci que de faire des vers bien scandés, bien rhythmés et bien coupés, genre de mérite totalement inconnu des paroliers français.

L'ouverture manque de caractère et de gravité ; nous savons bien que la musique ne peut exprimer ni des faits précis, ni des noms propres, et qu'il n'est pas de combinaisons de notes et d'accords qui signifient Narsès, Bélisaire, Justinien. Cependant, il nous semble que l'introduction d'un opéra où il s'agit d'yeux crevés, d'enfant sacrifié, de femme furieuse et autres menus ingrédients dramatiques, ne devrait pas être presque gaie et presque sémillante ; cela vient d'une tendance de l'art italien à s'inquiéter assez peu de l'appropriation de ses ressources au sujet qu'il traite. Nous autres Français, nous sommes un peu plus rigoureux, et nous aimons une mélodie triste sur une donnée triste, sans toutefois tomber dans les quintessences et les esthétiques allemandes.

Moins délicatement organisés que les peuples méridionaux, nous sommes moins flattés par la beauté du son et de la mélodie que par l'expression : pour nous plaire, il faut que la musique soit intimement liée au sujet, c'est-à-dire dramatique avant tout. Nous ne comprenons qu'avec beaucoup de peine ces enthousiasmes excités dans les théâtres d'Italie par des airs insérés au milieu de scènes avec lesquelles ils n'ont aucun rapport, et que souvent même ils contrarient. Ces plaisirs naïfs et spontanés nous sont presque inconnus. Nous ne voulons être heureux qu'à bon escient. Pour qu'un air nous charme, il faut qu'il plaise à notre esprit au moins autant qu'à notre oreille, et c'est ce qui explique pourquoi certains opéras qui ont obtenu un si éclatant succès au delà des monts ont réussi médiocrement à Paris. Les Français ne sont sérieux que dans leurs amusements. Affaires, politique, mœurs, religion, ils traitent tout avec la plus grande légèreté; mais ils trouvent étrange qu'on puisse rire, causer, faire des visites de loge en loge pendant la représentation d'un opéra, sauf à n'écouter que l'air de bravoure chanté par la cantatrice à la mode. Eux écoutent depuis la première note jusqu'à la dernière avec une intensité d'attention à laquelle ne s'attendent pas du tout les pauvres opéras italiens, composés pour ne pas être entendus. Il arrive aux chefs-d'œuvre transalpins ce qui est arrivé aux paroles des opéras français mises en relief par la merveilleuse accentuation de Duprez : elles avaient été faites pour être chantées et non pour être prononcées; aussi tout le monde fut-il surpris de la foule de stupidités qui sortirent ainsi de l'ombre où nulle oreille ne les avait soupçonnées.

Ces réflexions, qui d'abord peuvent ressembler à une digression épisodique, expliquent pourquoi le *Bélisaire*, malgré le nombre de morceaux remarquables et l'estime que l'on en fait en Italie et en Allemagne, ne paraît pas devoir jouir à Paris du succès des autres ouvrages de Donizetti, tels que *Lucia*, *Anna Bolena*, *l'Elisir d'amore*, *Linda di Chamouni*, *Don Pasquale* et *la Favorite*. — *Belisario* est un peu de la famille des *Martyrs*, et ne se recommande pas par un amusement bien vif. En dépit de l'espèce de réaction en faveur de l'antiquité opérée par le talent exceptionnel d'une jeune tragédienne, les Grecs et les Romains ont bien fait leur temps. Un certain ennui s'empare des spectateurs les plus résolus à l'aspect des tuniques, des chlamydes, des péplums et des cothurnes.

Le grand air du premier acte, chanté par madame Giulia Grisi, qui représente Antonine, la méchante femme de Bélisaire, a du mouvement et de l'énergie. Madame Grisi pourrait, par quelques syncopes et quelques brisures, lui donner plus d'action et de passion dramatique.

Le duo du second acte, entre Irène et Bélisaire, *Se vederla a me non lice*, est traité avec talent et bien rendu par mademoiselle Nissen et Fornasari.

Fornasari, puisque nous avons prononcé son nom, était, à vrai dire, l'attrait et la curiosité de cette soirée. — Appelé à recueillir le formidable héritage de Lablache, une grande responsabilité pesait sur lui. Il s'est, hâtons-nous de le dire, tiré avec honneur de cette épreuve périlleuse. Le débutant est un gaillard de bonne mine, héroïquement et royalement découplé, doué d'une voix de basse qu'il dirige avec beaucoup d'habileté ; son jeu est dramatique, trop peut-être pour nos habitudes. Il fait trop de ces grands gestes de pantomime italienne qui nous étonnent toujours, nous autres gens du Nord à l'attitude sobre et froide ; et cependant, à part quelques exagérations dont il s'est corrigé aux représentations suivantes, il a représenté l'aveugle Bélisaire avec une vérité surprenante. — Paris a confirmé le jugement de l'Italie et de l'Angleterre sur Fornasari : il sera à Lablache ce que Mario est à Rubini. Les regrets des dilettanti calmés, la mode l'adoptera franchement et sans restriction.

VAUDEVILLE. — *Madame Roland*. — De ce que *Madame Roland* vient d'obtenir la réussite la plus complète, de ce qu'une longue série de représentations semble réservée à ce drame, s'ensuit-il que nous devions être satisfait, nous critique hargneux, ou, du moins, laisser passer en silence la justice douteuse du parterre ? Non, certes ! et, dussions-nous être accusé du crime de lèse-galanterie, nous dirons à madame Ancelot : Donnez-nous des œuvres mondaines et légères, introduisez-nous dans les salons et dans les boudoirs, disséquez à nos yeux le cœur des femmes, refaites *Marguerite*, *Hermance*, *Loïsa*, refaites même *l'Hôtel de Rambouillet* ; mais ne brodez pas des vaudevilles sur une page sanglante de l'histoire, ne mettez pas 93 et la guillotine en couplets, *ne touchez pas à la hache !*

Madame Roland, Barbaroux, André Chénier, trois victimes dont on ne remue pas encore la cendre sans rallumer des passions mal éteintes, voilà les principaux personnages du drame de madame Ancelot. Et sous quel jour nous les montre-t-elle ! — Madame Roland, par amour et par admiration pour Barbaroux, qui ne l'aime pas ; celui-ci, par dépit contre une grande dame qui a dédaigné ses hommages ; André Chénier, par un autre désespoir amoureux ; tous trois enfin, pour oublier, pour s'étourdir, se jettent au milieu de la tourmente révolutionnaire. Puis leur triste histoire, telle que vous la connaissez, sauf pourtant quelques anachronismes, se déroule, sombre et terrible, sur ce canevas frivole. Vous assistez à la prise de la Bastille (du haut d'un balcon !), à la chute des Girondins, à leur dernier banquet sous les voûtes de la Conciergerie (heureux prétexte à couplets!). Enfin, on vient les chercher, pour les conduire à l'échafaud, et madame Roland jette son mot historique : « O liberté! que de crimes on commet en ton nom! »

La réussite a été grande, nous l'avons dit, et nos observations ne sauraient l'empêcher d'être durable. — Madame Doche a joué, avec plus d'intelligence dramatique que nous ne l'aurions pensé, le rôle de madame Roland. — Laferrière, Bardou et mademoiselle Page ont aussi très-puissamment contribué au succès de la pièce.

IX

NOVEMBRE 1843. — Théâtre-Français : *Ève*, drame de M. Léon Gozlan. — La pièce et les acteurs. — Opéra-Comique : reprise du *Déserteur*, de Sedaine et Monsigny. — La simplicité de nos pères. — Odéon : débuts de M. Raphaël et de mademoiselle Rébecca Félix dans *le Cid*. — Opéra : *Dom Sébastien de Portugal*, paroles de M. Scribe, musique de M. Donizetti. — Le livret et la partition. — Duprez, Baroilhet. — Le champ de bataille d'Alcazar-Kébir. — Italiens : *Maria di Rohan*, opéra de M. Donizetti. — Inconvénient de la fécondité. — Vaudeville : *l'Homme blasé*, par MM. Duvert et Lausanne. — Arnal.

7 novembre.

THÉATRE-FRANÇAIS. *Ève*. — Plus d'une fois déjà, entre autres lors de l'apparition du premier drame de M. Gozlan, nous avons engagé les littérateurs proprement dits, qui abordent la scène, à ne point s'efforcer de prendre les habitudes des faiseurs, mais à revendiquer, au contraire, cette liberté de pensée et d'exécution sans laquelle les pièces de théâtre ne sont, en réalité, que des jeux de patience. Ce conseil a été suivi par l'écrivain charmant auquel toutes nos sympathies sont acquises, et nous espérons qu'il le sera par d'autres. Timide encore dans *la Main droite et la Main gauche*, M. Gozlan avait tant soit peu modéré son allure, et sacrifié à ce qu'on appelle les exigences scéniques. Moins préoccupé, dans *Ève*, des règles imposées par la routine, il a donné un libre essor à sa fantaisie. L'épreuve était hasardeuse à tenter en face d'un public habitué aux combinaisons bourgeoises de M. Scribe; cependant, elle a réussi, et les quelques protestations qui se sont fait entendre ne rendent pas le triomphe moins complet : — c'est une belle et bonne victoire, laissons crier les vaincus.

Pour donner à nos lecteurs une idée exacte du drame de M. Gozlan, il nous faudrait mettre sous leurs yeux tous ces mille détails étincelants d'esprit, de verve, de gaieté, d'observation, riche et délicate broderie qui enferme l'action dans son éblouissant réseau : mais, l'auteur d'*Ève* s'étant bien gardé de faire de la stratégie dramatique, nous craindrions de nous égarer en voulant suivre le vol capricieux de son imagination, et nous essayerons simplement d'indiquer le sujet de la pièce, qui offre, d'ailleurs, par lui-même assez d'intérêt et d'originalité.

Le premier acte ou prologue se passe à Philadelphie vers 1780. — C'est un tableau curieux des mœurs bizarres et de la vie austère des quakers. Le magistrat suprême de la ville, Daniel, a une fille, nommée Ève, que le dieu des armées inspire comme Jeanne d'Arc et qui parfois, lorsque les indépendants reculent devant l'Anglais, s'échappe de la maison de son père pour aller se mettre à leur tête et les conduire à la victoire. Cette tâche héroïque ne suffit pas à la jeune illuminée ; elle médite une œuvre plus hardie que l'esprit d'en haut lui commande d'accomplir. — Il existe à Québec, au Canada, un persécuteur acharné des indépendants et des quakers, le riche, le puissant marquis Acton de Kermare, fameux dans toute l'Amérique par ses cruautés, sa luxure et ses débauches. Ève, pour obéir à la voix céleste qui lui parle, a résolu de tuer cet ennemi de la religion et de l'humanité : elle sera l'instrument de Dieu et ira frapper l'impie au milieu de ses horribles fêtes. — Un jour donc, poussée par la main invisible, elle quitte secrètement la demeure de son père et se met en route pour Québec.

L'orgie par laquelle s'ouvre le second acte, qui nous transporte chez le marquis Acton de Kermare, contraste heureusement avec les scènes graves et posées du prologue. Au milieu des joyeux propos, les convives du marquis racontent que, la veille, en chassant à l'ours dans la forêt voisine, leur hôte, le don Juan du nouveau monde, a rencontré une jeune fille de la plus éclatante beauté, qui s'est enfuie à sa vue comme une biche effarouchée, et a disparu sous les arbres. Par manière de plaisanterie, les aimables garnements ont proposé à Kermare de se joindre à lui pour faire une battue dans la forêt, afin de retrouver la mystérieuse inconnue, en stipulant qu'elle deviendra la maîtresse de celui d'entre eux qui aura le bonheur de la dépister. Mais Kermare a pris les devants sur ses amis, et il ne tarde pas à venir leur annoncer que la belle est désormais en son pouvoir. — L'inconnue, on le devine aisément, n'est autre que la fille de Daniel. Lorsqu'elle se trouve seule en présence de Kermare, Ève découvre bientôt que son ravisseur est l'impie condamné par Dieu et dont elle a juré la mort; pourtant elle hésite à le frapper, elle recule, elle l'épargne! Oui, parce que, avant tout, elle est femme et qu'elle s'est sentie prise d'un subit amour pour cet autre Holopherne qu'elle n'avait pas rêvé si jeune et si beau.

Ne pouvant se résoudre à tuer le marquis, la naïve quakeresse veut, du moins, tenter de le convertir; mais tous ses efforts sont inutiles : elle ne fait qu'irriter la passion de cet indomptable créole, qui chasse de chez lui Daniel, venu pour réclamer sa fille, et son propre père, dont les éternels sermons le fatiguent. — Ève reste donc sans appui, sans défense, et va devenir la victime de Kermare, lorsqu'on apporte heureusement à celui-ci une lettre de sa mère, qui habite Montréal, où elle mène depuis longtemps une vie de dissipations et de plaisirs.

Cette lettre, que madame de Kermare commence par des récits de fête et l'ivresse au cœur, se termine brusquement par quelques lignes d'une écriture inconnue qui apprennent au marquis que sa mère vient de mourir... La nouvelle inattendue d'un si cruel événement jette la douleur et l'épouvante dans l'âme d'Acton, qui aimait passionnément sa mère; il se sent frappé dans toutes ses affections, dans son unique joie; c'est un coup de foudre terrible, mais c'est en même temps un éclair qui lui montre la profondeur de l'abîme où il est tombé! — Avons-nous besoin d'ajouter, après cela, qu'il abjure ses anciennes erreurs, qu'il se voue au culte du bien et va combattre avec les indépendants, pour se faire pardonner sa vie passée, et revenir enfin digne d'Ève ? — Amener don Juan à la conversion, telle a été, au résumé, l'idée de M. Gozlan en faisant sa pièce, et l'on ne peut nier que ce ne soit là une grande et noble pensée.

Nous avons négligé, dans cette rapide analyse, deux rôles très-habilement jetés à travers l'intrigue : d'abord, celui d'un jeune seigneur français qui vient au Canada tout exprès pour se battre avec Acton de Kermare, dont la renommée a franchi les mers, et qu'il est las d'entendre citer à Versailles comme le modèle des roués et des dissipateurs ; ensuite, le rôle d'une esclave que le marquis a longtemps aimée et qui devient jalouse d'Ève, qu'elle veut perdre.— Une foule de mots du comique le plus fin ont été applaudis au passage. Nous craindrions de les déflorer en les citant.

L'ouvrage est monté avec beaucoup de soin et joué par l'élite de la Comédie-Française. — Firmin, chargé du rôle long et difficile de Kermare, s'en est acquitté avec le talent dont il a donné tant de preuves. Il a eu surtout, dans la scène du repentir, de magnifiques inspirations. — Guyon, sous l'habit du vieux quaker Daniel, a été calme, sévère et imposant comme il convenait. Cette création ne pouvait le faire briller, mais elle lui fait honneur. — Brindeau et Ligier ont aussi fort bien tenu deux rôles d'une importance secondaire. — Enfin, mademoiselle Plessy, qui jouait Ève, nous a prouvé la justesse de ce mot de M. de Planard, que *toujours la nature embellit la beauté* : elle n'a jamais été plus charmante que sous la blanche et simple robe de quakeresse.

OPÉRA-COMIQUE. Reprise du *Déserteur*. — La partition du *Déserteur* a certainement beaucoup vieilli ; mais elle est pleine de motifs gais, chantants, restés populaires, qui l'ont fait écouter attentivement et quelquefois non sans plaisir. M. Adolphe Adam a rajeuni, d'ailleurs, avec le tact et la discrétion qu'on lui connaît, plusieurs parties de l'accompagnement devenues tout à fait surannées ; — ce qui lui vaudra sans doute encore les reproches de vandalisme que lui ont adressés, à propos de *Richard*, certains fanatiques édentés qui ne souffrent pas qu'on touche à leurs idoles, fût-ce même pour enlever la poussière qui les couvre ! Si nous avions un regret à manifester pour notre part, ce serait seulement de voir M. Adam consacrer à d'obscurs et arides travaux d'arrangement un talent jeune encore, et qu'il pourrait employer beaucoup plus utilement pour sa gloire.

Sous le rapport de la conception dramatique, *le Déserteur*, vierge de toute *profanation* paraît malheureusement aujourd'hui d'une nullité complète. Il faut avouer que l'honnête Sedaine, ce maçon qui s'imagina trop facilement être poëte, bâtissait assez mal une pièce de théâtre, et ne s'inquiétait guère du choix des matériaux. Vous savez ce qu'est *Richard* : une invraisemblance en trois actes, le prétexte ridicule d'un duo magnifique mais impossible et que l'on ne peut voir exécuter au théâtre sans se figurer deux serins qui chantent, l'un sur un arbre et l'autre dans sa cage. — Voici ce que c'est que *le Déserteur*. Le compte rendu exact, détaillé, ne nous demandera pas dix lignes. Heureux temps pour les feuilletonistes que celui où l'analyse d'un drame — car *le Déserteur* est un drame très-sérieux quoique lyrique — pouvait être faite et parfaite en dix lignes, ni plus ni moins, trois lignes par acte !

Un jeune soldat déserte donc. Il déserte, pourquoi ? parce que c'est un lâche ? parce que c'est un traître ? Non : parce qu'on lui a fait accroire que sa fiancée n'a pas eu la patience de l'attendre et s'est mariée sans lui. La raison est belle ! n'importe : on le condamne à être fusillé. Il apprend alors qu'il a été la dupe d'une charmante plaisanterie, que Louise l'aime toujours et n'en a point épousé un autre. Par malheur, il est trop tard, la sentence prononcée contre lui ne souffre pas d'appel et va s'exécuter. On le conduit au lieu du supplice, il s'agenouille, ses camarades le couchent en joue, c'en est fait... Mais non, ce n'en est pas fait. « Arrêtez ! » crie une voix ; et quelle voix ? celle de Louise, qui apporte la grâce du condamné bien et dûment signée par le roi.

Il serait difficile d'imaginer rien de plus naïf que cette fable, complaisamment délayée en trois actes, et, si quelque auteur moderne s'avisait de mettre au jour une intrigue de pareille force, les admirateurs de l'antique simplicité ne trouveraient pas eux-mêmes, pour châtier le coupable, de pommes assez cuites ni de clefs assez forées. — Heureusement, on ira entendre la musique du *Déserteur*, qui vaut un peu mieux que le poëme. Toutefois, nous doutons que cette reprise soit aussi fructueuse pour l'Opéra-Comique que l'a été celle de *Richard;* le célèbre duo qui a fait de tout temps la vogue du chef-d'œuvre de Grétry, n'a point d'équivalent dans *le Déserteur*, dont aucun morceau n'a excité l'enthousiasme.

Roger, au profit duquel on avait transposé le rôle principal, écrit d'origine pour une basse, a montré, dans son chant comme dans son jeu, beaucoup de vigueur et de sentiment; il a surtout fort bien nuancé son grand air d'introduction. — Mocker et Sainte-Foy, dans les personnages de Montauciel et de Bertrand, ont fait applaudir à deux reprises le duo comique du troisième acte, *Tous les hommes sont bons!* — Les rôles de femmes avaient pour interprètes madame Anna Thillon, la blonde fauvette que vous savez, et mademoiselle Darcier, qui a dit les couplets du *Fuseau* de la plus charmante façon.

14 novembre.

ODÉON. *Débuts de M. Raphaël et de mademoiselle Rébecca Félix.* — Les débuts depuis longtemps annoncés du frère et de la sœur de mademoiselle Rachel ne pouvaient manquer d'exciter à un haut degré la curiosité publique : aussi avaient-ils attiré à l'Odéon une foule nombreuse, impatiente de connaître jusqu'à quel point la jeune tragédienne avait trouvé des émules dans sa famille. Les gens qui flairent les événements, ceux qui savent tout et sont partout, assuraient que M. Raphaël et mademoiselle Rébecca se montreraient dignes de leur illustre aînée, dont ils avaient la profonde intelligence et l'inspiration sublime. Cette fois, les porteurs de nouvelles étaient assez bien informés, car il s'en faut de peu qu'ils n'aient dit la vérité : les deux néophytes sont doués d'un rare et précoce talent qui les a placés tout d'un coup hors de la ligne commune. — Ils ont joué, l'un le rôle de Rodrigue, l'autre celui de Chimène, dans *le Cid*, au milieu d'une religieuse attention, souvent interrompue par des applaudissements unanimes.

Mademoiselle Rébecca est une enfant de quatorze ans tout au plus, chétive et frêle comme l'était sa sœur quand nous l'avons vue se révéler. Toutes deux se ressemblent, d'ailleurs, par plus d'un point : c'est la même prestance, le même caractère de physionomie ; la voix surtout vibre si parfaitement sur les mêmes cordes, qu'en écoutant mademoiselle Rébecca sans la voir, on ne peut se figurer qu'on n'entend pas mademoiselle Rachel. La jeune débutante perd peut-être à cette comparaison ; cependant il est impossible de ne pas reconnaître en elle de précieuses qualités, une pantomime expressive, une accentuation précise, une grande souplesse dans l'organe, de l'énergie, de l'entraînement et de l'âme. Nous ne citerons pas les vers et les passages de son rôle qu'elle a faits ressortir avec le plus de bonheur ; ce sont naturellement ceux que met en relief mademoiselle Rachel, dont elle a étudié la manière, ne pouvant choisir de meilleur modèle.

M. Raphaël, beau jeune homme de dix-sept ans environ, se recommande dès l'abord par une tenue pleine de distinction et de noblesse. Il séduit ses auditeurs avant d'avoir parlé, ce qui n'est pas un mince avantage. Lorsqu'il est entré en scène, une émotion visible lui a fait commettre quelques légers écarts ; mais il s'est bientôt rendu maître de ses moyens, et a pu faire apprécier l'excellente diction qui semble être l'apanage de la famille. — M. Raphaël, outre la pureté, la franchise d'expression, a de la force dans la voix ; il est, d'ailleurs, sobre de gestes et compose bien sa physionomie, qualité nécessaire à tout acteur tragique, obligé si souvent d'écouter en silence d'interminables tirades. En somme, il nous a paru avoir plus d'originalité que sa jeune sœur. Dans tout le cours du rôle de Rodrigue, M. Raphaël s'est fait vivement applaudir ; mais le récit de la bataille, au quatrième acte, lui a valu son plus beau triomphe : la vérité de sentiment, la délicatesse de nuances et l'héroïque modestie avec laquelle il a dit ce long couplet ont soulevé les bravos de la salle entière.

20 novembre.

OPÉRA. *Dom Sébastien de Portugal*. — Dom Sébastien de Portugal, bien qu'il soit historique en lui-même, est un de ces personnages qui semblent n'avoir vécu que dans l'intention de servir de texte aux romances et de sujet aux pièces de théâtre ; il est impossible d'imaginer une existence plus poétique et plus romanesque que celle de ce jeune roi allant combattre les infidèles, perdu sur le champ de bataille d'Alcazar-Kébir, comme Charles le Téméraire dans les champs de Morat, revenant dans son royaume, méconnu par les siens, et ne trouvant qu'une tombe, au lieu d'une couronne.

M. Scribe n'a donc pas eu grand'peine à tailler un opéra dans la légende du roi dom Sébastien, — surtout après la tragédie remarquable de M. Paul Fouché, à laquelle l'auteur dramatique le plus fécond des temps modernes n'a pas dédaigné d'emprunter une des plus belles situations de son livret.

Sur ce livret, un peu terriblement noir, — qui, d'un champ de carnage, conduit le spectateur dans les cachots de l'inquisition, en lui faisant côtoyer des bûchers et des catafalques, pour arriver au dénoûment le plus tragique, — le maestro Donizetti a versé, avec cette facilité d'improvisation italienne qui le caractérise, une musique souvent remarquable, toujours sans efforts et naturelle. Mais peut-être n'a-t-il pas encore approprié assez vigoureusement, pour nous autres Français, le sens des mélodies au sens des paroles et même des situations.

Duprez, chargé du rôle de dom Sébastien, supplée à force d'âme, de talent et d'habileté aux moyens qui lui manquent. Il n'a jamais été un aussi grand comédien que depuis qu'il n'a plus de voix. — Baroilhet s'est fait applaudir souvent et avec justice dans le personnage de Camoëns.

La décoration du troisième tableau, due aux pinceaux de MM. Séchan, Diéterle et Despléchin, et qui représente les plaines d'Alcazar-Kébir, après la bataille, est d'un effet magique et d'une profondeur immense. Decamps ne désavouerait pas cette toile de fond, lui, le peintre des *Cimbres* et de *Samson*. Quelle rougeur sinistre dans les teintes du ciel, et comme on sent bien que ces nuées rousses sont formées par la vapeur du sang! quelle solidité dans ces terrains ardents comme la solfatare, arides comme la pierre ponce! On ne peut vraiment s'empêcher, en regardant les décorations de ces consciencieux artistes, de regretter que tant de talent soit, non pas perdu, mais sacrifié, car rien ne reste de ces belles peintures, que les croquis et les maquettes.

ITALIENS. *Maria di Rohan.* — Tout le monde a vu la charmante pièce de M. Lockroy intitulée *un Duel sous Richelieu*. — *Maria di Rohan* en est la reproduction exacte. Il est donc inutile d'en donner l'analyse.

M. Donizetti, que nous retrouvons aux Italiens quand nous venons de le quitter à l'Opéra, est un homme d'un incontestable talent ; il a même plus que du talent. Une seule chose lui nuit auprès de certains esprits moroses : sa facilité. S'il mettait sept ou huit ans à trouver les mélodies et l'instrumentation d'un opéra, il passerait à coup sûr pour un grand génie ; l'odeur d'huile que répand la lampe du travail nocturne est un parfum agréable pour beaucoup de gens qui ne peuvent s'imaginer que l'on puisse faire vite et bien. Les hommes du Nord ne comprennent rien à ces heureuses natures italiennes, si merveilleusement créées pour l'art, qu'il ne leur coûte presque aucun travail. Sans doute, il faut louer le soin, les efforts ; mais l'élan spontané n'est-il pas préférable? Ce qui est acquis ne vaut jamais ce qui est donné.

Maria di Rohan, sans rien révéler de nouveau dans la manière de Donizetti, est pourtant une œuvre pleine de mérite qui fournira une longue carrière. Les mélodies, comme toutes celles qui naissent sous la plume du maestro, sont sympathiques et naturelles. On pourrait y désirer quelquefois plus de rareté, mais aussi l'on n'y trouve ni folle prétention ni extravagance. C'est de la musique saine et sans ambition exagérée, — mérite rare aujourd'hui, où chaque art semble vouloir sortir de ses attributions, et chercher en dehors de ses limites naturelles des effets et des ressources qui ne lui appartiennent pas. — Donizetti, depuis dix ans et plus, avec son abondance inépuisable, alimente de ses opéras les scènes lyriques de l'Italie, de l'Allemagne, de l'Angleterre et de la France, et nul, après Rossini, Achille musical trop tôt retiré sous sa tente, n'a obtenu de plus grands et de plus nombreux succès. On peut dire de lui ce que Martial disait de ses ouvrages ; mais les bons y sont en majorité.

Salvi chante le rôle de Chalais avec cette méthode pure, cette voix suave qu'on lui sait. Ronconi brille par la fermeté du style, la largeur du chant, la netteté de l'articulation. — Grisi est toujours Grisi, bien qu'elle soit coiffée en petites boucles comme le costume l'exige. Les bandeaux antiques vont mieux à sa noble tête, qui ne serait pas déplacée sur les épaules de la Vénus de Milo. — Une déesse frisée n'en est pas moins belle; mais elle paraît d'abord un peu étrange. Le marbre de Paros n'a guère l'habitude des papillotes.

VAUDEVILLE. *L'Homme blasé.* — Arnal est riche; il a cent cinquante mille livres de rente, qu'il dépense consciencieusement; aussi est-il blasé. On le serait à moins. Il y a de par le monde une foule de petits lords Byrons à quinze cents francs d'appointements qui prétendent être revenus de tout, bien qu'ils n'y soient point allés. Au moins, si Pierre-Ponce Nantouillet est blasé, a-t-il fait tout ce qu'il fallait pour cela : femmes, chiens, chevaux, jeu, soupers, il a usé et abusé de tout; comme Salomon, il est tenté de s'écrier : « Rien de nouveau sous le soleil, et même sous le gaz ! » Que faire? A quoi employer ces vingt-quatre interminables heures dont se compose la journée? Couronner des rosières, acheter des ingénuités à des veuves de colonel, boire du vin de Champagne dans des pistolets chargés, tout cela est fade et commun ! « Si je faisais courir des femmes au Champ de Mars, et si je menais des juments aux avant-scènes, cela me divertirait peut-être, s'écrie le malheureux Pierre-Ponce Nantouillet dans un paroxysme d'ennui. Une sensation ! une sensation ! Mes cent cinquante mille livres de rente pour une sensation ! — Mariez-vous, lui disent ses amis; vous en éprouverez une que vous ne connaissez pas encore; celle d'être... — Oh ! quelle idée ! répond Pierre-Ponce Nantouillet illuminé; mais je n'ai personne en vue. Bah ! tant mieux, j'épouserai la première femme que je rencontrerai. »

La première qu'il rencontre est une demoiselle des Canaries, sa voisine, jeune personne fort éveillée qui a été quelque chose comme blanchisseuse de fin, puis modiste, et jolie femme principalement; elle vient faire une quête pour les personnes grêlées. Nantouillet lui offre son cœur, son ennui et ses cent cinquante mille livres de rente. La timide mademoiselle des Canaries se hâte d'accepter le tout; mais voici qu'un rival vient se jeter à la traverse, un ancien maître serrurier retombé à l'état de simple compagnon par suite de ses folles dépenses pour cette même mademoiselle des Canaries, qu'il accuse Nantouillet d'avoir détournée du *chantier de la sagesse;* — car, venu chez l'homme blasé pour poser un balcon à une fenêtre qui donne sur la rivière, il y a rencontré l'ancienne idole de son cœur.

La colère du Vulcain s'allume à cette vue ; il ne souffrira pas qu'un moderne lui souffle ainsi sa particulière, et il provoque Nantouillet à un de ces duels où ne sont employées que les armes fournies par la nature, c'est-à-dire à un combat de savate. « Une émotion ! dit Nantouillet ; si je pouvais attraper un coup de poing ! » Et, comme il a reçu de Charles Lecourt, ce Grisier du chausson, les plus purs principes de l'art, il baise la main de mademoiselle des Canaries et se met en attitude. Après des coups portés et reçus, les deux champions se prennent à bras-le-corps et finissent, en se poussant et en se reculant, par tomber de la fenêtre, où le balcon n'est pas encore posé, au beau milieu de la rivière. « Tant mieux ! ça les séparera peut-être, » dit l'impassible mademoiselle des Canaries.

Ils se séparent en effet, après avoir bu quelques bouillons, et regagnent la rive tant bien que mal, chacun pensant avoir noyé son rival et fort inquiet sur les suites de cette algarade. Nantouillet va cacher sa frayeur et ses remords dans une ferme où il a une filleule des plus gentilles, — remarquez bien ceci. — Persuadé qu'on va le poursuivre à cause de la mort du serrurier, il se cache sous les habits d'un berger, conduit au pâturage des moutons qui ne sont pas blancs du tout et auxquels on a négligé de faire des rosettes de rubans roses ; il mange du pain bis et de la soupe aux choux, arrosée de piquette, lui, le Sardanapale, le Lucullus, l'usé, le blasé. Effet du contraste : il ne se sent pas trop malheureux dans sa nouvelle condition ; il digère mieux, il dort paisiblement ; les remords le tourmentent bien un peu, mais, après tout, il était dans le cas de légitime défense ; seulement, les clefs, les gonds, les loquets, les grilles, tout ce qui se rapporte à la profession de serrurier lui est insupportable. Les noyers aussi lui déplaisent, leur ombrage lui rappelle le *noyé;* mais il se distrait un peu de ces pensées funèbres en regardant les beaux yeux de Louise.

Un homme qui a cent cinquante mille livres de rente ne *disparaît* pas sans faire *paraître* aussitôt une foule d'héritiers. Les héritiers accourent donc à la ferme, accompagnés d'un juge de paix, et s'expriment sur le compte de Nantouillet de la façon la plus irrévérencieuse ; celui-ci les entend et profite d'un moment où il est seul pour ajouter au testament un codicille par lequel il institue Louise son unique héritière. — Grande surprise des héritiers, qui se mettent à courtiser la petite paysanne, devenue tout à coup un excellent parti. Indignation de Nantouillet, qui se montre, oubliant la chute dans la rivière. Le juge de paix l'arrête comme assassin du serrurier et le met en prison dans une chambre qu'il fait garder par des sentinelles. Un souterrain est le seul moyen de fuite laissé au pauvre Nantouillet. Il s'y engage ! Mais, grands dieux ! quels sont ces gémissements, ces cris sourds ? Nantouillet, qui ne se plaint plus de manquer d'émotions, a vu dans la cave l'ombre de sa victime, et bientôt il ressort *avec des cheveux blancs !* —Tout s'explique : le serrurier, croyant aussi avoir un meurtre sur la conscience, est venu chercher un refuge dans la ferme, où il a des amis, et il s'est rencontré dans le souterrain avec son adversaire. Nantouillet — car il faut bien épouser quelqu'un ou quelque chose pour terminer une pièce — se marie avec mademoiselle Louise, la jolie petite paysanne, chez laquelle il trouvera la fraîcheur d'âme et d'émotions qui lui manque. Comme ses moyens lui permettent d'avoir de la famille, souhaitons beaucoup d'enfants à M. Pierre-Ponce Nantouillet, le blasé. — A coup sûr, il aura beaucoup de représentations.

Une analyse ne peut pas donner l'idée de cette pièce, pleine de folie, de gaieté et de bons mots. Le motif, chose éminemment rare, en est original et neuf. — Arnal représente Nantouillet d'une façon on ne peut plus drolatique. Ce délicieux acteur a une gaieté pleine d'humeur et de caprice, qui lui assigne une place à part : il est brusque, imprévu, fantasque, amusant par son individualité propre, autant peut-être que par celle du personnage qu'il représente. — Ce n'est ni par la justesse ni par la vérité qu'il brille, et souvent une intonation fausse, une transposition d'effet, un geste à contre-temps, produisent chez son public l'hilarité la plus franche.

X

DÉCEMBRE 1843. — Théâtre-Français : *la Tutrice, ou l'Emploi des richesses*, comédie de M. Scribe. — Le Briarée dramatique. — La littérature et les travaux forcés. — Le public a la mémoire courte. — Opéra-Comique : *l'Esclave de Camoëns*, paroles de M. de Saint-Georges, musique de M. de Flottow. — Porte-Saint-Martin : *les Iles Marquises*, revue de l'année, par MM. Cogniard frères. — Un filon épuisé. — Des plaisanteries qui portent à faux. — M. Puff, roi de l'époque. — Cirque-Olympique : *le Vengeur*, par M. Anicet Bourgeois. — Un drame qui n'a qu'une scène. — Odéon : *le Médecin de son honneur*, drame de Calderon, imité par M. Hippolyte Lucas. — Le dieu de Calderon. — Fleurs poétiques que l'on ne cultive plus. — Rouvière, mademoiselle Julie Berthaud. — Coup d'œil rétrospectif.

4 décembre.

THÉATRE-FRANÇAIS. *La Tutrice, ou l'Emploi des richesses.* — Le nom de M. Scribe revient si souvent sous la plume du critique, qu'il est presque impossible de dire, sur le compte de cet habile et fécond producteur, quelque chose, non pas qui soit neuf, la prétention serait exorbitante, mais qu'on n'ait dit qu'une vingtaine de fois seulement. Le grand Opéra, l'Opéra-Comique, le Théâtre-Français, les quatre théâtres de vaudeville, la Porte-Saint-Martin, vous servent du Scribe depuis quinze ans et plus, sans interruption. A nos débuts dans le feuilleton, cela nous ennuyait un peu de retrouver toujours ce Lope de Vega pour la fécondité au tournant de toutes nos colonnes : maintenant, nous en avons pris notre parti.

Il faut bien l'avouer, la consommation de pièces de théâtre qui se fait aujourd'hui est si grande, que les auteurs n'y peuvent suffire. Il n'y a pas assez de talents constatés, et il s'en produit trop peu de nouveaux pour qu'un esprit comme M. Scribe ne soit pas accueilli partout avec reconnaissance. Une pièce de M. Scribe ne tombe jamais complétement, elle réussit plus ou moins, voilà tout ; et le nombre des réussites l'emporte de beaucoup sur les succès négatifs. Bien qu'il n'ait jamais pu se concilier les suffrages des artistes, et peut-être à cause de cela, M. Scribe plaît aux masses. Il est en communion avec elles; il ne les devance pas, il les suit. Il ne fait pas au public de ces violences sublimes qui ont compromis les triomphes de plus d'un grand poëte; il ne hasarde pas une plaisanterie qu'il ne soit sûr de son effet, et garde des mots en portefeuille des années entières, attendant qu'ils mûrissent. Il écrit comme les bourgeois voudraient parler. Ses observations de mœurs sont superficielles et souvent fausses; mais les gens qui ne vont au théâtre que dans le simple but de s'amuser n'y regardent pas de si près, et disent : « Comme c'est bien cela ! »

Une des conditions de notre temps, c'est d'imposer aux artistes et aux écrivains un travail continu, sans trêve, sans arrêt. Quelqu'un qui ne fait qu'une douzaine de pièces ou de volumes par an est regardé comme paresseux et bientôt oublié. Faire un seul ouvrage, fût-il un chef-d'œuvre, ne suffit plus aujourd'hui; il faut frapper fort, souvent et longtemps. Au bout de quelques années de silence, une réputation est à recommencer; personne ne vous reconnaît plus. En effet, on a bien autre chose à faire qu'à retenir les noms des absents ou de ceux qui se taisent ! — M. Scribe a l'avantage d'une intarissable fécondité alimentée par une foule de collaborateurs avoués ou secrets. Les pièces qu'il a faites en compagnie, il les aurait tout aussi bien faites à lui seul; mais, alors, il n'aurait pu occuper tous les théâtres à la fois et tenir toujours abondamment fourni ce grand magasin dramatique où les directeurs aux abois sont sûrs de trouver une ressource.

Cependant, quelque facilité qu'il ait, M. Scribe lui-même commence à laisser percer cette fatigue générale qui semble peser aujourd'hui sur la plupart des littérateurs en renom, excédés par des travaux énormes et incessants. En aucun temps l'on n'a abusé à ce point des forces humaines en tous les genres. Ce qu'a dévoré le journalisme dans ces douze dernières années est quelque chose d'effrayant. Les bénédictins si vantés étaient des sybarites flâneurs à côté des hommes de lettres d'aujourd'hui. Du temps que nous faisions le *Figaro* avec Alphonse Karr et Gérard de Nerval, nous avions collé contre notre mur, en manière de *memento mori*, cette inscription formidable dans son pléonasme : « Les journaux quotidiens paraissent tous les jours! » vérité sinistre à laquelle ne peuvent songer sans frémir tous ceux qui tiennent entre le pouce et l'index une plume d'oie ou une plume métallique. Ce qui est vrai des journaux, l'est aussi des théâtres. Les théâtres quotidiens jouent tous les soirs, et, comme il est plus facile d'ouvrir une nouvelle salle que de trouver un nouveau génie, tous ceux que la nature a doués de quelque talent sont soumis à un travail excessif et forcés de se gaspiller en menue monnaie. La somme dépensée est la même; mais, au lieu de lingots d'or purs et brillants, on a des gros sous glacés de vert-de-gris.

Le temps du repos paraît être arrivé pour M. Scribe, et *la Tutrice*, sans être précisément une pièce détestable, n'ajoute rien à la renommée de l'auteur. — Pourquoi M. Scribe, qui est riche et n'a pas l'excuse d'embarras pécuniaires à donner, ne s'enferme-t-il pas un an ou deux et ne fait-il pas, avec tout le soin possible, une bonne et piquante comédie? Il en est bien capable, et à celui-là, du moins, le souvenir public ne manquerait pas; son nom est encore stéréotypé pour trop longtemps sur toutes les affiches du monde entier, et il peut sans danger d'oubli se retirer sous sa tente pendant quelques mois.

11 décembre.

Opéra-Comique. *L'Esclave de Camoëns.* — Il y a des sujets qui sont dans l'air et qui se présentent simultanément à plusieurs imaginations. — On dit que les beaux esprits se rencontrent; cela est encore plus vrai des dramaturges. — Camoëns est à l'ordre du jour; il figure sur la scène de l'Opéra, à l'Opéra-Comique, et va bientôt passer les ponts, — petit voyage pour un poëte qui a été aux grandes Indes avec Vasco de Gama !

M. de Saint-Georges, qui est un homme adroit, nous a tout bonnement représenté le poëte amoureux. Tout le monde sait que Camoëns, outre le défaut d'être borgne, en avait un autre bien plus grave, celui de manquer d'argent. Or, comme, en ce temps-là, les journaux n'étaient pas inventés, le poëte besogneux n'avait pas la ressource de faire des feuilletons et de raconter à tant la ligne comme quoi M. Alfred épouse mademoiselle Henriette, avec accompagnement de couplets, et il mourait naïvement de faim à Macao, comme un véritable grand génie. Cependant, tout pauvre qu'il était, il avait un esclave — les plus riches d'aujourd'hui n'en pourraient pas dire autant — un esclave qui allait mendier dans les rues au profit de son maître, humble et obscur dévouement auquel le Portugal dut peut-être sa seule œuvre littéraire. M. de Saint-Georges s'est emparé de cette anecdote, qu'il a fort habilement traduite sur la scène de l'Opéra-Comique, en faisant toutefois, et il a eu raison, du vieux mulâtre, une jeune et belle fille achetée à Goa par le poëte, dans un moment où il avait sans doute la bourse bien garnie.

M. de Flottow, qui, jusqu'à présent, n'avait guère fait de musique qu'en amateur et pour les gens du monde, a brodé ce joli canevas avec beaucoup de goût et de talent. Cependant, malgré l'élégance de la mélodie, il règne un peu de froideur dans l'ouvrage; l'auteur ne s'est pas assez abandonné à sa verve. *L'Esclave de Camoëns* n'en est pas moins un heureux début, et, quand M. de Flottow, plus familiarisé avec le public, osera être lui-même, nul doute qu'il ne prenne une place distinguée parmi les compositeurs.

Porte-Saint-Martin. *Les Iles Marquises*. — Vers la fin de chaque année, les théâtres se croient dans l'obligation de servir une *revue* à leur public. Nous ne savons trop sur quoi se fonde cet usage; probablement, il y a vingt-cinq ou trente siècles, un peu avant le déluge, une revue aura obtenu beaucoup de succès sur le théâtre de quelque Palmyre aujourd'hui enfouie sous les sables et visitée seulement par les Anglais et les oiseaux de nuit. C'est apparemment dans l'idée de retrouver ce succès que les directeurs s'obstinent à faire jouer ces rapsodies du bout de l'an, invariablement jetées dans le même moule.

MM. Cogniard frères ont déjà fait une revue qui a beaucoup réussi, sous le titre de *l'An 1841 et l'An 1941*. En effet, il y avait là une idée : la pensée de l'avenir et le désir de savoir quelle figure aura le monde lorsque nous n'y serons plus, nous ont tous plus ou moins agités. Cette réalisation de choses qui n'existent pas encore frappe vivement l'esprit du spectateur, qui entre avec passion dans cette vie future ainsi rapprochée de lui. Il serait si amusant d'être soi-même son petit-fils, et de revenir au milieu de sa descendance avec les idées et les sentiments d'un autre âge! Qui n'a pas souhaité de s'endormir du sommeil d'Épiménide, et de se réveiller parmi une génération nouvelle? — Nous marchons en avant. Bien peu songent à se retourner. Il y a plus d'yeux fixés sur l'avenir que sur le passé. Aujourd'hui surtout, du train dont vont les choses, il est permis de croire que la face du monde sera complétement changée d'ici à un laps de temps très-court. L'activité qui régnait autrefois dans les esprits et dans les sentiments est détournée au profit de la matière. Grâce à la vapeur, au galvanisme, à l'électricité, à la compression atmosphérique, notre planète va être travaillée d'étrange façon. Il n'est guère de rêverie qui ne puisse un jour devenir une réalité. On n'a plus le droit de se moquer d'aucun projet hasardeux.

Ainsi, une des principales plaisanteries de la pièce nouvelle porte sur un certain M. Puff, qui, pour faire un vêtement à un roi sauvage, jette dans une machine un mouton vivant, lequel est tondu, filé, tissé, teint, coupé, cousu, et ressort de l'autre côté à l'état de paletot, non sans avoir laissé en route sa substance sous forme de gigots et de côtelettes, parfaitement cuits à point et prêts à être mis sur la table. Malheureusement pour le sel de cette charge, un fabricant anglais, M. Trogmorton, s'est récemment assis, vers sept heures du soir, à un banquet industriel, portant un habit dont la laine se promenait encore le matin sur le dos d'un mouton, dans les gras pâturages du Lancashire. Une journée avait suffi pour convertir cette laine en un frac noir!

Les moqueries sur la locomotion opérée au moyen du vide courent également le risque de n'être pas fort drôles dans un mois ou deux. Les expériences faites sur les chemins de fer près de Dublin ont été suivies d'un plein succès, et, avec ce système ridicule, on obtient une vitesse de trente lieues à l'heure. Nous ne faisons pas un crime à MM. Cogniard de leurs bons mots; nous voulons seulement leur faire sentir qu'ils regardent comme chimériques des inventions déjà passées dans le domaine de la pratique. C'est le risque que l'on court en se restreignant aux actualités, et c'est la raison qui rendait si comique le tableau de Paris dans cent ans. Aucune folie de détail n'était démentie par la brutalité des faits.

Les revues ne sont et ne peuvent être qu'un ramassis de mots et de plaisanteries usés. C'est la mise en action de la quatrième page des journaux, moins les annonces médicales et les facéties industrielles, dont le comique sérieux ne saurait être dépassé. — La cheville ouvrière de la pièce des frères Cogniard est un M. Puff, espèce de Robert Macaire qui a pour Bertrand un imbécile nommé Gobinet, et se prépare à partir pour les îles Marquises. Il va tenter fortune à Nouka-Hiva ; car M. Puff est mal dans ses affaires ; ses créanciers le poursuivent, et l'on voit se promener devant sa porte des hommes à figures de beurre rance, vêtus de carricks et de redingotes à brandebourgs au milieu de l'été, et qui ne peuvent être que des gardes de commerce dans l'exercice de leurs fonctions. — Disons à MM. Cogniard qu'ils ont péché contre la vraisemblance : Puff n'est pas si bas percé ; il est riche, c'est un haut et puissant seigneur : Paris lui appartient, Londres est sa vassale, l'Amérique relève de lui. Le commerce, les arts, la politique, tout est de son domaine. Il a les mains et les coudes partout ; c'est lui qui tient lieu d'enthousiasme aux mornes populations modernes ; il est le levain qui fait lever la pâte épaisse et lourde de la bourgeoisie ; par ses exagérations, il éveille le désir de voir, d'acheter, d'entendre, dans beaucoup d'esprits indécis. Il crée des consommateurs et même des producteurs ; il remplace l'ancienne Renommée aux cent yeux et aux cent langues ; les réclames lui servent de voix et les journaux lui servent d'ailes !

18 décembre.

CIRQUE-OLYMPIQUE. *Le Vengeur*. — L'ode de Lebrun sur le vaisseau *le Vengeur* est célèbre, et c'est, en effet, une des plus belles du poëte. Mais cette action sublime ne prêtait pas beaucoup à une action dramatique. La péripétie en était connue d'avance, et les personnages n'ont rien qui les distingue des matelots et des officiers de marine ordinaires, jusqu'au moment de ce combat surhumain où *le Vengeur*, criblé, troué, haché, rasé d'un bout à l'autre du pont, s'enfonce volontairement sous les ondes ensanglantées. — Dès qu'ils sont des héros, ils ne sont plus ; ils commencent à être intéressants, et la mer les engloutit. Un tel sujet ne comportait qu'un tableau : pas d'intrigue, pas d'amour, aucun ressort dramatique ; le capitaine

Lehire, le représentant Jean-Bon Saint-André s'encadreraient mal dans un imbroglio langoureux. Les auteurs ne l'ont pas essayé, et ils ont bien fait. — Un caractère de marin provençal nommé Lambusard, le petit mousse Farandole jettent un peu d'animation dans cette pièce, où respire la haine la plus féroce contre l'Angleterre. On dirait que les Français sont des anthropophages spéciaux, destinés à se nourrir exclusivement de chair britannique. — Nous avons remarqué avec plaisir que ces sentiments d'antipathie stupide (car, au bout du compte, un Anglais est un homme) excitaient le mécontentement et provoquaient des rires et des murmures dans la salle.

On applaudira dans *le Vengeur* deux très-belles décorations : celle des côtes du Finistère, effet de clair de lune rendu avec une illusion et une vérité parfaites par MM. Philastre et Cambon ; celle du combat naval est aussi fort belle ; il est dommage que la fumée des coups de canon et de l'artillerie en dérobe la vue au bout de quelques minutes. — On a imité, à ce qu'il nous semble, pour la dernière scène, le tableau de M. Leullier, auteur des *Martyrs dans le Cirque*. Le vaisseau s'enfonce graduellement, couvert de morts et de blessés ; le flot de la mer éteint bientôt le cri de « Vive la République ! » dans la bouche de ceux que les boulets anglais n'ont pas atteints ; et il ne reste plus du *Vengeur* que l'étendard tricolore, qu'agite au-dessus de l'eau, d'une main fracassée et mourante, le petit mousse Farandole.

26 décembre.

ODÉON. *Le Médecin de son honneur*. — Il nous serait aisé de copier ici le Dictionnaire biographique et de nous montrer d'une érudition effrayante et subite à l'endroit de Calderon de la Barca. Le ciel nous préserve d'un si facile excès. Nous aimons mieux parler tout simplement du *Médecin de son honneur*. Assez d'autres vous diront que le poëte espagnol a composé cent vingt comédies de *capa y espada*, cent *autos sacramentales* et une infinité de *loas*, intermèdes, chansons, etc., dont il reste aujourd'hui cent huit comédies et soixante-douze *autos*.

La fatalité est le mobile de la tragédie antique, le hasard est le dieu de Calderon. Dans *le Médecin de son honneur*, il est nécessaire que Henri de Transtamare, ancien galant de dona Mencia, se trouve introduit dans la maison de don Guttière, qu'elle a épousé, n'étant pas assez noble pour devenir la femme d'un infant de Castille et l'étant trop pour être sa maîtresse. Comment le poëte espagnol s'y prend-il? De la manière la plus simple et la plus inattendue : il fait tomber de cheval don Henrique précisément devant le château de don Guttière. L'infant, évanoui, est transporté chez dona Mencia, et la reconnaissance a lieu. Il est clair que don Henrique pouvait très-bien ne pas vider les arçons, et, comme le dit le roi don Pedro, ne pas saluer de cette manière les tours de Séville, et alors la pièce n'aurait pas pu se nouer. Nous trouvons cette insouciance bien plus rapprochée de la nature et plus logique que les combinaisons savantes de nos dramaturges modernes : en effet, rien n'est moins motivé que la vie. On naît sans savoir comment, on meurt sans savoir pourquoi; rien de ce que l'on prévoyait n'arrive. Un regard, une rencontre, un mot, font dévier une existence; un accident vous met en rapport avec des gens que vous n'auriez jamais remarqués. Bref, on marche tantôt dans l'ombre, tantôt dans la lumière, à travers mille événements dont on n'aperçoit ni le commencement ni la fin, coudoyé, ballotté, entraîné loin des siens par un flot de foule, puis ramené; des idées, des éléments nouveaux se mêlent à votre vie malgré vous, le plus souvent pour une porte ouverte, pour un escalier monté ou descendu, et, comme on l'a dit, rien n'est moins vraisemblable que le vrai. C'est pour cela que les pièces des anciens maîtres, avec leur désordre apparent, leurs situations brusquées, leur caprice d'allure, leurs entrées et leurs sorties mal motivées, ont une puissance de réalité et d'illusion à laquelle n'atteignent pas les modernes, qui veulent toujours donner une raison à tout. Ils sont bien ordonnés, bien exacts, bien symétriques; ils font avancer ou reculer leurs personnages avec la prudence consommée de joueurs d'échecs faisant une partie internationale, mais aussi, comme les pions de l'échiquier, leurs rois, leurs dames, leurs cavaliers et leurs fous sont de bois d'ébène ou d'ivoire admirablement tourné, et jamais de chair humaine; le décousu de la vie, l'imprévu, le hasard, manquent à leurs pièces, infiniment trop parfaites.

Les poëtes qui ont le bonheur de venir à une époque encore voisine de la barbarie, où la critique n'est pas née, où l'on n'a pas inventé ce qu'on appelle le bon goût, s'abandonnent franchement à l'impulsion naturelle ; un détail les amuse en passant, ils l'insèrent dans leur œuvre, quoique souvent il soit en contradiction apparente avec elle. Shakspeare est plein de ces choses. Banquo, avant d'entrer dans le château d'Inverness, fait remarquer que

> Le martinet frileux,
> Qui rase les donjons de son vol anguleux,
> D'un ciel plus tempéré nous annonce les brises.
> Voyez comme aux frontons, aux corniches, aux frises,
> Il a de ses enfants suspendu le berceau !

Un dramaturge moderne n'eût pas manqué de rayer cela comme faisant longueur, et cependant cette observation naïve d'un homme qui tout à l'heure sera un spectre est d'un effet merveilleux. Calderon se laisse aller aussi à ces caprices. Doña Mencia, voyant venir de loin l'infant sur un cheval rapide, fait, à propos de son panache qui flotte au vent, une foule de métaphores et de comparaisons charmantes. Ces gentils gongorismes sont attendrissants, lorsqu'on songe à la fin terrible qui attend la pauvre femme.

La fable du *Médecin de son honneur* est toute simple. — Don Guttière aimait autrefois une certaine doña Léonor. Un soir, il a cru voir un homme se glisser dans l'ombre chez elle. Rien n'a été prouvé, et, sur ce simple soupçon, quoique Léonor fût innocente, il l'a quittée ; car la femme de don Guttière, comme la femme de César, ne doit pas même être soupçonnée. Plus tard, il s'est marié avec doña Mencia de Acuna, qui autrefois avait été aimée en secret par Henri de Transtamare, frère de ce don Pèdre que les Espagnols appellent le Justicier, et que nous avons baptisé le Cruel. Henri, retournant de Castille en Andalousie avec son frère royal, tombe de cheval près de Séville devant le château de don Guttière, où il reçoit une hospitalité respectueuse et des soins empressés.

Don Arias, autrefois le confident des amours du prince et de doña Mencia, s'étonne de la retrouver là. « Silence, lui dit-elle, il y va de mon honneur ! » Hâtons-nous de faire observer que Mencia a toujours résisté aux séductions de don Henrique, et que Guttière atfonso de Solis n'est pas un époux ridicule. Le prince revient à lui, et, dans son désespoir de retrouver dona Mencia mariée, il veut partir, bien que sa blessure le fasse encore souffrir. Il se retire, en effet, mais c'est pour revenir bientôt. Il obtient de dona Mencia, caractère vertueux mais faible, une entrevue nocturne où il manque d'être rencontré par don Guttière, revenu inopinément de Séville. Le soupçon une fois entré dans l'âme de don Guttière, la mort de Mencia est résolue; « car la lessive de l'honneur se coule avec du sang. » — Un mot qu'elle laisse échapper dans la surprise d'un réveil subit, confirme don Guttière dans l'idée que son honneur est malade, et il se met à le médicamenter à sa manière : Il envoie chercher par deux Mores, au milieu de la nuit, un pauvre chirurgien de village qu'on amène les yeux bandés près d'un lit où est étendue une femme voilée. « Tu vas ouvrir les veines de cette femme, afin que sa vie s'échappe avec son sang, sinon tu mourras toi-même. » Le chirurgien obéit en tremblant, et sort, en ayant soin d'imprimer sur le mur sa main sanglante, pour reconnaître la maison où s'est passée cette horrible tragédie. — Dans la rue où l'ont abandonné les gens de don Guttière, il est rencontré par don Pèdre, qui accomplissait, à la manière du calife Aroun-al-Raschid, une de ces promenades nocturnes, pendant lesquelles le craquement des articulations de ses genoux le faisait quelquefois reconnaître des coupables épouvantés. Don Pèdre pénètre, sous un prétexte quelconque, dans la maison de Guttière, qui lui explique les raisons qui l'ont poussé au meurtre.

GUTTIÈRE.

Ceux qui exercent un métier
Mettent, seigneur, sur leur porte
Une enseigne de leur profession.
Je travaille en honneur et je mets
Ma main baignée dans le sang
Sur la porte, parce que l'honneur,
Seigneur, se lave avec du sang.

LE ROI.

Donnez-la donc à Léonor,

Car je sais que sa vertu
La mérite.

GUTTIÈRE.

Je la donne...
Mais fais attention qu'elle est baignée
Dans le sang, Léonor.

LÉONOR.

Il n'importe,
Cela ne m'étonne, ni ne m'effraye.

GUTTIÈRE.

Réfléchis que j'ai été le médecin
De mon honneur, et je n'ai pas oublié
Ma science.

LÉONOR.

Guéris avec elle
Ma vie, quand elle deviendra mauvaise !

Ce dénoûment est d'un effet tragique qu'on ne saurait trop louer : cette Léonor, qui accepte, avec la conscience et le courage de la vertu, cette rude main baignée du sang d'une autre femme qui ne fut même pas coupable !

M. Hippolyte Lucas, qui a déjà donné à l'Odéon une jolie petite comédie de cape et d'épée, *l'Hameçon de Phénice*, a transporté, avec beaucoup d'art, de goût et d'entente de la scène, sur notre théâtre, ce drame terrible, dont il n'a pas tourné les difficultés. Sa versification élégante et pure, un peu fleurie, rend assez bien le caractère de la poésie de Calderon. La pièce, montée avec soin, a produit beaucoup d'effet. — Rouvière, dans le rôle du médecin, est arrivé à une rare puissance d'épouvante. — Mademoiselle Berthaud, la cameriste de doña Mencia, a très-gentiment chanté les couplets d'une romance dont le maestro Donizetti a composé la musique.

De pareilles études, faites avec goût et conscience, sont dignes d'être encouragées, et nous voyons avec plaisir l'Odéon entrer dans cette voie de travaux qui ouvrent de nouvelles perspectives, en mettant sous les yeux du public des chefs-d'œuvre étrangers que l'on n'irait pas chercher dans la poudre des bibliothèques, sous le voile des traductions.

Coup d'œil rétrospectif. — Quel vaste cimetière que cette année 1843, dont la dernière heure est près de sonner à cette horloge que personne ne remonte et qui va toujours! Que d'efforts perdus! que d'ambitions avortées! que de drames, que de vaudevilles emportés par le vent dans cette noire rivière de l'oubli! En se promenant dans ce champ funèbre, combien on rencontre de croix chargées d'inscriptions dès à présent inintelligibles! quelle large fosse commune où les pères ont jeté leurs enfants avec insouciance, ne se souvenant plus de les avoir faits! Et pourtant tout cela a vécu, ne fût-ce qu'un soir, ne fût-ce qu'une heure; toute cette cendre refroidie a produit son étincelle; des cerveaux ont tressailli, des cœurs se sont émus quand se levait la toile, aux maigres accords des violons; de belles jeunes femmes, les bras nus, des fleurs sur la tête, ont regardé, de leurs yeux ravis et souriants, défiler toute cette mascarade tragique ou comique. Voici une autre année qui commence; ce sera encore le même drame, le même vaudeville, le même rouge et les mêmes paillettes, la même fanfare et les mêmes oripeaux; seulement, les spectateurs seront nouveaux, chose dont nous ne tenons pas assez compte, nous autres, pauvres critiques obligés de tout voir, comme les claqueurs.

Le plus grand succès de l'année 1843, année féconde pourtant en solennités dramatiques, où nous avons vu descendre dans l'arène Victor Hugo, Alexandre Dumas, Balzac, Léon Gozlan, M. Scribe, tout ce qu'il y a de plus illustre, de plus charmant, de plus fin, de plus spirituel, de plus habile, année où M. Ponsard, le dieu Ponsard lui-même s'est révélé, — c'est le succès des *Bohémiens de Paris!* — Certes, en mettant de côté toute question d'art, et prenant *les Bohémiens* uniquement pour ce qu'ils ont la prétention d'être, nous ne voulons point dire que rien ne justifie la faveur qu'ils ont obtenue; l'enthousiasme de la foule a toujours au moins un prétexte, et, malgré les sifflets qui accueillirent à sa première représentation le drame de MM. Dennery et Grangé, malgré notre opinion personnelle peu favorable à la pièce, connaissant les instincts du public, nous n'en déclarâmes pas moins que *les Bohémiens* fourniraient une longue et fructueuse carrière. — Le succès de ce drame justifie, du reste, ce que nous avons répété tant de fois : à savoir que les habitués des théâtres secondaires veulent être pris surtout par les yeux. Nous croyons qu'il n'y a pas d'exemple de mélodrame à décorations, à costumes et à feux du Bengale, qui n'ait, au moins, rendu ce qu'il avait coûté. Le peuple est amoureux du beau, du brillant, du pompeux, précisément parce que son existence est mesquine, obscure, misérable !

JANVIER 1844. — Théâtre-Français : *Tibère*, tragédie de Marie-Joseph Chénier. — La pièce, les caractères et le style. — Ce qui manque, en général, à notre poésie dramatique.— Ligier, Geffroy, Guyon.—Mademoiselle Araldi.—Odéon : *le Laird de Dumbicky*, comédie de M. Alexandre Dumas. — Heur et malheur. — Monrose, mademoiselle Virginie Bourbier. — *André Chénier*, drame en vers de M. Dallière. — Bouchet, mademoiselle Émilie Volet. — Théâtre-Français : *Bérénice*. — Le mancenillier tragique. — De la versification de Racine. — Mademoiselle Rachel. — Palais-Royal : *les Ames en peine*, par MM. ***. — Les auteurs joués malgré eux.

1er janvier 1844.

Théatre-Français. *Tibère*. — Tous les journaux ont accablé d'éloges le *Tibère* de Marie-Joseph Chénier, que le Théâtre-Français vient de reprendre. Nous avouons ne pas partager complétement cette admiration. L'action de cette tragédie est peu de chose, l'intérêt nul, allusions à part. Restent donc les caractères, le style et la versification. Le Tibère est assez bien peint, quoiqu'il s'adresse de temps en temps, sous forme de maximes, de ces vérités que personne ne se dit à soi-même, surtout un tyran velouté et doucereusement cruel comme l'était Tibère.

Cnéius, le fils de Pison, est une physionomie honnête, généreuse et pure, sous laquelle le poëte, accusé de n'avoir pas défendu son frère, semble avoir pris plaisir à se personnifier. Agrippine, avec ses larmes fastueuses, ses enfants et son urne, qu'elle ne quitte pas, a bien le caractère théâtral des douleurs antiques. Le Séjan est à peine indiqué, et Pison, par l'incertitude et la fausseté de sa position, ne peut produire aucun effet dramatique.

Le mérite de *Tibère* est donc tout entier dans la forme : en effet, le style est mâle, sobre, concis, infiniment supérieur à celui des tragédies de l'école de Voltaire, et, disons-le tout de suite, de Voltaire lui-même dans ses pièces romaines. Le vers se distingue de la littérature du temps par une grande netteté, un soin de la rime, une absence de chevilles et d'épithètes oiseuses, qu'on ne saurait trop louer ; en un mot, et nous ne voudrions pas que l'on prît en mauvaise part l'éloge que nous allons lui donner, c'est de l'excellente prose avec laquelle on traduirait parfaitement Tacite : le vers de Chénier est un très-bon cheval, au pied sûr, à l'allure ferme, qui va où il veut, qui court, qui galope, mais qui ne vole pas, et le cheval poétique doit avoir des ailes. Les classiques eux-mêmes en conviennent.

Ce défaut est un peu celui de quelques-uns des chefs-d'œuvre les plus admirés de l'école française. L'imagination n'a pas une part assez large dans notre poésie dramatique. Une raison trop sévère peut-être veille à côté de l'auteur, et, malgré le rhythme et la mesure, ce que disent, en général, les personnages tragiques est réellement de la prose. Le lyrisme, la couleur, les comparaisons, tout ce qui est du domaine de la poésie, est émondé avec une rigueur impitoyable. Nous concevrions cela pour le drame, qui, toujours pressé dans sa marche, n'a guère le temps de faire le beau parleur ; mais la tragédie, dont l'action est ordinairement des plus simples, nous semble devoir se prêter, avec sa démarche lente et majestueuse, à un langage plus riche et plus coloré. Ces conversations abstraites, en style décharné, en versification mathématique, sont pour nous l'idéal de l'ennui.

Ligier a joué Tibère avec beaucoup de talent; il a été fin, perfide, féroce, quoique se trahissant trop parfois pour un caractère si profondément dissimulé. En modérant sa fougue, il produira plus d'effet. Un grand poëte l'a dit : « Qui se contient s'accroît. » — Geffroy, costumé avec le goût et le style d'un artiste, avait l'air d'un bas-relief antique vivant. Il a donné une charmante physionomie au jeune Cnéius. — Guyon a tiré assez bon parti du personnage de Pison ; seulement, il détaille trop et veut mettre une intention dans chaque mot : plus de largeur, plus de simplicité, et le rôle y gagnera. — Mademoiselle Araldi, cette danseuse devenue tout d'un coup tragédienne, est un peu jeune pour jouer Agrippine; mais c'est un défaut que nous lui pardonnons volontiers. Elle a de la force, de la violence même, et, quand elle sera plus maîtresse de ses moyens, intelligente comme elle l'est, nul doute qu'elle ne devienne une remarquable actrice tragique. Elle doit à ses anciennes études chorégraphiques un maintien aisé, des gestes harmonieux ; elle sait se tenir en scène, marcher, entrer et sortir; elle a le masque expressif et la tournure noble; il ne lui reste plus qu'à se défaire d'un petit reste d'accent milanais qui n'est pas désagréable en lui-même, qui serait une grâce de plus dans la comédie, mais que la tragédie ne comporte pas.

Odéon. *Le Laird de Dumbicky.— André Chénier.—* La première représentation de la nouvelle pièce de M. Alexandre Dumas a été fort orageuse. *Le Laird de Dumbicky* méritait-il cet accueil? Il nous semble que non. Au théâtre, nous l'avons dit souvent, tout n'est qu'heur et malheur. Il est presque impossible, même aux gens les plus expérimentés en ces sortes d'affaires, de prévoir quel sera le sort d'un ouvrage. Les vogues prennent et se décident on ne sait pourquoi, en dehors de toutes les prévisions. Personne n'est sûr de rien en matière dramatique. Il flotte dans les salles de spectacle une atmosphère favorable ou défavorable qui fait qu'avant le lever de la toile, sans qu'on puisse dire pourquoi, le public est bien ou mal disposé à l'endroit d'une pièce dont il ne sait pas un mot. L'action du public sur un ouvrage est extraordinaire. C'est le public qui rend les pièces comiques ou terribles, à sa guise; s'il veut qu'une phrase soit plaisante, elle devient plaisante à l'instant. Le lendemain, les spectateurs sont changés, le mot tant applaudi la veille passe inaperçu et ne fait plus rire; d'autres phrases auxquelles on ne faisait pas attention prennent une grande valeur et sortent tout à coup de l'ombre. Un public malveillant, sans dire un mot, sans donner un coup de sifflet, peut rendre ridicule, aux yeux de l'auteur lui-même, la situation la plus dramatique, la tirade la plus sublime. — A vrai dire, il n'y a ni bonnes ni mauvaises pièces, il y a des climatures de salle qui donnent aux spectateurs des épidémies de joie ou de mauvaise humeur. Le public produit sur les pièces l'effet de l'éclairage sur les décorations : c'est un palais splendide ou ce n'est qu'un lambeau de toile à torchon.

Nous croyons que le titre du nouvel ouvrage de M. Dumas lui a beaucoup nui. On s'attendait, sur cette étiquette : *le Laird de Dumbicky*, qui sent son Walter Scott de plusieurs kilomètres à la ronde, à quelque drame dans le genre de *Ravenswood*, de *la Dame du Lac*, etc., et l'on a été tout surpris de trouver une comédie vive, alerte et joyeuse.

Le commencement est d'une vivacité charmante : il y a une émeute de créanciers à la porte de Sa Grâce le duc de Buckingham. Emportés par le lyrisme bien naturel de fournisseurs qui n'ont pas été payés depuis longtemps, ils ont battu les valets, et, forçant la consigne, pénétré jusque dans les appartements. Plus arides que les sables d'Égypte, plus secs que les pendus d'été, ces braves gens voudraient être arrosés de quelques à-compte. On les met gentiment à la porte, en les priant de revenir dans une heure, lorsque M. le duc aura examiné leurs titres. Ils s'en vont. Mais quel est cet escogriffe au tartan bariolé, à la longue claymore, au bonnet surmonté d'une plume élégiaque qui se prélasse devant un grand feu, assis sur les épaules dans un grand fauteuil où il s'est installé depuis le commencement de la scène? C'est Mac Allan, laird de Dumbicky, qui faisait inutilement le pied de grue, depuis plusieurs jours, pour remettre au duc de Buckingham un placet tendant à faire lever le séquestre mis autrefois par Cromwell sur sa baronnie, et qui a profité de l'irruption des créanciers. On veut le jeter dehors; il se défend comme un beau diable contre la valetaille; et, pendant ce temps, arrive Nelly Gwyn, la maîtresse de Charles II, qu'il a connue quand elle était en Écosse, à la suite d'une troupe de bohémiens. La reconnaissance a lieu, et la bonne Nelly promet de faire appuyer la requête auprès du roi.— Le laird de Dumbicky se retire enchanté, ou plutôt ne se retire pas. Le duc de Buckingham, pour retenir Nelly, a donné l'ordre de ne laisser sortir personne de l'hôtel, ce qui force Mac Allan à tomber comme mars en carême au milieu des situations les plus intéressantes.

Buckingham, qui s'amuse de tout cela, persuade à ses créanciers, reparus à l'horizon, que Mac Allan est un gaillard parfaitement cousu d'or, mais qui a la manie de se prétendre fort pauvre; en sorte que les fournisseurs le forcent d'accepter un carrosse magnifique, des chevaux superbes, des habits de brocart, d'or et d'argent. — Hélas ! il est passé le temps de ces fournisseurs héroïques !

Le laird de Dumbicky, à l'acte suivant, traqué par les fournisseurs, qui ont découvert la vérité, se réfugie à l'hôtel du *Chardon*, tenu par un brave compatriote qui veut bien lui avancer une pinte d'ale, quoiqu'il n'ait plus que les habits qui le couvrent.— Comme il hume mélancoliquement la liqueur mousseuse dans la pinte d'étain, arrive un gaillard de belle prestance, qui s'écrie : « Eh quoi ! un homme comme monsieur boit de la bière ! Mais du vin d'Espagne ne serait pas trop pour lui. Garçon, une bouteille de xerès. » Ce personnage, à l'allure triomphante, n'est autre que M. de Chiffening, qui remplissait, auprès de Charles II, à peu près les mêmes fonctions que Lebel auprès de Louis XV, celles de valet... de cœur. Après un court entretien, il propose à Mac Allan d'épouser une jeune fille charmante qui a une dot de vingt-cinq mille livres sterling. Mais il faut qu'il se décide dans dix minutes. — Le laird de Dumbicky, bien qu'Écossais famélique et un peu ridicule, n'est dénué ni de bon sens ni d'honneur. Il pense qu'il doit y avoir quelque chose là-dessous, et qu'on ne donne pas à un pauvre diable comme lui une jolie fille avec beaucoup d'argent sans quelque raison plus ou moins malhonnête. Il va refuser ; mais Nelly, son bon ange, lui conseille d'accepter. Cette jeune fille est une certaine Sarah que convoite Charles II, et que celui-ci voudrait marier à un époux commode, pour sauver les apparences. Sarah, du reste, est d'une innocence entière : c'est Nelly qui veille sur sa vertu, Nelly à la fois son amie et sa rivale dans le cœur de Charles II. Le mariage se fait, et l'on donne au pauvre laird les commissions les plus fantastiques pour l'éloigner de sa femme; mais Nelly fait sauver Sarah et se met à sa place dans la chambre nuptiale. Le damné lord Buckingham aime aussi Sarah, et, ne craignant pas d'aller sur les brisées de son royal maître, il tâche de l'enlever, et se fait donner un bon coup d'épée par le laird. — Enfin, la pauvre Sarah est tellement poursuivie, que Nelly ne trouve d'autre moyen de la sauver que de lui mettre sur les épaules une écharpe soi-disant pestiférée. — Tout le monde se sauve, excepté le bon laird de Dumbicky, plus courageux, ou, pour mieux dire, plus amoureux que les autres. L'interdit posé sur ses biens est levé, et il retourne en Écosse, avec vingt-cinq ou trente mille livres sterling, savourer à son aise les douceurs de la lune de miel.

L'auguste vérité nous oblige à dire que *le Laird de Dumbicky* a été vigoureusement sifflé à partir du troisième acte. Cela ne doit pas faire grand'peine à M. Dumas, qui, demain, aura cinq autres actes tout prêts, s'il n'en a pas dix. — Monrose a été fort plaisant dans le rôle du laird; mademoiselle Bourbier a bien rendu celui de Nelly.

Quelques jours avant *le Laird de Dumbicky*, l'Odéon, qui livre, comme on sait, batailles sur batailles sans jamais reprendre haleine, avait offert à son public, sous le titre d'*André Chénier*, un petit drame en vers, dont l'auteur, M. Dallière, débutait au théâtre. — Il n'y a, en effet, qu'un débutant littéraire ou un dramaturge maladroit qui puisse avoir l'idée de mettre aujourd'hui à la scène un personnage de notre histoire révolutionnaire : les habiles ne s'y risqueraient pas, ils savent trop les inconvénients qui en résultent. C'est que d'abord, dans de pareilles pièces, tout est prévu depuis l'exposition jusqu'au dénoûment. Ensuite, les hommes de l'ère républicaine sont encore trop diversement jugés pour que l'auteur, obligé d'exalter les uns aux dépens des autres, ne contrarie pas certaines opinions politiques. Et puis, quel que soit le héros qu'on choisisse parmi tous ceux de l'époque, quel que soit l'intérêt particulier qu'il inspire, il se passe toujours dans la coulisse un drame si terrible et si grandiose, que le public a peine à ne pas trouver mesquin celui qui s'agite sous ses yeux.

Ces réserves faites, nous constaterons volontiers que M. Dallière a tiré de son sujet tout le parti possible, qu'il s'est très-heureusement inspiré de quelques passages du *Stello* d'Alfred de Vigny, et que sa versification est franche, correcte, souvent habile. Certaines parties du rôle de Hoche, très-bien jeté dans la pièce, sont assez vigoureusement écrites. La figure d'André Chénier ne manque pas non plus de relief : c'est une étude où il y a du talent et du cœur. — L'admirable poëte que M. Delatouche, charmant poëte lui-même, a fraternellement tiré de l'oubli, était représenté par Bouchet, qui n'est point resté au-dessous de sa tâche ; il a été tout ce qu'il fallait être : mélancolique et passionné, tendre et émouvant. — Mademoiselle Volet s'est fait applaudir avec lui par la grâce de son jeu et la distinction de sa personne. Toutefois, nous la trouvons mieux placée dans la comédie que dans le drame, où elle manque peut-être de force.

8 janvier.

Théatre-Français. *Bérénice.* — *Mademoiselle Rachel.* — Nous voudrions bien parler de *Bérénice*, comme c'est notre devoir ; mais rien ne nous gêne plus que de parler des tragédies en général, et des tragédies de Racine en particulier. Nous avons fait nos humanités aussi mal qu'un autre, et composé dix ou quinze mille vers plus ou moins inédits ; ce n'est assurément pas une raison pour nous croire un poëte ; mais peut-être, sans trop de présomption, pouvons-nous prendre le titre de versificateur, puisque tous ces vers ont une rime à l'un des bouts et une césure généralement placée au milieu.—Nous sommes donc dans une situation à devoir prendre plaisir à ces sortes de choses.

Eh bien, nous ne saurions dire comment cela se fait, nous avons la plus grande peine à empêcher nos mâchoires de s'ouvrir et nos yeux de se fermer quand commence cette débâcle d'alexandrins qu'on nomme une tragédie. — Est-ce la puissance des rimes plates, le retour constant des périodes carrées de deux ou quatre membres ? Nous ne savons ; mais une torpeur invincible s'empare de nous, et l'ennui descend sur notre tête comme une araignée qui se laisse tomber du plafond au bout d'un fil.

Il est convenu que Racine est la perfection même. On peut nier la

Divinité, la royauté, la famille, soutenir les opinions les plus étranges, les paradoxes les plus hardis; mais il est une chose qui fera toujours trembler les plus téméraires, c'est de hasarder l'ombre d'une observation sur Racine. Pour lui, toutes les phrases sont stéréotypées, et ce sont des formules d'éloge : c'est le pur, l'harmonieux, l'élégant, le chaste, le divin Racine. — Nous ne sommes pas un iconoclaste, loin de là. — Nous trouvons qu'il n'y a pas assez d'idoles. L'admiration est un sentiment si rare, que nous le respectons même en ne le partageant pas; mais cependant il nous est impossible d'admettre sans y regarder ces jugements tout faits.

Ce qu'on loue surtout chez Racine, c'est l'harmonie de la versification. Pourtant Racine versifie avec une négligence dont s'étonnent les lecteurs de bonne foi, qui ne sont pas résolus d'avance à trouver tout bien, tout parfait. Ses rimes sont souvent inexactes, à peine suffisantes, et choisies dans des tonalités sourdes. Les rimes en *er* et en *é* se reproduisent surtout avec une uniformité fatigante. Citons-en un exemple entre mille :

> Un enfant dans les fers ! Et je ne puis *songer*
> Que Troie en cet état aspire à se *venger* !
> Ainsi du fils d'Hector la perte était *jurée*.
> Pourquoi d'un an entier l'avons-nous *différée* ?
> Dans le sein de Priam n'a-t-on pu l'*immoler* ?
> Sous tant de morts, sous Troie, il fallait l'*accabler* !
>
> (*Andromaque.*)

Les adjectifs à consonnances faciles se donnent fréquemment rendez-vous au bout des vers, trop souvent terminés par les mêmes mots. Les sons riches, éclatants, et d'un accent ferme, semblent être évités comme à dessein par le poëte, ou timide ou paresseux; ce peu de variété dans les désinences et les coupes, ce retour invariable de rimes voilées, donnent à la versification quelque chose de languissant et d'éteint : c'est de la monotonie et non de la véritable mélodie. Cette petite observation purement technique — et il serait facile d'en faire un grand nombre de ce genre sur la contexture des vers de Racine — nous fera peut-être regarder comme un barbare par une multitude d'honnêtes gens qui n'ont pu assembler deux hémistiches dans leur vie !

« *Titus reginam Berenicem cui etiam nuptias pollicitus ferebatur... statim ab urbe dimisit invitus invitam.*

» C'est-à-dire que Titus, qui aimait passionnément Bérénice, et qui même, à ce qu'on croyait, lui avait promis de l'épouser, la renvoya à Rome, malgré lui et malgré elle, dès les premiers jours de son empire.

» Cette action est très-fameuse dans l'histoire, et je l'ai trouvée très-propre pour le théâtre par la violence des passions qu'elle pouvait exciter. En effet, nous n'avons rien de plus touchant dans tous les poëtes que la séparation d'Énée et de Didon, dans Virgile; et qui doute que ce qui a pu fournir assez de matière pour tout un chant de poëme héroïque, où l'action dure plusieurs jours, ne puisse suffire pour le sujet d'une tragédie dont la durée ne doit être que de quelques heures ? »

Telle est l'explication du sujet de *Bérénice*, donnée par Racine lui-même, dans la préface de cette pièce.

Nous croyons que Racine s'est trompé en trouvant cette action très-propre au théâtre. Un caractère sans résolution n'est jamais très-dramatique. Le Titus, avec ses revirements perpétuels, finit par friser le ridicule : l'obstacle est en lui ; il peut essuyer ses larmes quand il voudra, car elles ne coulent que par sa propre volonté. Un prince qui renonce à épouser celle qu'il aime et dont il est aimé sera toujours très-louable au point de vue politique, mais il produira peu d'effet au théâtre. Les motifs qui déterminent Titus à renvoyer Bérénice sont des plus sages; mais il paraît s'y résigner trop facilement. On ne voit pas assez clairement qu'il ait la main forcée; et la crainte vague de déplaire aux Romains, qui n'aiment pas les rois et encore moins les reines, n'est pas une raison suffisante. Enfin, l'on est vraiment tenté de sourire lorsque ce grand gaillard de Titus répond à Bérénice qu'il ne survivra pas à cette séparation, et lui dit avec un air de Céladon :

> J'espère que bientôt la triste renommée
> Vous fera confesser que vous étiez aimée.
> Vous verrez que Titus n'a pu sans expirer...

A quoi la pauvre reine Bérénice réplique fort judicieusement :

> Ah ! seigneur, s'il est vrai, pourquoi nous séparer ?
> Je ne vous parle pas d'un heureux hyménée :
> Rome à ne plus vous voir m'a-t-elle condamnée ?
> Pourquoi m'enviez-vous l'air que vous respirez ?

TITUS.

> Hélas ! vous pouvez tout, madame... demeurez !

Bérénice, à vrai dire, n'est pas une tragédie ; il n'y coule que des pleurs et pas de sang. C'est une élégie dramatique qui renferme des morceaux pleins d'une grâce un peu molle et d'une sensibilité un peu larmoyante, et qui dut plaire beaucoup au temps où elle fut jouée ; car, ainsi que le dit Racine, la trentième représentation fut aussi suivie que la première, et le prince de Condé pouvait dire avec justice, en détournant légèrement le sens de deux vers de la pièce :

> Depuis cinq ans entiers, tous les jours je la vois,
> Et crois toujours la voir pour la première fois.

Les questions de sentiment étaient alors à la mode et les allusions aux amours du roi, que la *Bérénice* pouvait renfermer, ajoutaient encore à son succès. Aujourd'hui, ce n'est plus pour nous qu'une étude littéraire, étude charmante et pleine d'intérêt, dont nous devons remercier le Théâtre-Français, qui ferait bien de remonter aussi le *Tite et Bérénice* du vieux Corneille. La comparaison serait attachante et curieuse.

Mademoiselle Rachel, à peine remise d'une longue maladie, a joué, sinon avec tous ses moyens, du moins avec toute son intelligence. Le rôle de Bérénice n'est pas de ceux qui conviennent à son talent, non pas que nous voulions réduire la jeune tragédienne aux rôles de furies et de vipères. Nous ne sommes pas de ceux qui lui refusent la sensibilité ; elle n'a pas, il est vrai, cette sensibilité humide et pleurarde qui vient plutôt du nez que de l'âme ; mais elle comprend la passion et l'amour, et sait les rendre. Seulement, dans *Bérénice*, elle ne trouve pas l'occasion de faire voir ses autres qualités. Comme perfection de débit, elle a été toujours irréprochable, et, dans la dernière scène, elle s'est montrée tendre, expansive, langoureuse, éplorée, complète en un mot. De ses lèvres, dont l'arc sévère décoche si cruellement l'ironie aux pointes acérées, elle laissait tomber des plaintes molles comme des murmures de colombe mourante, et elle a dit surtout ces vers à Antiochus avec un accent profondément vrai et pénétré :

>Prince, après cet adieu, vous jugez bien vous-même
>Que je ne consens pas de quitter ce que j'aime
>Pour aller loin de Rome écouter d'autres vœux.
>Vivez, et faites-vous un effort généreux.
>Sur Titus et sur moi réglez votre conduite :
>Je l'aime, je le fuis ; Titus m'aime, il me quitte !
>Portez loin de mes yeux vos soupirs et vos fers.
>Adieu ! servons tous trois d'exemple à l'univers
>De l'amour la plus tendre et la plus malheureuse
>Dont il puisse garder l'histoire douloureuse !...

Beauvallet a joué très-convenablement Titus comme diction ; mais peut-être avait-il une mine féroce peu en harmonie avec la conduite débonnaire de cet honnête empereur.

Maillart a trouvé moyen de se faire applaudir dans le rôle à peu près nul d'Antiochus. C'est adroit.

22 janvier.

PALAIS-ROYAL. *Les Ames en peine, ou la Métempsycose*. — Nous ne parlerons de cette pièce que pour mémoire, car elle a déjà disparu de l'affiche. Le public s'est montré fort sévère à son endroit, sinon tout à fait injuste. — En vain on avait pris soin d'annoncer que c'était une pure fantaisie, un conte des *Mille et un Jours* ; comme il ne s'agissait nullement des faits et gestes de M. Arthur et de mademoiselle Emma, dès la troisième scène, les spectateurs ne voulaient plus rien entendre.

A travers les sifflets et les huées, nous avons compris pourtant qu'il était question d'un savant magicien de l'Inde, qui, possédant le secret de la transmutation des âmes, s'en servait pour faire passer la sienne dans le corps d'un imbécile d'Anglais aimé de la jeune Miaou, fille d'un magistrat de l'endroit. L'Anglais, nommé Nigel, prenait, à son tour, possession du corps de l'Indien ; mais, sous cette nouvelle enveloppe, il se voyait dédaigné, repoussé par Miaou, qui, ne se fiant qu'aux apparences, reportait tout son amour sur le sectateur de Brahma. — De cette métempsycose en partie double, il résultait encore des quiproquos plus ou moins divertissants, lorsqu'on parlait à l'un des deux rivaux de faits accomplis par l'autre, et antérieurs à la transformation. Enfin, après toutes sortes d'aventures burlesques que lui attirait sa défroque hindoue, l'âme de Nigel parvenait à se réintégrer dans son propre étui, avant que le magicien eût eu le temps d'épouser Miaou.

Certes, nous voyons tous les jours, dans les théâtres de vaudeville, réussir des pièces qui, sous plus d'un rapport, ne valent pas celle-là. On ne peut nier que le sujet n'en fût neuf et original ; seulement, il demandait, suivant nous, à être moins légèrement traité, étant, au fond, beaucoup plus sérieux qu'on ne pense. — Nous avons dit que, dès la troisième scène, les sifflets couvraient déjà la voix des acteurs ; vers la fin du second acte, ils devinrent tellement aigus, tellement unanimes, que l'administration fit baisser le rideau, croyant être agréable au public. — Apparemment, ce n'était pas le compte des siffleurs ; car, lorsque la toile se releva pour laisser jouer *l'Homme de paille*, qui devait terminer le spectacle, les boas du parterre réclamèrent, avec des grincements de dents, le troisième acte des *Ames en peine*, dont on prétendait leur faire tort. — Le régisseur vint annoncer que, *malheureusement*, tous les acteurs jouant dans cette pièce étaient partis. — Alors, nouveaux grincements, mêlés de hurlements et de trépignements. Ce fut un tel vacarme, que le commissaire dut, à son tour, intervenir. Devant l'écharpe municipale, les cris s'apaisèrent un peu ; l'on parlementa, et, finalement, le parterre consentit à écouter *l'Homme de paille*, sous promesse que, pendant ce temps, M. Dormeuil enverrait chercher ses acteurs, pour leur faire jouer le troisième acte des *Ames en peine*. — Et ce malheureux troisième acte fut joué en effet, comme il avait été dit, au milieu d'un concert de sifflets, et pour l'unique satisfaction de mademoiselle Scriwaneck, qui n'aura pas été fâchée d'exhiber son charmant costume de mariée hindoue. — Ainsi, voilà deux pauvres auteurs — car ils étaient deux — qui ont eu la velléité de sortir de l'ornière, et qu'en punition de ce crime, on a poursuivis même après amende honorable de leur part, auxquels on a fait boire le calice jusqu'à la lie. — Faites donc du nouveau!

XII

FÉVRIER 1844. — Théâtre-Français : *un Ménage parisien*, comédie en vers de M. Bayard. — Opinion de Paris sur lui-même. — Où les Français mettent l'amour-propre national. — Variante à un vers de Boileau. — Le frac et la poésie. — Porte-Saint-Martin : *les Mystères de Paris*, drame de MM. Eugène Sue et Dinaux. — La pièce et la censure. — Le tartufe de mœurs. — Frédérick Lemaître. — La mise en scène et les décorations. — Une rue de la Cité. — Incident de la représentation. — Allocution du régisseur au public.

5 février.

THÉATRE-FRANÇAIS. *Un Ménage parisien.* — Une grande prétention de Paris, c'est de se peindre : nous avons eu le *Tableau de Paris*, de Mercier; *l'Ermite de la Chaussée-d'Antin*, de M. de Jouy; les *Scènes de la Vie parisienne*, par M. de Balzac, et mille autres, sans compter *les Mystères de Paris,* par M. Eugène Sue, le plus grand succès dont on ait mémoire. Et, il faut l'avouer, Paris ne s'est jamais flatté; il s'est toujours peint en laid. Si l'on en croyait Paris sur parole, Sodome, Gomorrhe, Ninive, Babylone, la Rome des empereurs, et toutes les anciennes Lylacqs d'énormités, toutes les cités d'épouvantements seraient des villages innocents en comparaison de lui. Paris se flatte : il n'est pas si monstrueux qu'il se l'imagine; c'est une honnête ville, assez mal bâtie, fort laide et fort sale, un entassement de plâtras et de moellons, où, grâce aux réverbères, à la gendarmerie, aux commissaires de police, aux sergents de ville et aux mouchards, il ne se passe rien de mystérieux. Paris, sur les récits enjolivés des gazettes de tribunaux, a la fatuité de se croire un grand scélérat; mais quelques pauvres idiots féroces, qui assassinent par bêtise, et auxquels les rédacteurs judiciaires prêtent des mots, n'empêchent pas la population de Paris d'être parfaitement débonnaire, patriarcale, ornée de toutes les vertus civiques, municipales et autres; nulle part les mœurs ne sont meilleures qu'à Paris, et, dans beaucoup d'endroits, elles sont pires; les femmes, excepté celles dont la profession est d'être malhonnêtes, y sont très-sages, très-chastes, très-fidèles, et se conduisent on ne peut mieux; la rareté des querelles et des rixes prouve que les mœurs y sont aussi douces que pures. — Seulement, comme le Parisien n'est jamais sorti de chez lui, et qu'il conçoit la mappemonde à la façon des Chinois, c'est-à-dire le point qu'il habite couvrant tout le globe, il s'exagère énormément son importance, il s'étonne des choses les plus simples, et les relations des la Pérouse et des capitaines Ross qui ont voyagé d'un quartier à un autre sont écoutées avec stupéfaction.

Voici maintenant M. Bayard qui arrive avec son *Ménage parisien*. — Un ménage parisien, cela doit nécessairement signifier un mauvais ménage. — Cette tendance à se peindre sous des couleurs défavorables est particulière aux Français, qui se donnent tous les vices possibles et semblent ne tenir qu'à leur réputation d'esprit et de légèreté, légèreté qu'ils prouvent en voyant jouer depuis deux cents ans les sept ou huit mêmes tragédies, qui n'étaient peut-être pas fort amusantes le jour de leur première représentation. Le vers de Boileau : *Le Français né malin...*, — qu'on pourrait finir de la sorte : *meurt quelquefois très-bête*, — a été pris au pied de la lettre par toute la nation.

A part cela, ils vous avoueront qu'ils sont d'affreux gredins, très-corrompus, très-dépravés, très-infâmes, capables de tuer papa et maman, d'enlever la femme de leur prochain si elle ne les fait pas jeter à la porte, et commettre mille indélicatesses du même genre.

Les autres peuples ont un travers bien différent, mais plus concevable : ils ne peuvent souffrir la plus légère critique, et le moindre doute qu'on élève sur leur perfection collective les rend furieux. Ils s'accordent à eux-mêmes une foule d'épithètes flatteuses : vaillants, braves, héroïques, illustres, généreux, ingénieux, admirables, tels sont les titres les plus modestes qu'ils prennent.

La comédie bourgeoise de M. Bayard a réussi très-fort, et elle le méritait à plusieurs titres : la donnée en est intéressante et vraie ; l'intrigue, habilement conduite, révèle le collaborateur assidu de M. Scribe. Il y a de l'observation dans la peinture des mœurs, et les caractères principaux sont assez nettement dessinés. Le défaut de la pièce, c'est que l'on y côtoie presque toujours la situation, qui devrait être, suivant nous, plus résolûment abordée ; on ne risque jamais à s'enfoncer au cœur d'un sujet : quand il est bon, c'est tout profit ; quand il est mauvais, souvent l'audace vous sauve. Il résulte, au contraire, des tâtonnements et des hésitations que l'intérêt s'affaiblit ou se porte sur des détails accessoires.

Cette comédie n'est pas en prose : est-ce à dire pour cela qu'elle soit en vers? C'est une question. — Elle est certainement aussi bien en vers que beaucoup de pièces de Delaville, de Duval, de Casimir Bonjour et de Samson, et une infinité d'autres du répertoire, mais voilà tout. Un homme d'esprit et qui a été élevé au collége peut, s'il le veut, écrire cinq actes en lignes de longueur où l'on ne trouvera pas de fautes grossières contre les règles ; mais dans quel but se livrer à ce travail inutile, qui empêche seulement la prose d'être bonne et ne l'élève pas jusqu'à la poésie? A quoi bon ce rhythme somnolent et sans charme jeté sur des pensées vulgaires? Il est difficile d'appliquer le vers à des pièces dont les acteurs sont habillés du frac et ont des professions antipoétiques, comme celles d'agent de change, de banquier, de rentier, etc., etc. Que des personnages typiques comme Orgon, Valère, Mascarille, Dorine parlent en vers, cela se conçoit ; la fantaisie de leur costume, la liberté du milieu où ils se meuvent permettent au poëte des hardiesses et des caprices de style, des images et des couleurs vives ; mais pourquoi versifier les lieux communs d'une conversation entre bourgeois? De cette façon, on ôte au dialogue la franchise et la localité d'observation qui s'y pourrait rencontrer.

Ensuite, il faut s'avouer une chose : ni l'esprit, ni l'instruction, ni la finesse, ni même le style, ne suffisent pour versifier ; on peut être un grand prosateur et ne pouvoir tourner un quatrain ; les exemples illustres ne manqueraient pas. Un poëte peut devenir un prosateur, mais jamais un prosateur ne deviendra un poëte. Pour faire des vers, il faut un *doigté*, si l'on peut s'exprimer ainsi, acquis de longue main. Il faut, en manière de gammes, avoir fait, de douze à dix-huit ans, vingt ou vingt-cinq mille vers plus ou moins détestables. Sans cela, on ne pourra jamais écrire en vers, en vers français du moins, les plus difficiles de tous, et ceux qui se soutiennent le moins par eux-mêmes. — Lamartine, Victor Hugo, Alfred de Musset, Sainte-Beuve ont tous débuté par des vers et sont, en outre, d'excellents prosateurs; Chateaubriand, George Sand, Janin, bien qu'ils aient l'esprit et même le style le plus poétique, n'ont jamais pu venir à bout de faire une tirade.

C'est aussi le cas de M. Bayard, qui a fait beaucoup de charmants vaudevilles, où il n'y a de trop que les couplets, et que nous préférons, pour notre part, à sa comédie en cinq actes, qui doit cacher quelques intentions académiques. Sa versification a la facilité pénible, la clarté fade des écrivains pour qui le vers ne vient pas en même temps que la pensée, et qui riment des phrases préalablement conçues en prose. Il est vrai que son métier n'est pas d'être poëte, et que le procédé qu'il emploie est fort en vogue.

19 février.

PORTE-SAINT-MARTIN. *Les Mystères de Paris.* — Tout le monde a dévoré *les Mystères de Paris*, même les gens qui ne savent pas lire : ceux-là se les sont fait réciter par quelque portier érudit et de bonne volonté; les êtres les plus étrangers à toute espèce de littérature connaissent la Goualeuse, le Chourineur, la Chouette, Tortillard et le Maître-d'École. Toute la France s'est occupée, pendant plus d'un an, des aventures du prince Rodolphe, avant de s'occuper de ses propres affaires. Des malades ont attendu pour mourir la fin des *Mystères de Paris;* le magique *La suite à demain* les entraînait de jour en jour, et la mort comprenait qu'ils ne seraient pas tranquilles dans l'autre monde s'ils ne connaissaient le dénoûment de cette bizarre épopée.

A cette immense curiosité se joignait une crainte bien légitime : on avait peur que la pièce ne fût jouée qu'une fois, comme *Vautrin*, d'orageuse mémoire. La censure, après avoir fait supprimer trois rôles tout entiers, exigé des transpositions, des adoucissements, des changements, semblait encore hésiter; et, jusqu'au lever du rideau, on a pu douter que la représentation eût lieu. Vous sentez à quel degré d'exaspération était porté le désir d'assister à cette soirée, peut-être unique. Aussi, de mauvaises loges ont-elles été vendues trois cents francs, et de simples stalles cinquante francs.

Certes, c'était une besogne embarrassante que de faire tenir les huit volumes des *Mystères de Paris* dans cinq actes, et une action si complexe dans une seule soirée. — Suivre le volume pas à pas était impossible, et cependant les lacunes produisent un effet désagréable; on éprouve un certain désappointement à ne pas voir paraître un personnage attendu. Des ellipses nombreuses sont nécessaires, et de là il résulte que la pièce pourrait paraître obscure à des gens qui n'auraient pas lu le feuilleton. Il est vrai que M. Eugène Sue n'a guère de crainte de ce côté, et qu'il est entendu à demi-mot de son public.

Il y avait plusieurs manières d'arranger le roman pour le théâtre. — Il aurait fallu développer le personnage du prince Rodolphe, caractère amoureux de la justice, et s'étant constitué lui-même en saint Irénée pour la punition du crime et la récompense de la vertu. — Cette espèce de chevalier errant et de franc juge, sous le frac moderne, aurait pu jouer, dans une pièce construite à dessein, le rôle d'une fatalité intelligente, dieu pour les bons, démon pour les méchants. — Ou bien encore, on aurait pu donner beaucoup plus de place à Jacques Ferrand, qui offrait peut-être un caractère nouveau et particulier à notre temps, où il n'y a plus de tartufes de religion, mais où pullulent les tartufes de mœurs : assurément, il y avait là quelque chose à faire et tout un sujet de drame; il ne manque pas d'hypocrites habitant, dans les quartiers reculés, des maisons rechignées et moisies, voilant la luxure de leurs yeux sous des lunettes vertes, et faisant de l'austérité avec des habits noirs, râpés jusqu'à la corde, et que les imbéciles croient honnêtes parce qu'ils sont avares et malpropres. C'était là un côté piquant à développer. — Ou bien encore, il y avait à faire un drame dans le genre de *Robert Macaire*, de *l'Auberge des Adrets*, de *Newgate*, du *Fils de Louison*, des *Six*

Degrés du crime, un tableau pittoresque et terrible des mœurs des bandits. Il y a un peu de tout cela dans le roman dialogué de M. Eugène Sue, mais sans parti pris, sans décision violente. Rodolphe n'est plus guère qu'un père qui cherche sa fille égarée ; le Chourineur a perdu sa férocité, comme un dogue mis au régime de la panade pendant six mois ; il ne fait que commettre des actions vertueuses ; il chourine excessivement peu, et n'a plus devant les yeux ce nuage de sang qui lui faisait voir tout rouge. Sauf son masque couperosé, le Maître-d'École ressemble à tous les scélérats de mélodrame. Cependant, tout cela occupe, et l'attention n'est pas une minute languissante pendant ces onze tableaux. *Les Mystères de Paris*, malgré le décousu de l'action, auront un succès long et fructueux ; les tableaux, quoique mal reliés entre eux, sont intéressants, pris en eux-mêmes, et l'effet général produit est assez pareil à celui d'un rêve où l'on voit paraître, sans en être étonné, les figures les plus hideuses et les plus inattendues. Bien que rien ne s'explique, on comprend tout.

Quel admirable acteur que Frédérick ! Quel sang-froid et quelle passion, quand, sous le nom de Barbe-Rouge, il vient commander un assassinat au Maître-d'École ! comme il a la parole froide, brève, aiguë ! comme on sent bien que c'est la cervelle qui parle au bras ! Avec quel calme effroyable, au moment où la victime rend le dernier soupir dans l'allée ténébreuse où l'a poussée le Maître-d'École, il jette à la poste la fausse lettre qui doit expliquer le crime par un suicide ! Et ensuite, quand on le retrouve dans son étude, débarrassé de ses favoris roux, l'air béat et paterne, l'œil amorti par des lunettes, le dos rond, les mains molles et tremblantes, comme cherchant des papiers par un mouvement machinal, le pas lourd et traînant, on a vraiment peine à croire que ce soit le bandit de tout à l'heure, à l'allure ferme, au poitrail carré, au geste impérieux, hure parmi tous ces grouins qui remuent les fanges de la Cité ! De quel air attentif, débonnaire et désintéressé, il écoute les foudroyantes confidences de la comtesse Sarah Mac Grégor ! Avec quelle rouerie de Shylock, quand il avance au pauvre Morel les cinq cents francs dont il a besoin, il emprunte à son clerc Germain les trente-cinq francs qui lui manquent pour compléter la somme ! Et, lorsque tout le monde est parti, comme il ferme les volets, les serrures, les verrous, pour aller retirer de sa cachette le coffre qui renferme son or ! Son or ! c'est-à-dire tous les vices, tous les plaisirs, toutes les débauches, tous les crimes réduits en petits disques jaunes, rutilants dans l'ombre comme des yeux de lion ! Dans ce coffre, il y a tout, des chevaux, des palais, des repas spendides, et la vertu des mères, et la pudeur des filles. Aussi avec quelle volupté démoniaque, quel spasme de tigre mangeant une proie vivante, il plonge dans ce bain fauve ses bras d'athlète, devenus aussi nerveux que ceux de Milon de Crotone ! Cet or, ce sont les dépôts attirés par la réputation d'honnête homme qu'il s'est faite, et qu'il ne rendra jamais ! Comme, en jetant ses conserves, il a pris subitement une physionomie hautaine, ravagée, effrayante, moitié satyre, moitié Lucifer ! A cette transformation soudaine, la salle a éclaté d'applaudissements. Pour comprendre et rendre ainsi un rôle, il faut plus que du talent, il faut du génie. Quelle puissance de séduction, quelle fascination de serpent ! et puis quelle rage, quels transports il déploie lorsqu'il peint à Fleur-de-Marie, dans l'île des Ravageurs, la passion irrésistible, inexorable, qu'elle lui inspire ! Avec quel accent il lui dit : « Pour te plaire, je serai bon, humain, charitable... réellement, j'aurai toutes les vertus si tu m'aimes ! » Et, voyant que ses supplications prosternées, que ses adorations de sauvage à son fétiche sont inutiles, comme il l'emporte d'un seul geste, d'un seul bond, en maître, en vainqueur, en homme qui redevient lui-même ! — Dans la scène de l'*aveuglement*, il atteint aux dernières limites de l'effroi : il est beau et terrible comme l'Œdipe antique.

La pièce est montée avec beaucoup de soin. — La décoration du premier acte, représentant la rue aux Fèves, est de la plus affreuse vérité. Ce sont bien là ces maisons chassieuses, borgnes, louches, contrefaites, aux murailles moisies et lépreuses, suant le vice, la misère et l'humidité. Le bas en est toujours mouillé : si ce n'est par la pluie, c'est par la fange ; si ce n'est par le vin, c'est par le sang. Des réverbères grésillant dans la bruine jettent leurs reflets ternes, qui miroitent dans l'eau sale des ruisseaux. A travers l'ombre, grouillent, fourmillent et rampent des formes hasardeuses, des silhouettes bestiales, tous les cauchemars de la prostitution, de la police et du bagne. — La mansarde des Morel est d'une réalité qui dépasse peut-être les bornes. De pareils spectacles ne sont pas du domaine de l'art : ils affligent les yeux plus qu'ils ne touchent l'âme. — Le pont d'Asnières ne vaut pas l'arche Marion des *Bohémiens*. Mais la dernière décoration, représentant une grande route bordée d'arbres, est d'un effet neuf et saisissant. Elle est *plantée* d'une façon très-originale : l'air, le soleil et la lumière s'y jouent librement. — A propos de cette décoration, mentionnons un accident arrivé pendant la représentation de samedi. Un des arbres, s'étant détaché, est tombé sur le postillon conduisant la calèche du prince Rodolphe. Cet incident a fait baisser la toile immédiatement, et, comme le public voulait savoir à la fois comment allait le postillon et comment finissait la pièce, le régisseur est venu, après un assez long tumulte, prononcer cette phrase mémorable : « Messieurs, le drame finissait quand l'accident est arrivé. M. Frédérick n'avait plus qu'à se repentir et à se jeter par terre en criant : « Mon Dieu ! mon Dieu !! mon Dieu !!! »

XIII

MARS 1844. — Variétés : reprise de *la Fille de l'Avare*, par MM. Bayard et Duport. — Le Grandet de M. de Balzac. — La poésie de l'avarice. — Bouffé. — Ambigu : *les Amants de Murcie*, drame de M. Frédéric Soulié. — Un grand producteur littéraire. — M. Soulié romancier et dramaturge. — Ce que coûte de nos jours une réputation de paresse. — Vieille histoire toujours nouvelle. — Madame Émilie Guyon. — Variétés : *Trim, ou la Maîtresse du roi*, par MM. Duvert et Lauzanne. — Une réminiscence dangereuse. — Sterne et son *Tristram Shandy*. — Question d'étymologie. — *Les Trois Polkas*. — Mademoiselle Marie Volet.

11 mars.

Variétés. Reprise de *la Fille de l'Avare*. — Il est complétement inutile de donner l'analyse d'une pièce qui a eu deux cents représentations et qui est tirée d'un roman que tout le monde a lu, car *la*

Fille de l'Avare, comme vous le savez, n'est autre chose que l'*Eugénie Grandet* de M. Honoré de Balzac.

Le père Grandet de M. de Balzac est plus complet, comme avare, que l'Harpagon de Plaute et de Molière. — Quelle belle passion que l'avarice! C'est la seule que rien ne puisse assouvir, la seule qui n'éprouve ni satiété ni dégoût! L'ivrogne est vaincu par les rébellions de son estomac : après un certain nombre de flacons épuisés, il tombe et s'endort. La fatigue arrête bien vite les dons Juans dans leurs évolutions sur les échelles de soie. Il faut, d'ailleurs, pour ces passions, être robuste, être vaillant, être beau! Mais l'avare peut être laid, chétif, disgracieux tout à son aise. Quelle ineffable jouissance! ajouter à son tas un louis d'or, une pièce de cinq francs, un sou, un liard! Souffrir la faim, la soif, le froid, les privations de toutes sortes; devenir plus sobre qu'un ascète chrétien ou qu'un brahme de l'Inde; se coucher avec le soleil et penser, en cherchant son grabat à tâtons, qu'on épargne ainsi deux ou trois lignes de chandelle et qu'on augmente d'un atome le trésor sacré, le tas bienheureux, pour lequel on donnerait père, mère, femme, enfants, amis! Quelle cuisante volupté! se relever la nuit, et, à la lueur d'un bout de rat-de-cave (volé au portier), répandre sur une couverture, pour en amortir le frisson métallique, les onces de Portugal, les quadruples d'Espagne! les frédérics! les guinées! les louis, les napoléons, et toutes ces belles pièces étrangères d'un or si pur, d'un titre si fin, qui font pencher le trébuchet et que jamais n'effleura la lime du juif ou de l'usurier; voir le monceau grandir de jour en jour! la colline se changer en montagne! Et quelles terreurs si le lambris craque, si le vent grogne dans la cheminée ou ébranle le volet! quels battements de cœur au bruit d'un pas dans la rue! Quelle vie occupée, pleine de transes, d'anxiétés et aussi de joies féroces, d'âcres voluptés! Aimer l'or pour lui-même, parce qu'il est beau, parce qu'il est pur, parce qu'il est jaune comme la lumière, brillant comme le soleil; pour le regarder, pour le caresser, pour y plonger ses mains, y baigner sa face, se rouler dessus en poussant des râles sourds comme un tigre enfonçant ses ongles dans sa proie, et non pour en acheter des palais, pour payer des palefreniers, des poëtes, des courtisanes. L'avarice est sans bornes, elle se nourrit et s'accroît d'elle-même. Quand un avare serait parvenu à posséder tout l'or en lingots ou monnayé qui existe dans le monde, il creuserait la terre de ses ongles, il se coucherait à plat ventre dans les sombres couloirs des mines pour arracher à la gangue une paillette du précieux métal! Tout le regret de l'avare est de ne pouvoir emporter son or dans le tombeau ; s'il était sûr d'être enterré dans son coffre-fort, avec toutes ses richesses, il mourrait content, et ses os secs tressailleraient d'allégresse au choc des pièces d'or.

C'est ainsi que M. de Balzac, dans ce chef-d'œuvre qu'on appelle *Eugénie Grandet*, a compris la terrible poésie de l'avarice et l'a rendue avec cette puissance de réalité qui lui appartient. Bouffé a saisi ces diverses nuances en acteur habile, soigneux, consommé; il est fin, narquois, soupçonneux, mais peut-être manque-t-il un peu de force, reproche qui, d'ailleurs, tombe plutôt sur sa santé que sur son jeu.

25 mars.

AMBIGU. *Les Amants de Murcie.* — M. Frédéric Soulié de Lavelanet a commencé, comme tout le monde, par être poëte; le volume de vers est la fleur de pêcher de tout printemps littéraire. Il a fait *les Amours françaises* et deux drames en vers; depuis, il a tourné à la prose, et, à dater des *Deux Cadavres*, il a totalement abandonné la Muse : il est devenu un des romanciers les plus féconds de ce temps-ci, qui en compte tant, sans parler de M. de Balzac et de M. Eugène Sue. C'est lui qui est l'inventeur du roman en huit volumes, et qui, le premier, osa, dans ses *Mémoires du Diable*, atteindre ce chiffre formidable et tombé en désuétude. M. Frédéric Soulié a prouvé par un grand succès qu'il n'avait pas trop présumé de ses forces et qu'il n'avait pas eu tort de compter sur la patience du public. Les qualités de M. Frédéric Soulié sont l'énergie, souvent même la brutalité, une observation du cœur humain juste, quoique entachée d'un pessimisme systématique, un intérêt fondé quelquefois sur des moyens invraisemblables, mais réel et puissant. Évidemment, M. Soulié était une nature faite pour le théâtre : les nécessités et les entraînements du feuilleton l'ont à moitié détourné de sa vocation. Son style rude, négligé, un peu barbare, convient aux allures violentes et rapides de l'action dramatique, où les mots méritent véritablement l'épithète d'*ailés* que leur donne Homère, et s'envolent aux frises du théâtre sans laisser le temps au spectateur de les examiner et de les reprendre s'ils sont douteux. Bien qu'il ait donné quelques pièces qui ont obtenu de grands succès, *Clotilde* entre autres, M. Frédéric Soulié ne peut être regardé spécialement comme un écrivain dramatique; le théâtre n'est qu'épisodique dans ses nombreux travaux, car M. Soulié est attaqué de ce vertige de production qui semble s'être emparé des meilleurs esprits de notre temps. — Que sont les travaux de Voltaire, qui fit quatre-vingts volumes, mais qui vécut plus de quatre-vingts ans, à côté du labeur de nos romanciers à la mode?

Dans une centaine d'années d'ici, lorsque toutes ces feuilles que l'on disperse au vent avec tant d'insouciance et de prodigalité, seront devenues précieuses et se payeront au poids de l'or, on sera étonné de l'immense somme de talent dépensée par les hommes de nos jours, et l'on ne pourra pas comprendre qu'on ait pu suffire à de pareilles fatigues. Nous-même, que l'on taxe de paresseux, et qui nous en faisons gloire, nous avons publié, soit en vers, soit en prose, dans les livres ou dans les journaux, environ une soixantaine de volumes; aussi, l'on nous regarde comme une espèce de lazzarone, n'ayant d'autre occupation que de marcher, le jour, dans le côté de la rue doré par le soleil, et, la nuit, dans le côté azuré par la lune, à moins que l'absence de ces deux astres ne nous retienne à la maison, couché en travers du feu.

M. Frédéric Soulié, avec cette activité sans repos qui ajoute aux douze heures blanches les douze heures brunes, a trouvé moyen de rencontrer entre deux romans un succès de vogue, à l'Ambigu-Comique : — un succès après un succès, après *les Bohémiens*, c'est-à-dire la chose la plus difficile du monde, car le public se venge ordinairement de la réussite d'une pièce sur celle qui suit, fût-elle aussi bonne et même meilleure.

Ce drame des *Amants de Murcie* n'est pas sans quelque rapport avec *Roméo et Juliette*, cette source éternelle de poésie : jamais sujet n'a été traité de plus de manières différentes. Luigi da Porto, Masuccio de Salerne, Bandel, Pierre Boastuau, Arthur Brookes,

Lope de Vega, ont chacun raconté cette histoire à leur façon ; mais c'est à Shakspeare qu'elle appartient, tant il est vrai que la forme est souveraine et que l'invention perpétuelle du détail est supérieure à la trouvaille souvent fortuite de la donnée. Shakspeare, Molière, Racine, Corneille, les plus grands génies dramatiques qui aient jamais existé, n'ont pas créé un seul sujet. On peut en dire autant des tragiques grecs, qui mettaient en scène les poëmes héroïques. — Dans sa tragédie de *Roméo et Juliette* (car il en a fait une en vers), M. Frédéric Soulié se rapprochait du poëte anglais par le dénoûment ; et, dans sa pièce des *Amants de Murcie*, il lui ressemble par l'exposition et le nœud ; c'est un compliment et non un reproche que nous lui faisons. C'est toujours un bonheur pour un auteur dramatique de faire penser à Shakspeare.

Les Amants de Murcie ont obtenu un beau et légitime succès. En somme, c'est un drame savamment combiné, plein d'intérêt, d'émotions, de mouvement. Il est monté avec un luxe de décorations et surtout de costumes qui ne peut manquer de lui attirer une longue suite de représentations. — Madame Guyon a saisi habilement les nuances délicates de son rôle, profil amoindri, mais assez fidèle, de celui de Juliette. Madame Guyon a mieux aimé être la première à l'Ambigu que la seconde au Théâtre-Français : elle a été en cela de l'avis de César, et nous l'en félicitons.

VARIÉTÉS. *Trim.* — Il est des sacrifices devant lesquels devrait reculer le vaudeville, lui qui ne respecte rien. Appeler un personnage Trim est une action impie et dangereuse ; c'est rappeler aux mémoires les moins lettrées, Sterne et son *Tristram Shandy*, souvenir inutile, assurément : le caporal Trim, cet honnête Trim, si bien élevé, si discret, à la mine si franche, au cœur si loyal, qui bâtissait tant de belles fortifications dans le boulingrin avec l'oncle Toby, et qui faisait décrire à son bâton des arabesques et des volutes capricieuses à faire envie au plus adroit tambour-major, a certainement nui au succès du vaudeville de MM. Duvert et Lauzanne. C'est la première fois que ce brave garçon aura fait du tort à quelqu'un ou à quelque chose. — Nous aurions autant aimé l'histoire de la charcutière de Lisbonne qui faisait de si bonnes saucisses, ou la légende du roi de Bohême et de ses sept châteaux. Nous nous attendions, à chaque instant, à voir paraître cette physionomie intelligente et posée, ce sourire obséquieux sans être vil, ce regard tenant le milieu entre celui du chien et de l'ami ; enfin, tous les traits de cette figure rendue mémorable par le burin incisif et petillant de Sterne. — Il s'agit, au lieu de cela, de nous ne savons quelle intrigue embrouillée où l'on cherche des papiers derrière un tableau, et dans laquelle une espèce d'imbécile Écossais joue un rôle à peu près analogue à celui du laird de Dumbicky, dans la pièce de ce nom.

Le but de ce vaudeville paraît être de donner l'étymologie du verbe *trimer*, que les auteurs font descendre de Trim, qui fait beaucoup d'allées et de venues inutiles à travers l'action de leur pièce. — N'en déplaise à MM. Duvert et Lauzanne, *trimer* vient de *trimard*, aimable terme d'argot qui signifie, ou, du moins, qui signifiait *grand chemin* ; car les voleurs ont senti le besoin de changer leur langue depuis que les littérateurs et les gens du monde la parlent.

Le même théâtre des Variétés nous a donné, cette semaine, un vaudeville chorégraphique intitulé *les Trois Polkas*. — On disait autrefois : « Sonate, que me veux-tu ? » On pourrait maintenant poser la même question à la polka. La polka veut qu'on la danse et qu'on parle d'elle, voilà tout. Elle fera le tour de tous les théâtres, et probablement le tour du monde. L'autre jour au Palais-Royal, hier aux Variétés, demain à l'Opéra, on la retrouve partout. — Depuis un mois ou deux à peine qu'elle est en vogue, la polka a fait une chose que les écrivains les plus illustres ne peuvent produire quelquefois dans tout un siècle : elle a fait un verbe, le verbe *polker*, qui se conjugue ainsi : indicatif présent : *Je polke, tu polkes, il polke, nous polkons, vous polkez, ils polkent*, et ainsi de suite, avec la plus grande régularité, car c'est un verbe régulier, chose flatteuse pour une danse aussi en dehors des traditions classiques que la polka.

L'enthousiasme excité par cette prétendue danse slave ne prouve qu'une chose, c'est l'ennui profond causé par ces mœurs puritaines et protestantes qui voient tout plaisir d'un œil louche, et semblent regarder le mouvement comme un crime. A la moindre petite échappée qui se présente pour sortir de la monotonie affreuse où nous vivons, comme on se précipite, comme on se rue en foule ! Seulement, l'état de choses actuel, où tout se règle par les majorités, devant nécessairement produire la timidité individuelle, personne ne risque sa *furie* dans un caprice particulier. On attend une vogue, une mode, pour pouvoir dépenser, sans être ridicule, son trop-plein d'activité enthousiaste; on se passionne pour une chose qui vous est profondément indifférente, et qui même vous déplaît beaucoup; on profite de l'occasion pour être excessif à peu de frais et à peu de risques. L'important est d'échapper pour quelques instants à cette vie formulée d'avance et d'où les perfectionnements de la civilisation ont banni toute possibilité d'aventure.

Songez quel événement — pour des gens du monde qui, depuis un temps immémorial, exécutent, avec ce respect aux traditions que les Français, ces Chinois du plaisir, apportent toujours dans les choses frivoles, la contredanse, la valse, le galop et le cotillon — d'avoir à faire deux ou trois mouvements de jambes, de bras, inédits dans les salons, quoique parfaitement connus des étudiants, des grisettes et des sergents de ville, ces délicats appréciateurs de chorégraphie. On se met à la troisième position, on s'élance par un coup de jarret, on pousse le pied gauche en avant et de côté, tandis qu'on plie le jarret droit; voilà le premier temps. Pour le second, vous ramenez la jambe droite derrière la jambe gauche; au troisième temps, vous avancez de nouveau la jambe gauche, et vous accentuez le rhythme par un léger coup de talon. Le quatrième temps s'exécute ainsi : On lève la jambe droite, on rejette le pied derrière la jambe gauche, un peu au-dessous du jarret; on s'élance de nouveau par un petit coup de jarret de la jambe gauche; puis, au premier temps suivant, on fait glisser la jambe droite du côté opposé, et l'on continue comme devant; mais, cette fois, la jambe droite fait le mouvement contraire à celui de la jambe gauche dans la mesure précédente. Voilà ce qui a l'honneur d'occuper tout Paris depuis deux mois, ce qui a remplacé *les Mystères de Paris* dans les conversations générales et particulières.

La pièce des Variétés a servi de début à mademoiselle Maria Volet, sœur de la charmante comédienne de ce nom ; — c'est une très-jeune et très-jolie personne, intelligente et fine, à la diction juste, au jeu sûr, qui chante bien et danse mieux : elle n'a jamais paru, que nous sachions, sur aucun théâtre, et cependant nous ne dirons pas pour elle la phrase consacrée : « L'émotion inséparable d'un début,... » car elle avait une aisance parfaite : nul tremblement dans la voix, nulle inquiétude ; elle a joué, avec tout l'aplomb de l'innocence, un rôle légèrement risqué, dans les moyens de mesdemoiselles Ozy ou Boisgontier. Son succès a été complet. La polka qu'elle danse a été applaudie à plusieurs reprises, et l'on voulait la faire recommencer. Il est vrai que mademoiselle Maria Volet (Corally) est des mieux placées pour recevoir d'excellentes leçons.

XIV

AVRIL 1844. — Opéra : *le Lazzarone, ou la Fortune vient en dormant*, paroles de M. de Saint-Georges, musique de M. Halévy. — De l'introduction du genre bouffe à l'Académie royale de musique. — Deux talents hors de leur voie. — Une question traitée mais non résolue. — Madame Stoltz. — La musique de M. Halévy. — Début de mademoiselle Lola Montès. — Opéra-Comique : *la Sirène*, paroles de M. Scribe, musique de M. Auber. — La pièce et la partition. — Roger, mademoiselle Lavoye. — Odéon : *Jane Grey*, tragédie de M. Alexandre Soumet et de madame d'Altenheym. — M. Soumet poëte de transition. — Ses œuvres lyriques et dramatiques. — Sa nouvelle tragédie. — Mademoiselle Georges. — Concerts de Liszt.

1er avril.

OPÉRA. *Le Lazzarone, ou la Fortune vient en dormant*. — Commençons tout de suite par dire que nous n'approuvons en aucune manière l'idée de vouloir introduire la musique bouffe à l'Opéra. Ce cadre est trop vaste, trop magnifique, pour se prêter aux familiarités du genre plaisant. Il faut à l'Opéra de grands sujets tragiques ou poétiques, ou, tout au moins, de fantaisie vaporeuse : la charge n'a jamais pu s'y acclimater, et tous les essais de cette nature y ont été malheureux. Les chanteurs français n'ont pas, d'ailleurs, la légèreté de vocalise et la volubilité de prononciation nécessaires pour exécuter cette musique vive, pétulante, rieuse, moitié parlée, moitié chantée, dont Cimarosa a donné de si parfaits modèles.

Le Lazzarone a peu réussi, et l'on devait s'y attendre. M. de Saint-Georges n'a pas la verve joyeuse, le caprice extravagant, la folle bonne humeur qu'il faut pour écrire un livret d'opéra bouffe. M. Halévy, maestro sérieux jusqu'à la tristesse, harmoniste consommé, compositeur inspiré, surtout dans les situations extrêmes et passionnées, est, à cause de ses qualités, l'homme le moins propre du monde à écrire de la musique légère.

Le sujet, emprunté à une fable de la Fontaine, *la Fortune vient en dormant*, présente l'antithèse d'un jeune lazzarone, Beppo, qui passe les journées au soleil, sur le môle, à dormir ou à ne rien faire, à boire de l'eau de neige, à manger du macaroni, — et d'un certain improvisateur nommé Mirobolante (singulier nom), doué d'une extrême activité, et qui fait toutes sortes de métiers pour arriver à la fortune, que l'autre se contente d'attendre, disant que, si elle veut de lui, elle est femme, et saura bien le trouver. Une jeune fille, Battista, qualifiée par le livret *marchande de fleurs sur le quai de Naples*, est posée entre ces deux extrêmes, entre le fainéant et le laborieux. Naturellement, Beppo, qui n'a rien à faire, est amoureux d'elle : l'amour est le travail des oisifs. Battista l'aime aussi, attendu que les fainéants ont meilleure mine que les pauvres diables jaunis par la convoitise et ridés par la fatigue. Mirobolante a des prétentions sur la jeune fille, mais c'est dans des vues intéressées. Un de ses malades — car, à son métier d'improvisateur, il joint celui de frater, — lui a confié un secret. Battista est la nièce d'un vieil avare appelé Corvo, qui l'a égarée toute petite, pour n'avoir pas de comptes de tutelle à lui rendre plus tard ; mais la connaissance de ce secret, loin de servir à Mirobolante, qui s'est donné la peine de le découvrir et de faire les démarches nécessaires pour en tirer parti, tourne à l'avantage du nonchalant Beppo, qui, au lieu d'épouser une pauvre marchande de bouquets, devient le mari d'une riche héritière.

La question de *la fortune vient en dormant* n'est réellement pas traitée dans cette fable musicale, dont la moralité serait plutôt qu'il faut, avant tout, se faire aimer ; ce qui n'est pas difficile quand on est un joli garçon, comme madame Stoltz.

L'orchestre est fait avec ce soin, cette élégance et cette recherche harmonique qui caractérisent la manière de M. Halévy. Il est impossible d'entendre un plus joli babil, un plus charmant caquetage instrumental : le chant n'est pas aussi heureux.

Madame Stoltz est charmante sous les costumes d'homme, surtout avec l'uniforme de dragon, qu'elle endosse lorsque Mirobolante, par ses machinations, lui a fait prendre le parti désespéré de s'engager.

Nous voudrions bien ne pas parler de mademoiselle Lola Montès qui, par son prénom, nous rappelle une des plus jolies personnes de Grenade, et, par son nom, l'homme qui nous a fait éprouver les plus fortes émotions dramatiques que nous ressentirons jamais, Montès la plus illustre *épée* d'Espagne. — Mademoiselle Lola Montès n'a d'andalous qu'une paire de magnifiques yeux noirs. Elle *hâble* un espagnol très-médiocre, parle à peine français, et passablement l'anglais. De quel pays est-elle véritablement? Voilà la question. — Nous pouvons dire que mademoiselle Lola a le pied petit et de jolies jambes. Quant à la manière de s'en servir, c'est autre chose. La curiosité excitée par les divers démêlés de mademoiselle Lola avec les polices du Nord, par ses conversations, à coups de cravache, avec les gendarmes prussiens, n'a pas été satisfaite, il faut l'avouer. Mademoiselle Lola Montès est bien au-dessous de Dolorès Serral, qui a, du moins, l'avantage d'être une Espagnole authentique, et qui rachète ses imperfections comme danseuse par un abandon voluptueux, une passion, un feu et une précision de rhythme admirables. Nous soupçonnons, d'après le récit de ses exploits hippiques, mademoiselle Lola d'être plus forte à cheval que sur un plancher.

OPÉRA-COMIQUE. *La Sirène.* — M. Scribe vient encore de faire des siennes! — Qui donc le croyait épuisé ou, du moins, fatigué, lassé? qui donc avait prétendu, parce que de légers nuages ont un instant voilé sa lumière, que cet astre du vaudeville allait en déclinant, qu'il était près de s'éclipser? — Nous l'avons déjà dit, M. Scribe est, comme Dieu, toujours égal à lui-même. Il a eu un commencement, c'est vrai, et sans doute il aura une fin ; mais il disparaîtra, il ne tombera pas, soyez-en sûrs. On le retrouve dans cette pièce de *la Sirène* avec tous les défauts qui constituent ses qualités : c'est toujours le même clinquant dramatique, le même luxe d'invraisemblances ingénieusement dissimulées par les mêmes petits moyens. Aussi les bourgeois iront-ils applaudir en foule à ce nouveau tour d'adresse de M. Scribe. — Les intrigues ourdies par cet habile et fécond ouvrier ressemblent à ces frêles tissus qui se soutiennent à force de gomme et d'apprêt, mais qui ne résistent pas à l'éponge. Ses canevas, où les fils s'enchevêtrent avec un art infini, ont juste la consistance des toiles d'araignée : soufflez dessus, tout disparaît aussitôt ! — Essayons cependant, en y mettant la précaution nécessaire, de nous démêler de cette trame que M. Scribe nous a donnée l'autre soir pour un opéra-comique, parce que M. Auber a bien voulu la rehausser de broderies musicales.

Et, d'abord, tâchons de nous orienter. Nous sommes au milieu des Abruzzes, sur la limite septentrionale du royaume de Naples ; il nous semble apercevoir, là-bas, la crête neigeuse du monte Cavallo, et voici, devant nous, un petit ermitage comme nous souhaitons d'en trouver un sur nos vieux jours, quand, pour expier nos feuilletons, nous nous ferons anachorète. C'est un presbytère veuf de son curé, passé depuis peu de vie à trépas. Entrons-y ; aussi bien nous y serons tout à l'heure en assez nombreuse compagnie. Le premier survenant est un certain Nicolaio Bolbaja, récemment nommé directeur du théâtre de la cour, et qui cherche une *prima donna* par monts et par vaux. — Il a peu de chances d'en rencontrer une au sommet des Abruzzes, direz-vous : les cantatrices ne perchent pas si haut ; elles ont, en général, des habitudes moins sauvages. — Bah ! qui sait ! Il existe partout des oiseaux chanteurs. Mais ce n'est pas comme *impresario* que Bolbaja se présente au presbytère, c'est comme héritier de son frère le curé. Ce qui vient de l'église va s'en aller au théâtre. — Notre homme arrive accompagné d'un jeune officier de marine qui se rend à Naples, et avec lequel il a fait route jusque-là, peu curieux de s'aventurer seul dans la montagne, dont les chemins ne sont pas des plus sûrs. Il est, en effet, question de combats journaliers entre les soldats de Sa Majesté Napolitaine et la troupe de Marco Tempesta, contrebandier fameux par son adresse et son intrépidité.

Pour rassurer les deux voyageurs, Mattéa, la servante du défunt curé, leur raconte que, depuis quelque temps, une voix mystérieuse se fait entendre, tous les soirs, dans cette partie des Abruzzes; voix perfide et charmante, qui égare les imprudents qu'elle attire, comme le chant des Sirènes attirait autrefois les navigateurs sur les écueils de la mer sicilienne. Comme la vieille servante achève de conter son histoire, une fusée de notes partie l'on ne sait d'où, vient précisément confirmer ce qu'elle a dit : c'est le chant de la Sirène qui éclate en sons harmonieux et bizarres. Bolbaja trouve qu'une voix semblable ferait merveille sur le théâtre de la cour, et, malgré les recommandations de Mattéa, emporté par son lyrisme de directeur, il sort pour tâcher de découvrir les traces de la Sirène.

L'officier de marine le laisse aller seul à la découverte, quoique la voix mystérieuse l'ait également frappé, et qu'il lui semble l'avoir entendue déjà quelque part. Mais il est utile qu'il reste au presbytère pour y recevoir un étranger qui cherche abri contre l'orage. Ce nouveau venu est un homme jeune encore, à l'œil vif, à l'air fin, aux manières dégagées; il se dit négociant, bien qu'il porte le costume des paysans de la montagne. La conversation ne tarde pas à devenir amicale entre le jeune marin et lui. On parle tout naturellement de Marco Tempesta. « Il n'inquiéterait plus maintenant les douaniers, dit l'inconnu, si le brick qui emportait sa fortune, ses bénéfices réalisés en bonnes piastres, n'avait été capturé par un de vos collègues, le capitaine Scipion, commandant de la tartane *l'Etna*. — Un de mes collègues? répond l'autre. Non pas; car c'est moi-même qui ai juré de m'emparer de Marco Tempesta, mort ou vif! » A l'effet désagréable que ces paroles semblent produire sur l'étranger, on devine qu'il n'est autre que le bandit en question, et qu'il ne serait pas fâché de jouer un tour au présomptueux capitaine, qui songe à le faire pendre après lui avoir enlevé quelque cinq cent mille piastres. Justement, une occasion se présente. — Le duc de Popoli, gouverneur des Abruzzes, qui s'est mis lui-même à la tête des troupes envoyées à la poursuite des contrebandiers, vient établir son quartier général au presbytère. Il y reçoit plusieurs dépêches ministérielles, une entre autres, contenant le signalement de Marco Tempesta. Or, ce dernier, qui a servi autrefois chez le duc sous le nom de Scopetto, se met si bien dans les papiers de Son Excellence, qu'il trouve le moyen de substituer à son propre signalement celui du capitaine Scipion. Par cette ruse adroite, Marco Tempesta sauve sa tête en se vengeant de son ennemi, car la montagne est cernée de toutes parts, et le jeune officier ne peut manquer de tomber entre les mains des soldats du duc.

Mais le chef des contrebandiers se repent bientôt de ce qu'il a fait. En rentrant chez lui, dans une auberge qu'il tient pour mieux cacher sa profession clandestine, il apprend que sa sœur Zerlina, son ange gardien, sa seule joie au monde, aime le capitaine Scipion, qu'elle a jadis connu à Naples. Heureusement, il y a un dieu pour les amants. — Zerlina, vous l'avez déjà deviné, est la Sirène que nous avons entendue. Ses chants sont des signaux qui avertissent les contrebandiers de l'approche d'un danger. En croyant reconnaître cette voix, Scipion ne s'était point trompé. Pour éclaircir enfin ses doutes, il s'est mis avec Bolbaja à la recherche de la Sirène, et, guidés par ses chants, tous deux arrivent dans l'auberge de Scopetto, ou plutôt de Marco Tempesta, sans avoir rencontré les soldats napolitains. Mais à peine y sont-ils entrés, que le duc de Popoli survient avec ses gendarmes. Marco Tempesta voit le péril et l'évite par un coup d'audace : il présente ses bandits au gouverneur des Abruzzes comme une troupe de virtuoses qui se rendent à Naples avec leur directeur, le signor Bolbaja, et propose à Son Excellence de mettre leurs talents à l'épreuve dans une fête qui doit avoir lieu le lendemain à la villa Popoli. Le duc accepte l'offre ; toutefois, cela ne sauve que les contrebandiers et n'empêche pas le capitaine d'être arrêté ; — mais patience, Marco Tempesta a son idée.

Cette idée, la voici : elle pourra vous sembler un peu hardie. — C'est, en l'absence du duc et sous prétexte d'opéra, de dévaliser la villa Popoli, où ont été déposées les cinq cent mille piastres saisies, comme vous savez, par le commandant de *l'Etna* ; c'est, en outre, de délivrer celui-ci, que le duc a fait provisoirement conduire et incarcérer dans son palais. Ce plan réussit de tous points. Il y a mieux : en fouillant dans le secrétaire du gouverneur, Marco Tempesta découvre certains papiers qui prouvent que le capitaine Scipion est le neveu légitime du duc de Popoli ! Qui se serait douté de cela ? — Il fait donc rendre au jeune homme sa fortune et son titre, et le marie avec sa sœur Zerlina, tandis que les contrebandiers déménagent le château et prennent la fuite. Mais, lorsque, après avoir béni les jeunes époux, Marco Tempesta songe lui-même à s'évader, toutes les issues de la villa Popoli se trouvent gardées par des soldats. Comment faire? Le duc est peu d'humeur à protéger celui qui vient de lui faire rendre gorge. « Eh bien, chante, dit tout bas le contrebandier à sa sœur ; ta voix attirera les soldats, et je pourrai m'échapper! » En effet, aux accents de la Sirène, toutes les sentinelles abandonnent successivement leur poste pour venir l'écouter. Marco Tempesta profite de l'extase où ils sont bientôt plongés, et court rejoindre ses compagnons en mer.

Il y a dans cette pièce, comme on a pu le voir, quelques réminiscences des *Diamants de la couronne*. Le premier acte est amusant, le second l'est un peu moins, et le troisième ne l'est vraiment pas du tout.

La musique se soutient beaucoup mieux que le *poëme*. M. Auber a eu rarement de plus heureuses inspirations. L'ouverture, dont le motif principal est une fort jolie valse, a dès l'abord très-favorablement disposé le public. Les couplets de Mattéa, qui se terminent par le refrain de la Sirène, le duo de ténors entre Scipion et Marco Tempesta, la chanson des contrebandiers :

> O Dieu des flibustiers,
> Dieu de la contrebande !

et un très-beau quintette, qui a mérité les honneurs du *bis*, sont les morceaux les plus saillants du premier acte. — Au second, l'on a surtout applaudi le gracieux cantabile :

> Brille sur la verdure
> Un rayon de fraîcheur...

les couplets de Zerlina, et le duo entre elle et son frère, où revient une phrase délicieuse qui aurait fait à elle seule le succès de la partition. — Le troisième acte, où l'action laisse peu de place à la musique, contient cependant quelques morceaux remarquables, entre autres le chant de l'orgie et l'air final, au moyen duquel la Sirène endort la vigilance des gardes, et qui a séduit la salle tout entière.

Roger s'est acquitté avec talent du rôle difficile de Marco Tempesta; il l'a parfaitement joué et chanté. Celui de la Sirène était rempli par mademoiselle Lavoye, pour qui nous trouverions aisément une formule d'éloges, si nous voulions abuser d'une comparaison mythologique.

9 avril.

ODÉON. *Jane Grey.* — M. Alexandre Soumet a joui, il y a quelques années, d'une très-grande réputation poétique ; seulement, il a eu le malheur de venir trop tôt et de se produire dans une phase intermédiaire et transitoire. L'aurore du romantisme commençait alors à poindre, et glissait à l'horizon de furtives lueurs. M. Soumet était un des coryphées de l'école naissante ; mais il fut bientôt remplacé, et la douce et tremblante lueur de son étoile fut obscurcie par le soleil levant de Victor Hugo, que Chateaubriand venait de baptiser d'enfant de génie. De cette façon, il est resté romantique pour les classiques, et classique pour les romantiques. S'il eût fait plus tard son apparition, nul doute qu'il n'eût pleinement adhéré aux doctrines nouvelles, et il se trouverait plus contemporain qu'il ne l'est, si l'on peut s'exprimer ainsi sur le compte d'un homme vivant et qui n'est même pas vieux ; mais, en fait d'art, dans les temps de révolution, quelques années font beaucoup. — *La Pauvre Fille,* la tragédie de *Clytemnestre,* les fragments d'une épopée où le poëte a voulu venger la pucelle d'Orléans des mépris de Voltaire et des admirations de Chapelain, *une Fête de Néron, le Gladiateur, la Divine Épopée,* tels sont les principaux titres littéraires de M. Alexandre Soumet. Tout cela ne manque ni d'une certaine poésie, ni d'une certaine grandeur; *la Divine Épopée* renferme des conceptions qui ne seraient pas indignes de Klopstock, de Milton, ou même de Dante ; malheureusement, le style n'est pas toujours à la hauteur de l'idée.

De ses rapports avec l'école classique, M. Soumet a conservé, non pas l'horreur du mot propre absolument, mais une pente naturelle à la périphrase. Ses vers, assez amples, pèchent par la monotonie du rhythme, et leur élégance souvent affectée fatigue bien vite. Ce sont de beaux vers dans la bonne et dans la mauvaise acception du mot. — La génération actuelle a de la peine à être juste envers les poëtes qui ont précédé le grand mouvement romantique. Des hardiesses qui alors faisaient horripiler les perruques paraissent aujourd'hui de pures timidités, car on ne peut croire maintenant que les trois quarts des mots de la langue aient été rayés du Dictionnaire pendant plus de cent ans. La cloche s'appelait l'*airain sonore*, la mer l'*élément humide*, et ainsi de suite. Les professeurs de rhétorique restaient atterrés de l'audace de Racine, qui avait nommé les chiens par leur nom dans le songe d'Athalie, — molosses eût été mieux, — et ils invitaient les jeunes poëtes à ne pas imiter cette licence du génie. Le premier qui écrivit *cloche* fit donc une action énorme : il s'exposait à n'être plus salué par ses meilleurs amis, il risquait d'être exclu de partout ; ce sont de ces courages dont on ne sait pas assez gré aux poëtes des périodes crépusculaires, des services qui s'oublient trop vite. M. Soumet, quoiqu'il ne soit plus destiné à produire de l'effet, car ses *moyens* sont dépassés, tiendra cependant une place honorable dans la littérature de son temps ; et, si quelque Titon du Tillet moderne s'avisait de faire *le Parnasse du* XIXe *siècle*, le chantre de *Jeanne d'Arc* et de *la Divine Épopée* y aurait, à coup sûr, sinon sa statue, du moins son buste.

La tragédie représentée à l'Odéon, et dans laquelle M. Soumet a sa fille pour collaborateur, aurait pu avoir beaucoup de succès il y a quinze ans. Jane Grey est certainement une héroïne intéressante. Cette jeune fille que des parents ambitieux poussent à revendiquer un trône où peut-être elle a droit de prétendre, et qui meurt, à dix-sept ans, sur un échafaud, pour expier sa royauté éphémère, ne peut inspirer, en effet, qu'une pitié profonde et une douloureuse sympathie. On sait comment le duc de Northumberland, beau-père de Jane, fort du testament d'Édouard VI, réussit un instant à placer la couronne d'Angleterre sur la tête de sa bru, et comment la trop fameuse Marie Tudor parvint à ressaisir l'héritage de son frère.

M. Soumet et madame d'Altenheym se sont peu écartés de la donnée historique. Ils ont imaginé seulement de faire les deux reines rivales en amour aussi bien qu'en politique ; c'est-à-dire qu'ils ont supposé l'altière Marie passionnément éprise de lord Guilfort, époux de Jane ; ce qui leur a fourni plusieurs scènes réellement dramatiques. Mais ces quelques scènes, perdues dans cinq longs actes, n'ont pu tenir la curiosité constamment éveillée, et la pièce, qui, sous tous les rapports, nous semble inférieure aux précédents ouvrages de M. Soumet, n'a obtenu que ce qu'on appelle un succès d'estime. — Le style, rarement simple et naturel, mais presque toujours guindé, sentencieux, et visant à l'effet par l'abus des grands mots, accuse, à notre avis, une exagération fâcheuse dans la manière de l'auteur.

Le rôle de Marie Tudor revenait de droit à mademoiselle Georges, qui en avait déjà fait une si admirable création dans l'un des plus beaux drames de Victor Hugo. Dire qu'elle s'est souvenue d'elle-même, c'est dire qu'elle a été tour à tour imposante et terrible, passionnée et pathétique, et qu'elle a soulevé par toute la salle des bravos enthousiastes.

22 avril.

CONCERTS DE LISZT. — Frantz Liszt a donné son premier concert au Théâtre-Italien. Ce concert se composait de sept morceaux de piano, joués par lui, Frantz Liszt, tout seul. La salle était comble ; les spectateurs, pressés sur la scène, ne laissaient que la place nécessaire pour l'exécutant et ses deux pianos. Il y en avait deux ; car Liszt a souvent des pianos tués sous lui, et, comme les généraux hasardeux dans les jours de bataille, il a toujours un Hermann ou un Puzzi, qui lui tient un Érard tout sellé et bridé.

Sept morceaux de piano, tout secs, sans accompagnement d'orchestre ! cela semble une folie, une gageure impossible à tenir ! Eh bien, disons-le tout de suite, ce concert a paru trop court, bien que deux morceaux aient été bissés.

Il faut que ce diable d'homme ait vraiment la musique au corps pour produire un semblable effet, à Paris, où tout le monde l'a vu à l'état de petite merveille, avec un col blanc rabattu, exhaussé par des partitions pour atteindre au clavier ! C'est que Liszt est un véritable artiste dans la force du terme. On s'est beaucoup moqué de ses longs cheveux, de sa figure de personnage d'Hoffmann, de ses regards extatiques, de ses gestes convulsifs, de ses mouvements de démoniaque ; sa petite redingote noire à brandebourgs et son sabre hongrois ont été le sujet de plaisanteries plus ou moins insipides. Quant à nous, il nous semble qu'un artiste ne doit pas et ne peut pas avoir l'air d'un fabricant de chandelles ; ses goûts, ses mœurs, ses pensées impriment nécessairement à sa physionomie quelque chose de particulier, et c'est une autre façon de se maniérer que de porter des souliers lacés, des gants verts et des cols guillotinant les oreilles. — Depuis quelque temps, cette affectation s'est introduite parmi les poëtes, les peintres et les musiciens, de ressembler, autant que possible, à des maires de campagne ou à des éleveurs de bestiaux. Nous n'avons aucun mépris pour ces estimables classes de la société, mais nous les trouvons d'un aspect beaucoup trop placide et débonnaire pour remuer vivement l'imagination. Il y a aussi une autre manie non moins ennuyeuse, c'est de jouer d'un instrument quelconque les bras collés au corps avec la face morte et des yeux de poisson cuit. On compte sur le contraste, mais souvent on se trompe, et l'ennui est le seul résultat obtenu.

Ce que nous aimons dans Frantz Liszt, c'est que c'est toujours le même artiste ardent, échevelé, fougueux, le même Mazeppa musical emporté à travers les steppes des triples croches par un piano sans frein ; s'il tombe, c'est pour se relever roi ! En un mot, il est romantique aujourd'hui comme alors. Ses cheveux, à peine rognés d'un doigt, sont encore assez extravagants pour lui conserver cet aspect de Kressler ou de maître Wolfrang qu'il aurait bien tort de vouloir perdre. Son attitude bizarre trahit la bohème.

Il ne faut pas s'y tromper, en coupant ses cheveux ou sa moustache, on coupe une portion de son talent. Cette concession extérieure faite au sentiment bourgeois de l'époque, se répète dans votre art, et vous ôtez bientôt à la fantaisie de votre style ce que vous retranchez à la fantaisie de votre costume. M. Ingres, qui, du reste, est habillé comme un pêcheur à la ligne, porte dans ses cheveux à la Titus une petite raie placée au milieu de la tête, en mémoire de Raphaël et en haine de la mode actuelle. Le jour où le grand peintre passera le peigne sur cette raie, il aura fait un pas vers la décadence, et sera moins loin d'admirer Dubuffe.

Les années et l'expérience n'ont pas rendu Liszt plus *sage*. Il n'a pas écouté les conseils d'une critique *éclairée*, qui lui insinuait bénignement de se défaire de toutes ses qualités, et nous l'avons retrouvé tel que nous l'avions entendu, peut-être plus étonnant encore. *Le Lac*, *les Mélodies hongroises, le Roi des Aulnes, le Galop chromatique*, ont excité le plus vif enthousiasme ; il est impossible de donner avec des mots l'idée d'une pareille exécution ; Briarée, qui avait cent bras, n'en ferait pas autant que Liszt, qui, avec dix doigts, fait jaillir à la fois toutes les notes du clavier. C'est une prestesse inouïe, une agilité éblouissante ; l'œil ne peut suivre la main, qui disparaît dans sa propre rapidité, comme une demoiselle dans son vol. Et quelle beauté de son, quelle justesse de rhythme, même dans les galops les plus effrénés ! Liszt a le don de faire circuler librement l'inspiration à travers des difficultés effroyables qui semblent aisées à tout le monde, quand c'est lui qui les exécute. Liszt n'est pas un pianiste, c'est un poëte, qu'il joue sa propre musique ou celle des autres. — Et c'est là ce qui le tire de l'armée des pianistes de première force, qui sera bientôt plus nombreuse que ne le sont les sauterelles du désert.

Une pluie de bouquets, un déluge de camellias ont inondé la scène à la fin du *Galop chromatique*, — de véritables bouquets jetés par de véritables femmes, et nous nous sommes en allé en disant : « C'est pourtant bien du piano qu'on vient de jouer. »

Huit jours après, au second concert donné par Liszt, — toujours seul, — nous avons trouvé l'explication de ce jeu invraisemblable. — Nous étions placé très-près du piano. Liszt exécutait *les Mélodies hongroises*. Ses yeux nageaient dans la lumière de l'inspiration, ses cheveux ondulaient sous le vent de la sonorité ; mais un sourire vraiment diabolique crispait les coins de sa bouche et semblait, en contredisant la belle expression du haut de la tête, trahir un sentiment de dédain ironique. Était-ce pour l'art en lui-même ou pour les auditeurs enthousiastes ? C'est ce que nous ne saurions dire. Ses mains nerveuses allaient et venaient, se levaient et s'abaissaient, pétrissant l'ébène et l'ivoire du clavier. D'abord, nous n'apercevions que deux mains ; bientôt nous en vîmes quatre, et très-distinctement. Liszt était cependant assis tout seul devant le piano. Cela nous parut quelque peu étrange, et, ne nous fiant pas au témoignage de nos yeux, nous recourûmes à notre lorgnon soigneusement écuré. Il y avait bien quatre mains ; seulement, deux étaient placées en sens inverse, comme si un gnome caché dans la caisse du piano eût allongé ses doigts sur le clavier à travers la planche de palissandre où se trouvent habituellement gravés le nom et l'adresse du facteur.

Le bombardement de bouquets continuait avec une intensité croissante, et Frantz Liszt souriait d'un air de plus en plus sardonique; car il savait bien qu'il ne méritait que la moitié de ces applaudissements. Mais quel démon musical, quelle âme harmonieuse a-t-il trouvé moyen d'enfermer dans cette prison sonore? Nous en étions là de nos réflexions et déjà nous bâtissions là-dessus quelque conte d'Hoffmann, lorsqu'un voisin prosaïque nous poussa le coude et nous dit : « Avec quelle perfection on vernit à présent! Ce piano réfléchit les objets comme un miroir; regardez, ne dirait-on pas que Liszt a vingt doigts! »

Ce bourgeois avait-il raison, et son explication toute physique est-elle la vraie? Alors le prodige n'est que plus grand.

XV

MAI 1844. — Odéon : *Sardanapale*, tragédie de M. Lefèvre. — *Erratum* à l'histoire. — Le *Sardanapale* de lord Byron. — Les spectacles forains. — Hercule et l'Amour. — Vaudeville : *le Carlin de la Marquise*, par MM. Varin, Jaime et Clairville. — Histoire de Fanfreluche. — Odéon : *la Ciguë*, comédie en vers, de M. Émile Augier. — Un nouveau poëte dramatique. — Mademoiselle Émilie Volet, Monrose, Mauzin, Bouchet. — Théâtre-Français : *Catherine II*, drame en vers, de M. Hippolyte Romand. — La pièce, les caractères et le style. — Mademoiselle Rachel. — Beauvallet. — Odéon : l'*Antigone* de Sophocle, traduite par MM. Paul Meurice et Auguste Vacquerie. — Du goût grec et du goût latin. — La férule du père Brumoy. — La tragédie antique. — Sujet d'*Antigone*. — La mise en scène. — Le chœur. — La traduction. — Bocage, mesdemoiselles Virginie Bourbier et Émilie Volet, Rouvière.

8 mai.

Odéon. *Sardanapale*. — On a beaucoup calomnié Sardanapale, que Villon appelle, dans son jargon gothique, le preux chevalier Sardina. Les historiens l'ont toujours pris sur le ton rogue avec les empereurs qui se lavaient les mains et se faisaient servir plus de trois plats à leur dîner. Ils en ont fait des monstres abominables. Malheureusement, la postérité a cru sur parole ces rétheurs hyperboliques, et de fort aimables garçons, très-artistes, très-spirituels, ont passé pour des tigres et des crocodiles couronnés.

Sardanapale a été l'un des plus maltraités ; on lui reproche ses bains parfumés, ses flacons d'essence, ses robes de byssus teintes trois fois, ses colliers de perles et ses miroirs d'acier fondu, comme des crimes impardonnables. C'était un jeune homme beau, élégant, ingénieux, délicat, aimant le faste, le luxe, les arts, l'or, le marbre, la pourpre, tout ce qui brille noblement, tout ce qui, par son éclat, symbolise la puissance et le bonheur !

En général, on n'admire que les gens qui se nourrissent mal, et il y a bien des philosophes qui n'ont d'autre titre à la gloire que d'avoir mangé pendant longtemps des racines crues et des lapins cuits à l'eau. Dès que l'on préfère une table bien garnie à du pain mêlé de cendre, on passe pour un être abruti, dégradé, et les moralistes font des tirades sur vos menus : celui-ci vous accuse de langues de perroquets ; celui-là, de laitances de murène ; cet autre, de foies de phénicoptère. Vous voulez faire accommoder un turbot, un poëte fait là-dessus une satire, et vous êtes un empereur perdu.

Lord Byron, qui était un dandy accoutumé à bien vivre, n'a pas envisagé Sardanapale sous ce côté bourgeois et déclamatoire ; il en a fait un prince oriental un peu efféminé, non par lâcheté, mais par raffinement. Il préfère les soupers de la volupté aux clameurs de la guerre ; la brutale destruction, le carnage grossier lui répugnent ; il ne trouve pas que la renommée vaille les hécatombes humaines qu'on lui sacrifie. La cuisine sanglante de la gloire révolte la délicatesse de ses sens : il aime mieux la pourpre du vin que celle du sang. Et, s'il ne rend pas son peuple illustre, au moins il le rendra heureux, et l'on ne verra pas les rues de Ninive peuplées de boiteux, de manchots et de tous ces débris humains que les conquérants sèment sur leur passage. Myrrha, la fière esclave grecque, tout en déplorant ce qu'elle nomme sa faiblesse, ne peut s'empêcher d'aimer ce jeune et beau voluptueux.

Et quelle belle fin — car, s'il craignait la fatigue, il ne craignait pas la mort — que celle de Sardanapale! — Entre autres mérites, elle a celui d'avoir inspiré à M. Eugène Delacroix un de ses plus magnifiques tableaux! Mourir dans sa jeunesse, dans sa beauté! emporter avec soi dans une tombe enflammée tout ce qui vous accompagnait à travers la vie : les éléphants aux trompes cerclées d'or; les cavales à la croupe tigrée, à la crinière folle; les vases myrrhins; les tapis persiques; les esclaves de toutes couleurs; les Égyptiennes au profil de sphinx, au pagne étroit et bariolé; les Nubiennes, noires comme la nuit; les Grecques d'Ionie, blondes comme le jour; et serrer sur son cœur, dans le tourbillon de feu et de fumée, la belle préférée, la Myrrha hautaine et superbe, dont la cendre se mêlera à la vôtre! C'est le plus splendide trépas qu'on puisse imaginer! Faire disparaître avec soi toutes les formes qui ont occupé vos yeux, tout ce qu'on a aimé, tout ce qu'on a possédé, surtout quand le sacrifice est accepté des victimes! Certes, si quelqu'un a dû mourir tranquille et l'esprit en repos, c'est Sardanapale! car ce qu'il y a de cruel dans la mort, ce n'est pas de quitter la terre, c'est d'y laisser les autres. Quelle rage pour un amant jaloux de mourir en laissant vivante une maîtresse adorée!

Le sujet de *Sardanapale* est plus propre à l'opéra qu'à la tragédie. La pièce de lord Byron, malgré les incontestables beautés dont elle brille, a eu fort peu de succès au théâtre de Drury-Lane. Une semblable donnée exige des chœurs, une immense mise en scène, des décorations dans le goût des gravures de Martynn; sans quoi, malgré toute la pompe du style, une portion du sujet ne sort pas. — Il est singulier qu'aucune tentative lyrique n'ait été faite dans ce sens. Rendu avec les moyens dont dispose l'Académie royale de musique et de danse, le dénoûment serait un des plus beaux spectacles qui puissent terminer un drame.

Quant à la tragédie de M. Lefêvre, dont les rares incidents sont empruntés à celle de lord Byron, tout ce que nous pouvons dire en sa faveur, c'est que nous y avons survécu! D'autres spectateurs ont aussi donné à la fin quelques signes de vie; mais les malheureux n'avaient plus que le souffle!

Un mot à Bouchet, qui représentait Sardanapale : il nous semble que son costume était un peu sévère et sa figure bien farouchement barbue pour donner l'idée d'un prince qui passait les jours à filer au milieu de ses concubines, fardé comme elles, et vêtu de telle sorte, que rien, dit-on, ne le distinguait des femmes. — Mais, bah! qu'est-ce que la couleur locale? M. Lefêvre s'en est bien occupé lui-même en écrivant sa tragédie!

Spectacles forains. — En fait de spectacles, ceux qui nous ont véritablement le plus amusé l'autre semaine, ce sont les spectacles forains qui se donnaient aux Champs-Élysées, à propos de la fête du roi. Les cirques et les théâtres d'athlètes abondaient. L'un d'eux, un cirque, avait sur son tréteau un orchestre nombreux composé de gaillards habillés en colonels ou marchands de thé suisse, de l'aspect le plus bizarre et le plus drolatique. Vous connaissez le costume: pantalon blanc, habit de serge rouge, chapeau à trois cornes garni de plumeaux consternés, col noir montant jusqu'aux cieux, et, avec cela, d'étranges figures busquées, sentant l'Égypte et la Bohême de plusieurs kilomètres à la ronde. Ces gredins hasardeux soufflaient dans du cuivre diversement travaillé, tel que trombones, cornets à piston, trompettes et autres ustensiles à faire du vacarme, le tout soutenu d'une énorme grosse caisse; c'était le plus triomphant charivari qu'on puisse imaginer.

A côté de ce glorieux théâtre bariolé de peintures et d'affiches gigantesques, s'élevait, ou plutôt ne s'élevait pas une humble baraque en toile, contenant quelques pauvres diables d'alcides sans ouvrage. La pluie et les intempéries des saisons avaient effacé à moitié leur enseigne, où l'œil ne distinguait plus que vaguement des femmes se faisant casser des pavés sur le ventre, des hercules soulevant des montagnes du poids de cent livres. Deux planches posées sur des tonneaux (vides, hélas!) formaient l'estrade où se tenait l'orchestre, composé de trois misérables musiciens poussifs, éreintés, fourbus. Un petit être pâle, souffreteux, habillé en Amour, frissonnant sous son maillot de coton trop large et sous sa jupe de vieille gaze fanée, frappait, d'une main, la peau d'âne d'une grosse caisse et, de l'autre, une cymbale fixée devant lui; la maigre fanfare de la baraque était complétement étouffée par la grosse artillerie de l'orchestre voisin. Le petit Amour se démenait comme un diable et faisait un tapage à se rendre sourd. Son pauvre bras mince brandissait le tampon avec une furie désespérée, et ses doigts se crispaient convulsivement sur le disque de cuivre.

Enfin, il arriva à une telle intensité de vacarme, qu'il parvint à percer un instant le bruit des clarinettes et des cornets à piston du voisin. La sueur du triomphe ruisselait sur ses joues ; ses yeux étaient illuminés de plaisir, et déjà quelques badauds se détachaient de la masse compacte ameutée par les uniformes écarlates; mais le chef d'orchestre, avisant cette défection, envoya chercher un hercule de renfort qui s'établit à l'angle du tréteau et se mit à battre du tambour avec une vélocité si étourdissante, que la caisse du petit Amour ne semblait plus produire qu'un faible bourdonnement qui finit par se perdre tout à fait. Le petit garçon ou la petite fille, — nous n'avons pu discerner son sexe à travers l'ambiguïté de ses formes et de son costume, — d'écarlate devint pâle, de grosses larmes remplirent ses yeux, et il continua sans espoir cette lutte inégale, comme un soldat sûr d'être tué, mais qui combat toujours...

Qui sait si, à la suite de cette musique acharnée, il ne sera pas mort d'une pleurésie. — Pauvre Amour !

13 mai.

VAUDEVILLE. *Le Carlin de la Marquise*. — Le carlin a presque disparu, on peut dire même qu'il a disparu tout à fait. Il y a vingt-cinq ans seulement, on en voyait encore quelques-uns colportés dans les manchons des douairières. — Pour l'édification de la jeunesse contemporaine, donnons un signalement de cette espèce passée à l'état fabuleux. Le carlin est un animal de la grandeur d'un chat, fauve ou café au lait, avec une queue en trompette, un museau écrasé et noir comme le masque d'un arlequin ; quant à ses mœurs, le carlin est lâche, criard, sale, gourmand, voleur, frileux, douillet, insociable ; aussi a-t-il été adoré des femmes et comblé de caresses qui auraient fait plaisir à de braves garçons. Que de pralines, que de gimblettes, que de darioles, que de croquignoles, que de macarons, que de sucre candi, que de blancs mangers, que de massepains, que de biscuits, que de friandises de toutes sortes ces hideuses bêtes ont absorbées pendant un siècle à peu près qu'elles ont été à la mode !

A présent, c'est le king-charles qui a la vogue ; il a eu l'honneur d'être peint plusieurs fois par Van Dyck, et Velasquez ne manque jamais d'en faire japper quelqu'un dans ses portraits de la famille royale espagnole. — Ce qui distingue le king-charles, c'est la longueur de ses oreilles, les barbes de poils qui frangent ses pattes, la proéminence de son crâne et la petitesse de son museau. Les pur sang sont assez rares, et ils se reconnaissent à ce qu'ils ont le voile du palais entièrement noir. Le king-charles est infiniment préférable, comme beauté, à son prédécesseur, et cependant, nous doutons que son règne soit d'aussi longue durée. — Les petits chiens s'en vont.

Autrefois, — est-ce la peine de le rappeler ? — nous avons fait un conte, un pastiche de Crébillon le fils, intitulé *le Petit Chien de la Marquise*, où étaient racontées, avec tout le soin et toute la conscience qu'exige un pareil récit, les aventures d'un bichon appelé Fanfreluche.

Certes, l'idée d'un vaudeville — si tant est qu'il y ait une idée dans un vaudeville — ne vaut guère la peine d'être revendiquée ; mais il nous semble que le carlin de MM. Varin, Jaime et Clairville, est assez proche parent de notre bichon, pour que nous puissions vous raconter l'histoire de Fanfreluche à la place de celle de Médor.

La jeune Éliante a vu, au petit souper de la marquise de B..., un bichon miraculeux qui dansait la gavotte aussi bien que Marcel, donnait la patte, sautait pour Mesdames de France, prenait sa prise dans la tabatière de M. l'abbé et déployait une instruction aussi solide que variée.

Voici le signalement de cet animal incomparable : Fanfreluche n'est pas plus gros que le poing fermé de sa maîtresse, et l'on sait que madame la marquise a la plus petite main du monde ; et cependant il offre à l'œil beaucoup plus de volume et paraît presque un petit mouton ; car il a des soies d'un pied de long, si fines, si douces, si brillantes, que la queue à Minette semble une brosse en comparaison ; quand il donne la patte et qu'on la lui serre un peu, l'on est étonné de ne plus rien sentir du tout. Fanfreluche est plutôt un flocon de laine soyeuse, où luisent deux beaux yeux bruns et un nez rose, qu'un véritable chien ; un pareil bichon ne peut appartenir qu'à la mère des Amours, qui l'aura perdu en allant à Cythère, où madame la marquise, qui y va quelquefois, l'a probablement trouvé.

Quelle vivacité dans cette prunelle à fleur de tête! quelle physionomie intéressante et spirituelle! Roxelane n'aurait-elle pas été jalouse de ce nez délicatement retroussé et séparé dans le milieu par une petite raie comme celui d'Anne d'Autriche? Ces deux marques de feu au-dessus des yeux, ne font-elles pas meilleur effet que l'*assassine* posée de la manière la plus engageante ? Et cette double rangée de dents blanches, grosses comme des grains de riz, que la moindre contrariété fait apparaître dans toute leur splendeur, quelle duchesse n'envierait pas leur pureté et leur éclat!

Vous comprenez facilement qu'une jolie femme du temps de Louis XV dit le Bien-Aimé, qui a vu la veille un pareil bichon, ne fait qu'y rêver et qu'y penser. Si elle n'a Fanfreluche, elle en perdra la tête; aussi reçoit-elle comme un mari le duc Alcindor quand il se présente à sa ruelle. Le dialogue suivant s'établit entre le petit-maître et la précieuse :

ALCINDOR. Je désire vous faire ma déclaration en règle et m'établir en qualité de soupirant auprès de vos perfections.

ÉLIANTE. Vous extravaguez, duc, et vous savez tout aussi bien que moi que vous n'êtes pas amoureux le moins du monde.

ALCINDOR. Ah! belle Éliante! figurez-vous que j'ai le cœur percé de part en part. Regardez plutôt derrière mon dos, vous verrez passer la pointe de la flèche.

ÉLIANTE. Une physionomie intéressante au possible, des soies longues comme cela, des marques de feu, des pattes torses! — Oh! mon Dieu, je deviendrai folle si je n'ai un bichon pareil; mais il n'en existe pas!

ALCINDOR. Je vous aime, la, sérieusement!

ÉLIANTE. Une queue en trompette.

ALCINDOR. Je vous adore!

ÉLIANTE. Des oreilles frisées!

ALCINDOR. Oh! femme divine!

ÉLIANTE. Animal incomparable! etc., etc.

Le duc, qui est un homme de tact, comprenant qu'il s'agit d'un chien, laisse reposer sa flamme, et remet sa déclaration à une autre fois. Il s'enquiert de Fanfreluche et se fait fort, moyennant récompense malhonnête, de le voler et de l'apporter aux pieds d'Éliante. Le traité est conclu. Alcindor ne doit reparaître que portant Fanfreluche dans son corbillon.

Alcindor met aussitôt en campagne une canaille blanche et une canaille noire, Giroflée et Similor, pour dérober ce bichon, plus soigneusement gardé que les pommes du jardin des Hespérides. — Les deux susdits gredins, après avoir reçu vingt-cinq louis pour les dépenses de l'expédition, achètent vingt-cinq sous, sur le pont Neuf, un petit chien de physionomie assez semblable au seigneur Fanfreluche. Alcindor, tout triomphant, le porte à madame Éliante, qui le reçoit avec toutes les tendresses imaginables, et n'a rien de plus pressé que de se montrer en loge à l'Opéra avec le bichon phénoménal.

Quant au faux Fanfreluche, il faisait assez piteuse figure ; il n'était pas accoutumé à se trouver en si bonne compagnie, et, les deux pattes appuyées sur le devant de la loge, il considérait tout d'un œil effaré.

Soudain, ô coup de théâtre inattendu ! la porte d'une loge s'ouvre avec fracas. Une dame, étincelante de pierreries, très-décolletée, fardée en roue de carrosse, se place avec deux ou trois jeunes seigneurs : c'est la marquise. Un petit chien sort la tête de son manchon, pose les pattes sur le devant de la loge avec un air d'impudence digne d'un duc et pair : c'est Fanfreluche, le vrai, le seul, l'inimitable Fanfreluche !

Éliante l'aperçoit : elle lance au duc, stupéfait, un regard foudroyant ; puis, suffoquée par l'émotion, elle se pâme et s'évanouit complétement ; on la remporte chez elle, où l'on est plus d'une heure à la faire revenir : ni les sels d'Angleterre, ni l'eau des Carmes, ni celle de la reine de Hongrie, ni les gouttes du général Lamothe, ni la plume brûlée et passée sous le nez, ne peuvent la tirer de cet évanouissement, et, si la menace de lui jeter de l'eau à la figure ne l'eût rappelée à la vie, on aurait pu la croire véritablement morte. Alcindor est inconsolable, car Éliante ne veut plus le recevoir, et il se distrait de sa douleur en bâtonnant, deux fois par jour, Giroflée et Similor, que cette considération seule l'a empêché de chasser. — Pourtant, au bout de quelques jours, Éliante écrit au duc Alcindor le petit billet suivant :

« Mon cher duc, j'ai cru que vous vouliez me tromper sciemment ; j'ai su, depuis, que vous aviez été la dupe de Similor et de Giroflée. Le bichon que vous m'avez donné ne manque pas de dispositions et ne demande qu'à être cultivé pour éclipser Fanfreluche. Vous dansez comme un ange, voulez-vous être son maître à danser ?»

Deux mois après, le bichon Pistache, plus jeune, plus souple et plus gracieux, avait complétement éclipsé le bichon Fanfreluche. — Alcindor fut généreusement payé de ses cachets.

Ceci, orné de toutes sortes de petits détails *rocaille* et *chicorée* pouvait peut-être former la matière d'un conte de quelques pages ; mais, à coup sûr, il n'y avait pas matière à vaudeville, et MM. Varin, Jaime et Clairville l'ont suffisamment prouvé.

La seule chose qui ait amusé le public, ce sont les roulements d'yeux et les tours de gueule du carlin mécanique, qui a représenté le rôle de Médor avec une intelligence que ne possèdent pas toujours les acteurs qui ne sont pas en carton peint.

20 mai.

ODÉON. *La Ciguë*. — La ciguë, cette plante aux ombelles d'un blanc livide, à la feuille pointue et vert-de-grisée, et qui porte si lisiblement écrit dans sa forme et dans sa couleur le mot poison, éveille invinciblement dans tous les esprits l'idée de Socrate ; à son nom, il semble voir le philosophe au masque camard, au front protubérant, assis dans sa prison sur le bord d'un petit lit, tenant à la main la coupe pleine du fatal breuvage, et recommandant de sacrifier pour lui un coq à Mercure souterrain, le conducteur des ombres.

Rassurez-vous toutefois : dans la pièce de M. Émile Augier, il n'est nullement question du sage si plaisamment tourné en ridicule par Aristophane dans *les Nuées ;* vous n'avez pas à craindre Anytus, et vous ne courez le risque d'aucune mise en scène du tableau de David. Il s'agit tout bonnement d'une comédie pleine d'esprit, de verve, de bon goût, versifiée d'une manière charmante, qui rappelle, pour le fond, le *Timon d'Athènes* de Shakspeare, et, pour la forme, la manière grecque d'André Chénier.

De notre vie nous n'avons éprouvé une plus agréable surprise. Personne ne s'y attendait. L'ouvrage s'était répété à petit bruit ; le nom de l'auteur était parfaitement inconnu ; on croyait qu'on allait voir deux actes en vers, et voilà tout. L'Odéon vous joue souvent de ces tours-là, et en cinq actes encore ! — Quel a été l'étonnement du public et des acteurs, qui avaient appris leurs rôles sans les lire, comme cela se pratique assez ordinairement, en voyant que *la Ciguë* était tout bonnement une comédie charmante, d'un genre neuf, d'une allure vive, et comme il ne s'en est pas fait depuis bien longtemps. On a souri d'abord, puis applaudi un peu, ensuite applaudi à tout rompre, tant chacun était heureux et surpris de s'amuser de la sorte, sans réclame, sans claqueurs et sans cabale. Dès cette soirée, M. Émile Augier, qui est, dit-on, un peu parent de Pigault-Lebrun (c'est bien de l'honneur pour ce dernier), a pris un rang très-honorable dans la littérature.

Clinias est un jeune Athénien du temps de Périclès, un rival d'Alcibiade et d'Axiochus pour l'éclat insolent de ses débauches et l'insouciance de ses prodigalités. Mais, malgré tous ses plaisirs, ou peut-être à cause de ses plaisirs, il s'ennuie. — La mélancolie d'un voluptueux antique n'a aucune ressemblance avec celle d'un lion moderne, inquiet du mémoire de son carrossier, ou qui ne sait comment payer l'argent qu'il a perdu la veille, sur parole, au lansquenet ou à la bouillotte. — Clinias a des jarres d'argile et des coffres de bois de cèdre pleins de talents, de drachmes et de lingots, mais il ne prend plus goût à rien. Ni ses quadriges de chevaux blancs qui ont remporté le prix aux jeux olympiques, et que Phidias a retracés sur les frises du Parthénon, ni ses molosses de Laconie, si vaillants, qu'ils attaquent les lions sans hésiter, ni ses esclaves asiatiques aux robes traînantes, aux joyaux bizarres, ni les représentations des poëtes couronnés, ni les longs festins prolongés jusqu'au jour, ni l'aspect de cette sérénité bleue que respirent le ciel et la mer dans le plus doux climat de la Grèce ne peuvent distraire le jeune Athénien ; au milieu de cette foule, il se sent isolé. Les parasites, les bouffons et les joueurs de flûte, les danseuses et les courtisanes qui l'entourent le font rire un instant; mais sa tristesse n'en est point dissipée. Il rêve quelque chose de mieux; il n'a que des flatteurs et pas d'amis, que des esclaves et pas de maîtresses. Clinias ne peut se dissimuler que ses plus assidus compagnons, Cléon et Pâris, ne sont, après tout, que des drôles bons à faire fouetter en place publique.

Pourtant, Clinias n'a pas une misanthropie farouche à la manière de celle de Timon. Les hommes l'ennuient; ils les méprise un peu, mais il ne les hait pas avec cette rage de bête fauve qui fait grincer des dents au colérique Térès de Shakspeare; et, quand la toile se lève, il est à table avec Pâris et Cléon; les convives, couronnés de lierre et de tilleul, couchés sur des lits à pieds d'ivoire, vident les coupes ciselées par Lysippe et font des libations à Bacchus, père de la joie. — Les esclaves suffisent à peine à puiser dans les cratères les vins fumeux de Crète et de Chypre, tempérés par la neige et le miel de l'Hymète. Pâris boit parce qu'il est ivrogne, Cléon parce qu'il est avare et que le vin ne lui coûte rien. Clinias seul reste froid au milieu du tumulte de l'orgie; une pensée le préoccupe; il se demande si une coupe de ciguë ne serait pas, pour son cœur inoccupé un breuvage plus doux que tous ces vins écumant dans l'or; et si le sommeil morne et toujours s'épaississant que procure le suc glacé de la plante amère ne vaudrait pas mieux que ces veilles enflammées où l'on prend la fatigue pour le plaisir. Cette nuit-là est celle qu'il a choisie pour exécuter son dessein; mais il attend une jeune esclave de Chypre qu'il a fait acheter, et, avant de mourir, un désenchanté de l'âge de Clinias n'est pas fâché de voir un joli visage de femme.

En effet, l'esclave ne tarde pas à paraître : c'est mademoiselle Émilie Volet qui la représente. Nulle actrice, à l'heure qu'il est, ne peut remplir aussi parfaitement le rôle d'une belle esclave grecque; jamais camée n'eut un profil plus pur, un œil mieux enchâssé, un nez plus fin, une narine plus élégamment coupée; jamais les bandelettes antiques ne s'entrelacèrent dans des cheveux mieux ondés et plus noirs. Mademoiselle Volet serait digne, si les tentatives que font maintenant quelques artistes pour relever le polythéisme réussissaient, de marcher en tête des théories sur les blancs escaliers des temples grecs relevés de leurs ruines.

Seulement, au premier pas qu'elle fait sur la scène, on est complétement rassuré à l'endroit de Clinias : un homme qui possède une si délicieuse esclave ne mourra pas de mort volontaire. A la beauté des formes, Hippolyte (c'est son nom) joint la beauté de l'âme. Ce n'est point une de ces statues de chair, sans esprit et sans cœur, qui n'existent que pour les yeux ; une de ces créatures vulgaires enlevées sur le bord de quelque île par la birème d'un pirate, et revendue ensuite à un marchand d'animaux humains ; c'est une fille ingénue, de naissance honnête et que sa mère pleure, les bras tendus vers les flots.

A la vue de cette charmante fille, une idée bizarre passe par la tête de Clinias, et, pour finir follement, comme il a vécu, il promet son héritage à celui de ses deux amis qui saura se faire aimer d'Hippolyte.

Aussitôt, Pâris et Cléon se mettent en dépense d'amabilité et de gentillesse ; ils font assaut de compliments, de déclarations, de protestations ; ils se vantent avec une forfanterie et une impudence sans pareilles. La belle Cypriote, étonnée de ces flammes subites, écoute, pénétrée d'un égal dégoût, et le maigre Pâris et le gros Cléon ; pour Clinias, quand il les a bien laissés se vautrer dans leur infamie, il se ravise, et rédige ainsi son testament : « Celui qui aura l'esclave n'aura pas la fortune. » Alors les deux coquins tournent subitement casaque, et commencent une de ces parties qu'on nomme *à qui perd gagne*. Ils se dépeignent sous les couleurs les plus horribles, c'est-à-dire tels qu'ils sont, et l'un vante les qualités de l'autre, afin de garder l'héritage. — Pâris dit à Hippolyte, en lui montrant Cléon : « Épousez ce gros homme ; il est vertueux.

> La vertu seule est grasse, et les mauvais sujets
> Ont beau manger et boire, ils n'engraissent jamais »

Clinias, indigné, met fin à cette lutte scandaleuse, et jette à la porte ses deux amis, en les accablant d'invectives méritées. — Cette exécution faite, on apporte la coupe de ciguë. « Dieux ! que vas-tu faire ? s'écrie Hippolyte alarmée. — Je vais mourir, répond Clinias. — Eh quoi ! si jeune ! — Pourquoi rester en ce monde ? On a aimé mes festins, mes palais, mes chevaux ; mais personne ne m'a aimé moi-même. » Nous vous laissons à penser quel onctueux et lumineux regard laisse tomber sur Clinias la belle esclave cypriote. Clinias, qui n'est pas un imbécile, car la mélancolie, comme l'a si bien dit Alfred de Musset, est une plante délicate et qui ne pousse pas

Sur la majestueuse obésité des sots ;

Clinias comprend tout de suite qu'il n'a plus de raison pour boire la ciguë : il est aimé; et, comme un noble cœur dans une blanche poitrine est le plus rare trésor qu'on puisse trouver ici-bas, pour le mieux garder, il épouse Hippolyte. — Heureux Clinias !

La Ciguë a complètement réussi. — Monrose pourrait être plus gai dans le rôle de Pâris. Alexandre Mauzin a de l'aplomb et de la rondeur, mais il prend des respirations trop longues, et intercale dans les vers des *oh!* et des *ah!* qui faussent la mesure. En prose, cela est indifférent ; mais une syllabe de plus dans un hexamètre est quelque chose d'aussi désagréable pour les poëtes qu'une note fausse pour un musicien. — Bouchet a représenté Clinias avec cette élégance antique qu'il avait déjà déployée dans le rôle de Sextus, de *Lucrèce*. — Quant à mademoiselle Volet, nous avons dit là haut notre opinion.

26 mai.

Théatre-Français. *Catherine II*. — *Catherine II* avait attiré une très-nombreuse et très-illustre affluence ; on était curieux de voir enfin mademoiselle Rachel aborder le monde moderne, car, en jouant *Judith*, elle n'était pas sortie de l'antiquité classique, et elle a pu croire qu'elle jouait encore du Racine ; nous félicitons la jeune tragédienne d'avoir courageusement tenté un nouveau rôle. Qu'elle soit toujours la belle muse à la lèvre fière et dédaigneuse, à la tunique blanche, aux yeux de jais dans un masque de marbre, récitant les beaux vers des vieux maîtres ; mais qu'elle s'associe quelquefois à la réputation naissante des vivants ; qu'elle encoure nos chances de revers et de triomphe ! Il manque encore à sa jeune fermeté le baptême des sifflets : la lutte grandit les talents robustes.

Quand la pièce commence, Catherine est veuve de Pierre III, et cherche à oublier comment elle l'est devenue. Orloff, son ancien amant, son complice, ne lui reste plus attaché que par des liens sanglants qu'elle aspire à briser. — A l'instigation d'un vieux diplomate, ennemi secret d'Orloff, Catherine a vu le prince Ivan, légitime héritier du trône, qui, depuis vingt-cinq ans, languit dans la forteresse de Schlusselbourg. La fière impératrice s'est éprise du jeune descendant des Romanoff, et, sous le nom d'Augusta de Holstein, elle est parvenue à se faire aimer de lui. L'agent politique de cette intrigue prépare un mariage entre eux, mariage qui doit mettre fin aux discordes civiles et réconcilier tous les partis. Catherine, malgré les menaces d'Orloff, annonce elle-même publiquement qu'elle a résolu d'associer à l'empire le prisonnier de Schlusselbourg. Mais celui-ci, qui ne voit dans la veuve de Pierre III que la princesse Augusta, conspire secrètement pour reconquérir le trône et le partager avec la femme qu'il aime. Orloff, intéressé, d'ailleurs, à ce que Catherine n'épouse point Ivan, précède l'impératrice à Schlusselbourg, et apprend au jeune prince que Pierre III est mort empoisonné par les ordres de sa femme adultère ; — ce qu'il prouve en lui montrant une lettre écrite de la main de Catherine, et où le crime se trouve détaillé tout au long.

Bientôt cependant Ivan est amené au palais de Saint-Pétersbourg, où Catherine a voulu, par un caprice assez bizarre, que la véritable princesse Augusta le reçût elle-même, comme étant l'impératrice. Le jeune homme, que cette substitution confirme dans son erreur, à la vue de celle qu'il croit être la veuve de Pierre III, s'exalte dans son indignation jusqu'à lui reprocher, devant toute la cour assemblée, ses amours adultères et le meurtre de son époux. On ne parvient à lui fermer la bouche qu'en le faisant bâillonner par les strélitz, qui reçoivent l'ordre de le reconduire à Schlusselbourg. — Là, Catherine, toujours sous le nom d'Augusta, vient lui proposer de fuir avec elle, et d'aller ensevelir leurs amours dans quelque coin ignoré du monde ; mais, au moment où ils vont s'éloigner, Orloff se présente, et force l'impératrice à jeter le masque, c'est-à-dire à se faire connaître d'Ivan, qui, à cette révélation, recule épouvanté. — Catherine, après avoir essayé une justification inutile, se retire en laissant au prince à choisir entre le mariage et l'échafaud. Ivan choisit l'échafaud, car, la nuit même, doit éclater cette conspiration ourdie de longue main, à la faveur de laquelle il espère remonter sur le trône. Les amis du prince se révoltent en effet ; mais Orloff a si bien pris ses précautions, que les conjurés sont arrêtés et que le malheureux Ivan tombe percé de coups dans un corridor, quand déjà il rêvait la vengeance et l'empire.

La versification de ce drame — car il est difficile de voir autre chose dans la pièce de M. Romand — nous a paru manquer de nerf, de couleur et de variété. C'est quelque chose dans le goût des tragédies romantiques de Casimir Delavigne et des pièces russes de M. Ancelot : un alexandrin quelquefois ronflant, assez souvent correct, toujours adroit, mais sans virtualité propre ; le vers de quelqu'un qui n'est pas naturellement poëte et où la volonté a beaucoup plus de part que l'inspiration. La charpente du drame est, d'ailleurs, assez habilement construite, mais de pièces et de morceaux et à plusieurs reprises ; on sent que de nombreux et de profonds remaniements ont été faits à différents endroits, et le fil, souvent interrompu, est rattaché par des nœuds visibles à l'œil attentif ; il n'y a pas dans l'action cette suite et cet entrain d'une chose coulée d'un seul jet. M. Hippolyte Romand cherche avant tout les scènes à effet, et quelquefois il les trouve, — avec peine, il est vrai ; la facilité ne lui est pas départie, non point cette facilité de faire vite une chose médiocre et qui est un des plus grands fléaux de l'art, mais cette aisance d'allure que possède à un si haut degré Alexandre Dumas, l'auteur que M. Hippolyte Romand semble avoir choisi pour modèle.

Après avoir attentivement écouté cette tragédie, on cherche ce que M. Hippolyte Romand a voulu faire. Certes, ce n'est pas nous qu'on accusera de demander raison au poëte de sa fantaisie. On nous a reproché bien souvent de professer la doctrine de *l'art pour l'art*, c'est-à-dire de ne nous occuper que de la beauté intrinsèque de l'œuvre, en dehors de tout but et de toute tendance. Il n'est pas nécessaire qu'une composition littéraire se résume dans un axiome ou une moralité comme une fable d'Ésope ; mais encore faut-il que l'écrivain mène jusqu'au bout la donnée qu'il a choisie à tort ou à raison, et en tire les effets qu'elle contient. Si c'est une pièce historique, un drame chronique à la façon de Shakspeare, que M. Hippolyte Romand a eu l'intention d'écrire, l'histoire y est altérée à chaque instant ; il est vrai que l'on n'exige pas d'un auteur dramatique l'exactitude ponctuelle et la précision des dates ; mais il faut au moins que, tout en supposant des événements, surtout dans les parties peu éclairées de la chronique, il conserve le ton local du pays et de l'époque, la probabilité des incidents et des caractères ; s'il a prétendu seulement faire une étude d'après une grande figure royale, on peut dire qu'il n'en a fait voir que le profil : sa Catherine II manque de majesté et d'ampleur, et l'on ne reconnaît pas là cette impératrice au regard d'aigle, à la vaste pensée, figure babylonienne bien faite pour s'asseoir au sommet de ce colossal empire russe, et que l'on pourrait appeler la Sémiramis du Nord avec d'autant plus de raison qu'elle avait fait tuer son Ninus, léger détail noyé dans les effluves de la gloire, et qui n'empêchait pas Voltaire de s'écrier :

> C'est du Nord aujourd'hui que nous vient la lumière !

Certes, une pareille nature, pleine de caprices féminins et de volontés royales, correspondant avec les plus fortes têtes encyclopédiques ; faisant la guerre et l'amour ; concevant le projet gigantesque de chasser les Turcs d'Europe, et à la veille de le réaliser ; neutralisant ses favoris l'un par l'autre et se servant de tous ; donnant et ôtant un trône à un amant disgracié, présentait un mélange de qualités et de vices, d'un haut intérêt pour l'historien, le philosophe et le poëte. A cela joignez cette indifférence pour la vie humaine, cette facilité de recourir aux moyens violents, cette barbarie presque asiatique, et vous aurez une figure qui réunit tous les contrastes, et dans laquelle semblent s'être concentrées les forces créatrices de la nature. Tout un empire, tout un siècle vit et palpite dans une pareille poitrine.

Au lieu de cela, M. Romand ne nous a fait voir qu'une femme qui entremêle ses amours de massacres. La passion qu'il lui prête pour Ivan n'est guère vraisemblable. Ivan, abruti par l'isolement d'une dure captivité, n'avait d'autre talent que de jouer un peu aux échecs, et, lorsque Catherine eut la fantaisie de l'aller voir dans sa prison, elle le trouva inepte et stupide.

Mademoiselle Rachel est non moins charmante sous la redingote de velours vert bordée de fourrure que sous le péplum antique. Si elle ne répond pas tout à fait à l'idée qu'on se forme de Catherine, sous le rapport de l'ampleur et de la stature, elle a des gestes d'une volonté si despotique, d'une majesté si souveraine, que nul ne peut en elle méconnaître l'impératrice. Elle est, dans ce rôle, égale à ce qu'elle était dans *Marie Stuart* et dans *Frédégonde*. Quel mépris écrasant elle laisse tomber sur Orloff ! quel ton bref, incisif ! et comme elle le renvoie dans le fond de son néant ! Et puis ensuite, lorsqu'elle parle d'amour au jeune Ivan, quelle voix mélodieuse et pure, quel regard chastement noyé !

Beauvallet a été très-beau dans le rôle d'Ivan : il a été tour à tour pathétique et terrible. La scène où il reproche à Catherine le meurtre de Pierre III a produit une grande impression.

28 mai.

ODÉON. *Antigone.* — Nous avons, l'un des premiers, poussé l'Odéon dans la voie qu'il suit maintenant. A plusieurs reprises, nous lui donnâmes le conseil de se former un répertoire composé moitié de pièces nouvelles, moitié de traductions ou de pastiches de chefs-d'œuvre étrangers, de tous les temps et de tous les pays. C'était le moyen de se créer une position spéciale et d'éviter d'être une faible doublure du théâtre de la rue Richelieu, où les tragédies et les comédies classiques, proprement dites, sont encore mieux rendues que partout ailleurs.

Le *Falstaff* a prouvé que le public était capable aujourd'hui d'entendre du Shakspeare sans mélange et sans adoucissement dans le goût français. M. Hippolyte Lucas a fait du *Médecin de son honneur*, de Calderon de la Barca, une élégante imitation qui aurait pu être plus fidèle et réussir tout autant. — Après l'Angleterre et l'Espagne, c'est le tour de la Grèce; après Shakspeare et Calderon, le vieux Sophocle, qui leur ressemble beaucoup plus que les pseudo-classiques ne l'imaginent. En général, ce que l'on a pris, jusqu'à présent, pour le goût grec n'est guère que le goût latin. On a vu Euripide à travers Sénèque. Rien n'est plus dissemblable.

On peut le dire hardiment, la littérature latine n'est guère formée que de centons de la littérature grecque ; mais il y a entre l'une et l'autre toute la différence de l'original à la copie, du mouvement libre au geste parodié, du dessin au poncif, de la forme taillée dans le paros au surmoulage en plâtre. Les Romains, peuple rude et farouche, n'étaient pas nés pour les arts ; ils ne pouvaient avoir une poésie autochthone. Toutes leurs idées se tournaient naturellement vers la guerre et la politique, et, au fond, ils devaient mépriser assez cordialement les poëtes, les grammairiens et les artistes. Beaucoup étaient sans doute de la force du consul Memmius. — Les écrivains du siècle de Louis XIV, bien que plusieurs aient été, à ce qu'on prétend, des hellénistes de première force, ont suivi exactement le procédé des Latins ; ils ont fait des poëmes dramatiques et autres dont le principal mérite, à leurs yeux et à ceux des contemporains, semble avoir été de contenir une certaine quantité d'hémistiches ou de vers entiers tirés des différents poëtes de l'antiquité et détournés habilement dans le sens du sujet. Cette idée et celle d'éviter certains mots réputés bas ou certaines consonnances d'un éclat trop sonore, paraît avoir uniquement préoccupé tous ces grands hommes, restés sans doute trop longtemps au collége. Quelqu'un qui aurait le temps, la patience et les livres nécessaires, pourrait faire, sur les écrivains du grand siècle, un travail fort intéressant d'où il résulterait que, sur cent vers écrits à cette époque, dix à peine appartiennent en propre à leurs auteurs. Boileau, Racine, Molière, la Fontaine et même Corneille, disparaîtraient presque entièrement.

Si l'on disait à de certaines gens que le poëte qui ressemble le plus à Virgile, c'est Victor Hugo, dans *les Feuilles d'automne* et *les Rayons et les Ombres*, on passerait pour un fou et pour un enragé, et l'on étonnerait énormément les prétendus classiques en leur faisant voir l'étroite parenté de Sophocle et de Shakspeare. Rien n'est plus vrai cependant. Tous les génies sont frères et forment, à travers l'espace et les siècles, une famille rayonnante et sacrée. Les scoliastes, les rhéteurs, les pédants, les gratteurs de syllabes peuvent être admirés pendant leur vie, mais le mérite de leur travail de marqueterie ne se comprend bientôt plus. Il ont étudié les livres et non la nature. Ce qui vient du cœur peut seul aller au cœur, et le cri de l'âme jeté il y a deux mille ans s'entend encore aujourd'hui.

Les Grecs, comme nous les ont fait voir nos tragédies, sont des êtres purement fantastiques, et qui ne ressemblent pas plus à leurs prototypes que les académies toutes nues de David aux Achéens à la longue chevelure et bien bottés du vieil Homère. Toutes ces épithètes si caractéristiques, et dont chacune renferme un renseignement de de mœurs ou de costume, sont supprimées par les anciens traducteurs de l'*Iliade* et de l'*Odyssée* comme oiseuses, insignifiantes, triviales ou même stupides. Le *Théâtre des Grecs* du père Brumoy, ouvrage qui a joui pendant trop longtemps de l'estime générale, est dans ce genre la chose la plus curieuse et la plus burlesque du monde. Il est impossible de pousser plus loin la sottise, l'infidélité et l'outrecuidance. Eschyle, Euripide, Sophocle et Aristophane y sont considérés au point de vue de la *civilité puérile et honnête*. Il faut voir comme le bon père jésuite les gourmande sur un tas de mots naturels que l'on ne dit pas à la cour et dont les gens de qualité s'interdisent l'emploi. S'il les eût tenus dans sa classe, nul doute qu'il ne leur eût magistralement donné les férules et ne les eût mis au pain et à l'eau comme entachés de mauvais goût.

Pour montrer jusqu'où peut aller l'entêtement des systèmes, et de quelle façon l'on a compris le théâtre antique, il suffit de dire que les tragédies grecques, loin d'être coupées en cinq actes, n'offrent aucune division, et que leur contexture même s'oppose à toute distribution de ce genre. L'unité de temps n'y est pas plus observée que l'unité de lieu, comme il est facile de s'en convaincre à la simple lecture. En outre, on ne trouve pas dans Aristote les trois fameuses règles qui ont tant tourmenté Corneille et qui ont rendu pour lui la composition de la plupart de ses chefs-d'œuvre équivalente à une partie de ce jeu des sept points qu'il faut enfermer tous dans des lignes présentant l'aspect d'une figure humaine.

Des essais de théâtre antique avaient été tentés en Allemagne; mais les Allemands, en fait d'érudition, sont capables de tout. Le *Prométhée* d'Eschyle serait joué non traduit à Berlin, personne ne le trouverait bizarre. On vient tout récemment d'y représenter une comédie de Plaute en latin. La *Vasantasona* du roi Soudraka, récitée en sanscrit, y obtiendrait beaucoup de succès. Un Allemand qui entend sa propre langue comprend tous les idiomes, et la singularité des détails n'offense en rien son esprit sérieux et méditatif. — Ç'a donc été à MM. Paul Meurice et Auguste Vacquerie une grande audace, même après l'épreuve de Berlin, de transporter l'*Antigone* de Sophocle dans notre langue et sur notre théâtre. Ils l'ont fait hardiment, bravement, abordant de front les difficultés, ne cédant rien à la routine et ne faisant aucune concession au *goût français;* à coup sûr, s'ils font une préface à leur pièce, on n'y trouvera pas cette phrase, si fréquente dans les anciennes traductions : « J'ai retranché les morceaux qui ne sont pas d'un style assez noble, et j'ai substitué des phrases de ma façon aux plaisanteries basses, aux idées bizarres dont cet ouvrage est déparé. »

La représentation d'*Antigone*, qui avait excité une grande curiosité parmi les poëtes, les artistes, les gens du monde et les musiciens, chose rare, n'a pas trompé l'attente générale. Et le public, ce dont il faut le féliciter, a été digne de l'œuvre; une pareille soirée n'eût pas été possible il y a dix ans; si cette bonne disposition continue, il nous sera facile de faire bientôt connaissance avec les chefs-d'œuvre les plus excentriques. On pourra jouer, dans leur intégralité, les deux *Faust* et les *autos sacramentales* de Calderon.

Pour cette représentation, la scène avait été disposée à la manière antique, autant que le comporte l'architecture mesquine de nos théâtres actuels; car rien ne ressemble moins que nos salles étriquées à ces vastes amphithéâtres de marbre blanc plafonnés par l'azur du ciel, aux innombrables gradins où s'asseyait la population tout entière d'une ville, où des acteurs, haussés par les cothurnes, la tête coiffée de masques aux bouches de bronze, récitaient des vers sur une mélopée fortement accentuée, en arpentant, à la pure lueur du soleil, une scène immense que n'encombraient pas les évolutions des masses chorales, quelques nombreuses qu'elles fussent.

A l'Odéon, une espèce de *proscenium*, de thymélé, ou plancher supérieur (ce qu'on appelle aujourd'hui un praticable), communique par deux escaliers latéraux avec le plancher réel du théâtre. Au milieu, s'élève l'autel de Bacchus.

Après quelques minutes d'une attente pleine d'anxiété, la toile s'est baissée à la manière antique, et, en s'enfonçant sous terre, a laissé voir la façade, ou, si vous l'aimez mieux, le portique du palais de Créon, une architecture simple, rude et sévère, comme elle devait l'être dans les temps héroïques. Les portes s'ouvrent, Antigone paraît, l'urne sur l'épaule, accompagnée de sa sœur Ismène. Cette entrée est fort belle et d'un caractère tout à fait grec.

Avant de nous engager dans le détail des scènes, établissons en quelques lignes la légende, l'argument de la tragédie.

Antigone, fille d'OEdipe et de Jocaste, fut, comme chacun le sait, le modèle de la piété filiale; elle servait de guide à son père aveugle et banni, et l'accompagna dans son exil. — Ballanche a fait d'Antigone le sujet d'un poëme symbolique en prose, très-estimé de ceux qui l'ont lu et admiré sur parole de ceux qui ne l'ont pas lu. — Après la mort d'Étéocle et de Polynice, frères de cette princesse, Créon, s'étant emparé de la couronne de Thèbes, défendit expressément d'enterrer le corps de Polynice, mort les armes à la main, en combattant contre son pays. Antigone revint à Thèbes pour lui rendre les derniers devoirs. Le tyran, instruit qu'on avait transgressé ses ordres, fit veiller la nuit suivante auprès du corps. On surprit Antigone qui venait pleurer son frère. Créon la condamna à être enterrée toute vive, mort affreuse qu'elle prévint en s'étranglant. Hémon, son amant, fils du roi, se tua de désespoir.

Vous voyez qu'il n'y a là ni intrigue, ni surprise, ni aucun de ces moyens mécaniques, de ces ressorts artificiels qui compliquent les pièces modernes. L'élément de la curiosité entrait pour peu de chose dans le théâtre ancien. Et cela se conçoit : les sujets pris dans les traditions héroïques étaient tous connus d'avance, et les poëtes ne se faisaient aucun scrupule de remettre en scène des affabulations déjà déflorées par leurs devanciers. La beauté, l'harmonie du style, l'éclat de la poésie, l'analyse des passions, les élans lyriques et la mélodie des chœurs suffisaient aux Athéniens, peu sensibles à ce plaisir de l'imprévu auquel nos dramaturges sacrifient tout.

Antigone se lamente sur la cruauté de Créon et dit que, malgré ses ordres rigoureux, elle rendra les honneurs funèbres au corps de Polynice. — Ismène, plus timide, lui fait quelques représentations.

« Créon a tous les droits, » dit-elle ; et elle tâche de détourner sa sœur de l'accomplissement de ce projet. — Antigone lui répond :

> Créon n'a pas le droit de m'empêcher d'aimer.....
> Je ne te presse pas ; tu m'offrirais ton aide,
> Je ne l'accepterais que d'une âme assez tiède.
> Mais vois ce que tu fais. Moi, je l'enterrerai,
> Et, si je meurs, eh bien, mon nom vivra sacré ;
> Je rejoindrai là-bas mon frère, aimante, aimée,
> Fière, car, au tombeau tout à l'heure enfermée,
> J'ai moins longtemps à plaire ici qu'aux sombres lieux.
> Toi, méprise pourtant ce qu'admirent les dieux.

Ismène, désespérant de la convaincre, s'écrie :

> Va donc alors, raison aveugle, cœur fidèle !

Antigone sort ; le chœur fait son entrée et se groupe en bas du proscenium autour de l'autel de Bacchus. Ce sont des hommes mûrs et des vieillards thébains, spectateurs de l'action, qui personnifient l'opinion publique et résument la pensée du poëte ; ils jouent un rôle à peu près analogue à celui de l'orchestre dans l'opéra. Placés en dehors du lieu où se passe le drame, ils le commentent, et, par des chants nuancés de joie ou de tristesse, selon les événements, ils ajoutent à la couleur générale et augmentent l'effet.

C'était là un instant dangereux : ce chœur défilant suivant le rhythme consacré et changeant de place à la strophe et à l'antistrophe, tout en récitant un chant grave et sévère, pouvait provoquer le rire et faire naître la bonne humeur des mauvais plaisants ; mais l'autorité du nom de Sophocle et la belle musique de Mendelssohn l'ont emporté. Il faut aussi, pour être juste envers tout le monde, convenir que la mise en scène était fort convenablement ordonnée.

Créon, vêtu de sa robe royale, son sceptre à la main, s'avance sur la plate-forme, sinistrement drapé dans sa majesté, et, d'un air impassible comme le destin, formule sa volonté souveraine.

Une garde est mise auprès du corps de Polynice ; mais Antigone parvient à tromper la vigilance des surveillants, et ensevelit le corps avec les rites sacrés. — Un soldat, mourant de peur, monte, bien à regret, l'escalier du proscenium, et, après mille circonlocutions, déclare au tyran, dont les sourcils se rapprochent comme deux noirs taureaux prêts à lutter, que l'on a enlevé le corps de Polynice, pour lui rendre les honneurs funèbres.

Transporté de rage, Créon commande qu'on lui amène Antigone, et lui crie d'une voix tonnante : « Tu as donc violé ma loi? » Antigone lui répond avec la plus paisible et la plus majestueuse sérénité :

> Ce n'est pas Jupiter ni le droit familier
> Des justes dieux d'en-bas qui l'ont fait publier ;
> Et la loi de ceux-là, loi solide et puissante,
> Que personne n'écrit, qui partout est présente,
> Brise-la si tu peux, faible mortel si fier !
> Ce n'est pas une loi d'aujourd'hui ni d'hier,
> Qu'un instant abolit comme un instant le fonde ;
> C'est l'éternelle loi plus vieille que le monde.
> Je n'y veux pas manquer par un ordre odieux,
> Et, de peur d'un mortel, mécontenter les dieux !

Par un retour pris sur la nature, Antigone, si ferme quand elle était soutenue par l'exaltation du devoir accompli, se sent faiblir à l'idée de la mort, et, lorsqu'on l'entraîne vers la tombe qui doit la recevoir vivante, elle se répand en lamentations et s'attache aux coins de l'autel avec des mains désespérées ; elle supplie de la sauver les mornes vieillards du chœur, qui ne peuvent lui offrir qu'une pitié stérile, et que confondre leurs gémissements avec les siens. — Les adieux d'Antigone à la vie sont d'une poésie sublime, et rappellent, par leur naïveté biblique, la plainte de la fille de Jephté pleurant sa virginité avec ses amies sur les montagnes.

> Vous me voyez marcher, princes de ma patrie,
> Dans mon dernier chemin ;
> Car je ne dois pas vivre à la clarté chérie
> Du soleil de demain.
> Le sourd Pluton, vivante et vierge, me réclame ;
> Les enfers sont jaloux.
> J'aurai des chants de mort pour tout épithalame,
> Et le Styx pour époux.

Ils me raillent. Dieux bons! pourquoi leur moquerie,
  Quand je respire encor.
O Thébains, renommés par vos chars! O patrie!
  Dircé, source aux flots d'or!
Ciel, à défaut d'ami! — voyez, la lourde pierre
  Va peser sur mon corps;
Dans l'horrible prison je descends, étrangère
  Aux vivants comme aux morts.

Tombeau, lit nuptial, demeure souterraine,
Où le sort dans la nuit éternelle m'entraîne!
Je vais donc retrouver tous les miens et les morts
Que Pluton a jetés jadis aux sombres bords,
Et dont, avant mon jour, *par un coup déplorable,*
Je péris la dernière et la plus misérable.....
Oui, je meurs par l'arrêt d'un tyran inhumain,
Sans connaître le lit nuptial ni l'hymen,
Ni le doux mariage, ni l'avenir qu'on rêve,
Ni ce charmant espoir d'un enfant qu'on élève.
Voici que je descends vivante chez les morts,
Tremblante et sans amis, mais aussi sans remords!

Les violentes imprécations d'Hémon, fils de Créon et fiancé d'Antigone, ne peuvent faire changer de résolution au tyran! Hémon, emporté par l'amour, manque au respect filial et accable son père des reproches les plus durs et sort en disant qu'il veut partager le destin d'Antigone. — Pour porter le dernier coup, un grand vieillard blanc, aveugle, la main sur l'épaule d'un jeune enfant, gravit les marches de l'escalier et se dirige vers Créon. Ce vieillard, c'est Tirésias, le seul qui ait été homme et femme, après avoir rencontré les serpents sur le mont Cyllène; Tirésias, le grand devin dont les yeux, éteints pour le monde, lisent clairement dans les pages de l'avenir. Il fait au roi Créon toutes sortes de prédictions menaçantes; les oiseaux ont poussé des cris rauques, la fumée du sacrifice a rampé sur l'autel; Créon va être puni de sa dureté. En effet, un messager vient annoncer qu'Hémon s'est tué sur le tombeau d'Antigone. On rapporte le corps du jeune prince, et le farouche Créon, brisé par le marteau d'airain de la fatalité, tombe à genoux, éperdu, haletant, près du cadavre de son fils.

L'impression a été grandiose, solennelle, religieuse. Cet art si élevé, si simple, si naïf et si majestueux, qui n'a pas vieilli depuis trente siècles, cette voix du passé retentissant à nos oreilles à travers notre langue actuelle, cette poésie morte et vivante à la fois, ont produit sur l'auditoire un effet merveilleux, inattendu et qui a dépassé toute prévision. — S'il existe encore dans la terre de l'Attique une seule parcelle de la cendre de Sophocle, elle a dû tressaillir de joie, car il n'a pas obtenu au théâtre d'Athènes un succès plus grand qu'à l'Odéon. C'est à deux jeunes poëtes romantiques que le vieux tragique grec doit cette résurrection : MM. Paul Meurice et Auguste Vacquerie, que cette traduction place au premier rang; imiter ainsi, c'est créer ! — Cette étude consciencieuse de Shakspeare et de Sophocle leur profitera. Nous les attendons maintenant à un drame de leur propre invention.

Bocage a été morne, implacable dans tout son rôle de roi, et, dans son rôle de père, il a trouvé des élans et des sanglots sublimes. Mademoiselle Virginie Bourbier, en jouant au pied levé le rôle d'Antigone, a prouvé une chose dont nous ne doutions nullement : c'est qu'avec de l'esprit, on vient à bout de tout. Ainsi, mademoiselle Bourbier, coquette de profession, a été simple, pathétique et noble; elle a eu un superbe mouvement tragique en embrassant l'autel de Bacchus; sa belle tête, renversée sur ses épaules, dans un opulent désordre de cheveux noirs, avait une expression admirable. Mademoiselle Volet a prêté au petit rôle d'Ismène la beauté de son pur profil grec. Rouvière, qui faisait Tirésias, était affublé avec beaucoup de style et grimé de main de maître; il avait poussé l'exactitude jusqu'à prendre le masque ou, du moins, une portion de masque. Appuyé sur son guide enfantin, il avait l'air d'un bas-relief en mouvement. — Les chœurs ont été fort bien exécutés. — Le succès a été complet : poëme, mise en scène et musique. — En voilà pour trois mois. L'Odéon, si longtemps malheureux, a enfin rencontré une veine d'or.

XVI

JUIN 1844. — Opéra : rentrée de mademoiselle Taglioni. — Les transfuges et les revenants. — Les ailes des fourmis vierges. — Théâtre-Français : *le Mari à la campagne*, comédie de MM. Bayard et Jules de Wailly. — La pièce et ses interprètes. — Opéra : *le Dieu et la Bayadère*. — La ballade de Gœthe *arrangée* par M. Scribe. — Les bayadères authentiques. — Amany. — Mademoiselle Taglioni, sa danse et sa pantomime. — Mademoiselle Sophie Dumilâtre. — Porte-Saint-Martin : *le Songe d'une Nuit d'été*. — Une innovation dans la mise en scène. — Ce qu'elle laisse encore à désirer. — M. Risley et ses fils. — Une annexe qui serait utile à l'école de danse. — Les classiques de la chorégraphie.

15 juin.

Opéra. Reprise de *la Sylphide*. — *Rentrée de mademoiselle Taglioni*. — Mademoiselle Taglioni a fait hier samedi sa rentrée dans *la Sylphide*. Il fallait être bien sûre de son talent pour oser reparaître, après une si longue absence, sur le théâtre de ses anciens triomphes. Paris est la ville la plus essentiellement oublieuse. Tant que vous êtes là, c'est bien. Vous partez : bonsoir ! Paris, au fond, garde quelque rancune aux gloires qui s'en vont, et qui préfèrent les guinées d'Angleterre ou les roubles de Russie à ses applaudissements ; et n'a-t-il pas un peu raison ? Dès qu'il a tiré de la foule un gosier ou une paire de jambes, voilà que ce gosier et ces jambes vont chanter et danser pour les autres, sans songer que c'est à nos bravos, à nos réclames, à nos feuilletons qu'ils doivent toute leur fortune. Il est vrai que Paris se venge en inventant tout de suite une autre célébrité ; il prend la première venue, l'illumine d'un regard, et l'on ne songe pas plus à la gloire partie en chaise de poste que si elle n'avait jamais existé.

Ce n'est pas là le cas de mademoiselle Taglioni : jamais on n'a plus parlé d'elle que pendant son absence ; car mademoiselle Taglioni, ce n'était pas une danseuse, c'était la danse même ; elle ne courait pas le risque de l'oubli, mais du trop de mémoire. L'éloignement a cela de particulier que, peu à peu, l'image de la personne absente se poétise, les linéaments de son visage se troublent dans l'esprit, prennent plus de régularité, et se rapprochent de plus en plus de l'idéal que chacun porte dans son cœur. Quand la personne revient, elle n'a pas changé, mais elle ne ressemble plus au type que vous vous étiez formé. Aussi les revenants ont-ils peu de succès en France, car les revenants ont toujours quelque chose de provincial. Personne ne passe impunément cinq ou six ans hors de Paris. — Aussi avons-nous tremblé un instant pour mademoiselle Taglioni.

Nous nous disions : « Quoi! pour quelques représentations, pour une misérable poignée de billets de banque, — et qu'est-ce que cela aujourd'hui pour une danseuse? — venir détruire un doux rêve blanc et rose, un nom déjà mythologique, permettre d'établir une comparaison avec de plus jeunes rivales, quelle imprudence! Taglioni, c'était déjà pour nous comme Terpsichore pour les gens de l'Empire, — un madrigal dans un mot. Taglioni, la Sylphide! tout cela commençait à devenir une figure idéale, une personnification poétique, une vapeur d'opale dans une verte obscurité de forêt magique. Taglioni, c'était la danse, comme Malibran, c'était la musique; l'une le sourire aux lèvres, les bras harmonieusement étendus, la pointe du pied sur la pointe d'une fleur; l'autre, un flot de cheveux noirs qui se déroule, une joue pâle appuyée sur une main diaphane, une harpe qui vibre, un œil qui brille lustré par les larmes : deux fées que nous invoquions pour nous inspirer, nous autres romantiques qui ne croyons pas aux Muses. — Malibran est morte avec toute sa beauté, tout son génie, tout son talent, toute sa gloire. — Taglioni est vivante, et voici qu'elle tente cette terrible épreuve qui n'a jamais réussi, même aux ombres les plus adorées, celle de faire une apparition au milieu de gens dont la vie a pris une autre pente, qui se sont fait d'autres enthousiasmes et d'autres amours. »

Ces craintes que nous suggérait le souci d'une des plus charmantes gloires de notre temps, ont été complétement dissipées au premier pas que mademoiselle Taglioni a fait sur la scène. Les quatre ans qui se sont passés depuis son départ et qui nous ont laissé, à nous autres, un pli sur le front, une ride au coin de l'œil, n'ont pas coulé pour elle. Heureuse femme! c'est toujours la même taille élégante et svelte, le même visage doux, spirituel et modeste; pas une plume n'est tombée de son aile; pas un cheveu n'a pâli sous sa couronne de fleurs! — Au lever du rideau, elle a été saluée par des tonnerres d'applaudissements; quelle légèreté! quel rhythme de mouvements! quelle noblesse de geste! quelle poésie d'attitude et surtout quelle douce mélancolie, quel chaste abandon!

On ne peut rien imaginer de plus fin et de plus coquet que ses poses dans le pas de trois, où elle se glisse entre James et sa fiancée. Le pas du second acte, qui se termine par la chute des ailes et la mort de la Sylphide, a été merveilleusement rendu; et Petitpa, par sa chaleureuse pantomime, a très-bien secondé la célèbre danseuse. L'idée de ce pas si poétique est empruntée, l'on ne s'en doute guère, à l'histoire des insectes. Les fourmis vierges ont des ailes qui leur tombent dès qu'elles ont aimé. La nature a tout prévu, même les dénoûments de ballet.

Rappelée après la chute du rideau, mademoiselle Taglioni a été accueillie par un ouragan de bouquets, par une trombe de fleurs. Un instant, on a pu craindre pour sa vie, tant le bombardement parfumé a été dru, intense et prolongé. La toile ne pouvait pas descendre, tant la litière de roses, de camellias, de violettes de Parme, était épaisse. — Mademoiselle Taglioni donnera encore six représentations; c'est bien peu, si l'on songe qu'un million de Parisiens et trois cent mille étrangers voudront la revoir.

10 juin.

THÉATRE-FRANÇAIS. *Le Mari à la campagne.* — Depuis que M. Scribe semble avoir maîtrisé sa verve et s'abandonne tant soit peu au *farniente* académique, M. Bayard, son disciple, qui aspire peut-être aussi aux honneurs de l'Institut, se montre d'une fécondité vraiment prodigieuse. Il nous taille plus de besogne à lui seul que tous ses confrères réunis; son nom brille à la fois sur dix affiches, et, comme l'illustre capitaine son homonyme, il a le talent d'être partout vainqueur. *Le Mari à la campagne* vient de lui valoir encore un succès. Nous ne dirons pas que nous le constatons avec plaisir, car nous ne voyons pas sans peine — et nous l'avons assez dit — s'acclimater sur notre première scène, grâce au faux goût du public, ces espèces de vaudevilles sans couplets qu'on appelle des *comédies de genre,* et dans lesquels ni l'art ni la littérature n'ont rien à voir. — Mais la pente est prise : toutes les récriminations seraient maintenant inutiles, et nous aborderons sans plus de gémissements le compte rendu de la pièce nouvelle.

Le mari dont il s'agit est M. Ferdinand Colombet, un aimable vaurien de vingt-cinq à trente ans, fort amoureux des bals, des spectacles, des soupers au vin de Champagne et de tous les plaisirs un peu décolletés. — Comment se fait-il qu'avec ces goûts mondains, Colombet se soit avisé de prendre pour femme mademoiselle Ursule d'Aigueperse, une jeune personne confite dans la dévotion, et dont les principes rigides auraient dû le faire reculer? Nous ne saurions trop vous le dire, MM. Bayard et Jules de Wailly ayant gardé sur ce point un silence prudent. Toujours est-il que Colombet paraît avoir renoncé au monde, à ses pompes et à ses œuvres. Sa vie est un long bâillement, un carême perpétuel : le matin, après avoir déjeuné d'un verre d'eau, il conduit sa femme à la messe et au prône, et, le soir, quand ses fonctions de marguillier lui en laissent le temps, il écrit des circulaires pour des œuvres de charité, sous la dictée de sa belle-mère, une vieille bigote, revêche, hérissée, et de M. Mathieu, espèce de Tartufe qui conduit avec elle la maison; — car le pauvre Colombet, comme il l'avoue lui-même, est un maître constitutionnel : il règne peu et ne gouverne pas du tout. Lorsque, par hasard, il fait mine de vouloir se révolter, on le met en pénitence, c'est-à-dire qu'on l'envoie passer quelques jours, tout seul, à la campagne. — Ce genre de punition peut vous sembler assez étrange; mais vous saurez tout à l'heure à quelle fin les auteurs l'ont choisi.

Justement, Colombet vient de commettre une faute grave : il a, sans consulter sa belle-mère ni M. Mathieu, offert un gîte à l'un de ses amis d'enfance, M. César, jeune officier de marine qui se trouve momentanément à Paris. Vous jugez du scandale que cause dans la maison la présence de cet hôte malencontreux, qui, dès l'abord, entame avec Colombet le chapitre des souvenirs, et se met à raconter toutes sortes d'anecdotes plus ou moins croustillantes. Madame d'Aigueperse, furieuse, se hâte de congédier M. César et de faire partir son gendre pour la campagne. Mais il est déjà trop tard : l'officier de marine a eu le temps de semer dans la maison des germes de révolte. Il a promis à Pauline, la sœur de son ami, qu'on voudrait marier malgré elle avec le fils de M. Mathieu, de lui faire épouser un certain Edmond, qu'elle aime et dont elle est aimée. De plus, César et Colombet se sont donné rendez-vous, pour le soir même, devant la rotonde du Palais-Royal ; ce qui n'annonce rien de bon.

Cela nous fait présumer d'abord que le gendre de madame d'Aigueperse pourrait bien ne pas aller à la campagne. — En effet, on l'y envoie souvent, mais il n'y va jamais. Tandis qu'on le croit bien loin, le fourbe passe tout simplement du quartier Saint-Sulpice dans celui de Notre-Dame-de-Lorette, et va s'installer chez madame de Nohan, une de ces femmes élégantes, spirituelles, légères et toujours veuves, que Léon Gozlan a si finement dépeintes dans *le Diable à Paris*, ce véridique miroir de notre haute et basse société. — Là, Colombet redevient lui-même, et prend largement sa revanche de tous les ennuis dont on l'abreuve dans son ménage. Foin de la belle-mère et de M. Mathieu ! plus de contrainte, plus de gêne : c'est un joyeux garnement, un véritable boute-en-train ; il rit, il chante, il danse ! il piaffe comme un cheval échappé ! — César est amené par lui chez madame de Nohan, et, voyez la chance, notre officier de marine retrouve en elle une ancienne maîtresse qu'il avait quittée dans un moment de dépit. Il veut essayer de rentrer en grâce, car il l'aime toujours ; mais la jeune femme, pour se venger de l'ingrat, lui apprend qu'elle est sur le point d'épouser M. Ferdinand, c'est-à-dire Colombet, qui, dans ses escapades, a du moins la pudeur de ne compromettre que son petit nom. César, comme bien vous pensez, rit sous cape de la confiance de la veuve, et trouve piquant de lui laisser poursuivre jusqu'au bout ce projet de mariage, ne fût-ce que pour jouir de l'embarras de Colombet.

Mais, sur ces entrefaites, qui se présente chez madame de Nohan ? Deux dames de charité, madame d'Aigueperse et sa fille, quêtant pour un établissement de bienfaisance. — Oh ! oh ! voilà qui nous menace de quelque coup de théâtre. — La veuve reconnaît dans madame Colombet une de ses amies de pension, et celle-ci prie sa mère d'aller seule recueillir l'offrande des voisins pour lui laisser le temps de causer un peu avec son ancienne compagne. Pendant qu'elles sont ensemble, reparaît César, — premier effet de surprise ; — puis, un instant après, Colombet lui-même, qui arrive en chantant à pleine gorge :

> Cent esclaves ornaient ce superbe festin !...

« Ciel ! mon mari ! — Son mari ? fait la veuve. — Aïe ! ma femme ! râle Colombet, arrêté court dans son récitatif. — Voilà, madame, où vous l'avez amené, avec votre rigorisme, dit César à Ursule ; ne trouvant dans sa maison qu'ennui, tristesse, solitude, il cherche ailleurs des distractions et des plaisirs, ce que vous appelez, je crois, *le fruit défendu.* »

Le retour de madame d'Aigueperse vient encore compliquer la situation, d'autant plus que les charitables voisins de madame de Nohan ont tenu sur son compte des propos qui ont peu édifié la farouche dévote. En apercevant son gendre, elle devient pourpre de colère et jette les hauts cris ; mais, heureusement, César souffle à Colombet une réponse à peu près satisfaisante, et, pour sauver son mari, Ursule ne craint pas de commettre un mensonge. C'est le premier pas qu'elle fait dans la voie de perdition. Or, vous le savez, il n'y a que celui-là qui coûte.

César, convaincu de cette vérité, ne laisse pas à madame Colombet le temps de la réflexion ; il vient la trouver secrètement et lui conseille de donner un bal chez elle, le soir même ; car le seul moyen qu'elle ait de retenir son mari, c'est, dit-il, de lui rendre sa maison agréable, d'en chasser l'ennui, de l'animer par des fêtes. Ursule se récrie d'abord ; mais, comme, au fond du cœur, elle aime sincèrement son infidèle, dans l'espoir de le ramener, elle finit par consentir à tout ce que veut le marin. Celui-ci organise donc la soirée et lance les invitations. Il va sans dire que la première est pour M. Edmond, l'amoureux de Pauline. — Tout s'arrange le mieux du monde : Colombet est enchanté de sa femme ; il la trouve adorable dans sa toilette de bal, qu'elle porte avec une gaucherie charmante. Edmond et Pauline sont aux anges de se revoir, et César se félicite d'avoir fait des heureux. Mais voici qu'au milieu de l'ivresse générale apparaissent tout à coup madame d'Aigueperse et M. Mathieu. « Un bal ! s'écrie la belle-mère ; ô abomination des abominations ! Et qui a commandé cette fête? — Moi, répond Colombet sur un signe de César. — Vous? Allons donc! est-ce que vous avez une volonté? — Oui, certes, j'en ai une, reprend le mari d'Ursule, piqué au vif; et, pour vous le prouver, j'ordonne que le bal continue, et, si ce n'est pas assez, je vous apprendrai que nous célébrons les fiançailles de ma sœur Pauline avec M. Edmond. » Après cela, madame d'Aigueperse pourrait maudire son gendre; mais elle a le bon esprit de se résigner. « Ma mère, lui dit Ursule, laissez-moi danser avec mon mari; cela n'empêchera pas que je n'aille quêter avec vous. »

Cette pièce a, comme nous l'avons dit, obtenu un succès complet, et, toutes réserves faites quant à la question littéraire, nous ne disconviendrons pas qu'elle n'ait mérité d'être favorablement accueillie. Elle est amusante, agréablement conduite, et les détails en sont traités avec assez de finesse et d'esprit.

Regnier, qui remplissait le rôle de Colombet, s'y est montré fort comique : il a constamment tenu la salle en gaieté. — Le personnage de M. Mathieu ne saurait être mieux rendu qu'il ne l'a été par Provost : quelle délicieuse figure de cafard! quel air de parenté avec ce bon M. Tartufe! — Madame Volnys (Ursule) nous a paru moins exagérée que d'habitude; elle a même eu, au troisième acte, des inspirations qui nous ont rappelé ses meilleurs jours. — Le petit rôle de Pauline était joué par mademoiselle Doze, qui reparaissait à la Comédie-Française, où son gracieux talent a trop longtemps manqué. Mademoiselle Doze nous est revenue aussi charmante femme, aussi aimable actrice que nous l'avons connue il y a trois ans. Son retour a été fêté comme il devait l'être, par des applaudissements unanimes.

OPÉRA. *Le Dieu et la Bayadère.* — Les représentations de mademoiselle Taglioni se continuent et attirent des foules invraisemblables. Cela s'explique très-aisément : tous ceux qui l'ont vue veulent la revoir, et ceux qui ne l'ont pas vue encore mettent à profit une occasion suprême.

La ballade de Gœthe, dont M. Scribe a tiré *le Dieu et la Bayadère,* est un chef-d'œuvre de poésie; on la dirait écrite par un brahme dans les grottes d'Éléphanta ou dans la grande pagode de Jaggernaut, tant ce puissant génie avait la faculté de l'assimilation. Jamais dieu hindou à tête d'éléphant et à bras sextuples ne posséda à ce degré le don de l'*avatar*. Sa fantaisie souveraine a parcouru tous les temps et tous les pays. Sans cesser d'être Gœthe, il a été tour à tour Homère, Hésiode, Hafiz, Soudraka, Shakspeare, Calderon, Beaumarchais, Voltaire, Jean-Jacques et même Cuvier. Il est bien entendu que M. Scribe, au lieu de traiter ce sujet comme un drame sacré, comme une espèce d'*auto sacramental* hindou, en a fait quelque chose qui ressemble fort à un opéra-comique. M. Scribe, malgré son adresse merveilleuse, n'a pas tiré tout le parti possible de cette délicieuse légende. Partout dans son livret, perce une certaine ironie, et l'on voit qu'il n'ajoute pas une foi bien entière au *tritvam* mystique composé de Brahma, de Shiva et de Wishnou. Il est probable qu'il révoque en doute les neuf transformations de ce dernier, et n'a pas d'opinion arrêtée sur les cosmogonies du Shastah et du Baghavadam : peut-être ignore-t-il que le dieu qui paraît dans sa pièce n'est pas Brahma, mais bien Shiva sous le nom de Mahadéva, qui est une de ses nombreuses désignations, car on l'appelle aussi Iswara, Rudra, Hora, Shambu, etc. Mais laissons là toute cette pédanterie hindoue, et venons-en à la représentation de mademoiselle Taglioni.

Il y a quelques années, dans une petite maison de l'allée des Veuves, transformée momentanément en chaumière indienne, demeurait une petite troupe de bayadères conduites par un cornac européen. Tout Paris les a vues, aux Variétés, exécutant le malapou, la toilette de Wishnou et autres danses sacrées, accompagnées de chants liturgiques. L'admirable beauté d'Amany, la perfection de formes de Saoundiroun et de Ramgoun ne furent guère comprises que par des peintres, des sculpteurs et des artistes. Le public français, qui avait admiré et accepté Taglioni comme le type de la bayadère, ne comprit rien à la bayadère véritable : les tuniques de gaze blanche et les maillots melon tendre de l'Opéra firent tort au pantalon rayé d'or, à la brassière pailletée des bibiadéri ; on ne leur pardonna pas d'être jaunes comme une feuille de tabac de la Havane ou comme des statuettes de bronze florentin. Leurs yeux admirables, où nageaient des étoiles d'ébène dans un ciel de cristal, leurs flancs d'agate polie, leurs pieds fabuleux de petitesse, leurs bras onduleux comme des anses de vase antique, ne produisirent qu'une médiocre impression.

Le blanc de perle, la poudre de riz et le rouge végétal eurent le dessus. C'eût été cependant un curieux et charmant spectacle que *le Dieu et la Bayadère* joué par une troupe indienne, et qu'Amany la cuivrée remplissant le rôle de Taglioni la blanche ! Nous sommes étonné que l'on n'ait pas saisi cette occasion peut-être unique. Mais substituer une pirouette à une autre est un de ces attentats qui ne se pardonnent pas. L'étiquette et le *statu quo* régissent nos plaisirs. Quelle impression aurait faite à cette pauvre Amany, qui était poëte et écrivait des hymnes dans le goût du *Cantique des cantiques*, une pièce qui, pour elle, eût été une légende nationale et sacrée, et qu'elle aurait dû croire comme un article de foi ! On dit que le *spleen* l'a prise à Londres, et qu'elle s'est pendue, — pauvre fille ! — sans doute, un de ces jours de brouillard jaune où l'on n'aperçoit pas la bougie qu'on tient à la main.

Nous l'allions voir assez souvent, et nous lui portions du tabac, qu'elle fumait dans sa pipe de terre rouge et de roseau. Notre conversation était assez bornée, nos connaissances en indostani n'allant pas au delà de *bonjour* et *bonsoir*. Elle ne savait de français que les noms des chiffres jusqu'à dix. Nous lui disions bonjour, elle nous répondait : « Un, deux, trois, quatre. » Cependant, avec ce peu de mots, elle nous fit comprendre qu'elle prenait plaisir à nos visites et qu'elle les remarquait. Chaque jour, elle changeait le chiffre par lequel elle répondait à notre salut, selon le nombre de fois que nous l'avions été voir. C'était, du reste, une fille bien élevée et de bonne caste ; les musiciens qui l'accompagnaient n'avaient pas le droit de s'asseoir devant elle et se tenaient en sa présence collés contre le mur et les yeux baissés. Elle avait de fort bonnes manières, pleines de dignité et de grâce ; son sourire était charmant, surtout lorsqu'elle n'avait pas séparé par des raies d'indigo ses admirables dents blanches, avec lesquelles, un jour, elle voulut croquer les groseilles de verre qui ornaient le bonnet de madame Sand. Ce fut le seul trait de sauvagerie que nous lui vîmes commettre. Il est vrai que les groseilles étaient parfaitement imitées, transparentes et vermeilles au possible.

Voilà à quoi nous pensions tout en regardant mademoiselle Taglioni s'agiter dans son nuage de blanche mousseline.

Le rôle muet de la Bayadère, mêlé à une action où les personnages chantent et parlent, offre une certaine difficulté qu'il n'aurait pas dans une pièce entièrement traitée en pantomime. Il lui faut souvent tenir la scène sans avoir rien à faire pendant que les autres se livrent à des roulades et à des fioritures. Ce mélange de deux conventions produit un fâcheux effet. On peut bien admettre, en plaçant son esprit dans certaines dispositions, que le chant ou la danse soient le moyen d'expression d'un certain cycle de personnages; mais il est plus difficile d'accepter que l'on réponde en dansant à une question faite en chantant. L'harmonie est détruite, et vous êtes ramené au sentiment de la réalité. Mademoiselle Taglioni a surmonté cet obstacle avec un bonheur et une habileté infinis. Par toutes sortes de jeux de physionomie expressifs et touchants, elle se rattache à l'action qui l'abandonne, et montre qu'elle comprend tout ce que disent les acteurs, bien qu'elle ne se serve pas du même langage. Le pas nouveau du premier acte, quoique merveilleusement dansé, n'a pas produit autant d'effet que le pas de deux du second acte, soit que le public, soit que la danseuse ne fussent pas encore bien entraînés. — Mademoiselle Sophie Dumilâtre, qui a dû bien trembler de se trouver dans un pareil voisinage, a exécuté sa partie, de façon à faire plaisir, même à côté d'une si redoutable rivale. Elle a eu dans les applaudissements une part légitime, et mademoiselle Taglioni, avec ce tact du cœur qui l'inspire toujours si bien, a pris la main de sa jeune partenaire comme pour l'associer à son triomphe. A la fin de la pièce, les cris du public ont forcé mademoiselle Taglioni à descendre du ciel d'Indra. Mais quelle est la femme à qui les bravos ne feraient pas quitter le paradis pour la terre, surtout quand ce paradis est constellé de taches d'huile et n'a pas été balayé depuis six mois?

24 juin.

PORTE-SAINT-MARTIN. *Le Songe d'une Nuit d'été.* — *M. Risley et ses fils.* — Quoique notre position d'auteur chorégraphique nous ait habitué à comprendre assez couramment la pantomime, nous avouons, en toute humilité, n'avoir pu démêler en quoi le ballet de la Porte-Saint-Martin rappelait, de loin ou de près, la délicieuse féerie dont elle porte le titre; mais cela importe peu, et nous sommes tout disposé à nous montrer d'humeur accommodante en fait de divertissements.

Le rideau se lève et laisse apercevoir une assez jolie décoration de forêt. Le plancher du théâtre est recouvert par une toile étendue en manière de tapis, qui représente un gazon diapré et moucheté de fleurs. — C'est une disposition que nous ne saurions trop louer et trop approuver. En effet, n'est-il pas absurde de voir des arbres et des buissons sortir d'un parquet dont on distingue parfaitement les planches et les coupures? Le plus simple bon sens fait comprendre qu'il faut peindre d'une manière assortie au fond de la décoration, les *terrains* sur lesquels portent les personnages; mais, pour arriver au vrai et au naturel, il est, à ce qu'il paraît, nécessaire de passer par toutes les absurdités possibles, et, depuis un temps immémorial, cette violation flagrante de la vraisemblance se commet sur tous les théâtres sans que personne y prenne garde. — Une innovation non moins heureuse, ce serait de substituer des *ciels* en plafond à ces horribles *bandes d'air* qui détruisent toute illusion, et qui ont l'apparence de torchons étalés sur des cordes pour sécher; il serait bientôt temps aussi de renoncer à cet éclairage stupide qui contrarie les plus évidentes lois physiques, déplace les ombres et donne à la physionomie un aspect tout différent de celui qu'elle devrait avoir. — Comment voulez-vous que des décorations peintes avec le jour d'en haut, et éclairées par le jour d'en bas, produisent leur effet? — Il est surprenant qu'à cette époque, où les perfectionnements sont portés si loin, le théâtre ne soit guère plus avancé qu'au temps du marquis de Sourdéac. Tout s'y fait à la main, et des hommes d'équipage poussent, à force de bras, les coulisses dans leurs rainures. Il nous semble qu'en 1844, un théâtre ne devrait avoir qu'un seul machiniste, tranquillement assis devant une espèce de clavier dont il frapperait les touches pour faire mouvoir les toiles et les portants. On n'aurait plus alors ces affligeants spectacles de palais qui restent en l'air, d'océans enchevêtrés dans des forêts, qui déshonorent quelquefois les plus nobles scènes; car les engrenages et les leviers n'ont pas de distractions, ne lisent pas le journal et ne causent pas avec les figurantes et les pompiers. — Ces améliorations si urgentes, si raisonnables, ne se feront pas ; car rien ne se fait en France, ce pays du laisser aller et de la routine.

Une foule de jeunes créatures vêtues de ces affreuses chemises de gaze qui remplacent maintenant toute espèce de costume pour les danseuses, sortent des creux des buissons, du sein des touffes d'arbres, et expriment par leurs gestes que Titania, leur reine, s'ennuie passablement et voudrait bien voir quelque chose de neuf. Charmante Titania ! est-ce que le royaume de féerie n'a plus de prestige et d'enchantements ? Obéron, votre époux, est-il moins tendre ? Puck, votre page, moins malicieux ? Eh bien, vous allez vous amuser tout à l'heure ; car, fussiez-vous plus blasée qu'un jeune millionnaire ou qu'un vieux feuilletoniste, vous ne pourrez-vous empêcher d'être surprise, toute fée que vous êtes, du spectacle qui va s'offrir à vos yeux.

Les brins d'herbe s'écartent et il en sort un petit être, mignon, gracieux, poupin, frais, rose, quelque chose de plus joli qu'un amour, de plus charmant qu'un ange : un enfant anglais ; on comprend tout de suite, en le voyant, la réponse de Titania, qui le refuse à Obéron, lequel veut le lui prendre pour en faire son page. « Tu peux y renoncer, tout l'empire des fées ne me payerait pas cet enfant. » Et, si elle dit cela pour un, que dirait-elle pour deux ? car en voici un autre qui jaillit de la coupe d'une fleur, comme ces figures fantastiques qui, dans les arabesques, servent de pistils à quelque lis merveilleux. Il est rose, frais, poupin, gracieux, mignon comme le premier, et, s'il n'avait quelques centimètres de plus, on le prendrait volontiers pour l'autre répété par un miroir.

Ces deux farfadets, ces deux sylphes, ces deux lutins, — tous ces noms leur conviennent, — commencent à voltiger çà et là, à faire des bonds prodigieux. On a dit souvent des danseuses célèbres qu'elles auraient marché sur la tête des marguerites sans en faire tomber la rosée, mais ce n'était là que des figures de rhétorique, des hyperboles prises au sérieux seulement par celles à qui on les adressait ; appliquées aux petits Risley, c'est la vérité aussi nue qu'au sortir de son puits ; les yeux ont de la peine à les suivre, et les paillettes d'argent qui les constellent, tremblent dans un fourmillement perpétuel comme une eau agitée où se réfléchit la lune.

Bientôt après paraît un grand diable de génie parfaitement râblé, avec des pectoraux magnifiques, des bras musculeux, mais sans les énormités des hercules de profession : il est habillé exactement comme ses enfants, qu'il jette d'abord un peu à vingt-cinq pieds en l'air, en manière d'*entraînement* et d'exercices préparatoires. — Puis il se couche sur le dos, croise les bras et les jambes dans l'attitude d'un Polyphème ou d'un Gulliver au repos.

Alors commence une série de tours de force d'autant plus incroyables qu'ils ne trahissent ni le moindre effort, ni la moindre fatigue, ni la moindre hésitation. Les deux adorables gamins, successivement ou ensemble, montent à l'assaut de leur père, qui les reçoit sur la paume des mains, sur la plante des pieds, les lance, les renvoie, les jette, les fait passer de droite à gauche, les tient en l'air, les quitte et les reprend avec autant d'aisance qu'un jongleur indien manœuvre ses boules de cuivre. Le volant ne rebondit pas avec plus de légèreté et d'élasticité sur la raquette, et jamais plus de grâce n'a été unie à plus de force. — Ces tours faits sur les pieds, ils les exécutent ensuite la tête en bas, sans être ni émus, ni essoufflés, ni en sueur, chose rare ; ils ne ressemblent en rien à ces malheureuses créatures rabougries, énervées et rompues, que les saltimbanques désossent et dont ils brisent les articulations à force de coups et de mauvais traitements ; ils ont l'air d'enfants qui s'amusent, et rien n'altère chez eux la fraîcheur du premier âge. — Il est impossible de voir quelque chose de plus drôle que la pantomime qu'ils viennent faire à chaque fois près de la rampe pour annoncer le tour qu'ils vont exécuter, et le petit salut qu'ils font, le pied à la seconde position, la main sur le cœur, le sourire aux lèvres, avec une naïve petite gaucherie anglaise, la plus agréable du monde.

Le succès du père et des fils a été complet : on les a redemandés, on leur a jeté des bouquets, et c'était réellement là un redemandage et des bouquets mérités.

En les regardant s'élancer si loin, retomber de si haut, nous pensions à tout ce que l'éducation des danseurs d'opéra offre d'incomplet et d'arriéré. — Un jour, nous parlions à Perrot de la supériorité de sa danse, il nous fit cette réponse profonde : « J'ai été trois ans *polichinelle* et deux ans *singe*, » voulant dire par là qu'il avait rempli les rôles de Mazurier. En effet, les exercices des équilibristes et des faiseurs de tours, comme gymnastique, comme dynamique, sont bien autrement entendus que ceux de la classe de danse; ils donnent une souplesse, une agilité, une force, une assurance extraordinaires. Que ne pourrait essayer un chorégraphe qui aurait de l'imagination, avec des gaillards comme Auriol, Lawrence et Redisha, Ducrow, Risley et ses fils? Une danseuse qui serait en même temps funambule produirait des effets merveilleux dans un ballet féerique. L'emploi du tremplin ferait obtenir des élévations prodigieuses, et l'équilibre donnerait des groupes et des renversements d'un effet tout à fait neuf. — Le fameux saut de Carlotta, dans *la Péri*, montre le parti qu'on peut tirer de ces moyens, — et, avec une danseuse exercée de longue main, il serait facile d'inventer des choses d'une grâce encore plus effrayante et plus risquée; seulement, il faudrait que les maîtres de danse, les gens les plus ferrés sur les principes, les classiques les plus opiniâtres qu'il soit possible de trouver, voulussent bien n'être pas si rigoureux sur ce qu'ils appellent l'*en dehors*, une des plus abominables positions qu'ait pu inventer la pédanterie du temps passé. Avec des pieds ainsi tournés, les luxations et les fractures sont imminentes, parce que les cuisses ne portent pas d'aplomb sur les jambes, et que le torse ne s'emboîte pas dans les hanches. Quant à nous, nous ne concevons pas quelle grâce peuvent avoir des pieds parallèles à l'horizon. Jamais sculpteur, jamais peintre n'ont adopté cette position contraire à la nature, à l'élégance et au bon sens. Mais allez donc parler d'un changement quelconque dans une chose aussi sérieuse que la danse, et vous verrez quelle clameur vous soulèverez ! Les classiques de la chorégraphie sont bien autrement entêtés et violents que les classiques de la littérature !

XVII

JUILLET 1844. — Opéra : dernière représentation de mademoiselle Taglioni. — Les feuilletonistes dans l'embarras. — A propos des soirées d'adieux. — *La Sylphide.* — Le pas de l'Ombre. — Théâtre-Français : représentation au bénéfice des enfants Félix. — Mademoiselle Rachel dans *Phèdre* et dans *le Dépit amoureux.* — Son jeu. — Les spécialistes. — Reprise de *la Camaraderie*, de M. Scribe. — Le prétendu travers de la camaraderie. — Ce qu'on ne se dit pas à soi-même. — Opéra-Comique : *les Quatre Fils Aymon*, paroles de MM. de Leuven et Brunswick, musique de M. Balfe. — La bibliothèque bleue. — La vérité sur la monture des quatre fils Aymon. — Bayard, élève de l'enchanteur Maugis. — Théâtre-Français : *Diégarias*, drame en vers de M. Victor Séjour. — Beauvallet, madame Mélingue. — Ambigu : *le Miracle des Roses*, drame de MM. Antony Béraud et Hippolyte Hostein. — La légende de sainte Élisabeth de Hongrie. — Mélingue, madame Guyon.

1er juillet.

OPÉRA. *Dernière représentation de mademoiselle Taglioni.* — La représentation d'adieux de mademoiselle Taglioni a eu lieu samedi. Malgré l'ennui de nous servir d'une phrase stéréotypée, il nous faut dire d'abord que la salle était comble. — Mademoiselle Taglioni, dans le cours de sa carrière chorégraphique, a dû rendre bien malheureux les pauvres feuilletonistes, forcés de faire des variations perpétuelles sur le même thème. Si quelqu'un a jamais bien compris le sentiment qui poussait ce paysan de l'Attique à demander l'ostracisme contre Aristide, qu'il s'ennuyait d'entendre appeler le juste, ce doit être, à coup sûr, un journaliste à son cinquantième article sur une danseuse ou une chanteuse célèbre ; et qu'aurait dit l'envieux paysan si, au lieu d'entendre seulement désigner Aristide ainsi, il eût fallu qu'il lui donnât lui-même ce nom tous les lundis ?

Quant à nous, bien que critique de notre état, nous aimons mieux admirer que blâmer. Admirer est une si douce chose ! voir quelqu'un réaliser un de vos rêves, une de vos pensées avec un éclat, un art auxquels vous ne pouvez espérer d'atteindre ! — Admirer un grand artiste, c'est s'incarner en lui, entrer dans le secret de son âme ; c'est le comprendre, et comprendre, c'est presque créer. La belle pièce de vers que vous lisez avec un enthousiasme senti est réellement de vous jusqu'à ce que l'écho de la dernière rime se soit éteint. Vous avez peint ce beau tableau où vous plongez ardemment vos yeux et dont vous poursuivez le contour le plus fuyant, la nuance la plus insaisissable. Que de bonnes heures nous avons passées, l'œil perdu dans un livre ou dans une toile, nous assimilant le poëte ou le peintre par une espèce d'*avatar* intellectuel ; et, si parfois, au réveil, le regret nous prenait d'une si douce illusion, du moins la dent de rat de l'envie ne nous a jamais mordu le cœur. L'admiration est douce, surtout lorsqu'il s'agit d'une femme, d'un art gracieux et charmant comme la danse, d'une poésie vivante comme mademoiselle Taglioni ; aussi, bien que nous soyons embarrassé pour trouver de nouveaux éloges, constaterons-nous avec plaisir ce triomphe, qui, hélas ! ne recommencera plus.

Il y a dans ces soirées d'adieux, qui, du reste, ne sont pas toujours définitives, un charme pénétrant et mélancolique ; c'est comme le parfum de la dernière rose dont on voudrait respirer tout l'arome ; il semble qu'on va faire la conduite sur le chemin de la postérité à cette gloire qui s'en va, et lui donner en applaudissements le coup de l'étrier. Quand la toile tombe sur le dénoûment, on éprouve quelque chose de la tristesse qu'on ressent à voir partir une chaise de poste emportant un être aimé. Le premier tour de roue vous passe sur le cœur.

Quel immense ennui doit, en effet, succéder à tout ce bruit, à tout cet éclat, à tout cet enivrement ! Sortir de cette atmosphère incandescente pour rentrer dans l'ombre froide du repos ! ne plus voir briller à ses pieds ce cercle de flamme qui vous sépare du monde réel et fait de vous plus qu'une reine ! ne plus entendre clapoter là-bas, au-delà du môle de l'orchestre, les ondes noires et bruissantes du parterre !...— Certes, l'eau du lac de Côme est d'un azur étincelant, un chaud rayon dore le marbre blanc de la villa ; Mignon s'y trouverait heureuse, car c'est là que les citrons mûrissent et que l'orange au fruit d'or luit dans le noir feuillage. Mais tout cela fera-t-il oublier à la Sylphide retirée, son royaume de gaze et de toile peinte? le soleil de l'Italie vaudra-t-il pour elle le lustre du théâtre?

Et comme chacun est attentif! comme toutes les lorgnettes sont braquées et pointées, non plus ces légères lorgnettes de campagne qu'on met dans la poche de son habit, mais ces grosses lorgnettes de siége, ces jumelles monstres, ces mortiers d'optique, qui donneront de nous aux peuples de l'avenir l'idée d'une race de géants! Les vomitoires de l'orchestre sont encombrés de gaillards qui font mentir pendant quatre heures les lois de l'équilibre et de la physique en se tenant debout hors du centre de gravité, la tête dans la salle et les pieds dans les couloirs. Chaque judas de loge dont les propriétaires n'ont point eu la férocité de tirer le petit rideau, encadre un visage aux yeux brillants, aux regards fixes. Les balcons ressemblent au quai aux Fleurs, tant les bouquets y sont pressés. Une seule pensée anime la salle, tout le monde tâche de bien graver dans sa mémoire ces poses charmantes, ces mouvements pleins de grâce et de noblesse, tous les fugitifs aspects de cette fée qui, demain, ne sera plus qu'une femme.

Mademoiselle Taglioni a dansé *la Sylphide*. — C'est tout dire. — Ce ballet commença pour la chorégraphie une ère toute nouvelle. et ce fut par lui que le romantisme s'introduisit dans le domaine de Terpsichore. — A dater de *la Sylphide*, *les Filets de Vulcain*, *Flore et Zéphyre* ne furent plus possibles; l'Opéra fut livré aux gnomes, aux ondins, aux salamandres, aux elfes, aux nixés, aux wilis, aux péris et à tout ce peuple étrange et mystérieux qui se prête si merveilleusement aux fantaisies du maître de ballet. Les douze maisons de marbre et d'or des Olympies furent reléguées dans la poussière des magasins, et l'on ne commanda plus aux décorateurs que des forêts romantiques, que des vallées éclairées par ce joli clair de lune allemand des ballades de Henri Heine. Les maillots roses restèrent toujours roses, car, sans maillot, point de chorégraphie; seulement, on changea le cothurne grec contre le chausson de satin. Ce nouveau genre amena un grand abus de gaze blanche, de tulle et de tarlatane; les *ombres* se vaporisèrent au moyen de jupes transparentes. Le blanc fut presque la seule couleur adoptée. — La musique de *la Sylphide* est un chef-d'œuvre, et celui qui l'a faite serait assurément un homme célèbre si jamais personne avait pu prononcer son nom. La Sylphide est devenue la personnification de mademoiselle Taglioni; son talent s'est résumé dans ce type qu'elle a eu le bonheur de rencontrer au début de sa carrière. Ces bonheurs arrivent à toutes les grandes actrices : Giulia Grisi a Norma, mademoiselle Mars avait Célimène; et le nom de ce rôle en devient en quelque sorte un second pour elles; la Sylphide, cela veut dire Taglioni pour tout le monde, de même que Giselle veut dire Carlotta.

Quelle grâce fine et légère ! quelle douce et tendre coquetterie dans ce pas où la Sylphide se cache et se montre tour à tour à son amant terrestre ! et aussi quel chaste effroi, quelle douleur résignée et pudique lorsque, emprisonnée dans les plis du voile donné par la méchante sorcière, elle voit tomber à ses pieds ces ailes qui lui étaient bien inutiles, mais dont la perte entraîne sa mort !

Le pas de l'Ombre est une des plus charmantes compositions chorégraphiques que nous ayons vues.—Chose rare dans les pas, il y a un motif; les poses ne se succèdent point au hasard et sans raison. — La décoration représente un site sauvage où un vague rayon de lune qui filtre à travers les nuées fait flotter un demi-jour bleuâtre, dans lequel scintillent, comme des gouttes de rosée, les paillettes dont la tunique de l'Ombre est constellée : mademoiselle Taglioni s'évapore, se condense en vapeur, glisse sur le lac comme un flocon de brume promené par le vent, et déploie tant de séductions, que son amant la suit sous l'écume de la cascade, sans penser que le corps, si léger qu'il soit, ne peut suivre un esprit; mais il n'y a que la foi qui sauve; et, si l'on croyait fermement marcher sur les eaux, on y marcherait. Aussi, au lieu de tomber dans la noire gueule de l'abîme, il tombe dans un paradis féerique éclatant de lumière, et tel qu'aurait pu le rêver un amateur de Leyde ou de Harlem, car il est plein de tulipes énormes, diaprées de fabuleuses rayures. — Il est vrai que les maniaques ne s'amusent pas à rêver un paradis. La fée voltige sur ces tulipes peintes par un décorateur qui les aura sans doute taillées à la mesure de son pied, et semble proposer pour récompense à son amant une couronne de fleurs qu'il s'efforce de saisir et qu'elle lui dérobe pendant quelque temps avec une prestesse admirable. On a beaucoup applaudi le passage où, tout en dansant, elle ramasse les fleurs tombées à terre, cependant nous préférons de beaucoup la première partie du pas à la seconde.

La représentation s'est terminée par un acte de *la Jolie Fille de Gand*, où mademoiselle Taglioni a encore dansé un pas. — Elle a été redemandée plusieurs fois, applaudie à outrance, bombardée de bouquets, un desquels, par parenthèse, nous est tombé sur la tête. C'était un de ces bouquets monstres en forme de gigot ou de trapèze comme on les fait maintenant. Toute la force de deux bras enthousiastes n'aurait pu lui faire franchir l'orchestre, et nous avons failli rester écrasé sous ce pavé-fleurs!

8 juillet.

THÉATRE-FRANÇAIS. *Représentation au bénéfice des enfants Félix*. — Cette représentation, annoncée, attendue depuis longtemps, et qu'avaient retardée des obstacles de plusieurs sortes, a enfin eu lieu. Le spectacle se composait de *Phèdre*, du *Legs* et du *Dépit amoureux*, réduit, on ne sait pourquoi, à trois actes.

Mademoiselle Rachel a compris Phèdre d'un manière particulière, et que nous croyons la bonne. Elle joue le rôle, non pas en femme passionnée, mais en victime. Son amour est comme une espèce de folie, de maladie vengeresse infligée par le courroux implacable de Vénus, qui n'hésite pas à perdre une innocente pour châtier un insensible qui dédaigne son culte; car, ainsi qu'elle le dit dans la première scène de l'*Hippolyte Stéphanophore* : « Je sais que Phèdre m'est fidèle; il n'importe, il faut qu'elle périsse; ses jours ne me sont pas assez chers pour les sauver au prix de ma vengeance! » Sans doute, c'est là un étrange raisonnement pour une divinité; mais les dieux du paganisme n'y regardaient pas de si près, et ceux qui voulaient vivre en repos devaient ne pas avoir de préférence dans leurs adorations. Diane ne suffisait pas à protéger, contre le reste des Olympiens, Hippolyte, dont la dévotion exclusive était en quelque sorte une hérésie au milieu du polythéisme général.

Mademoiselle Rachel, avec ses bras morts au long de ses hanches, ses pieds traînants, sa démarche accablée, sa taille qui plie, sa tête tombant sur sa poitrine, ses draperies affaissées et perpendiculaires, ses yeux rougis dans son masque de marbre pâle, ses lèvres décolorées où les violettes de la mort semblent avoir remplacé les roses de la vie, a l'air fatal et sinistre d'une victime dévouée à quelque horrible expiation. Le feu qui court dans ses veines et dans sa moelle n'est pas le feu de l'amour, c'est une ardeur souterraine et dévorante pareille à celle que produisent les philtres de Thessalie; c'est de la torche des Furies, et non du flambeau de Prométhée, qu'est tombée l'étincelle qui l'a allumé. Elle est malade, hystérique, si nous osons nous exprimer ainsi, — car les dieux peuvent tout, excepté forcer le libre arbitre, — mais non réellement amoureuse ; elle est sous l'influence d'un délire provoqué par une puissance supérieure. — Dans la pièce d'Euripide, Phèdre, dès les premières atteintes du mal, se couche, se voile la tête; elle reste trois jours sans prendre de nourriture, et semble n'avoir d'espérance que dans le suicide ; aussi le chœur, qui se demande ce que Phèdre peut avoir, s'écrie-t-il : « Quoi donc! malheureuse reine! êtes-vous agitée par les fureurs de Pan ou d'Hécate, des corybantes ou de Cybèle ? » L'idée d'amour ne se présente à l'idée de personne. La jeune tragédienne, dans son admirable instinct, a merveilleusement compris cette différence et traduit, sans le savoir sans doute, Euripide beaucoup plus littéralement que ne l'a fait Racine. — A la dernière représentation, où la petite Rébecca Félix jouait Aricie, et Raphaël Hippolyte, la position incestueuse des personnages était beaucoup plus compliquée sur le théâtre que dans la pièce : les deux sœurs se disputaient leur frère. Cela produisait un effet assez bizarre.

La représentation du *Legs* n'a rien eu de particulier. Dire que mademoiselle Plessy est charmante n'a rien de bien urgent : tout le monde le sait, et elle aussi. Quelque chose de plus curieux, c'était de voir mademoiselle Rachel dans le rôle de Marinette, du *Dépit amoureux*; Melpomène changeant son masque livide pour le masque fardé de Thalie; le pied accoutumé au cothurne chaussant pour une fois le brodequin! cela avait de quoi réveiller les indifférences les plus engourdies. Toutes les lorgnettes étaient braquées et pointées sur le théâtre, longtemps avant que la tragédienne métamorphosée en soubrette fit son entrée. Mademoiselle Rachel s'était arrangée avec beaucoup de simplicité, et son bon goût naturel lui avait fait tout d'abord rejeter ces mignardises d'ajustement qui sentent leur opéra-comique de plusieurs kilomètres à la ronde. Elle a mis dans ce petit bout de rôle une sorte de brutalité rustique plus près des vraies intentions de Molière assurément que le débit précieux, maniéré, pointillé et détaillé des soubrettes ordinaires. Certes, sa voix, habituée aux clameurs tragiques, au débit solennel de l'hexamètre à longues périodes, n'a pas toujours la volubilité qu'exige la comédie; sa franchise dégénère quelquefois en âpreté; mais nous croyons qu'avec un peu d'exercice, mademoiselle Rachel ne jouerait pas moins bien Marinette que Phèdre, Molière que Racine. — Nous autres Français, nous sommes travaillés d'une maladie : la *spécialité;* dès qu'un homme fait bien une chose, on le croit tout de suite incapable d'en faire une autre. Singulier raisonnement! Cependant l'intelligence qui a servi pour acquérir un talent doit pouvoir servir pour en acquérir un second; on est capable ou non. Mais parquer le génie dans des compartiments est une invention bizarre. Tous les grands hommes de la renaissance étaient multiples : Léonard de Vinci, Michel-Ange, Raphaël, Dante, etc., étaient indifféremment architectes, peintres, sculpteurs, ingénieurs, poëtes, musiciens, théologiens et bien d'autres choses. — Un grand acteur doit savoir pleurer et rire, rendre toutes les faces de l'âme humaine, toutes les émotions de la vie : c'est là ce qui faisait la supériorité de Garrick; c'est là ce qui fait celle de Frédérick Lemaître : il est terrible et bouffon, il vous effraye et vous amuse; il ne redoute rien, pas même la trivialité, car il sait que tout à l'heure il sera sublime, s'il le veut; c'est en jouant les rôles les plus opposés, depuis Robert Macaire jusqu'à Ruy Blas, en parcourant du haut en bas l'échelle dramatique, qu'il est parvenu à cet admirable talent qu'on lui sait.

Donc, nous attachons à la tentative de mademoiselle Rachel une portée bien plus grande qu'elle ne le suppose; loin de la regarder comme un caprice sans but, nous y voyons un sujet d'étude, un essai fort intéressant, et qu'elle devrait renouveler, elle et d'autres. — Il serait à souhaiter que, désormais, les genres fissent des excursions chez leurs voisins, que les comédiens jouassent la tragédie et les tragiques la comédie, tout le monde y gagnerait. Mademoiselle Rachel, tôt ou tard, doit aboutir au drame, c'est-à-dire à des compositions où se trouvent mélangées les situations terribles et les situations burlesques ou, tout au moins, familières. Les chefs-d'œuvre classiques, à qui, par la manière dont elle les a interprétés, elle a donné dans ces derniers temps une espèce de vie galvanique, ne peuvent suffire à défrayer sa carrière. Le moindre inconvénient est qu'on les sait par cœur, et cet inconvénient s'accroît d'année en année. En jouant la comédie, elle assouplirait ce que sa manière peut avoir de trop rude et de trop farouche, et gagnerait une variété d'intonations qui lui serait d'un grand secours, même pour la tragédie.

En maintenant un acteur dans une classe de rôles exactement adaptés à sa taille, on en vient à lui faire substituer sa propre individualité à celle des personnages qu'il représente : Molière, dans son *Impromptu de Versailles*, fait à une actrice qui lui reproche de lui avoir donné un rôle de coquette, tandis qu'elle est la personne la moins façonnière du monde, cette réponse pleine de finesse et de bon sens : « Eh ! tant mieux ! vous n'aurez que plus de mérite à rendre un caractère aussi opposé au vôtre, et vous montrerez par là que vous êtes une excellente comédienne. » De ce que mademoiselle Rachel a le regard sombre et la bouche sévère, s'ensuit-il qu'elle ne puisse ni lancer une œillade amoureuse, ni pousser un éclat de rire? Nullement. Laissez-la se chercher, s'essayer ; nul ne connaît sa limite et ne sait jusqu'où vont ses facultés. Vous avez peut-être une voix admirable, mais vous n'avez jamais chanté. Tout le monde meurt inconnu et incompris, non-seulement des autres, mais de soi-même. La manie de la spécialité en est cause.

15 juillet.

THÉATRE-FRANÇAIS. Reprise de *la Camaraderie*. — *La Camaraderie* a réussi autrefois, et la reprise de ce vaudeville sans couplets, quoiqu'elle ne puisse être d'aucune influence sur les recettes, n'a pas paru désagréable au public. Nous ne viendrons donc pas après coup porter un jugement sur cette pièce, qui n'a ni plus ni moins de valeur que les autres ouvrages de M. Scribe ; nous ferons seulement quelques observations sur le soi-disant travers qu'elle prétend corriger en riant, puisque tel est le but de la comédie, s'il faut s'en rapporter à l'inscription de l'ancien rideau du Théâtre-Français.

La camaraderie, mot inventé par M. Delatouche, a exprimé, quelques instants, un des plus doux penchants de l'âme humaine : l'admiration pour ceux qu'on aime. On l'appliquait alors à ce qu'on a appelé aussi le cénacle, c'est-à-dire aux coryphées de la nouvelle école et à leurs élèves enthousiastes. Ce furent les premiers camarades, et nous nous glorifions d'avoir été un de ceux-là. Nous et plusieurs autres, nous aimions et nous admirions un grand poëte à qui il ne manque que de mourir pour être immortel; nous chantions ses louanges aux quatre vents, nous en parlions tout le jour, parce que nous lisions ses vers toute la nuit; pour défendre ses pièces, que nous trouvions et que nous trouvons encore les plus belles du théâtre moderne, nous soutenions des luttes et des querelles contre les adversaires qui, en France, ne font jamais défaut à toute idée neuve. La plupart de nous n'avaient, de leur vie, aperçu l'homme pour lequel avaient lieu ces combats littéraires, les plus vifs et les plus acharnés qui se soient livrés dans le parterre d'un théâtre. Le génie a ce noble privilége de se faire partout des amis inconnus, de se créer des séides heureux d'entrevoir de loin leur Mahomet, et qui se dévouent à lui sans aucun espoir de retour. Le génie a le droit d'être ingrat; ne vous a-t-il pas fait un présent immense et que vous ne pourrez jamais lui rendre! Qui nous a causé de plus vives et de plus profondes émotions, qui nous a consolé dans nos tristesses, qui nous a dit le secret de nos cœurs et montré tout réalisé l'idéal que nous cherchions en tâtonnant le long des chemins obscurs? Virgile, Shakspeare, Raphaël, Mozart, ne sont-ils pas plus nos amis que des gens qui nous prêtent de l'argent, nous rendent des services ou nous font avoir des places?

Hélas! si la camaraderie existait, ce serait, non pas une satire, mais un dithyrambe qu'elle mériterait. Nous croyons peu pour notre part à ces assurances mutuelles de succès; on est trop inquiet et trop jaloux, dans ce temps, pour se prêter, même à charge de revanche, à la réussite d'un autre. On aurait trop peur que, parvenu au faîte, il ne renversât sur vous l'échelle que vous lui teniez. Si quelqu'un arrive, c'est par la force des choses, c'est par ce mystérieux arrangement que les uns nomment le hasard et les autres la Providence; toutes les combinaisons possibles n'y font rien, un flot inconnu enlève notre esquif, les habiles font semblant de le diriger, mais ils savent bien qu'ils ne sont qu'emportés. Il n'y a plus, d'ailleurs, ni camarades, ni ennemis, on n'a plus la force d'aimer ni de haïr.

Un jeune homme de beaucoup d'esprit, ayant à se plaindre de quelqu'un, s'était proposé, ne sachant que faire, de le haïr pour passer le temps et de lui nuire par tous les moyens possibles. L'ayant rencontré quelque six mois après, nous lui demandâmes : « Eh bien, votre haine, comment se porte-t-elle? — Mal, nous répondit-il; si je trouvais mon ennemi au café de Paris, je serais capable de l'inviter à dîner. » Le grand malheur de l'époque, c'est l'indifférence.

Un autre défaut que nous trouvons dans la pièce de M. Scribe, ce sont les discours naïfs que les personnages s'adressent à eux-mêmes sur leurs défauts. Il y a de ces choses qu'on ne se dit pas, même dans le plus profond secret. Nul ne convient vis-à-vis de soi qu'il est un sot, un intrigant ou un fripon. L'accusateur de Desdemona s'appelle l'*honnête* Yago. Tartufe ne parle que du ciel et ne dit nulle part qu'il est un hypocrite, peut-être même ne le pense-t-il pas.

22 juillet.

OPÉRA-COMIQUE. *Les Quatre Fils Aymon.* — Les quatre fils Aymon ont joui d'une popularité que l'opéra-comique de M. Balfe ne peut qu'augmenter encore, car il a complétement réussi.

C'est une charmante légende dont Ludwig Tieck eût fait aisément un drame féerique, comme *l'Empereur Octavien*, *le Chat botté* et *le Petit Chaperon-Rouge*, en conservant avec fidélité la couleur romantique et chevaleresque du récit populaire.

Quelle admirable collection que ces cahiers imprimés à Épinal, sur papier à chandelle, avec des têtes de clou et qu'on appelle vulgairement *la Bibliothèque bleue!* On se plaint que la France manque de poëmes épiques, et comment nommerez-vous tous ces récits tels que *Huon de Bordeaux*, *Valentin et Orson*, *Berthe aux grands pieds*, *le Saint-Graal*, *le Roi Arthus* et les *Légendes de Charlemagne?* Par malheur, notre langue a tellement changé depuis sa formation, que les longues épopées des premiers temps devinrent bientôt inintelligibles comme des poëmes étrangers, et qu'on fut obligé de les traduire en prose vulgaire. Après tant d'altérations, il reste encore dans ces livrets, que les marchands forains colportent dans les campagnes, un reste de grandeur épique, une sincérité de merveilleux qui manquent aux œuvres les plus savantes.

Certes, rien ne ressemble moins aux quatre fils Aymon que la gravure sur bois où l'on voit les quatre frères en rang d'oignons, revêtus d'un costume qui tient le milieu entre le troubadour et le sapeur-pompier, montés sur quatre chevaux qui lèvent simultanément la jambe gauche de devant et la jambe droite de derrière avec une régularité de perspective tout à fait agréable à l'œil. Eh bien, la gaucherie barbare du dessin, qui pourrait être tracé par un Esquimau ou un Papou, produit un effet que ne ferait pas une vignette délicieuse de Dévéria ou de Tony Johannot. Le dessinateur croit évidemment aux quatre fils Aymon, mais non de cette foi ironique et passagère qu'ont les artistes des époques sceptiques, lorsqu'ils traitent des sujets de religion et de féerie : ce sont pour lui des personnages aussi authentiques pour le moins que Napoléon et Mathieu Laensberg.

L'opinion populaire veut que la quadruple progéniture du duc Aymon n'ait eu qu'un seul cheval qui s'allongeait à volonté. Nous sommes fâché de détruire une imagination si vraisemblable et si bien fondée ; mais Regnault, Allard, Guichard et Richard avaient chacun leur cheval ; et vraiment ce n'était pas du luxe, car Regnault était haut de sept pieds ; son coursier, qui s'appelait Bayard, avait été dressé par Maugis, fils du duc Beuves d'Aigremont, et c'était vraiment un animal curieux pour la force, la vélocité et l'intelligence : il entendait la parole comme un être humain, et, au besoin, il eût pris part à la conversation à l'instar des chevaux d'Achille et de l'ânesse de Balaam. Quand Regnault, son maître, était endormi, et qu'il survenait quelque péril, Bayard l'éveillait en frappant de son ongle sur le fer retentissant du bouclier, ainsi transformé en tam-tam. Bayard était belliqueux au possible, et, un jour que Regnault combattait à pied contre Oger le Danois, il attaqua Bruard, le cheval de ce dernier, à coups de dents et à coups de sabot, d'une si rude manière, qu'il lui arracha la bride, la selle, et faillit le mettre en pièces. La seule occasion, à notre connaissance, où Bayard ait porté double charge, c'est lorsque les quatre fils Aymon sortirent du château de Montfort, cherchant à se faire jour à travers l'armée de Charlemagne. Allard se trouva démonté et en grand péril de mort ; Regnault prit son frère en croupe ; quand Bayard se sentit chargé de deux écuyers, il se tint la tête haute et se redressa tellement, que son maître en fut surpris, et, sans qu'il y eût besoin de le talonner de l'éperon, il partit avec la vitesse de l'éclair. Mais Regnault, ayant rencontré un chevalier du parti de Charlemagne, nommé Émofroid, l'assaillit si rudement, qu'il le renversa sans vie, et donna la bête du mort à Allard, qui monta dessus incontinent et soulagea le bon cheval Bayard de quelques cent livres.

Vous voyez bien que, loin de se jucher tous les quatre sur le même roussin, les fils Aymon n'y montaient deux que dans les occasions suprêmes et désespérées, ce que rend tout à fait probable la manière dont étaient armés les chevaliers de ce temps-là. Pour en finir avec Bayard, que d'aucuns soupçonnent d'avoir été un cheval enchanté, supposition que rendent admissible les sorcelleries de Maugis, son instructeur, racontons son dernier exploit : Charlemagne, l'empereur à l'œil de faucon, à la barbe grifaigne, ne dédaignait pas de haïr personnellement le bon cheval Bayard, qui lui avait joué de si bons tours. Il parvint à s'en saisir près de Liége, et, en passant sur le pont de la Meuse, l'idée lui vint de se défaire de Bayard une fois pour toutes ; il le fit jeter dans la rivière avec une meule au cou ; mais, arrivé au fond de l'eau, le vaillant animal frappa tant des quatre pieds, qu'il vint à bout de se débarrasser et regagna le bord, où il se mit à hennir hautement comme pour narguer son ennemi. Puis il prit sa course avec tant de rapidité, qu'il semblait que la foudre le poussât, et entra dans la forêt des Ardennes. « Charlemagne, voyant que Bayard était échappé, en fut très-irrité ; mais tous les barons en furent bien satisfaits ; beaucoup de gens disent que Bayard est encore vivant dans les bois des Ardennes ; mais que, quand il voit homme ou femme, il fuit et on ne peut l'approcher. »

Voilà la vérité sur la monture des quatre fils Aymon, qui soutinrent, contre Charlemagne et ses douze pairs, une vraie lutte de géants. Avaient-ils tort ? avaient-ils raison ? Beuves d'Aigremont, leur parent, avait commis une action abominable en massacrant Lohier, le fils de Charlemagne, qui était venu dans son château en parlementaire. Le saint empereur n'avait pas agi très-délicatement en laissant assassiner le duc Beuves d'Aigremont par le traître Ganelon, malgré le sauf-conduit qu'il lui avait accordé.

En outre, il faut convenir que messire Regnault était facile aux coups, légèrement brutal et joueur farouche, comme il le fit voir en brisant la tête à Berthelot, neveu de l'empereur, avec le casier d'ivoire et d'or massif sur lequel il jouait aux échecs. Il semblait ne pas se douter que les hommes pendus s'étranglent, tant il était alerte à faire brancher des compagnons pour les motifs les plus frivoles : lui et son cousin Maugis étaient les plus forts de la bande, et Maugis ne se mouchait pas du pied. Quel habile prestidigitateur, et quel charlatan! comme il endort Charlemagne en poussant l'ironie jusqu'à lui remettre sous la tête un oreiller qui était de travers; et comme il sort du camp d'un pas de renard, emportant la couronne, l'aigle d'or et la joyeuse du monarque, la durandal de Roland et la haute-claire d'Olivier!

Il faut croire pourtant que tout cela n'était que magie blanche; car Maugis finit par aller en terre sainte, et se confina dans un ermitage où il ne vécut que de racines et d'eau claire. Regnault, qui avait, lui, la passion de bâtir, comme il l'a bien fait voir par les châteaux de Montfort et de Montauban, dont il prit nom, s'en alla par esprit d'humilité chrétienne, servir les maçons qui travaillaient à la cathédrale de Cologne, où il remuait des pierres que dix hommes n'auraient pu remuer; ce que voyant les autres ouvriers, ils en conçurent de la jalousie et le jetèrent dans le Rhin, où, par la permission de Dieu, les poissons soutinrent son corps, éclairé d'une lueur phosphorescente. — Les autres frères finirent assez heureusement leurs jours dans leurs châteaux flanqués de tourelles en poivrière.

Les auteurs de la pièce n'ont aucunement suivi la légende. Nous devons croire qu'ils ne l'ont pas même lue, car ils ont placé la scène en Bretagne, au château de la Roche-Aymon, tandis que leurs quatre héros habitaient les bords de la Dordogne, où, comme on l'a vu, ils s'étaient bâti des castels. MM. de Leuven et Brunswick ont, en outre, débaptisé l'un des illustres frères, pour le nommer Olivier, et relégué le plus célèbre d'entre eux, Regnault de Montauban, sur un plan tout à fait secondaire. Mais qu'importe! Si leur pièce est amusante et offre des situations favorables au compositeur, il ne faut pas leur reprocher quelques anachronismes.

La partition fait le plus grand honneur à M. Balfe, auquel on pourrait reprocher quelques orchestrations un peu trop compliquées, mais qui joint avec bonheur à la mélodie italienne, un filon de mélodie irlandaise.

Plusieurs morceaux seront bientôt populaires et nous préparent six mois de persécution sur les orgues de Barbarie.

M. Balfe est maintenant naturalisé français... à l'Opéra-Comique, où il tiendra fort agréablement sa place à côté d'Adam et d'Ambroise Thomas.

29 juillet.

THÉATRE-FRANÇAIS. *Diégarias.* — Ce drame en vers est l'œuvre d'un débutant, et il a réussi, hâtons-nous de le constater; le public a reçu la pièce du jeune auteur avec un sentiment de bienveillance que nous voudrions lui voir plus souvent pour les essais et les débuts littéraires. On peut bien accorder deux heures d'attention à un travail de plusieurs mois, de plusieurs années, entrepris sur les chances les plus hasardeuses; car la réception et la réussite d'une pièce de théâtre sont choses tout à fait aléatoires, qui dépendent du caprice des directeurs, des comédiens et du public. Il y a, dit-on, un sort pour les livres; il doit y en avoir deux pour les œuvres dramatiques. On ne saurait donc trop louer les esprits courageux et persévérants qui ne craignent pas d'affronter tant de dégoûts et de périls. Ils sont peu nombreux; car, depuis dix ans, on compte à peine trois ou quatre noms nouveaux dans cette rude carrière du théâtre. La plupart des jeunes gens doués de quelque mérite préfèrent se produire par le livre ou le journal, plutôt que d'avoir à souffrir l'insolence des directeurs, la morgue des histrions, l'inattention des comités de lecture, et les ennuis de toutes sortes inséparables de l'existence d'un auteur dramatique. C'est ainsi que s'explique cet éloignement étrange de beaucoup de noms honorables de la littérature moderne pour le théâtre, qui est cependant le moyen le plus séduisant, le plus direct et le plus efficace d'agir sur la foule, et dont tout poëte a dû, à part lui, désirer faire emploi au moins une fois en sa vie; car, s'il est une grande, belle et noble émotion, ce doit être assurément celle de voir deux mille personnes, hommes, femmes, jeunes gens, vieillards, communiant dans le désir d'écouter votre parole et d'assister à la réalisation de votre pensée. On s'étonne que des hommes tels que MM. de Lamartine, Alfred de Musset, Méry, Sandeau, Janin, Edgar Quinet, Sainte-Beuve, Auguste Barbier, Brizeux et tant d'autres, se soient, jusqu'à ce jour, abstenus de la scène. George Sand, Balzac et Léon Gozlan ont fait au théâtre des tentatives plus ou moins heureuses, il est vrai; mais ils avaient déjà une réputation gagnée ailleurs; ce n'était guère qu'un épisode dans leur vie littéraire, et l'on peut croire qu'ils ont plutôt cédé aux suggestions de leurs amis qu'à un entraînement formel.

Le théâtre, depuis 1830, n'a mis en lumière que deux noms: M. Ponsard et M. Émile Augier, l'un pour *Lucrèce*, et l'autre pour *la Ciguë*. — Le grand succès de l'*Antigone*, quelque exacte et quelque élégante que soit la traduction de MM. Vacquerie et Meurice, montre seulement que ce sont d'intelligents et d'habiles versificateurs; mais il faut les attendre à une œuvre originale pour pouvoir tirer leur horoscope dramatique, dont tout fait bien augurer.

Voici donc maintenant M. Victor Séjour, que l'on dit être en position d'attendre un succès, et que nous félicitons d'avoir préféré le théâtre à la publicité et à la gloire morcelée du feuilleton. Son drame révèle des tendances et des études romantiques; ce sera, pour beaucoup de gens, une occasion de blâme et de reproches; quant à nous qui nous faisons honneur d'appartenir comme disciple à cette école que d'autres ont rendue illustre, nous féliciterons M. Victor Séjour d'avoir imité franchement le plus grand poëte de ce temps-ci. C'est déjà une preuve de talent que de savoir choisir un bon maître. L'esprit a sa génération comme la chair. Brid'oison l'a dit, on est toujours fils de quelqu'un, et personne n'a jamais songé à se glorifier de ne pas avoir eu de père. Nous nous défions très-fort de ces originalités subites et sans racines. La première manifestation du talent est presque toujours un plagiat admiratif et involontaire. Nous savons que, depuis quelque temps, on affecte de considérer les œuvres de la nouvelle école comme de simples essais qui n'ont qu'une valeur relative, et dont tout le mérite consiste à préparer les voies aux merveilles à venir ; personne plus que nous ne souhaite l'apparition de nouveaux chefs-d'œuvre ; mais nous croyons, jusqu'à preuve du contraire, que le théâtre moderne ne possède rien de supérieur aux drames de l'auteur d'*Hernani*, de *Lucrèce Borgia* et de *Ruy Blas*, et nous pensons qu'un jeune homme qui débute à la scène ne peut suivre un meilleur guide que M. Victor Hugo.

Le drame de M. Séjour est habilement charpenté, et le premier acte est fort intéressant. Le style, qui pourrait être plus correct et plus poétique, a une qualité très-importante au théâtre : il est clair et net, disant ce qu'il veut dire sans trop de concessions à la rime et à l'hémistiche.

Beauvallet a très-bien joué le rôle du juif Diégarias ; les vers sonores de M. Séjour allaient bien à son puissant organe. — Madame Mélingue (Théodorine) a représenté dona Inès avec son talent accoutumé mais elle a des formes un peu trop royales, une beauté d'un accent trop arrêté pour représenter une Andalouse de dix-huit ans.

AMBIGU. *Le Miracle des Roses.* — S'il est au monde une histoire intéressante, naïve et poétique, c'est celle d'Élisabeth de Hongrie, princesse de Thuringe, telle qu'on la voit dans la *Vie des Saints*. Quel admirable livre que *la Légende dorée !* quel romancero plein de merveilles et de féeries chrétiennes ! C'est un monde enchanté où les lis mystiques ouvrent leurs calices d'argent comme des encensoirs, où les roses ont pour cœur des têtes d'ange, où les auréoles rayonnent en filets d'or dans des océans d'outremer, où les cerfs portent des crucifix dans leur ramure, où les lapins blancs viennent brouter le serpolet aux mains des solitaires ! Quelle vie, quelle ardeur, quelle foi ! Des jets de sang plus vermeils que la pourpre et le rubis jaillissent du flanc ou du cou des martyrs pâmés dans les ineffables voluptés des supplices. Les chérubins montent et descendent sans cesse les degrés étincelants de l'échelle de Jacob ; le Christ détache de l'arbre de douleur ses mains percées de clous pour embrasser le pécheur qui s'incline. Les saints sourient dans les vitraux des cathédrales ; les cloches s'agitent et font tinter leurs conseils argentins. — Jamais la poésie catholique n'a produit des fleurs d'un éclat plus vif et d'un parfum plus enivrant.

La légende de sainte Élisabeth de Hongrie était, à coup sûr, difficile à transporter sur le théâtre, tel qu'il est entendu aujourd'hui. Il aurait fallu quelque poëte comme Tieck ou Muller, profondément empreint de l'esprit romantique, chevaleresque et chrétien du moyen âge. — Nous ne pensons pas blesser MM. Antony Béraud et Hostein en disant qu'ils ne sont pas des poëtes mystiques, mais bien d'habiles et honnêtes dramaturges qui font ce qu'ils peuvent, et nous ont même donné un prologue en vers très-passablement tournés, pour des gens dont ce n'est pas le métier.

La pièce a été bien jouée. — Mélingue s'est montré bel acteur dans le rôle de Louis de Thuringe; il porte avec un style qui trahit ses instincts de sculpteur, des costumes d'une richesse et d'une magnificence extrêmes.—Chilly a donné au personnage du traître ces allures de chat-tigre qui font bondir sur leurs bancs les chérubins du poulailler.—Quant à madame Guyon, qui s'est conquis, à l'Ambigu, les sympathies du public, elle a été noble, belle et chaste.

XVIII

AOUT 1844. — Porte-Saint-Martin : *Don César de Bazan*, drame de MM. Dumanoir et Dennery. — Les pirates littéraires. — L'or et le plomb. — Frédérick Lemaître. — Mademoiselle Clarisse Miroy. — Gymnase : *les Surprises*, par M. Scribe. — Retour du vaudevilliste prodigue. — Numa, mademoiselle Désirée. — Opéra : *Eucharis*, ballet de M. Corally, musique de M. Deldevez. — Le *Télémaque* de Fénelon. — Les nuages au théâtre. — Cours de mythologie *ad usum Delphini*. — Opéra-Comique : reprise de *Gulistan*. — Masset, madame Casimir. — Gaieté : *les Sept Châteaux du Diable*, féerie de MM. Dennery et Clairville. — La pièce, les costumes et les décorations. — Opéra-Comique : *les Deux Gentilshommes*, paroles de M. de Planard, musique de M. Justin Cadaux. — Les grands prix de Rome induits en vaudevilles. — Nécessité d'un troisième théâtre lyrique. — Variétés : *les Aventures de Télémaque*, par MM. Dumersan, de Leuven et Brunswick. — Hyacinthe. — *Le Bal Mabille*, par MM. Siraudin et Dauvin. — La reine Pomaré.

5 août.

PORTE-SAINT-MARTIN. *Don César de Bazan.* — MM. Dumanoir et Dennery sont, à n'en pouvoir douter, de fort honnêtes gens qui ne *feraient* pas le mouchoir et qui *font* l'idée. Au moins, ont-ils eu la candeur de ne pas démarquer le foulard dramatique qu'ils ont retiré de la poche de l'illustre poëte Victor Hugo. Par ce temps de piraterie littéraire, c'est encore de la vertu... relative. Du reste, de semblables abus n'ont rien qui doive surprendre dans un pays où les écrivains sont en quelque sorte hors la loi, et n'obtiennent pas, pour la propriété de leurs œuvres, une garantie qu'on s'empresse d'accorder à l'épicier pour les chandelles dont il n'est, d'ailleurs, que le débitant. — Victor Hugo lui-même, portant au fils de son cerveau cette affection que Shakspeare ressentit à l'endroit de Falstaff, et Beaumarchais à l'endroit de Figaro, a fait une comédie intitulée *une Aventure de don*

César de Bazan; la résolution qu'a prise le poëte de ne plus faire représenter de pièce, l'a empêché de la produire sur le théâtre; mais elle paraîtra sans doute un jour sous la forme de livre, et le vrai, le seul César de Bazan, ressuscitera alors avec ses véritables allures.

La fable imaginée par ces messieurs n'a rien de bien fantasque ni de bien extravagant, et pourrait servir de carcasse à un mélodrame ordinaire.

Don César de Bazan, revenu de ce grand voyage que lui a fait entreprendre le ténébreux don Salluste, tue un gros homme en duel, sans doute pour former un pendant antithétique, à ce don Guritan si long, si mince, si osseux, qu'il expédie devers l'autre monde, dans le drame de *Ruy Blas*. Comme les duels sont défendus pendant la semaine sainte, on vous empoigne au collet don César de Bazan, sans le moindre égard pour la maturité de son manteau, réduit à l'état d'amadou par les soleils de plusieurs mondes, ni pour le tempérament délicat de son pourpoint de soie jaune, qui tombe en faiblesse dès qu'on le manie un peu rudement.

Voici donc le cher comte de Garofa, l'illustre ami de Matalobos, ouaté de pierre de taille, jusqu'à nouvel ordre. — Le jugement ne se fait pas attendre : notre joyeux aventurier est condamné à être pendu. Cela le chagrine, non qu'il ait peur de mourir, mais la pendaison est bonne pour les manants ; c'est une mort grotesque, où l'on fait des grimaces ridicules. S'il pouvait être décapité ou fusillé, comme il convient à un homme de son rang, il serait le gaillard le plus heureux du monde. Quand on a fait deux mille lieues, qu'on a vu des femmes bleues, jaunes, vertes, et éprouvé autant de fortunes diverses que don César, sans désirer la mort, on ne doit pas beaucoup tenir à la vie.

Un homme mystérieux, embossé dans son manteau, le sombrero sur le sourcil, entre dans la prison et demande à don César s'il désire quelque chose. « Moi ? Rien. — Cherchez. — Que diable pourrais-je donc vouloir? — Tâtez-vous. N'avez-vous point quelque suprême fantaisie? — Ma foi, j'aimerais assez à faire un bon dîner arrosé de xérès, de peralta, d'alicante.— N'est-ce que cela ? Exigez davantage. — Cela me chiffonne d'être pendu : auriez-vous le crédit de me faire fusiller? — Certainement! je puis tout, excepté vous sauver la vie.

— Fi donc! je n'aurais pas l'indiscrétion de vous demander de ces choses-là. Mais dépêchons-nous, je n'ai plus que deux heures devant moi, et vous me permettrez d'être économe de mon temps. Quel motif vous pousse à vous occuper de moi avec tant de bienveillance? Je ne suis pas assez naïf pour croire que ce soit pour mes beaux yeux. Que demandez-vous en retour de toutes ces faveurs? — Je veux vous marier. — Peste! c'est grave ; la créature est-elle jeune, belle? — Qu'est-ce que cela vous fait, puisque vous serez fusillé dans deux heures! D'ailleurs, un voile épais couvrira son visage... Une comtesse de Garofa m'est nécessaire pour quelques desseins que j'ai. » Et don César accepte cet étrange marché.

En cela, les auteurs ont complétement méconnu le caractère de don César en particulier, et le caractère espagnol en général. Jamais don César de Bazan, comte de Garofa, n'eût accepté de semblables conditions. Il a bien pu descendre jusqu'aux guenilles, jusqu'à la misère la plus hasardeuse, tromper ses créanciers, s'associer à des bandits, avoir pour amis de cœur Matalobos et Gulatromba, être l'amant de toutes les Lucindes possibles ; mais se marier avec une inconnue qui, sans doute, n'est pas noble ou compte moins de quartiers que lui, c'est une énormité que don César ne commettra jamais; sa plaisanterie s'arrête là. Il peut avoir perdu dans quelque gorge de montagne, ou dans quelque carrefour suspect, l'écusson presque effacé des Bazan ; il peut, n'ayant plus de quoi soutenir le lustre de son antique maison, accepter d'un voleur le pourpoint qui lui tient chaud l'hiver et le fait beau l'été, s'abandonner à tous les caprices de cette charmante vie de bohême si facilement heureuse en Espagne, mettre son bonheur à dormir la tête à l'ombre et les pieds au soleil. Mais, en fait d'alliance, don César, drapé dans sa gueuserie, sera tout aussi fier, tout aussi scrupuleux, que s'il était vêtu de drap d'or, ayant au cou l'ordre de Saint-Jacques et de Calatrava. Qu'on n'allègue pas qu'il va mourir dans deux heures. Son nom, donné à une femme, doit lui survivre, et un hidalgo espagnol, quelque abandonné et quelque insouciant qu'on le fasse, ne meurt pas ainsi tranquillement, sans savoir sur quel front il laisse sa couronne de comte.

Mais c'est bien de cela qu'il s'agit! qu'importe une invraisemblance de plus ou de moins?

L'inconnu, qui n'est autre que le marquis de Santarem, ministre d'État, veut donner pour maîtresse à Charles II une certaine Maritana, jolie chanteuse des rues, espérant de cette manière éloigner le roi de la reine; car M. de Santarem ne craint pas d'élever ses regards jusqu'à la femme de son maître. Pour cela, il a besoin de faire une position à Maritana, et don César lui a paru propre à cette besogne. Une jeune veuve de deux heures est, en effet, un morceau de roi. Maritana prendra don Carlos pour don César, qu'elle n'aura fait qu'entrevoir un instant à travers un voile épais, au fond d'une chapelle obscure. — Il faut dire, pour achever de dessiner le gredin, qu'il a dans sa poche la grâce de don César, mais qu'il aura soin de ne la faire arriver qu'à huit heures, l'exécution étant fixée à sept.

Le marquis de Santarem remplit, d'ailleurs, fidèlement ses promesses : il fait servir à don César un splendide repas composé de pommes, de massepains, de pâtés en carton et autres munificences théâtrales, le tout arrosé de bouteilles de bois peint. Don César invite à ce repas les arquebusiers qui le doivent exécuter, et il chante avec eux une ballade plus ou moins anacréontique et bachique; puis on vient le prendre pour la cérémonie nuptiale, après l'avoir revêtu d'habits magnifiques qu'il porte avec toute l'aisance d'un grand seigneur qu'il est. Il a beau chercher à démêler les traits et la tournure de celle qui va être la comtesse de Garofa, une épaisse mantille l'enveloppe des pieds à la tête; tout ce que don César en peut deviner, c'est qu'elle a la main petite et douce.

Le mariage conclu, on emmène l'épousée, et on procède à une cérémonie moins agréable, sous certain point de vue, — à l'exécution du pauvre diable. — Pan! pan! pif! paf! pouf! Bonsoir, don César! votre chandelle est mouchée! — Mais à quel acte sommes-nous? Au second? Rassurez-vous, âmes sensibles, le héros d'une pièce ne peut mourir au second acte. Il doit y avoir ici quelque fine rubrique dramatique. — Vous avez sans doute vu rôder à travers l'action Lazarille, ce jeune drôle dont le pauvre hidalgo s'est conquis l'affection. Il a retiré, pendant qu'ils buvaient, les balles des arquebuses des soldats attablés, et don César, se croyant douze lingots de plomb dans la poitrine, s'est étalé consciencieusement sur le gazon, étonné de n'avoir rien senti de désagréable, mais sûr d'être mort. A la fin, il s'est relevé, et a tranquillement gagné la campagne, portant dans sa poche les douze balles qu'il devrait avoir dans le corps ; car Lazarille, aussitôt le détachement retiré, est venu expliquer le stratagème au prétendu mort. — Dans le reste de la pièce, don César, qui tourne sensiblement au bourgeois, est à la recherche de sa femme, et, quand il l'a trouvée, il tâche de la soustraire à l'amour du roi. — Une scène assez comique, c'est lorsque notre hidalgo rencontre, la nuit, Charles II chez sa femme, et lui demande son nom. « Je suis don César de Bazan, comte de Garofa. — Et moi, répond le vrai don César, je suis Charles II, roi d'Espagne et des Indes ! »

La chose se termine pour le mieux. Don César a découvert la scélératesse du marquis de Santarem, qu'il a surpris dans le jardin d'Aranjuez, faisant une déclaration d'amour à la reine ; il l'a provoqué en duel et l'a tué. Charles, en roi généreux, renonce à déshonorer celui qui l'a vengé, et don César, nommé gouverneur de Grenade, part avec sa femme, réintégré dans tous ses domaines et les poches bien garnies. — C'est là une triste fin. Brave don César ! il ne te reste plus qu'à être bon père de famille ! Nous en avons bien peur ; tu vas baisser considérablement dans l'estime de tes amis de la montagne ; et, pour notre compte, nous t'aimions cent fois mieux lorsque tu n'étais que le bohème Zafari !

Frédérick Lemaître a été merveilleux dans son rôle, qui est toute la pièce, et il a donné à tout le monde une envie prodigieuse de lui voir jouer le vrai don César dans le drame où il représente si admirablement Ruy Blas. Frédérick est un acteur si accompli, que la valeur des pièces où il accepte un rôle devient presque indifférente. Pourvu qu'il ait un haillon à se jeter sur l'épaule, un bord de manteau à faire relever par sa rapière ; pourvu qu'il ait une chaise à changer de place, un prétexte d'aller de droite à gauche, ou de gauche à droite, c'est tout ce qu'il lui faut. Il saura substituer à la figure indécise, mollement charbonnée par le fabricant dramatique, une silhouette vivante, digne de Salvator Rosa ou de Callot. Un sourire remplace la plaisanterie absente, un coup d'œil la passion qui manque. Comme il pétrit, comme il tord cette phrase pâteuse ! comme il en fait ce qu'il veut ! En l'écoutant, on croirait vraiment entendre du style, des phrases, quelque chose ressemblant à un langage humain ; et, quand il chante, bien qu'il ait peu de voix et que ce peu soit faux, il vous persuaderait que les couplets de MM. Dennery et Dumanoir sont de la poésie! Quel magnifique aplomb, quelle superbe indifférence, lorsque, interrompu au milieu de la chanson par les juges qui viennent lui lire son arrêt de mort, il retourne à la table, en s'écriant joyeusement : « Troisième couplet! »

Mademoiselle Clarisse Miroy, qui débutait à la Porte-Saint-Martin, et dont le talent n'est pas de force à soutenir le voisinage de Frédérick, a pleurniché une partie de son rôle et chanté l'autre, d'une façon grassouillette assez insupportable.

GYMNASE. *Les Surprises.* — A propos de ce petit acte, les amis de M. Scribe ont poussé des cris lamentables et se sont voilé la face, prétendant, non-seulement qu'il dérogeait, mais qu'il faillait à sa mission, qu'il ne lui était plus permis de s'occuper de vaudevilles; comme si M. Scribe avait jamais fait autre chose! « Lui, disaient-ils, la Providence de notre premier théâtre, l'auteur de *Bertrand et Raton*, de *la Camaraderie*, du *Verre d'eau*, etc., lui, membre de l'Académie française, lui, un immortel, revenir au Gymnase, dans ce mesquin petit salon bleu? Fi donc! » Eh! messieurs, pas tant de dédain : ce sont les vaudevilles de M. Scribe, bien plus que ses comédies, qui ont rendu son nom universel, qui l'ont fait arriver jusqu'au fond de la Polynésie, où les sauvages le répètent en préparant leur repas de coquillages; c'est le répertoire léger du fécond écrivain qui forme encore le plus clair de son revenu. Mais il y a mieux : au Gymnase, M. Scribe est vraiment chez lui; tout le monde l'y accepte, et ceux qui auraient trouvé sa nouvelle pièce déplacée à la Comédie-Française, où elle avait, dit-on, été reçue, seront, comme nous, des premiers à l'applaudir au boulevard Bonne-Nouvelle. Nous sommes donc loin de désapprouver le retour de M. Scribe au Gymnase; nous croyons, au contraire, qu'il y aurait quelque gloire pour lui à ramener le public dans ce théâtre abandonné, — si abandonné, que la première représentation des *Surprises* n'avait pu même remplir la salle!

Le sujet de cette pièce est bien simple. — Il s'agit d'un M. de Gournay, ci-devant jeune homme, qui s'est mis en tête d'épouser une ingénue de seize ans, mademoiselle Mathilde de Salbris. — Tous les vieux garçons ont leur manie : celle de M. de Gournay consiste à s'entourer de mystère, à intriguer les gens, à les surprendre par des dénoûments inattendus, et qu'il a souterrainement préparés. Rien n'égale son bonheur quand il peut arracher à quelqu'un des *oh!* des *ah!* et des *ciel!* Dans un âge plus tendre, ce monsieur a dû semer des pois fulminants sous les pas de ses professeurs. Vous devinez donc comment il procède avec Mathilde. Au lieu d'aller droit au but, et de lui dire tout bonnement : « Je vous aime, je suis riche; voulez-vous de moi? » il affecte devant elle l'indifférence la plus complète; mais, en arrière, et secrètement, il agit de manière à lui faire croire qu'un amant inconnu est là, dans l'ombre, qui l'entoure de ses soins mystérieux. — Manifeste-t-elle un désir, il est aussitôt satisfait. Veut-elle des bijoux, en voici; des robes nouvelles, en voilà. Toutes ses fantaisies, tous ses rêves se trouvent réalisés comme par enchantement. Elle se perd à chercher quelle est la main discrète qui lui ménage de si douces surprises, et peu s'en faut qu'elle ne se croie aimée par un sylphe ou quelque autre être élémentaire. — M. de Gournay, en surexcitant ainsi la curiosité de Mathilde, se flatte de lui inspirer une passion violente pour son soupirant anonyme, et de produire un grand effet lorsqu'il se dévoilera. Mais, hélas! il compte sans ses quarante ans!

Vous expliquer comment il se fait que toutes les manœuvres du vieux célibataire tournent au profit d'un jeune gaillard dans lequel mademoiselle de Salbris a cru découvrir son inconnu, ce serait vous ôter le plaisir de la surprise, et nous ne commettrons pas une pareille indiscrétion. Mais vous dire que M. Scribe a très-finement et très-spirituellement brodé ce léger canevas, à coup sûr, ce ne sera vous apprendre rien de surprenant. Des tableaux bourgeois, des intrigues de salon, voilà où M. Scribe excelle. — Le rôle de Gournay a été bien joué par Numa, et celui de Mathilde par mademoiselle Désirée.

12 août.

OPÉRA. *Eucharis*. — Il était difficile de rencontrer, même en la cherchant bien, une plus malheureuse idée de ballet que celle d'*Eucharis*, comme s'appelle la nouvelle œuvre chorégraphique représentée à l'Opéra, et dont le vrai nom devrait être *Télémaque, fils d'Ulysse.* — Nous ne savons si cela tient aux traductions baroques de l'épopée de monseigneur François Salignac de Lamotte Fénelon, cygne de Cambrai, pour l'usage des enfants élevés d'après la méthode Jocotot, ou aux spirituels sarcasmes de Fourier sur les niaiseries utopiques de la ville modèle de Salente ; mais cet agréable jeune homme flanqué de son Mentor hargneux et rébarbatif nous a toujours produit l'effet d'être légèrement ridicule. Les anciens papiers de café ou d'auberge, avec leurs hachures grossières et leurs teintes étranges, ont, malgré nous, laissé dans notre esprit des silhouettes barbarement facétieuses des personnages de ce poëme en prose, qui a coûté tant de pensums et de larmes aux pauvres écoliers. Souvent une figure se trouvait coupée par un angle, une croisée ou une porte, et la malheureuse Calypso avait à déplorer à la fois et la perte d'Ulysse et celle de son nez.

Le théâtre, quand la toile se lève, représente un paysage au bord de la mer, dessiné avec élégance et peint par M. Cicéri d'une façon légère et brillante, quoique un peu froide. La verdure de ses arbres rappelle trop Saint-Denis ou Saint-Cloud, et l'île de Calypso a trop l'air d'être une île de la Seine.

Nous voudrions bien éviter de nous servir de cette phrase sacramentelle : *Calypso ne pouv...* Notre pudeur nous empêche d'aller plus loin ; mais, enfin, telle est la situation au commencement du ballet. Ses nymphes tâchent de la distraire, comme cela se pratique dans les ballets, par toutes sortes de jeux, de pirouettes et d'entrechats ; elles se balancent et font des espèces de régates, montées sur des conques de nacre, avec leur écharpe pour voile ; et, chose miraculeuse ! le même zéphyr leur sert pour naviguer en sens contraire.

— Mais que peuvent sur le cœur d'une déesse trahie les jetés battus et les *taquetés* ? Calypso jure et fait jurer à ses suivantes haine aux hommes en général, et mort en particulier aux étrangers qui aborderaient dans l'île.

Le serment n'est pas plus tôt prononcé, que l'orage se déclare d'une façon assez médiocre sous la figure d'un grand torchon noir déchiqueté en barbe d'écrevisse et qu'on lève avec de grosses cordes parfaitement visibles. — Un pareil orage serait supportable tout au plus au Théâtre-Français, où la négligence de la mise en scène est posée en principe. A l'Académie royale de musique, on avait droit à quelques pincées de lycopodium, à quelque bruissement de tôle et de pavés pour indiquer les éclairs et la foudre. Dans un spectacle purement oculaire comme le ballet, il faut que les accessoires et les détails soient l'objet d'un soin tout particulier. — Sur un fragment de mât arrivent deux étrangers, un jeune homme et un vieillard. Les nymphes accourent armées de javelots et s'apprêtent à les immoler. Heureusement, Calypso trouve dans les traits de Télémaque une si grande ressemblance avec ceux d'Ulysse, qu'elle lui accorde la vie et lui fait un accueil des plus favorables. Eucharis et les nymphes emmènent Télémaque et Mentor dans une grotte pour changer de vêtements, car leurs tuniques sont alourdies et trempées par l'onde amère (style classique), bien qu'ils soient sortis des vapeurs de toile, très-secs et fort bien frisés. — Après cela, vous demanderez peut-être comment une déesse qui se respecte a chez elle des habits d'homme tout prêts.—C'était sans doute quelque reste de la défroque d'Ulysse, conservé pieusement en manière de memento.

Pendant que Télémaque et Mentor font leur toilette, Vénus descend du ciel, avec l'Amour et les Grâces, dans un gros tas de nuages.

Nous avons pour les nuages au théâtre une horreur profonde : rien n'est plus laid, plus lourd, plus disgracieux, plus loin de la vérité, même de la vérité de convention, et nous sommes étonné qu'on ait encore recours à un moyen si barbare, digne tout au plus des échafauds de charpente et de planches où se jouaient autrefois les mystères. Comment se fait-il que, dans un siècle où la mécanique, l'optique et la peinture sont poussées si loin, on en soit réduit, dans le premier théâtre du monde, à faire descendre des frises des toiles d'emballage malproprement barbouillées de gris et cousues de ficelles, pour représenter ce qu'il y a de plus léger, de plus moelleux et de plus souple au monde ! — Dans les dioramas, on voit des paysages se couvrir de neige, des édifices passer de l'état de ruine à l'état d'intégrité ; le clair de lune succéder à l'incendie ; des galeries vides se peupler de monde... Ne pourrait-on pas, par des moyens analogues, ou à l'aide de quelque illusion de catoptrique, pareille à celle que produit une fantasmagorie, faire errer des vapeurs et simuler des nuages sur le ciel et le fond des décors ?

Par un raffinement confortable des plus singuliers, Vénus est mollement couchée sur un sofa Louis XV; les Grâces sont assises sur des tabourets, comme des duchesses à la cour. Ce canapé et ces escabeaux, dans les nues, auraient provoqué, devant un public moins paisible et moins distrait que le nôtre, des rires et des huées interminables. Nous voulons bien admettre que ces haillons soient des nuages, et puissent soutenir des corps aromaux, comme ceux de Vénus et de sa suite; mais des meubles rembourrés, cela est par trop absurde!

Vénus, toujours irritée contre Ulysse (les dieux sont rancuniers), demande à l'Amour de retenir dans l'île Télémaque, ce noble pendant de Japhet à la recherche d'un père. L'inflammabilité bien connue de Calypso rend la chose facile; elle a aimé le père, quoique barbu et d'un âge assez mûr : elle aimera le fils; et, comme les immortelles ont l'âge qu'elles veulent, c'est-à-dire toujours vingt ans, le naïf Télémaque ne manquera pas de se laisser prendre aux charmes de la déesse. — Vénus est représentée avec beaucoup de vraisemblance par mademoiselle Marquet. Il est vrai qu'elle n'a guère autre chose à faire que d'être belle; mais elle s'acquitte consciencieusement de son rôle. L'Amour, s'il pouvait se voir sous la charmante petite mine chiffonnée et la jolie frisure blonde de mademoiselle Maria, deviendrait, à coup sûr, amoureux de lui-même et se tirerait dans la poitrine une flèche de son propre carquois. — Il est dommage que mademoiselle Maria ne reste que quelques minutes sous ce gracieux costume; pour vaquer à ses intrigues, elle se déguise en marinier, petite tunique blanche bordée de rouge, bonnet phrygien coquettement penché sur l'oreille; ce serait un mousse délicieux pour une de ces embarcations aux cordages fleuris, à la poupe garnie de lanternes de couleurs que Watteau faisait voguer, chargées de pèlerins et de pèlerines, vers les bords d'une Cythère d'opéra.

Les câbles crient, les cordes se tendent et toute la machine remonte péniblement vers les rampes de gaz placées dans les frises.

Les nymphes rentrent, l'Amour se présente comme un matelot du navire de Télémaque, échappé à grand'peine à la tempête. — On l'entoure, on l'embrasse, on le trouve charmant. — Une fête s'organise, et le petit matelot (c'est ainsi qu'il est désigné dans le livret) apprend aux nymphes une espèce de danse marinière où il exprime, par des mouvements de bras et de hanches, le jeu de la rame et les ondulations de la vague. Télémaque, égayé par ce spectacle et profitant de ce que son Mentor a le dos tourné, va changer ses beaux cothurnes de pourpre, brodés d'or, pour une paire d'escarpins noirs et revient danser un pas avec la belle Eucharis, au grand déplaisir de Calypso, qui trouve que le jeune innocent se dégourdit bien vite et lance sur la nymphe des regards un peu bien vifs. Aussi accède-t-elle très-volontiers à la prière de Mentor, qui la supplie de radouber, par son pouvoir de déesse, la carcasse du vaisseau échoué, et de permettre au jeune Télémaque d'aller à la recherche de son papa égaré. — Cela ne fait pas le compte de l'Amour. Avec le bout d'une de ses flèches d'or, il remue le brasier allumé dans le cœur de Calypso, lui fait changer de résolution, et, pendant que Mentor préside à la restauration du bateau, il met aux mains des nymphes des torches enflammées, puis les conduit vers l'embarcation, qui se dissout bientôt dans un maigre feu de Bengale rouge, qui serait extrêmement méprisé au Cirque-Olympique.

Le livret résume ainsi l'effet que produit cet embrasement sur les principaux personnages : « Douleur de Mentor. Joie de Calypso et d'Eucharis. Hésitation de Télémaque, qui ne sait s'il doit se réjouir ou s'attrister. Triomphe de l'Amour ! » Nous ne saurions rien ajouter à cette éloquente analyse.

Au second acte, le théâtre représente une grotte. Des stalactites descendent de la voûte en franges élégantes; des veines de métaux précieux étincellent sur les flancs déchirés des roches; la nacre, le corail, diaprent le sable blond du sol; des plantes marines, au feuillage denticulé, aux fleurs bizarrement épanouies, jaillissent des fissures de la pierre. Un jour vaporeux, comme celui de la grotte d'azur, donne à tous les objets une apparence magique et permet de lire, sur les parois de la caverne, le chiffre d'Ulysse et de Calypso.— Faisons ici un peu de pédanterie. Cela est bien permis dans un sujet si classique. — Pourquoi MM. Séchan, Despléchin et Diéterle ont-ils écrit à la manière grecque le nom de Calypso et à la manière française celui d'Ulysse ? La première lettre du nom du père de Télémaque, si on l'écrivait en caractères grecs, serait un O; car, dans cette langue, il s'appelle Odysseus et non pas Ulysse. Tout cela n'empêche pas la décoration de ces messieurs d'être d'un effet original et pittoresque.

Cette grotte était l'appartement d'Ulysse, et ce n'est pas sans attendrissement que son fils y pénètre, précédé d'Eucharis, qui porte un bougeoir à la main. Eucharis voudrait bien profiter de la situation pour laisser entrevoir son amour au jeune héros ; mais le petit matelot la prie de se contraindre et d'attendre que Mentor soit parti. Délivré de la glaciale influence de ce farouche personnage, Télémaque devient, auprès d'Eucharis, d'une amabilité tout à fait alarmante pour les projets de Calypso. Son ardeur est si vive, qu'il sent de nouveau le besoin d'aller ôter ses brodequins rouges pour remettre ses escarpins noirs et se livrer à tout ce que la danse a de plus entraînant. — Au beau milieu du pas, survient Calypso, comme lady Machbeth, une lampe au poing, l'œil fixe et la face pâle. Ici se présente une intéressante question de magnétisme. — Les déesses peuvent-elles être somnambules ?— C'est une question que nous laissons à résoudre à M. Debay, l'auteur des *Mystères du Sommeil*.

Le livret prétend que Calypso rêve d'Ulysse, et qu'elle vient chercher, dans son sommeil, des souvenirs de ses anciennes amours. Elle promène ses mains endormies sur les chiffres gravés par le héros ; elle incline sa tête au bord de la couche où il reposait, et se réveille dans les bras de Télémaque. La déesse ne paraît d'abord pas trop fâchée de la substitution de cette réalité à son rêve ; mais la vue d'Eucharis la ramène au sentiment de sa jalousie, car ce n'est guère la place d'une nymphe bien élevée que de se trouver à une heure indue dans la grotte d'un jeune homme.

Elle appelle ses suivantes et fait entraîner la coupable, surprise ainsi en criminelle conversation. Télémaque voudrait se précipiter sur ses pas ; mais le père Mentor, qui en remontrerait à MM. Ricard, Delafontaine et Thilorier en fait de magnétisme, étend la main vers le pauvre diable, qui tombe roide d'ennui sur le coup. Pendant le sommeil extatique produit par cette simple *passe*, Télémaque voit en songe le palais d'Ithaque et sa mère poursuivie par ses vingt-deux prétendants, qui ne peuvent tendre l'arc d'Ulysse. Un mendiant se présente et, d'un bras vigoureux, fait se joindre les deux cornes de l'arc, puis tue les insolents à coups de flèches. Eumée et la nourrice, à cette force, reconnaissent leur maître, sur l'identité duquel ne laisse aucun doute une cicatrice faite autrefois à la jambe du héros par le sanglier du Parnasse.

Le tableau s'évanouit; Télémaque se réveille tout ému; un trophée d'armes étincelantes jaillit miraculeusement du sol; il saisit l'épée, se revêt de la cuirasse et du casque, et s'élance hors de la grotte. Sur le rivage, un spectacle, bien fait pour l'attendrir, se présente à ses yeux. —Eucharis, par l'ordre de Calypso, a été enchaînée à une roche, comme Andromède, pour y devenir la proie des monstres de la mer. Il veut la délivrer, mais ce que les dieux lient ne saurait être délié; les chaînes de diamant résistent à tous ses efforts. Il se jette à genoux et supplie Calypso de pardonner à la nymphe. Calypso, qui, au fond, n'est pas une méchante femme et n'a guère d'autre défaut que d'être immortellement ennuyeuse, se laisse fléchir et accorde la grâce d'Eucharis. Les amants, réunis par des guirlandes de fleurs, vont s'épouser sous les auspices de Cupidon, *qui les entraîne vers la grotte nuptiale.* Mentor survient, pâle, triste, silencieux; du doigt il montre un navire qui passe à l'horizon, et, se débarrassant de son manteau, il pique une tête dans la plaine liquide. A cette vue, Télémaque, rougissant de sa faiblesse, au risque de donner ce qu'on appelle *un plat ventre,* en termes de natation, se jette du haut d'un praticable dans le sillage tracé par Mentor.

Un pareil sujet ne pouvait être rajeuni que par de sévères études de couleur locale et de mise en scène. Cela était facile, avec les nouvelles interprétations de l'antique qu'ont apportées, dans l'art moderne, André Chénier et M. Ingres. Au lieu de cela, on s'en est tenu aux traditions de l'Empire et au style grec de M. Guérin.—M. Corally, dans la portion purement chorégraphique, a déployé un rare talent et lutté, de toutes ses forces, contre la nullité du programme.

La musique de M. Deldevez est faite avec soin, bien orchestrée, en général; mais elle manque souvent de mélodie et de rhythme, chose indispensable pour de la musique de ballet.

OPÉRA-COMIQUE. Reprise de *Gulistan.* — La reprise de *Gulistan* a été accueillie avec plaisir; mais nous ne croyons pas qu'elle ait le même retentissement que celles de *Richard* et du *Déserteur.* —

Dalayrac est, en effet, bien au-dessous de Grétry et de Monsigny : sa musique abonde en traits spirituels sans jamais puiser son inspiration aux sources du génie ; ce sont des mélodies faciles, légères, des phrases nettes, finement détaillées ; c'est, en un mot, de la comédie musicale dans le genre de M. Scribe, et ce n'est pas assez pour exciter l'admiration. Le poëme ne se recommande pas non plus par l'originalité ; il reproduit la couleur des mœurs orientales comme on l'entendait sous l'Empire ; mais, tout vieux qu'il est, il intéresse, il amuse, et cela suffit. — La partition de *Gulistan* a été arrangée par M. Adolphe Adam, avec tout le respect et toute la discrétion possibles. Il a seulement renforcé des parties d'orchestre que le développement de l'instrumentation moderne aurait pu faire paraître pauvres et mesquines. — Masset, chargé du rôle principal, l'a parfaitement joué et chanté. Il a dit avec beaucoup d'ampleur et de goût le cantabile si connu du premier acte,

> Cent esclaves ornaient ce superbe festin.

La délicieuse romance du second acte,

> Le point du jour à nos bosquets
> Rend toute leur parure,

et le duo bien mouvementé qui la suit, ont fait applaudir aussi la souplesse et la pureté de sa voix. — Madame Casimir, dont le rôle a été allongé de deux jolis airs pris dans d'autres œuvres de Dalayrac, a fait regretter que ces emprunts n'aient pas été plus considérables.

GAIETÉ. *Les Sept Châteaux du Diable*. — C'est là un spectacle *fait à souhait pour le plaisir des yeux*, une féerie complète où les métamorphoses et les changements à vue se succèdent sans interruption ; où l'on marche de surprises en surprises, de prodiges en prodiges ; où l'on voit des palais, des montagnes, des forêts jaillir subitement du sol, et des villes entières s'y engloutir avec leurs habitants ; où tous les personnages sortent de terre, à moins qu'ils n'arrivent à travers les murs ou qu'ils ne tombent du ciel. C'est quelque chose enfin qui rappelle *la Lampe merveilleuse*, *le Pied de*

Mouton, les *Pilules du Diable*, et qui, sans doute, aura le même succès. — Vous devinez bien que l'analyse n'a rien à faire là dedans. Le machiniste est le véritable auteur de la pièce, et l'intrigue consiste surtout dans la complication des trappes. Voici pourtant la fable qu'ont imaginée MM. Dennery et Clairville, qui, avec les immenses ressources que le théâtre mettait à leur disposition, auraient pu, suivant nous, trouver mieux.

Deux pauvres jeunes filles de Pornic, deux sœurs, pendant une tempête qui a désolé les côtes de Bretagne, ont fait vœu d'accomplir un pèlerinage à Notre-Dame-de-Bon-Secours, si leur père, embarqué la veille, rentrait au port sain et sauf. — C'est un voyage d'une centaine de lieues, ou, si vous préférez, d'environ quatre cents kilomètres, qu'elles vont entreprendre en compagnie de leurs fiancés, et Satan, toujours affamé d'âmes chrétiennes, a résolu de perdre les deux jeunes couples en leur faisant traverser successivement sept châteaux habités par les sept péchés mortels, trop connus pour avoir besoin d'être nommés. Nos intéressants voyageurs se trouvent donc introduits par ces damnables châtelains en toutes sortes de tentations diaboliques. Trois d'entre eux ont la faiblesse d'y succomber; mais, grâce à la protection d'un bon génie qui, sur la prière de l'une des deux sœurs, restée vertueuse, arrache à Satan sa triple proie, les quatre pèlerins finissent par atteindre le but de leur voyage; — après quoi, sans doute, ils retournent en Bretagne pour se marier.

Il n'y avait certes pas là prétexte à dix-neuf tableaux. — Que les personnages soient tentés d'une façon ou d'une autre, c'est toujours à peu près la même chose, et MM. Dennery et Clairville n'ont relevé la monotonie de cette situation que par des plaisanteries *vespasiennes* peu faites pour être goûtées; mais, heureusement, le machiniste a su varier ses effets : il en a trouvé de très-neufs et de très-curieux, qui ont fait la fortune de la pièce, dont la mise en scène est, d'ailleurs, d'une richesse extrême. Les costumes, qui changent à chaque acte et presque à chaque scène, sous les yeux mêmes du public, sont parfois très-brillants et toujours très-pittoresques. Plusieurs décorations sont aussi fort remarquables. Celle qui représente le palais de l'Orgueil, avec la tour de Babel, que l'on voit s'écrouler chargée de monde, sous les éclats de la foudre, est habilement conçue et bien exécutée. Les jardins de la Luxure, dus aux pinceaux de MM. Philastre, Cambon et Joseph Thierry, sont d'un aspect délicieux, d'une couleur ravissante : la lumière et l'ombre s'y jouent à merveille; c'est un tableau complet, un paysage chatoyant et lustré dans la manière de Diaz.

La décoration mystique qui termine la pièce — car les auteurs ont eu le bon esprit de se taire devant la peinture éloquente de MM. Séchan, Diéterle et Despléchin — dépasse toutes les autres en magnificence. C'est un temple chrétien comme en rêvent les artistes, et comme le moyen âge nous en a légué quelques-uns. Du haut de la voûte descend, en pivotant dans son cercle zodiacal, un globe d'azur semé d'étoiles d'or, et sur lequel trois anges se tiennent debout, environnés d'un nimbe lumineux, dont les doubles rayons tournent en sens contraire avec une éblouissante rapidité. Des flocons de nuages, soutenant d'autres anges, descendent en même temps que la sphère; et, à mesure que le groupe céleste se rapproche du sol, on voit apparaître, au fond, les vitraux de l'église, resplendissant de toutes les couleurs du prisme. — *Les Sept Châteaux du Diable*, n'offrissent-ils que ce magnifique tableau, mériteraient encore d'attirer la foule.

26 août.

OPÉRA-COMIQUE. *Les Deux Gentilshommes*. — On se demande, en voyant défiler cette foule de petits actes insignifiants, rebuts des cartons du théâtre, que l'Opéra-Comique abandonne aux grands prix de Rome à leur retour de la ville éternelle, si l'intention du directeur n'est pas de rendre les jeunes lauréats à tout jamais impossibles, en les forçant à se montrer nuls, insignifiants et vulgaires. Ce n'est vraiment pas la peine de faire étudier pendant de longues années à des jeunes gens la fugue, le contre-point, les maîtres austères tels que Palestrina, Allegri, Jomelli, Sébastien Bach, Porpora, Marcello, Haydn, l'abbé Clari, Mozart et tant d'autres génies chez qui la science profonde se joignait à l'élévation des idées, pour les faire ensuite broder de couplets et de morceaux de facture un maigre canevas de vaudeville, besogne dont s'acquitterait parfaitement le premier ménétrier venu.

Il est barbare à un gouvernement d'induire des jeunes gens en musique, de les choyer, de les couronner et de les renter pendant cinq ans, si toutes les occasions d'exercer leur art et de faire voir ce qu'ils ont appris leur sont refusées à leur retour; — car, nous le répétons, le livret en un acte que les règlements obligent l'Opéra-Comique à faire représenter, est une pure dérision. C'est toujours quelque rapsodie refusée partout et par tous, et, pour surcroît de chance, la chose est jouée ordinairement par la troupe de fer-blanc avant le lever du rideau, à l'heure où les banquettes seules ont dîné.

Cette occasion, pour ainsi dire unique, de se faire entendre, que les malheureux pensionnaires de la villa Medici attendent avec tant d'impatience, est funeste à la plupart d'entre eux, pour ne pas dire à tous, en ce que la faiblesse du livret, seule chose que les Français écoutent en fait de musique, jette sur leur début un vernis de ridicule et de médiocrité qui ne s'efface que difficilement, — surtout à Paris, où l'on revient si rarement d'une première impression.

Un troisième théâtre lyrique, où l'on jouerait de petits opéras en deux ou trois actes, avec récitatifs, est vraiment indispensable, puisque les énormes frais qu'entraîne la mise en scène, à l'Académie royale de musique, ne permettent guère d'y employer que des talents éprouvés ailleurs. L'Opéra-Comique pourrait être lui-même ce théâtre, s'il renonçait à ce stupide mélange de musique et de prose, qui a pour résultat qu'on n'y peut ni chanter l'opéra, ni jouer la comédie.

Rien de plus mesquin que la bordure dans laquelle M. Justin Cadaux, lauréat de Rome, a dû encadrer ses mélodies. C'est une anecdote dont le sujet, publié déjà, à notre connaissance, par deux journaux, n'appartient nullement à M. de Planard, et que Sainte-Foy et Grignon ont eu de la peine à égayer.

La musique de M. Cadaux, est, comme le libretto, tout à fait anodine. L'ouverture, néanmoins, nous a paru facile et d'un style agréable. Nous avons remarqué aussi un duo bouffe original; mais rien de plus.

VARIÉTÉS. *Les Aventures de Télémaque.*—Ceci n'est autre chose que la parodie du dernier ballet joué à l'Opéra, et, contre l'ordinaire, l'imitation burlesque vaut infiniment mieux que l'œuvre originale. — M. Cantalou, facteur de serinettes d'une nouvelle invention, — qui jouent plusieurs airs à la fois, — est pénétré d'une admiration profonde pour l'épopée mythologique du cygne de Cambrai. C'est à ce point qu'il a donné à son fils le nom du héros de l'ouvrage, et qu'en le mettant en pension, il a recommandé qu'on lui inculquât le *Télémaque* de toutes les manières, le *Télémaque* exclusivement, sous la forme de thèmes, de versions, de narrations et d'amplifications. Le jeune homme n'a pas eu la tête assez forte pour résister à cet exercice abrutissant : il est devenu fou ; il se croit réellement le fils d'Ulysse et veut aller à la recherche de son père. M. Cantalou, pour ramener son héritier à des idées plus saines, imagine un moyen homœopatique qui consiste à le faire voyager pendant quelque temps. Dans cette intention, il le confie à la garde d'un Mentor qu'il s'est procuré par le canal des *Petites Affiches*. Ce Mentor, qui de son véritable nom s'appelle Rabâchard, n'est rien moins qu'une personnification de la sagesse. Il exerce la noble profession de *marqueur de billard*, et, se trouvant pour le moment sans emploi, il veut tâcher de gagner sa vie par un autre procédé.

Télémaque Cantalou et son besoigneux compagnon font naufrage en traversant la Seine aux environs de Saint-Denis. Ils abordent dans une petite île appartenant à mademoiselle Létoffé, graveuse en musique par état et romanesque par goût. Cette mademoiselle Létoffé pleure ses beaux jours enfuis.

Son âge prohibé joue au trente et quarante ;

et, pour se faire encore de douces illusions, elle vient, chaque dimanche, avec ses ouvrières, parodier dans son île quelque scène mythologique, sous le costume classique. Ce jour-là précisément, mademoiselle Létoffé représente Calypso, rôle tout à fait approprié à la maturité de ses charmes, qui rendent vraisemblable la fuite d'un ou de plusieurs Ulysses. Ses ouvrières, peu vêtues de tuniques très-courtes, figurent Eucharis et les nymphes. Les hommes sont *hermétiquement* bannis de l'île ; aussi l'arrivée de Télémaque Cantalou et de Mentor Rabâchard fait-elle pousser à la troupe des cris de geai plumé vif. Pour punir un si grand sacrilége, il ne s'agit pas moins que d'entraîner (style classique) les deux étrangers et de couper le fil de leurs jours, au moyen de javelots en papier doré. Heureusement, la Calypso de Saint-Denis trouve dans le nez du jeune Catalou des lignes et des contours qui lui rappellent un perfide autrefois trop cher. Elle ordonne à ses nymphes de conduire Télémamaque et Mentor dans la grotte qui sert de vestiaire et de leur faire changer, contre la tunique grecque et le manteau antique, l'affreux costume de lycéen et l'horrible redingote en alpaga dont ils ont l'incongruité d'être vêtus.

Au bout de quelques instants, les deux naufragés reparaissent affublés d'un de ces costumes gréco-romains dont Chicard et Daumier ont seuls le secret : cothurnes éculés, maillots avachis et décrivant autour des jambes de flasques spirales, tunique élégiaque, manteau éploré, perruque de chiendent serrée par un cordon de jarretière en manière de bandelette, sourcils circonflexes et fard concentré sur le promontoire nasal. Vous voyez cela d'ici. Si, par malheur, le casque du fameux Romain des bals de la Renaissance et *l'Antiquité travestie* de Daumier vous sont inconnus, reportez-vous au beau temps de la tragédie et pensez aux costumes sérieux du Théâtre-Français.

Que peut faire un héros classique dans une île, si ce n'est raconter son histoire ? — Cantalou possède trop à fond son Fénelon pour manquer à cette règle. Il se couche, et, nonchalamment accoudé devant Calypso, et au milieu des nymphes qui font cercle, il commence le récit de ses aventures, d'un air naïf et candide qui prévient en sa faveur. « Je suis né, dit-il (et cela est plus vrai pour Hyacinthe que pour tout autre), je suis né de parents cossus mais honnêtes, qui m'aimaient beaucoup, et qui, voyant mon intelligence précoce, me mirent en pension à Picpus, — une institution bien nommée, — où je ne tardai pas à devenir fort, non-seulement en thème, mais encore dans l'art d'élever les cochons de Barbarie et de deviner les charades ; ce qui ne m'empêcha pas d'acquérir une science géographique à faire honte au Dictionnaire de Vosgien. Ce fut moi qui, dans un examen, le plus brillant dont on ait mémoire, expliquai pourquoi l'Italie a la forme d'une botte, — parce qu'elle est au pied des Apennins. — Telle est la solution hardie que je donnai de ce problème dont le Créateur semblait seul avoir la clef. C'est encore moi qui signalai à la France étonnée les trois départements où l'on fait tout cuire à l'huile : Aisne, Aube, Eure. »

Ce récit merveilleux est interrompu par une irruption subite de gendarmes et de gardes champêtres qui viennent réclamer des deux voyageurs le payement d'un déjeuner dont Rabâchard a mis le prix dans sa poche, avec cette négligence de bon goût qui sied aux grands génies. Peu soucieux de rendre l'argent et encore moins d'aller en prison, Mentor détache un vigoureux coup de genou dans le dos de Télémaque et l'envoie au milieu, non de *l'onde amère*, mais des flots bénis de la Seine, où il ne tarde pas à le rejoindre. La natation n'est pas le fort du gendarme ; aussi la brigade, surprise, reste-t-elle sur la rive, dans l'attitude de stupéfaction d'une poule qui a couvé des canards et qui les voit, un beau matin, prendre le chemin de l'élément humide. — La toile tombe sur ce tableau d'une majesté épique.

Les voyages ne guérissent pas la manie du pauvre Cantalou ; au contraire, il s'obstine de plus en plus à la recherche d'un père Ulysse quelconque. Cette passion n'est pas la seule, hélas ! qui dévore son cœur impressionable ! Le bain froid que Rabâchard lui a fait prendre n'a pas éteint la flamme qu'avaient allumée en lui les charmes de l'Eucharis de Saint-Denis, représentée par une jolie ouvrière de mademoiselle Létoffé.

Mais les quatre cent cinquante francs que M. Cantalou avait destinés au voyage de son fils, commençant à s'épuiser, Mentor sent le besoin de ramener son élève à l'Ithaque paternelle. Il fait accroire à Télémaque qu'il le conduit chez Sésostris. Bien qu'il ne soit pas sorti de la banlieue, le jeune homme trouve la chose vraisemblable, et, pour chercher plus sûrement son papa, s'habille en berger de trumeau, avec le tonnelet de satin bleu de ciel, bordé de faveurs roses, le chapeau pastoral pomponné de rubans et de fleurs, la houlette et la musette. — Qu'on nous pardonne ces assonances bucoliques ! — Rien n'y manque, pas même un mouton, qui a prouvé sur la scène qu'il n'était pas en carton peint.

La déesse de la sagesse, sous les traits de Rabâchard, voyant l'argent raréfié, et s'étant même endettée de dix francs, pense qu'il est temps de remonter au ciel et d'aller fumer une pipe à l'estaminet du Phénix. Rabâchard, en homme qui connaît le cœur humain, estime qu'il y a un moyen plus sûr de guérir Télémaque que de le faire voyager dans la banlieue de guinguette en guinguette. Il fait venir de Saint-Denis l'Eucharis Francinette, qui n'est autre qu'une fille oubliée jadis par lui dans un champ d'épinards. La vue de la jolie grisette opère, en effet, une heureuse diversion sur l'esprit du pauvre imbécile, et le père Cantalou, enchanté de voir son fils revenu à la raison, consent à lui donner pour femme celle qui l'a guéri.

Cette bouffonnerie, quoique un peu longue, a souvent fait rire aux éclats, et même, si l'on voulait, elle offrirait une espèce de moralité littéraire assez instructive. Grâce à l'éducation classique, qui de nous n'a pas ressemblé plus ou moins au jeune Télémaque Cantalou, et n'a pas cherché l'île de Calypso à Saint-Denis?

Les Variétés ont donné encore une autre pièce, sous ce titre alléchant : *le Bal Mabille*.

C'est dans les Champs-Élysées, longitude du Rond-Point, latitude de l'allée des Veuves, que se trouve situé ce lieu de délices devant lequel stationnent, tous les jeudis soir, d'interminables files de fiacres, de citadines, de lutéciennes, de zéphyrines, de véloces, de milords, de cabriolets de régie et autres, de remises, de calèches de louage, et, s'il faut le dire, d'équipages élégants appartenant à l'aristocratie du plaisir et de la fashion.

Dans un jardin assez vaste, et où il y a même des arbres, sans compter des palmiers de fer-blanc, portant des lampions pour fruits, s'agite, se coudoie et se marche sur les pieds une population qui, si elle n'est pas des plus choisies, est au moins des plus joyeuses et des plus animées. On peut y rencontrer des grisettes et quelquefois pis; mais des princes étrangers, des personnages presque royaux ne dédaignent pas de s'y promener eux-mêmes et d'y regarder danser la polka sans autre intermédiaire que le cristal de leur lorgnon. Ce jardin est l'empire de la reine Pomaré, non pas la reine Pomaré de Pritchard et de Taïti, mais c'est ainsi qu'on nomme, à cause de ses opulents cheveux noirs, de son teint bistré de créole et de ses sourcils qui se joignent, la polkiste la plus transcendantale qui ait jamais frappé du talon le sol battu d'un bal public, au feu des lanternes et des étoiles.

La reine Pomaré est habituellement vêtue de blanc ou de noir, les poignets chargés de bracelets bizarres, le cou entouré de bijoux fantasques. Elle apporte dans toute sa toilette un goût sauvage qui justifie le nom qu'on lui a donné. Quand elle danse, on fait cercle autour d'elle ; les polkistes les plus effrénés s'arrêtent et admirent en silence, car la reine Pomaré *ne fait jamais vis-à-vis*, comme nous le lui avons entendu dire, d'un ton d'ineffable majesté, à un audacieux qui lui proposait de figurer en face d'elle. Sa danse est, en effet, remarquable : sans avoir aucune instruction chorégraphique, la reine Pomaré compose des pas, invente des attitudes et des temps qui ne sont pas dénués de grâce et d'originalité. Elle a tout ce qui manque aux danseuses de profession ; mais aussi il lui manque tout ce qu'ont ces dernières, et il est probable qu'en étudiant, elle perdrait beaucoup de son charme. Tout insouciante qu'elle paraît, la reine Pomaré est cependant travaillée d'une sourde ambition ; elle sait que la gloire est fugitive, qu'il ne reste rien d'un pas gracieusement dessiné ; elle ne voudrait point emporter avec elle le secret de sa polka. Son plus cher désir est, comme elle le dit, « de monter une seule fois sur un théâtre, *de fixer la chose* et de disparaître. »

Nous sommes étonné que le théâtre des Variétés n'ait pas profité de cette envie. *Le Bal Mabille* était pourtant une occasion favorable, et rien n'eût été plus aisé que d'encadrer, à travers l'intrigue assez faible de MM. Siraudin et Danvin, un pas où la reine Pomaré aurait dit son dernier mot. Rien alors n'eût manqué à la gloire de la célèbre polkiste. — Dans *le Diable à Paris* d'Hetzel, au milieu d'une foule de jolies croquades de Bertall, représentant les attitudes plus ou moins échevelées de la cachucha française, on admire *les profil, plan, coupe et élévation* de Rosita, reine Pomaré. La poésie a voulu aussi contribuer à la gloire de la Terpsichore des bals en plein air, car elle a inspiré à l'un de ses admirateurs (préfet, s'il vous plaît !) des couplets spirituels et fort bien rimés, dont voici un échantillon :

> O Pomaré, ma jeune et folle reine,
> Garde longtemps la verve qui t'entraîne,
> Sois du cancan toujours la souveraine,

Et que Chicard
Pâlisse à ton regard !

Paré de fleurs, ton trône chez Mabille
A pour soutien tous les joyeux viveurs;
Mieux vaut cent fois régner là que sur l'île
Où vont cesser de flotter nos couleurs !

La chose se chante sur l'air de la valse de *Giselle*.

XIX

SEPTEMBRE 1844. — Théâtre-Français : reprise de *Roméo et Juliette*, de M. Frédéric Soulié. — La pièce de Shakspeare. — Le dénoûment de Garrick. — Logique des changements à vue. — Opéra : l'*Othello* de Rossini, paroles françaises de MM. Alphonse Royer et Gustave Vaëz. — La science musicale et le génie de la musique. — La partition d'*Othello* au point de vue du poëme. — Les exécutants. — Une voix qui s'en va. — Théâtre-Français : *l'Héritière, ou un Coup de partie*, drame de M. Empis. — Du drame bourgeois en général et de celui de M. Empis en particulier. — Opéra-Comique : *la Sainte-Cécile*, paroles de MM. Ancelot et de Comberousse, musique de M. Montfort. — Le genre Ancelot ou pseudo-Pompadour. — Carle Vanloo. — Madame Anna Thillon, Mocker.

2 septembre.

THÉATRE-FRANÇAIS. Reprise de *Roméo et Juliette*. — Il fut un temps où M. Soulié faisait des vers. Qui n'a pas commencé par là? Malheureusement pour ceux que leurs parents ont négligé de faire naître avec accompagnement de rentes, il faut bientôt abandonner la poésie ; les dures nécessités arrivent la main pleine de clous d'airain ; la prose vous envahit malgré vous, et le plectrum d'ivoire est remplacé par la plume, — souvent, hélas ! par la plume de fer ; — car, en se servant de cet horrible stylet métallique qui coupe le papier, on gagne quelques minutes, qui se traduisent par quelques lignes, c'est-à-dire par quelques francs de plus !

Dans le prologue de ses satires, un Latin dit que la faim rend les pies poëtes (*fames facit poetridas picas*). L'époque moderne n'est pas en progrès sur l'antiquité. Maintenant, une pie qui ne veut pas mourir de faim, tâche de se faire acheter par quelque honnête Pipelet, et, grâce à son babil, le fromage blanc ne lui manque pas dans sa cage d'osier.

Une tragédie en cinq actes en vers est toujours l'œuvre d'un esprit honnête, la pièce ne valût-elle pas le diable; car elle exige beaucoup de temps, de travail, et ne rapporte presque rien. On ne saurait donc trop louer les gens qui font des vers : ils montrent du dévouement à leur idée et un dédain de l'argent assez rare dans ce temps-ci.

Le *Roméo et Juliette* que l'on vient de reprendre au Théâtre-Français, est un ouvrage déjà ancien, comme le ferait voir, à défaut de date, la manière dont il est conçu et exécuté. — Nous avouons ne guère comprendre, surtout aujourd'hui, la nécessité de remanier les pièces de Shakspeare. Il nous semble qu'il vaudrait beaucoup mieux jouer la traduction telle quelle de Benjamin Laroche ou de Letourneur, sans y changer un mot. Mais il paraît que MM. les comédiens de la rue Richelieu n'admettent le Shakspeare qu'à des doses très-faibles, sans doute en leur qualité d'interprètes de Corneille, de Racine et de Voltaire. Ainsi, ils jouent encore ce risible *Othello* de Ducis, au lieu de la version exacte et dramatique de M. Alfred de Vigny; le public est pourtant assez habitué maintenant aux allures du grand dramaturge anglais pour qu'on n'ait plus besoin de lui servir ces mélanges édulcorés. Le *Falstaff* de MM. Auguste Vacquerie et Paul Meurice a fait voir jusqu'à quel point on pouvait aller en fait d'excentricités et de hardiesses comiques.

La fable de *Roméo et Juliette* est si naturellement poétique et touchante, qu'une pièce qui en conservera quelque chose, fera toujours un certain plaisir. C'est la jeunesse, la beauté, l'amour, tout ce qu'il y a de pur, de frais et de charmant au monde. Le dénoûment, un des plus dramatiques qui existent au théâtre, tout connu qu'il est, excite toujours une profonde émotion, et fera encore le succès de bien des pièces. — Il est malheureux que M. Soulié se soit préoccupé des prohibitions classiques, au point de n'oser faire descendre Roméo par cet immortel balcon que tout le monde a escaladé dans ses rêves d'amour. Les classiques, par horreur des changements à vue, sont vraiment arrivés aux absurdités les plus choquantes et aux abstractions les plus forcées. Ils trouvent tout simple qu'on entre et qu'on sorte sans être vu, et que le Montagu Roméo pénètre chez les Capulets par l'escalier, comme un ami de la maison qui n'aurait à redouter aucune rencontre fâcheuse.

Les changements à vue, dont Shakspeare fait un si fréquent usage, ne sont pas, comme on paraît le croire, des fantaisies et des caprices; ils amènent, par des contrastes subits, des effets d'une haute poésie et d'une grande puissance. La mobilité de la scène, chez les écrivains romantiques, n'est pas seulement un moyen de faciliter la marche de l'action. Ainsi, après cette scène animée où Juliette est forcée par ses parents à prendre Pâris pour époux, nous sommes transportés, sans transition, dans l'auberge où Roméo, ignorant ce qui se passe, se livre aux plus charmantes rêveries d'amour. Il prononce son monologue et l'action reprend son cours. Le contraste de la tranquillité du malheureux Roméo avec l'agitation de Juliette, et les événements funestes qui se réalisent, sans qu'aucun pressentiment l'en avertisse, produit une impression des plus saisissantes. C'est l'image vraie et poignante de la vie, où nous nous livrons à la joie, tandis que, loin de nous, ceux qui nous sont chers éprouvent les coups de la fatalité.

M. Frédéric Soulié peut nous répondre, il est vrai, qu'il n'a nullement imité Shakspeare. La seule scène fidèlement rendue, d'après l'anglais, est celle du tombeau, au cinquième acte, laquelle, comme on sait, n'appartient pas à Shakspeare et a été ajoutée par Garrick. Elle est assurément d'un puissant effet dramatique, mais d'un dramatique vulgaire, et l'on peut penser que Shakspeare l'avait aperçue et l'avait dédaignée. Le grand William était un poëte et non un faiseur.

La pièce de M. Soulié finit sur cette scène du tombeau, et laisse encore aux spectateurs le regret de ne point admirer le magnifique dénoûment de Shakspeare, dans lequel les deux familles se réconcilient et jurent d'éteindre leur haine sur les corps glacés de leurs enfants.

On sait qu'à l'Odéon, le rôle de Juliette était joué par mademoiselle Anaïs, et a été l'un de ses premiers triomphes. — Mademoiselle Naptal avait à lutter contre ce souvenir, et ne l'a point effacé. Il serait injuste de juger sur cette unique épreuve le talent d'une actrice qui s'est fait à l'Odéon une juste renommée; mais on n'a pu encore, au Théâtre-Français, admirer que son physique, parfaitement convenable à l'emploi qu'elle a choisi.

9 septembre.

OPÉRA. Reprise d'*Othello*. — Nous sommes admirateur passionné de Rossini, — maintes et maintes fois nous l'avons prouvé, — par la raison que c'est tout simplement un compositeur de génie. Les autres n'ont que du talent et de la science à un degré plus ou moins haut, et nous faisons surtout cas de ce que ni le travail ni l'argent ne peuvent procurer, de ce qu'on nomme les *dons* en langage de fée. La beauté, le génie, le bonheur, sont dans la main de Dieu, et personne ne peut le forcer à l'ouvrir. Sa main s'est ouverte sur Rossini; tous les Allemands et tous les Israélites auront beau se ronger les ongles et s'user les bras jusqu'au coude, sur leur piano, pour trouver de petites phrases de trois ou quatre mesures, ils n'arriveront jamais à produire une de ces mélodies que le maestro laissait envoler dans la ruelle de son lit, sans se donner la peine de les ramasser.

Chez le grand Italien, nul effort, nulle tension d'esprit : il ne monte pas sur le trépied ; il ne vaticine pas ; tout en causant, sur le coin d'une table, sur l'angle d'une cheminée, il couvre le premier chiffon de papier venu de motifs admirables, de cantilènes sublimes, dont la moindre a fait la fortune du pianiste qui l'a défigurée de ses variations. La musique lui est naturelle comme la respiration. Aussi n'y attache-t-il pas la moindre importance et doit-il être, au fond de lui-même, un peu étonné de l'admiration qu'excite une chose aussi aisée à faire qu'un opéra magnifique.

Après cette profession de foi, nous serons plus à l'aise pour dire franchement notre pensée sur la traduction de l'*Othello* tentée par l'Opéra. Nous louerons d'abord M. Léon Pillet de l'hommage respectueux rendu à l'illustre maître, en tâchant de naturaliser *Othello* sur la scène française. Puisqu'il s'obstine à garder le silence, malgré toutes les supplications, pour nous punir du succès d'estime qui accueillit *Guillaume Tell*, ce radieux chef-d'œuvre, il faut bien avoir recours aux expédients pour ne pas perdre, à l'Opéra, la tradition de cette grande et noble musique. Seulement, nous croyons que le choix d'*Othello* est un choix malheureux, non que la partition n'étincelle de sublimes beautés, mais l'œuvre, en général, est entendue dans ce style italien plein d'insouciance de la situation et qui s'inquiète peu si la mélodie concorde avec le sens des paroles, pourvu que la phrase soit vive, alerte, étincelante. En effet, qu'importent les syllabes que le pauvre poëte librettiste a groupées en lignes ou en stances! À coup sûr, rien n'est plus indifférent; cependant, lorsque ce poëte est le grand William Shakspeare, ni plus ni moins, le cas est plus grave.

Othello remonte à une date déjà ancienne, à un temps où Shakspeare était encore pour beaucoup le *sauvage ivre*, ainsi que l'appelle Voltaire, et il est fort probable que Rossini, l'ignorant grand génie qu'il était, n'avait aucune connaissance du véritable *More de Venise*. — Il a dû accepter le livret taillé sans doute dans la tragédie de Ducis, comme *la Pie voleuse* ou tout autre sujet découpé dans un mélodrame quelconque, pour servir de prétexte à musique, et c'est ce qui explique la couleur brillante et presque gaie qui domine dans plusieurs endroits de l'ouvrage. Les situations les plus terribles ne peuvent parvenir à contenir tout à fait la formidable bonne humeur du maestro, et, nous osons à peine le dire, de peur d'être accusé de blasphème, il nous semble que bien des morceaux d'*Othello* ne seraient pas déplacés dans un opéra bouffe; ce qui n'enlève rien, d'ailleurs, à leur mérite intrinsèque.

Pour nous autres poëtes, ces noms d'Othello, de Desdemona, d'Yago, évoquent des fantômes si fatalement doués de réalité et de vie, que toute imitation infidèle nous contrarie comme le portrait peu ressemblant de quelqu'un que nous connaîtrions beaucoup. Chacune de leurs paroles est gravée profondément dans notre mémoire, et la plus belle mélodie n'y ajoute rien, au contraire; quelle musique peut valoir un vers de Shakspeare, fût-ce de la musique de Rossini!

D'ailleurs, on ne superpose pas un chef-d'œuvre à un chef-d'œuvre.—L'*Othello* anglais est une magnifique statue coulée en bronze, d'un seul jet. Nul n'y peut retoucher. Il n'est pas nécessaire de colorier des statues et de mettre de la musique sur de la poésie, ce sont deux partitions l'une sur l'autre. Mais laissons là cette esthétique et venons à la représentation de l'Opéra.

Les artistes de la rue Lepelletier avaient tous de terribles souvenirs à affronter, chacun dans son rôle. Pour Duprez, — Garcia, Rubini, Mario; pour madame Stoltz, — mesdames Pasta, Sontag, Malibran et Giulia Grisi; pour Levasseur, — Lablache; pour Baroilhet, — Tamburini. — Voilà des noms à faire trembler les plus braves. Il faut dire aussi, en faveur des artistes français, malgré tout le mérite de la traduction de MM. Royer et Gustave Vaëz, qu'ils avaient à vaincre, outre les difficultés de chant, des difficultés d'énonciation, inévitables quand on transporte une partition d'une langue dans une autre, quelque talent et quelque soin qu'y mettent les translateurs.

Madame Stoltz, dans le rôle de Desdemona, a mieux réussi qu'on ne devait s'y attendre. — Il est fâcheux qu'on ait été obligé de baisser pour elle plusieurs passages où sa voix, naturellement grave, n'aurait pu atteindre. Personne ne contestera à madame Stoltz l'intelligence dramatique; elle a donc assez bien conservé la couleur du rôle; et, si l'ombre pâle et plaintive de Malibran, le profil de marbre inondé de cheveux noirs de Giulia Grisi, n'eussent été présents à toutes les mémoires, elle eût été une Desdemone acceptable. La scène de la malédiction lui a fourni l'occasion de montrer d'énergiques qualités de jeu et de chant. Dans la romance du saule, elle nous semble avoir outre-passé la nuance. Ce n'étaient plus des pressentiments mélancoliques, une vague tristesse inexplicable, c'était de l'abattement, de la prostration désespérée. Ce n'était pas même une femme pâle de sa mort future, c'était une femme déjà morte.

L'air de *l'Italienne à Alger*, introduit dans le rôle de madame Stoltz, quoique très-beau en lui-même, ajoute encore au défaut de couleur locale que nous avons déjà signalé; mais il fournit à la cantatrice l'occasion de faire entendre quelques notes basses, et c'est une excuse suffisante pour cette interpolation.

Quant à Duprez, nous hésitons vraiment à parler de lui par égard pour Arnold de *Guillaume Tell*, pour Éléazar de *la Juive*, pour Raoul des *Huguenots*. — Quel triste et douloureux spectacle il a donné ce soir-là! — Il est fâcheux qu'un grand talent n'ait pas assez de respect de lui-même pour se retirer à temps, admirable encore, emportant les regrets de tous et capable d'étonner plus tard, par quelque rentrée inattendue, les jeunes rivaux qui l'auront remplacé. Pourquoi faire assister le public à cette agonie musicale? — Certes, Duprez est un chanteur consommé; il est plein de talent, de courage; il soutient depuis longtemps déjà une lutte désespérée; mais sa voix lui échappe, et c'est en vain qu'il la tourmente de toutes les manières possibles pour la faire jaillir de son gosier tari. Quels efforts! quelles contorsions! quels cris! Ces yeux injectés, ces veines gonflées, ces muscles tendus, cette bouche qui se contracte, ces poings qui se ferment... et tout cela, pour une note qui souvent ne sort pas!

Ces vérités pénibles nous coûtent à dire; il est si doux de faire des éloges! et nous sommes de ceux qui tiennent compte, même aux artistes en décadence, de leur gloire éclipsée et de leur talent évanoui. A Duprez, l'on doit cette belle prononciation, cette largeur dans le récitatif, cette sobriété nerveuse, cet accent mâle dont on semblait ne pas se douter avant lui; et c'est sans doute au souvenir de ces hautes qualités qu'il doit de n'avoir pas été sifflé dans le rôle d'Othello.

Que Duprez ne soit plus le maître d'un organe devenu indocile et rétif, ce n'est pas sa faute après tout, et il ne demanderait pas mieux que de chanter juste; mais ce qui dépend complétement de sa volonté, c'est son jeu et son costume. Tous les acteurs qui ont représenté le More de Venise, ont mis un costume oriental et se sont enduit la figure d'une couche de bistre plus ou moins foncée; Duprez a eu l'étrange fantaisie de se teindre en Peau-Rouge, en Caraïbe : il a gardé les favoris, la coiffure avec une raie de chair et des mèches frisées, et s'est affublé de robes de chambre sans caractère et sans localité. Quand on n'a pas le goût pittoresque, ce qui peut arriver au plus grand chanteur, — témoin Rubini, — on consulte quelque dessinateur qui, en quatre coups de crayon, vous arrange un costume convenable. Aujourd'hui, grâce à Decamps, à Marilhat, à Chacaton, à Diaz et à nos conquêtes dans l'Algérie, rien n'est plus facile que de se vêtir honnêtement à l'orientale. Les Turcs Malek-Adel ne sont plus permis, même sur les pendules et sur les devants de cheminée.

Baroilhet, qui n'avait pas à lutter contre de si redoutables antécédents, s'est assez bien tiré du rôle d'Yago. — Nous lui reprocherons seulement d'avoir fait, de temps à autre, un usage peu généreux du tonnerre de sa voix. Mais pourquoi diable s'était-il teint la figure en bleu de ciel, de façon à produire, à côté de Duprez teint en rouge, l'effet d'un clair de lune près d'un coucher de soleil? L'honnête Yago ne devait pas avoir cette blancheur lymphatique; les tons verdâtres et fielleux de l'envie coloraient sa face scélérate.

Lablache était si écrasant, si fulgurant dans la scène de la malédiction, que Levasseur a dû nécessairement être effacé par ce souvenir.

La mise en scène n'avait pas la fraîcheur et la nouveauté qu'on était en droit d'attendre d'un théâtre comme l'Opéra. Quand on a Venise pour thème, il est facile de faire de charmantes décorations. La chambre à coucher de Desdemone n'avait aucun caractère, et nuisait même, par ses tons clairs et brillants, aux effets mélancoliques des mélodies. — Le divertissement intercalé était long, sans intérêt, composé de danses anguleuses et de renversements forcés et sans grâce. Mademoiselle Sophie Dumilâtre seule y a fait preuve de son talent accoutumé. Mademoiselle Laura Fabri, qui débutait dans un pas de deux, a de la souplesse dans le haut du corps, elle se cambre aisément; mais les jambes ne valent rien.

10 septembre.

THÉATRE-FRANÇAIS. *L'Héritière, ou un Coup de partie.* — *L'Héritière, ou un Coup de partie* est l'œuvre de M. Empis, qui a déjà fait, seul, *Lord Nowart*, *Julie*, et, en collaboration avec M. Mazères, *la Mère et la Fille*, sa meilleure pièce. — Nous avouons avoir une médiocre sympathie pour le drame bourgeois, malgré les remarquables tentatives faites dans ce genre, telles que *le Père de Famille* de Diderot, *la Mère coupable* de Beaumarchais, *Antony* et *Angèle* d'Alexandre Dumas. Ces sortes de pièces tournent aisément à la sensiblerie, à l'analyse, aux explications oiseuses, etc., et les types, n'ayant pas la perspective nécessaire, tombent souvent dans la trivialité.

Le costume moderne porté par les acteurs, outre qu'il est hideux, a l'inconvénient de rendre beaucoup plus sensibles toutes les invraisemblances.

Lorsque vous voyez un personnage revêtu d'un manteau antique ou d'un pourpoint moyen âge se livrer à quelque élan excessif, à quelque action en dehors de la vie commune, vous n'en êtes pas choqué, car votre esprit est transporté dans un monde de convention. Mais, si un monsieur coiffé d'un chapeau Gibus, vêtu d'un frac et d'un pantalon à sous-pieds, sort un peu du train ordinaire des choses, vous vous dites sur-le-champ : « Ce n'est pas ainsi que je m'exprime lorsque je suis en colère, amoureux ou de bonne humeur; on n'entre pas de la sorte dans un salon, et l'on s'y prend autrement pour manier un beau-père. » Des personnages si semblables aux spectateurs n'en sont pas suffisamment séparés par le cordon de feu de la rampe, et, de même qu'à ce brave paysan, venu par hasard au théâtre, il nous semble indiscret d'écouter ce que disent des gens mis comme nous et parlant de leurs affaires dans un salon, sur des fauteuils pareils aux nôtres.

Nous avons pourtant fait un effort sur notre délicatesse et nous vous raconterons, en peu de mots, le sujet de la comédie ou plutôt du drame de M. Empis.

M. Lucien d'Aubray, secrétaire intime du ministre des affaires étrangères, a perdu au jeu tout ce qu'il possédait, et même trois cent mille francs qu'il ne possédait pas. Aucune ressource ne lui reste : il a vendu jusqu'aux secrets de l'État, et, dans l'impossibilité de vendre son âme au diable, il n'a plus qu'à la lui donner en se brisant le crâne d'un coup de pistolet. Dans cette conjoncture, une comtesse de Cireuil, qui le protége, vient offrir à Lucien d'épouser une jeune héritière possédant trois millions de dot, mademoiselle Catherine Renaud, nièce d'un riche mais honnête industriel. — Vous jugez s'il accepte avec empressement! c'est la chance qui lui revient, au moment où il allait jouer son tout; c'est l'assurance d'un gain inespéré; c'est un coup de partie !

Cependant la fortune semble bientôt se repentir de lui avoir souri. — Un certain Louis Morel, qui aspire secrètement à la main de mademoiselle Renaud, arrive tout exprès de Saint-Pétersbourg, où il était attaché à l'ambassade française, pour démasquer Lucien d'Aubray, c'est-à-dire apprendre à l'oncle de Catherine que celui auquel il va la livrer, est un fourbe audacieux, un fieffé gredin, qui a trois cent mille francs de dettes contractées dans les tripots, et, de plus, une maîtresse, madame de Renneville, dont il a l'intention de ne point se séparer, quoi qu'il arrive. — Pour prévenir l'effet de cette révélation, d'Aubray confesse, avec une feinte humilité, ses erreurs de jeunesse à Catherine, mais en se taisant toutefois sur le chapitre de madame de Renneville. L'innocente fille, touchée de la délicatesse de cet aveu, pardonne à son futur époux, et jure de n'appartenir jamais à un autre que lui. Aussi, lorsque Louis Morel vient pour faire sa dénonciation, Catherine l'arrête au premier mot, avec un geste superbe, en lui disant : « C'est bien, je sais tout! »

Le contrat est sur le point d'être signé, quoique la confiance de M. Renaud soit un peu ébranlée par les insinuations de Morel. Catherine, crédule comme la jeunesse et l'amour, persiste dans sa résolution, et, dût-elle être malheureuse, elle sera la femme de Lucien d'Aubray. L'oncle se voit forcé lui-même de consentir, car Lucien a eu l'infamie de faire répandre le bruit que l'honneur de mademoiselle Renaud exigeait la prompte conclusion de ce mariage. Il faut, pour dessiller les yeux de la charmante aveugle volontaire, que Louis Morel lui fasse lire une lettre adressée par d'Aubray à madame de Renneville, lettre dans laquelle il l'assure que sa position conjugale n'interrompra pas leurs relations amoureuses, et où il lui raconte la calomnie horrible dont il a noirci la vertu de mademoiselle Renaud.

Un caractère comme celui de d'Aubray n'est ni comique, ni dramatique; il est repoussant : c'est un drôle vulgaire qui mérite d'être traduit, non pas sur la scène, mais bien en police correctionnelle ou en cour d'assises. C'est de la coquinerie médiocre, sans passion, sans portée, sans grandeur; d'Aubray se conduit comme une infinité de gens qu'on appelle habiles lorsqu'ils réussissent, et gredins lorsqu'ils échouent. Il a des dettes, des créanciers; — qui est-ce qui n'en a pas, excepté ceux qui n'ont pas trouvé de crédit? — Il tâche de combler son déficit en épousant une belle dot doublée d'une belle fille; — rien n'est plus commun dans le monde, et cela s'appelle faire un bon mariage. — Après tout, palper trois cent mille francs sur une dot de trois millions, le crime n'est pas si grand, et une foule de gens qui se croient très-honnêtes le commettent tous les jours. — Seulement, le théâtre exige un certain grandiose dans le crime ou dans la vertu. A la scène, un brigand vaut mieux qu'un voleur, un voleur vaut mieux qu'un fripon.

Qu'y a-t-il de plaisant, qu'y a-t-il d'intéressant dans les péripéties qui s'amoncellent autour d'un misérable comme d'Aubray? Où est le rire? où sont les pleurs?

Tout l'intérêt porte donc sur la jeune fille, et encore ne conçoit-on guère chez elle un amour qui n'est justifié par aucune qualité, par aucun vice séduisant.

Louis Morel, qui joue, tout le temps de la pièce, en faveur de l'innocence et de la vertu, le rôle de dénonciateur et d'espion, a, malgré tous les éloges que l'auteur lui prodigue par la bouche d'une mère à peu près inutile à l'action, quelque chose d'embarrassé et de peu sympathique. Et, si le spectateur éprouve quelque satisfaction en pensant que mademoiselle Catherine Renaud échappe aux piéges de d'Aubray, il la voit sans le moindre intérêt devenir la femme de Louis Morel.

Maillard a joué tristement le triste personnage de Lucien; Samson et Provost se sont tirés avec honneur de deux rôles difficiles, et mademoiselle Plessy a eu trois jolies robes.

24 septembre.

OPÉRA-COMIQUE. *La Sainte-Cécile.* — Vous croyez peut-être, sur ce titre au parfum mystique, que vous allez voir cette charmante sainte que Raphaël nous représente, les yeux noyés d'extase et d'harmonie, chantant des hymnes en s'accompagnant de la basse, un ange lui servant de pupitre pour porter sa musique. Le nom de M. Ancelot vous fera bien vite revenir de cette erreur. M. Ancelot a plus l'habitude des vaudevilles que des mystères, et il ne peut guère chercher ses sujets dans la légende de Voragine. Il a pris pour domaine le XVIIIe siècle, et s'est fait une espèce de genre pseudo-Pompadour qui, grâce aux jupes à paniers, aux habits à paillettes, à la poudre et aux mouches, a obtenu de certains succès sur plusieurs théâtres.

De la lecture mal comprise de Crébillon le fils, charmant prosateur bien au-dessus de monsieur son père le tragique, M. Ancelot s'est fait un petit style fardé, pommadé, papillotant, miroitant, qui singe tant bien que mal la légèreté naturelle de l'auteur du *Sofa*, des *Matinées de Cythère*, des *Égarements du cœur et de l'esprit*.

On peut faire dans cette manière d'assez agréables vaudevilles; le ton leste, impertinent, débraillé, qui est admis au théâtre comme étant celui des talons rouges de l'ancienne cour, est favorable à quelques acteurs au débit vif et scintillant. La liberté extrême des mœurs qu'on suppose avoir régné à cette époque de petits soupers, d'intrigues et de mascarades, permet une foule de combinaisons qui paraîtraient invraisemblables dans un autre temps et sous des costumes plus sérieux; mais, entre toutes les qualités qu'on peut reconnaître au xviiie siècle, il est difficile de lui accorder celle de soutenir des sujets propres à la musique. Le xviiie siècle est sceptique, railleur, spirituel, se moquant de tout et de lui-même, coquet, musqué, aimant ses aises et, en fait de chansons, préférant les noëls égrillards, les rondes bachiques et les couplets avec des rimes en *ette*, *fillette*, *coudrette*, *seulette*, *herbette*, etc. — Et, à coup sûr, rien n'est moins lyrique : la musique veut de la passion et non de l'esprit.

Il ne s'agit donc que fort épisodiquement de sainte Cécile dans la pièce de l'Opéra-Comique. — Le héros véritable est Carle Vanloo, un peintre beaucoup trop méprisé aujourd'hui, mais dont beaucoup de nos artistes les plus fiers feraient bien de s'approprier la couleur argentée et limpide, les contours coulants, la composition abondante et la merveilleuse souplesse de pinceau. *Carle Vanloo* eût été, ce nous semble, un fort bon titre; mais, comme on dit, l'étiquette ne fait rien à la marchandise, et cela n'empêche pas la pièce de MM. Ancelot et Comberousse d'être leste et amusante. Seulement, elle eût été mieux à sa place au Vaudeville : il n'y a pas là l'ombre d'une situation musicale, et il faut plaindre M. Montfort, l'agréable auteur de la musique de *Polichinelle*, de n'avoir pas eu à sa disposition un canevas plus heureux; cependant, il a trouvé encore un moyen de montrer son savoir-faire. — Madame Anna Thillon a très-bien joué le rôle de la marquise, et Mocker a donné au rôle de Carle Vanloo de la noblesse et de la sensibilité.

XX

OCTOBRE 1844. — Cirque-Olympique : représentation au bénéfice du jeune Ducrow. — *Panem et circenses.* — Le nouvel Hippodrome. — Le jeune Ducrow. — Les lutteurs anglais. — Auriol. — Une centauresse. — Opéra : *Richard en Palestine*, paroles de M. Paul Fouché, musique de M. Adolphe Adam. — Inquiétudes des dilettanti sérieux. — L'ennui à la mode en France.— Le livret de *Richard* et la partition. — Madame Dorus, Marié, Barnilhet, Levasseur. — Cirque-Olympique : *la Corde de pendu*, féerie. — A ceux qui demandent du nouveau. — L'opéra du Soleil et le mélodrame de la Lune. — Un préjugé qui tend à se perdre. — Conseils aux faiseurs de féeries. — La vrai couleur du diable.

7 octobre.

CIRQUE-OLYMPIQUE. *Représentation au bénéfice du jeune Ducrow.* — S'il y avait encore des saisons dans ce vieux monde détraqué, nous dirions que la saison finit et que le Cirque-Olympique va bientôt regagner ses quartiers d'hiver. — Toutefois, malgré la bise qui devient piquante et les feuilles qui commencent à tomber, la représentation au bénéfice du jeune Ducrow avait attiré beaucoup de monde à l'hippodrome des Champs-Élysées.

En effet, le Cirque est un spectacle des plus attrayants. Tel que nous le voyons, c'est un reste des colossales fêtes de l'antiquité; la Grèce et Rome vivent encore dans ces chevaux, ces écuyers et ces lutteurs ! Quel beau spectacle ce devait être que ces amphithéâtres démesurés, vastes entonnoirs de marbre, dont les gradins pouvaient contenir cinquante mille spectateurs ; que ces arènes où les éléphants pétrissaient les tigres sous leurs larges pieds, où les ongles du lion s'enfonçaient dans les épaules de l'auroch, où les gladiateurs se battaient dans les principes et mouraient avec grâce, où l'on amenait pour les naumachies des lacs et des océans ! — Le peuple romain avait vraiment raison de ne demander que deux choses : *panem et circenses*. Que faut-il de plus? Ceux qui ont vu les taureaux en Espagne comprennent parfaitement ce cri, et le pousseraient au besoin de toute la force de leurs poumons. — N'est-ce pas une belle et noble chose que le triomphe du courage, du sang-froid, de toutes les qualités morales sur la force aveugle et la férocité stupide de la brute? Quand la frêle épée du matador en bas de soie, en culotte courte, en veste de satin, pénètre dans le cuir épais du taureau, entre deux cornes aiguës comme des poignards, n'a-t-elle pas prouvé la supériorité de l'homme et montré qu'il est le vrai maître de la création? Les spectateurs ne se sentent-ils pas solidaires de cet acte de courage et ne sortent-ils pas du cirque avec une plus haute idée d'eux-mêmes? — La chose la plus précieuse pour l'homme, c'est la vie, et l'exposer librement dans une lutte douteuse, n'est-ce pas la plus grande victoire que la volonté puisse remporter sur la matière? — Qu'ont fait de plus les paladins et les héros? et Paquirro Montès de Chiclana ne vaut-il pas Achille Péliade? Montès pourrait même objecter en sa faveur qu'il n'a pas été trempé dans l'eau du Styx et qu'il est vulnérable ailleurs qu'au talon.

Depuis la réaction injuste et mal comprise qui s'est faite contre la matière, depuis l'ère nouvelle, tout ce qui contribue au développement, à la beauté, à la force, à la splendeur, au rhythme et à l'harmonie du corps humain, a été regardé comme répréhensible et damnable; la maigreur et la gracilité ont été l'idéal de l'art gothique, et un jeûne de plusieurs siècles a puni le monde de la grande orgie des Césars; cependant le corps humain a été modelé en terre rouge par les propres mains du grand statuaire, et ce mépris pour une forme pétrie à l'image de Dieu, nous a toujours paru une impiété flagrante.

Aussi croyons-nous au retour prochain des spectacles antiques. La lutte, les tours de force, la danse, la voltige, l'équitation, les courses en char, les courses de chevaux libres ou montés, les combats de taureaux, et tous les exercices où la puissance et l'adresse physiques sont exaltées, seront suivis et goûtés par les Parisiens de l'avenir, comme ils l'étaient par les Grecs et les Romains.

Ce sentiment est si général, que le cirque, tel qu'il est, ne suffit plus à l'empressement du public. On va élever, en dehors de la barrière de l'Étoile, un amphithéâtre immense pouvant contenir dix ou douze mille spectateurs, comme la place des Taureaux de Madrid ou de Malaga; où l'on exécutera tous les divertissements équestres et gymnastiques sur une grande échelle et avec un développement digne de la dimension de l'arène. Les représentations auront lieu à ciel ouvert, ou sous un vélarium si le temps n'est pas assez beau. Ce sera pour la population parisienne un agréable but de promenade, et les Champs-Élysées, déjà si animés, en recevront une nouvelle vie.

Mais, sans nous préoccuper de l'avenir, revenons au présent : le petit Ducrow est déjà un écuyer plein de feu, de hardiesse et de sang-froid. Il a une charmante figure blonde, et cependant d'une audace et d'une énergie singulières ; sous cette délicatesse féminine, on sent une résolution virile : comme il est maître sur son cheval ! comme il est à l'aise sur cette croupe ondoyante, plancher mouvant sur lequel il exécute, avec un art de mime vraiment remarquable, toutes les phases de la vie d'un matelot !

Les lutteurs anglais nous paraissent avoir atteint les limites du possible, et même de l'impossible. Jamais tant de force n'a été réunie à plus de grâce. La pyramide humaine, qui valait aux Bédouins de la Porte-Saint-Martin de si vifs applaudissements, est exécutée par ces Anglais avec des enjolivements et des additions à désespérer tous les faiseurs de tours des siècles futurs. En les regardant, nous songions à quelle prodigieuse souplesse, à quelles ondulations de serpent l'on pouvait, par les exercices, amener ce corps humain que l'éducation des colléges rend si gauche, si roide, si lourd et si disgracieux; un an passé entre les mains d'un de ces clowns, ne vaudrait-il pas mieux, pour un enfant, qu'un cours de thème grec?
— Les sylphes, les lutins, les farfadets n'ont pas plus de légèreté que ces lutteurs. Comme ils s'élancent, comme ils s'enchevêtrent, comme ils se montent sur la tête, comme ils restent en l'air, suspendus par un pied, par un doigt, par rien du tout! Le caoutchouc est moins élastique.

Auriol, piqué d'émulation, a fait des choses effroyables sur le tremplin : il a franchi six chevaux avec leurs cavaliers, un bataillon de soldats la baïonnette au bout du fusil, des cercles garnis de pipes et des roues d'artifice ; il a dignement représenté l'école française.

Mademoiselle Caroline, montée sur Rutler, n'est pas une écuyère, c'est une centauresse; elle met une amazone pour donner le change, mais il est impossible qu'elle ne soit pas soudée à son cheval; elle n'est femme que par le buste, et les plis de la robe cachent la transition; car comment expliquer autrement cette entente parfaite, cette intelligence qui règnent entre l'écuyère et sa monture?

14 octobre.

Opéra. *Richard en Palestine.* — Une idée particulière semblait préoccuper le public à la représentation de *Richard en Palestine.* Comment M. Adolphe Adam, l'auteur ingénieux et fécond de tant d'opéras-comiques agréables, dont les motifs favoris sont dans la tête de tout le monde, s'y prendra-t-il pour être suffisamment grave, solennel, scientifique, et, s'il faut dire le mot, suffisamment ennuyeux? Il ne s'agit plus ici d'être vif, alerte, spirituel, aisé de rhythme et d'allure, intelligible et clair; cela est bon pour les scènes inférieures; la majesté de l'Opéra exige autre chose.

Nous autres Français, qui passons chez les nations étrangères pour un peuple d'aimables étourdis, entièrement composé de petits-maîtres, de professeurs de danse et de marchands de pommade, nous n'estimons et n'admirons que l'ennui. Le livre illisible, la musique impossible à écouter, le tableau repoussant le regard, produisent toujours sur nous un effet de respect et de terreur. Tout ce que nous comprenons et qui nous amuse, nous le méprisons, et c'est à ce point que donner à un homme l'épithète de spirituel sera bientôt un cas justiciable des tribunaux. Un feuilleton léger, un volume de poésies gracieuses, un roman plein d'intérêt vous perdent à tout jamais dans la considération publique. Mais ayez fait quelque commentaire filandreux sur un passage contesté d'un auteur inconnu, quelque mémoire compacte à propos du cartouche de quelque pharaon problématique, les portes des Académies s'ouvriront devant vous; on fondera, au Collége de France, des chaires à votre intention; vous serez gorgé de sinécures; des brochettes de croix se suspendront d'elles-mêmes à votre boutonnière, et les bourgeois éblouis diront, en vous voyant passer : « Voilà celui qui a fait ce gros livre que personne n'a pu lire, pas même le prote qui en corrigeait les épreuves. » Ce n'est pas vous qui seriez capables d'en faire un pareil, Alexandre Dumas, Balzac, George Sand, Méry; ni vous, Alfred de Musset, avec vos airs fringants! ce n'est pas vous, qui avez pour auditeur un jeune Allemand, à la casquette blanche, aux cheveux blonds, à la redingote noire ornée de brandebourgs! Nous dévorons tout ce que vous écrivez; mais souffrez que nous n'ayons pas la moindre estime pour votre talent. — Et vous, compositeurs, comment diable voulez-vous que nous puissions faire cas de votre musique? Nous la savons par cœur, nous l'avons fredonnée, chantée, pianotée, dansée, valsée, polkée. Écoutez : *Tradéri dera!* n'est-ce pas bien là votre dernier air? — Que ne faites-vous du contre-point, des canons, des fugues, et toutes ces belles symétries scolastiques en manière de plain-chant, qu'on appelle de la musique sacrée? Vos lourdes psalmodies passeront pour de l'art austère et vous serez rangé dans la catégorie de ces maîtres qu'on aime mieux déifier que d'entendre. Les trois quarts des chefs-d'œuvre ne passent pour tels que parce qu'ils sont inconnus. C'est un peu le secret de tous les lamas et de tous les mamamouchis.

M. Adolphe Adam a donc contre lui cette prévention d'avoir fait de la musique qu'on peut exécuter et même écouter. Il est vrai qu'il peut alléguer, comme circonstance atténuante, sa qualité de membre de l'Institut. — Chose étrange, il semble lui-même avoir partagé, par instants, le préjugé du public, et s'être méfié de son inspiration facile et de son entrain ordinaire; on voit qu'il s'est retenu plutôt qu'excité, qu'il s'est interdit beaucoup de formules qui lui sont familières et qui constituent une partie de son originalité, dans l'idée qu'il écrivait pour une scène plus haute et plus digne. Certainement, ce n'est pas nous qui le blâmerons de chercher à se transformer : — tout artiste de talent a plusieurs manières; — mais nous croyons que la partition de *Richard en Palestine* se ressent un peu, malgré tout son mérite, de cette gêne et de cette hésitation. M. Adolphe Adam, en l'écrivant, a trop craint d'être lui-même; et notre peau, quelle qu'elle soit, est encore celle qui nous va le mieux.

Le sujet du libretto de M. Paul Fouché est tiré d'un délicieux roman de Walter Scott que tout le monde a lu et relu; il est fâcheux que le cadre étroit dans lequel le librettiste a été forcé de se renfermer n'ait pu se prêter à tous les développements que comportait une action où sont remués de si grands noms et de si grands souvenirs. Richard Cœur-de-Lion, Saladin, les croisades, tout cela éveille dans l'esprit des idées poétiques et brillantes, et fait travailler l'imagination du public. On s'attend à des silhouettes frappantes, à des figures fortement dessinées, à un appareil de mise en scène, à un luxe de décoration que les directeurs réservent, en général, pour les ouvrages de longue haleine.

M. Paul Fouché a choisi, dans l'épopée chevaleresque du barde écossais, l'épisode de la bannière renversée, et ce n'était peut-être pas une action suffisante pour remplir trois actes.

Son livret est cependant composé d'une manière assez favorable à la musique et aux voix. — Les personnages représentent une gamme vocale complète, soprano, contralto, ténor, baryton et basse. Il y a des chœurs, des airs de bravoure, des trios amenés d'une manière suffisante, et l'action, fort simple d'ailleurs, est menée rapidement.

L'ouverture est d'une mélodie agréable et fraîche qui gagnerait à être plus développée, et qui se saisirait mieux sans les fréquents changements de rhythme qui empêchent d'en suivre le dessin. — Au premier acte, on remarque le duo de madame Dorus avec Marié (Bérangère et Richard); l'air de Levasseur et la chanson bachique des Allemands, sur des vers de trois pieds, qui rappellent *le Pas d'armes du roi Jean*. — Les morceaux les plus brillants du second acte sont un trio d'une facture très-habile, un finale fort bien traité, et un air pour madame Dorus, où sont entassées à plaisir toutes les difficultés imaginables de vocalisation, difficultés qui n'en sont pas pour cette cantatrice, sans rivale à l'Opéra. Madame Persiani, seule, pourrait lutter avec avantage contre un gosier si agile.

Marié était en voix, et a chanté plusieurs parties de son rôle avec beaucoup de charme et de fraîcheur. — Baroilhet est toujours ce vaillant baryton que vous savez. — Levasseur nous a paru un Saladin un peu bien mûr.

Il est fâcheux que l'administration n'ait pas assez compté sur le succès de *Richard en Palestine* pour se mettre en frais de costumes et de décorations. — Maintenant, les portes de l'Académie royale de musique, portes si difficiles à tourner sur leurs gonds, sont toutes grandes ouvertes devant M. Adam. Qu'il en profite et nous donne bientôt un ouvrage en cinq actes, puisque ceux-là seuls obtiennent les sollicitudes de la direction.

21 octobre.

CIRQUE-OLYMPIQUE. *La Corde de pendu*. — *La Corde de pendu* est une féerie taillée sur le patron de toutes les féeries ; mais, pourvu que les décorations soient nombreuses, les changements à vue surprenants, qu'importe que la fable ait servi plusieurs fois ! On a tort vraiment de demander toujours du nouveau. Voyez : la création ne varie pas beaucoup son répertoire; la pièce est la même; les spectateurs seuls changent. Le printemps, l'été, l'automne, l'hiver : tels sont les actes du grand drame de la nature ; le ciel, la terre, la mer, servent de décorations, les animaux d'acteurs. Cela est bien usé, mais, tous les jours, il naît des êtres qui n'ont pas encore assisté à l'opéra du Soleil et au mélodrame de la Lune. Est-il possible réellement d'inventer quelque chose ? Dans la première semaine de la création, tout a été trouvé, et, depuis Adam, l'humanité n'est qu'une longue suite de pastiches, d'imitations, de répétitions et de plagiats.

Tout cela veut dire que *la Corde de pendu* est bien excusable de ressembler aux *Pilules du Diable*, qui elles-mêmes ressemblent au *Pied de mouton*, qui ressemblait, etc. Il serait facile de pousser cette généalogie au delà du déluge et de trouver aux pièces féeriques des origines hindoues, persanes, sanscrites ; car elles sont toujours fondées sur la lutte de cette dualité éternelle du bien et du mal, d'Oromaze et d'Arimane; c'est là que vivent encore les vieilles traditions manichéennes affaiblies, dénaturées, mais pourtant reconnaissables, et le spectacle de la vie humaine aux prises avec deux influences, l'une bonne, l'autre mauvaise, sera éternellement intéressant.

Le préjugé de la corde de pendu finira pas se perdre, grâce à l'invention et à l'usage devenu général de la guillotine. Cette superstition sera bientôt circonscrite dans la vieille Angleterre, où se maintient fidèlement l'habitude de la pendaison. — Il est assez singulier qu'une idée de bonheur se soit attachée à l'instrument d'un supplice hideux, mais le bonheur est si rare sur terre, qu'on ne sait où l'aller chercher. C'était aussi à la potence, à l'endroit arrosé des dernières larmes de la victime, que poussait la mandragore, cette racine monstrueuse aux pivots tortillés comme des jambes, aux rugosités difformes, présentant de vagues apparences humaines, et qui rendait invisible celui qui l'arrachait à minuit avec les rites convenables.

Nous n'essayerons pas de faire l'analyse de la pièce du Cirque. Qu'il vous suffise de savoir que le diable donne le conseil à un pauvre perruquier d'aller couper, au gibet de Montfaucon, un bout de cette bienheureuse corde qui lui procurera tout ce qu'il désire. Le perruquier, au moyen de son talisman, se pose en homme de qualité, et veut épouser la fille d'un tailleur qui en tient pour un jeune militaire, — amours encouragées par le bon ange de la petite. — Le diable et l'ange luttent de travestissements, de *ficelles* et de *trucs*, pour en venir à leurs fins, c'est-à-dire pour faire épouser la jeune fille à leurs protégés respectifs. Le diable est vaincu, comme de raison, et le tout se termine dans les feux de Bengale, à travers une forêt de colonnes transparentes, qui se déroulent en spirales, au milieu de soleils qui tournent en sens contraire.

Vous avez assez l'expérience de ces sortes de choses pour qu'il soit inutile de vous décrire les tables qui se dédoublent, les chandeliers qui se multiplient, les cheminées qui se déplacent, les œufs qui dansent la polka, les bouteilles d'où s'élancent des feux d'artifice, et toutes ces inventions burlesques et amusantes pour lesquelles les petits et les grands enfants ont une curiosité si complaisante. Les mécaniciens du Cirque n'ont pas de rivaux pour ces changements et ces surprises. *La Corde de Pendu*, sous ce rapport, n'est inférieure à aucune de ses aînées.

Un conseil que nous donnons aux faiseurs de féeries, c'est de supprimer les paroles. La pantomime, avec son éloquence muette, est bien préférable pour ce genre de pièces ; outre qu'elle épargne quelques fautes de français et plusieurs bêtises, elle est plus animée, plus rapide et ne contrarie pas l'idée qu'on se fait de l'action. — Une féerie est un rêve que chacun interprète à sa manière. En effet, qu'y a-t-il de plus semblable à un rêve que ces drames incohérents, impossibles, ambulatoires, où les hommes se changent en bêtes et les bêtes en hommes ; où tout un monde bizarre se tord, fait la grimace, rampe, sautille, bat des entrechats, donne et reçoit des coups de pied; où les têtes se passent des corps, et réciproquement; où les poissons se promènent en chaise à porteurs dans des paysages roses? — N'est-il pas fâcheux qu'un dialogue quelconque vous ramène au sentiment de la réalité et vous fasse souvenir que le magicien n'est qu'un comparse?

Terminons par une observation que nous croyons d'importance; le diable, dans *la Corde de Pendu*, est représenté comme une écrevisse cuite; le diable est de sa nature un être essentiellement glacial; toutes les sorcières qui ont commerce avec lui, affirment qu'il a le nez très-froid et un peu camard. Le diable, c'est l'absence de l'amour, de la chaleur, de la lumière, de tous les principes vivificateurs, puisqu'il symbolise le mal, l'ombre et la mort. Bien loin d'étouffer, le diable grelotte toujours; Volfgame, Gœthe et Crabbe n'ont pas manqué ce trait caractéristique de la physionomie de l'ennemi des hommes.

XXI

NOVEMBRE 1844. — Odéon : *les Nuées*, comédie d'Aristophane, traduite par M. Hippolyte Lucas. — L'esprit comique des anciens. — Rouvière. — Théâtre-Français : *le Tisserand de Ségovie*, drame d'Alarcon, traduit par M. Hippolyte Lucas. — Des traductions et imitations des chefs-d'œuvre étrangers. — Opéra-comique : reprise du *Maçon*, de MM. Scribe, Germain Delavigne et Auber. — Jeunesse de la partition. — Mocker, mademoiselle Darcier. — Odéon : *le Roi Lear*, drame de Shakspeare, imité par MM. Élie Sauvage et Duhomme. — Les beautés choquantes. — Aux jeunes gens. — Palais-Royal : *Deux papas très-bien*, par MM. Lefranc et Labiche. — L'éducation des pères par les enfants. — Théâtre-Français : *une Femme de quarante ans*, comédie de M. Cléon Galoppe d'Onequaire. — Les femmes sur le retour. — La plus triste des comédies. — Porte-Saint-Martin : *la Dame de Saint-Tropez*, drame de MM. Anicet Bourgeois et Dennery. — Frédérick Lemaitre.

4 novembre.

ODÉON. *Les Nuées* d'Aristophane. — Un honnête et curieux esprit, M. Hippolyte Lucas, à qui l'on doit déjà *l'Hameçon de Phénice* et *le Médecin de son honneur*, passant du castillan au grec, vient de faire représenter à l'Odéon tout simplement une comédie d'Aristophane, rien que cela, et la plus hardie encore, *les Nuées*, dans laquelle Socrate est si audacieusement tourné en ridicule, dans laquelle se trouve cette effrayante scène où le Juste et l'Injuste personnifiés se disputent, et où le Juste est forcé de fuir en abandonnant son manteau ; le tout encadré d'un cœur de Nuées, les seules déesses que reconnaisse l'athée Socrate, s'il faut en croire l'orthodoxe païen Aristophane.

Certes, c'était là une tâche ardue, difficile, peut-être même impossible. L'esprit comique des anciens égale au moins, en liberté ordurière, les fantaisies les plus cyniques de Rabelais. La périphrase est inconnue dans les comédies grecques : on y parle de tout, et tout y est nommé par son nom. Quelle que soit la conscience du traducteur, il est forcé à une infinité de réticences qui ôtent nécessairement de la franchise au trait et de la netteté au dialogue, surtout dans une société, à une époque où les mœurs anglaises ont prévalu. De braves Gaulois du XVIe siècle eussent peut-être été capables d'écouter, après boire, une traduction textuelle du grand comique athénien ; les contes grecs du *Moyen de parvenir*, les *Facéties d'Eutrapel*, les incongruités de *Gargantua* les eussent familiarisés d'avance avec la plaisanterie licencieuse des *Nuées*. Mais les Français, haut montés sur cravates de l'an de grâce 1844, ne sont pas en état de supporter cette jovialité grossière et terrible où perce un si amer dégoût de la nature humaine.

M. Hippolyte Lucas, avec ce tact et cette habileté qui le caractérisent, a donné d'Aristophane au parterre tout ce qu'il en pouvait supporter. Les retranchements nécessités par la pruderie moderne ayant fait de grands vides dans *les Nuées*, le traducteur a été obligé de les combler en y ajoutant des morceaux du *Plutus* et le personnage de Lysistrata. Ces interpolations, loin de nuire au succès de la pièce, y ont plutôt contribué.

Rouvière, qui donne aux costumes des personnages qu'il représente un soin et une attention qu'on ne saurait trop louer, était admirablement arrangé et grimé dans le rôle de Plutus.

11 novembre.

THÉATRE-FRANÇAIS. *Le Tisserand de Ségovie*. — Nous retrouvons aux Français M. Hippolyte Lucas que nous venons de saluer à l'Odéon. On n'est pas plus laborieux et plus actif. M. Lucas semble s'être fait l'introducteur au théâtre des génies étrangers. Par un long et bienveillant exercice du métier de critique, il est plus en état que personne d'apprécier ce que peut supporter d'excentricité un parterre français ; il sait s'arrêter juste au point où l'audace deviendrait dangereuse. Sa manière même, sobre, tempérée, un peu pâle parfois, si elle ne rend pas toute l'énergie du modèle, ne le compromet du moins jamais ; sans manquer de fidélité, elle esquive les difficultés, sauve les endroits hasardeux, estompe par des tons adoucis ce que les détails pourraient avoir de trop cru, et, avec les progrès qu'a faits la liberté littéraire, réalise pour notre temps ce que Ducis a tenté dans le sien avec les œuvres de Shakspeare.

Sans doute, au point de vue de l'art pur, il serait à désirer que les traductions des chefs-d'œuvre étrangers fussent littérales et rendues dans toute leur saveur primitive; mais le public routinier et railleur du Théâtre-Français ne se prête pas volontiers à des tentatives sincères. Il faut toute la patiente bonhomie d'un public allemand pour écouter le mot à mot d'un drame hindou. Il n'est pas douteux que la traduction d'*Othello*, de M. le comte Alfred de Vigny, ne soit infiniment supérieure à la terne imitation de Ducis, et cependant c'est toujours celle-là qu'on joue !

Les Français sont également ennemis de la traduction exacte et de l'originalité pure. Ce qui leur convient le mieux, ce sont des imitations lointaines, arrangées, modifiées, assagies et, s'il faut le dire, affaiblies, de sujets déjà traités par des poëtes étrangers ou anciens.

Nos grands maîtres n'ont pas procédé autrement; et il ne serait pas difficile à une érudition, même médiocre, de retrouver les prototypes de leurs œuvres et jusqu'aux détails et aux expressions textuelles. Nous sommes un peuple si spirituel, que nul de nous n'ose dire quelque chose de neuf de peur d'être raillé, et préfère s'exprimer suivant les rites et avec les paroles sacramentelles ; nous avons, en outre, l'attention si paresseuse et si distraite, que toute combinaison de phrase imprévue, tout mot original nous causent une impression désagréable. Une chose qu'il faut écouter pour la comprendre nous déplaît, car le Français n'écoute jamais que lui-même; c'est ce qui cause et nécessite la grande clarté de notre langue. A l'inattention se joint une impatience naturelle qui ne nous permet pas de laisser achever une phrase. Votre interlocuteur a dit un mot, et, sur ce mot, vous devinez le reste. Cela est tellement vrai, que, si vous jetez les yeux sur une pièce moderne, vous n'y trouverez pas une seule phrase entière : la seconde moitié de la demande est toujours dans la réponse. Mais, si par malheur la phrase n'est pas jetée dans le moule habituel et ne se compose pas de termes choisis dans les cinq ou six cents mots qui forment le dictionnaire dramatique, l'auditoire est dérouté, inquiété dans ses prédilections et manifeste son mécontentement par des sifflets.

En présence de telles dispositions, on ne saurait blâmer M. Hippolyte Lucas de n'avoir guère pris dans Alarcon que l'esquisse et comme le prétexte de sa pièce,— qui a obtenu, d'ailleurs, un succès incontesté.

OPÉRA-COMIQUE. Reprise du *Maçon*. — C'est en 1825, si nous avons bonne mémoire, que le *Maçon* fut représenté pour la première fois au théâtre de la rue Feydeau. Ponchard, Vizentini, Lafeuillade, mesdames Boulanger, Pradher et Rigaud, tous dans la force de leur talent, remplissaient les principaux rôles. L'ouvrage eut un succès immense, un véritable succès de vogue, et la reprise, qui vient d'en être faite a prouvé que l'engouement du public n'était point exagéré. L'élégante et spirituelle partition de M. Auber, qu'on n'avait pas entendue depuis une douzaine d'années, a paru tout aussi fraîche que dans sa nouveauté. On la dirait écrite d'hier, après *la Part du Diable* et *la Sirène*, si chaque morceau devenu populaire ne rappelait des temps déjà bien loin de nous. Heureux auteur, qui peut ainsi, à dix-neuf ans de distance, être sans désavantage comparé à lui-même!

Le libretto, passablement romanesque, de MM. Scribe et Germain Delavigne, pour pécher quelquefois contre la vraisemblance, et pour avoir un peu vieilli, n'a fait cependant aucun tort à la musique. — Des applaudissements unanimes ont accueilli les couplets si connus :

> Du courage
> A l'ouvrage !
> Les amis sont toujours là.

Mocker les a fort bien dits. — Le beau duo du second acte, entre le maçon et le serrurier, et celui des deux femmes, au troisième acte, ont produit aussi un grand effet. Ce dernier a même été *bissé*.

Avant de reparaître devant le public, *le Maçon* avait été joué à la cour. On pourrait en conclure qu'il est parfaitement monté ; pourtant, sans vouloir contester le talent de Mocker et la grâce de mademoiselle Darcier, nous trouvons que la pièce n'est pas exécutée d'une manière satisfaisante. Elle laisse à désirer sous le rapport vocal. En un mot, il y manque des chanteurs, et c'est quelque chose dans un opéra-comique.

18 novembre.

ODÉON. *Le Roi Lear.* — Puisque les bonnes pièces originales nous font défaut, contentons-nous d'imitations plus ou moins fidèles des poëtes étrangers. Malheureusement, il faut bien le redire, nous autres Français, nous avons trop peur des beautés choquantes, et notre art consiste plutôt à éluder qu'à vaincre la difficulté; sous-entendu dans les choses et dans les mots, voilà notre littérature. Cette préoccupation d'éviter l'étrange nous jette souvent dans le commun et enlève à beaucoup de nos chefs-d'œuvre cette allure souveraine et cette *maestria* qui distinguent les grands écrivains des autres nations.

Dans tous les maîtres illustres, quel que soit leur art, on trouve des choses violentes, triviales, barbares, de mauvais goût, au dire des critiques, des rhéteurs et des grammairiens. Il semble d'abord qu'il eût été très-facile d'éviter ces défauts, et même il s'est trouvé, dans les époques de décadence, des gaillards assez hasardeux pour corriger Corneille et Shakspeare et faire cette singulière besogne d'écurer le soleil. — Cependant l'on est tout surpris, après avoir retranché le vers bizarre, l'expression désordonnée, la comparaison hyperbolique, tout ce qui faisait tache, au sentiment des académiciens, de voir à quel point l'ensemble a perdu. Une touche effacée enlève la valeur de vingt autres. En ôtant une brutalité, vous faites disparaître une délicatesse qui n'était sensible que par ce contraste. D'ailleurs, c'est principalement dans les parties excentriques que le génie se manifeste. Le reste, résultant de l'étude, de la convention et du raisonnement, a toujours une certaine régularité banale. Une œuvre brille souvent par un tout autre côté que celui que le poëte a voulu faire éclatant. Chacun travaille d'après un idéal dont il tâche de se rapprocher; mais, dans le plan le plus rigoureusement réglé, il naît des phrases qui n'étaient pas prévues, qui jaillissent subitement, et dont l'auteur n'a presque pas conscience; ce sont les plus beaux endroits, car ils sont écrits par cet inconnu qui vient quelquefois s'asseoir à la table où s'accoude le poëte, lui prend la plume des mains, trace quelques lignes et s'en va.

Jeunes gens, ne renvoyez pas l'inconnu, s'il daigne vous visiter, et n'effacez pas ce qu'il a écrit de peur du public et des feuilletonistes. La platitude prend trop souvent le nom de bon goût. Certain prélat, dont le nom nous échappe, a bien fait gratter jusqu'à une cinquantaine de pieds de hauteur, la façade fleurie et touffue de la cathédrale de Burgos, par amour de la ligne droite et de la sobriété. Beaucoup d'aristarques, en France, partagent les idées de cet honnête archevêque ; ils cassent le nez des statues et les efflorescences des arabesques, aimant mieux les planches que les bas-reliefs et le rabot qui polit que le ciseau qui fouille. — Ne cherchez pas l'expérience avant l'âge, et laissez-vous noblement duper par quelque belle idée folle. Étudiez ; mais, chez vous, que l'adresse ne précède pas le savoir ; croyez qu'il est des gaucheries grandioses, des maladresses sublimes, qu'aucun vaudevilliste, qu'aucun charpentier mélodramatique n'aura la bonne fortune de commettre.

Ce préambule, qui semble nous éloigner des traducteurs du *Roi Lear*, nous y amène par une transition simple et facile ; — ce que nous avons dit là, en général, ils peuvent se l'appliquer en particulier et en faire leur profit. Ils ont trop redouté Shakspeare ou le public. Leur pièce, adroitement arrangée, d'une versification nette et limpide, n'a pas l'aspect tumultueux de l'original, où l'on entend tinter les grelots de la folie à travers les rugissements de la tempête, où les personnages, éclairés par des lueurs blafardes, débitent des paroles vertigineuses et fatales, et semblent agir au hasard comme dans un rêve fiévreux.

Le parterre actuel, quelque amolli qu'il soit par la prose de pacotille qui se débite dans les journaux et dans les théâtres, aurait cependant, après toutes les tentatives heureuses qui viennent d'avoir lieu, été capable de supporter une plus forte dose de Shakspeare, et MM. Sauvage et Duhomme, sans compromettre le sort de leur ouvrage, pouvaient risquer une fidélité plus littérale.

Rouvière, toujours si remarquable par les soins qu'il apporte à ses costumes et la manière dont il se grime, a eu, dans le rôle du vieux roi, des inspirations touchantes et poétiques qui l'on fait applaudir à plusieurs reprises.

Le sujet dramatique du *Roi Lear* a souvent tenté la verve de nos poëtes. Madame Tastu a donné une traduction très-bien faite de quelques fragments, et M. Antony Deschamps a rendu, avec cette simplicité mâle et nerveuse qui le caractérise, d'assez longs morceaux de la pièce anglaise. Louis Boulanger y a puisé le sujet d'une de ses plus belles aquarelles ; — tout cela, sans compter *le Père Goriot,* sorte de *Roi Lear* bourgeois, de cet admirable Balzac, qui fait tant de chefs-d'œuvre, qu'on n'y veut pas croire. — Les grands poëtes sont des fleuves où le genre humain se désaltère sans les diminuer d'une goutte.

PALAIS-ROYAL. *Deux Papas très-bien.* — De l'Odéon au Palais-Royal, de Shakspeare à MM. Lefranc et Labiche, le saut est grand ; mais ne méprisons cependant pas trop le vaudeville quand il est bouffon, grotesque, et n'a pas le sens commun. C'est là que, sous une trivialité apparente, se réfugie le peu de caprice que permettent nos mœurs littéraires.

Deux Papas très-bien est un titre assez énigmatique pour qui n'est pas initié au dialecte qui se parle dans les États du père Lahire et les provinces adjacentes. Deux papas *très-bien,* ce sont deux papas d'un bon numéro. Comprenez-vous? — Pas trop. — Deux pères parfaitement ridicules dans leur genre. La chose devait s'appeler d'abord *une Paire de pères ;* ce titre, s'il nous est permis de donner notre avis dans une question si grave, nous paraît infiniment préférable à celui qui figure sur l'affiche.

Passons au signalement de ces deux papas. L'un est un académicien d'Étampes, qui a fait des mémoires sur l'*y* et le *z*, et qui affecte, dans sa conversation, toutes sortes de désinences insolites et précieusement grammaticales. C'est un *subjonctif à jet continu.* L'autre a fait un voyage à Paris et a fréquenté la Grande-Chaumière et le bal Mabille, sous les auspices de monsieur son fils, étudiant en médecine. Ce mauvais sujet de père a tellement profité de ce séjour, que vous le prendriez pour un étudiant de quarantième année : il est impossible de voir un *auteur* (un père) plus *chicocandard,* plus *chocnosophe,* plus *ficelé* et doué d'une plus belle *platine.* Cette tenue *flambarde,* il la doit à son *moucheron* (fils); grâce à lui, il est devenu un *gobichonneur*, un *loupeur*, un *goêpeur* fini. Ce fils a posé la *bouffarde* aux gencives de son *caduc*, et n'a rien négligé pour son éducation.

Vous jugez comme le père numéro 1 se hérisse à ce langage *ébouriffant*. Son toupet métallique se dresse d'effroi sur sa tête, avec tant de violence, qu'il renverse son chapeau. « Qui vous a enseigné cet abominable idiome? s'écrie le puriste au dernier degré de l'exaspération. — C'est mon fils. — Il vous ressemble donc? — Un peu, mon neveu! — En ce cas, il n'épousera pas ma fille. »

Heureusement, le fils arrive de Paris, cravate blanche, habit noir, gants paille, bottes vernies, l'air sérieux et posé. Il excuse son père du mieux qu'il peut; il faut bien passer quelque chose à la légèreté naturelle de la vieillesse. Les pères sont quelquefois si mal élevés par les fils, qu'ils se dérangent et font mille folies; quant à lui, il l'avoue, il a polké, cachuché, fumé, bu de la bière, porté un béret sur sa tête et une blague à son cou comme tous ses camarades. Mais ce qui convient à l'étudiant ne convient pas au docteur; il est maintenant laborieux, tranquille, prêt à rendre à une honnête femme le bonheur qu'elle lui donnera; enfin, il parle d'une manière si sage, si raisonnable, que c'est plaisir de l'entendre; quelques désinences en *asse*, adroitement placées, transportent d'aise l'académicien d'Étampes, qui accorde au jeune docteur la main de mademoiselle Camille. Le coquin de père promet de s'amender et renonce au pantalon de tartan, à la pipe, au béret et aux lorettes.

Cette petite bluette contient une idée assez profonde, c'est-à-dire celle de l'éducation des parents par leurs enfants: autrefois, la société était immobile ou, du moins, elle progressait avec un mouvement si lent, qu'il était, pour ainsi dire, insensible. L'expérience des vieillards pouvait servir aux jeunes gens. Maintenant, les mœurs changent de dix en dix ans, à ce point qu'un homme, sorti de France depuis quelques lustres, serait complétement dépaysé. Il faut donc que les fils, plongés dans les idées modernes, remettent leurs pères au courant. L'éducation donnée il y a cinquante ans ne peut servir à personne aujourd'hui, et les vieillards le sentent eux-mêmes. Seulement, ils ne devraient pas pousser l'amour de l'instruction jusqu'à suivre leurs fils à la Chaumière.

25 novembre.

Théatre-Français. *Une Femme de quarante ans.* — La Comédie-Française se flattait d'avoir en M. Cléon Galoppe d'Oncquaire son Ponsard ou, du moins, son Émile Augier. Les espérances de MM. les sociétaires se sont-elles réalisées? C'est une question que la première représentation de la pièce du journaliste d'Amiens, bien qu'accueillie avec des bravos et des applaudissements, semble avoir résolue d'une manière négative.

Le sujet a l'inconvénient de rappeler *le Jeune Mari*, *la Femme jalouse*, et principalement *l'École des Vieillards*, de feu Casimir Delavigne. Le vrai titre de la comédie de M. d'Oncquaire serait *l'École des Vieillards*. On y retrouve toutes les scènes du poëte havrais, transposées seulement au rôle de la femme. L'intrigue est suivie pas à pas; rien n'y manque, pas même la scène du personnage caché dans un cabinet. Mais, au théâtre, cela importe peu. Il n'y a que les nouveautés qui soient dangereuses. Le public n'a pas de raison pour siffler ce qu'il a cent fois applaudi. L'habileté si vantée des *charpentiers* ne consiste pas dans autre chose. Quoique M. Galoppe d'Oncquaire soit encore neuf à la scène, il a fait preuve d'adresse en ne se servant que de situations déjà reçues plusieurs fois avec faveur. Un vaudevilliste consommé n'eût pas mieux fait.

Disons-le tout de suite, le thème de cette comédie nous paraît des plus tristes. Un homme ruiné, qui épouse une femme en ruine, nous semble, comme au marquis de Belverana, une chose fade et commune. Il vaut mieux, n'en déplaise aux créanciers, ne jamais payer ses dettes que de les acquitter de cette manière. Nous concevons très-bien qu'un jeune homme de vingt-cinq ans aime une femme de quarante ans, quand elle est belle; la beauté n'a pas d'âge, et il y en a de vieilles de dix-sept ans. Mais qu'il l'épouse, — surtout s'il n'a pas d'argent, — cela nous paraît l'action d'un maraud sinistre et ténébreux.

M. de Balzac, avec cette finesse de pinceau qui le caractérise, a tracé de délicieux portraits de femmes arrivées à cet âge qu'on appelle, nous ne savons trop pourquoi, âge de retour. — Retour à quoi?—Ce n'est pas assurément à la jeunesse que retourne une femme de quarante ans. — Le maître s'est arrêté au chiffre trente, ce qui nous paraît fort raisonnable ; les imitateurs, M. Charles de Bernard en tête, ont ajouté une dizaine, et les choses ont été portées si loin, que nous avons lu quelque part cette phrase mémorable : « Elle n'avait guère que soixante-quatre ans, et plus d'un merveilleux du boulevard de Gand se fût estimé heureux de baiser l'ongle rose de son petit doigt. »

En somme, dans un roman, avec beaucoup d'analyse, de préparations, de demi-jours ménagés et discrets, on peut faire une héroïne agréable, intéressante, d'une beauté dont la couronne verte s'effeuille aux premiers souffles de l'automne ; mais il y a quelque chose de pénible à entendre railler sur un théâtre, à la lueur des quinquets, une pauvre diablesse sortie de pension depuis trop longtemps : c'est un spectacle si triste de voir une créature qui, hier encore, était belle, splendide, l'œil plein de flamme et le sourire étincelant, se vergeter, se couperoser, se rider comme une vieille pomme, s'épaissir, s'engoncer, devenir cette chose qui n'est pas un homme, qui n'est plus une femme, et qui n'a d'autre emploi que de servir de champignon aux turbans et de tapisserie aux murailles pendant les nuits de bal ! — Ce n'est là ni un défaut, ni un ridicule, ni un vice, c'est un malheur, et les comédies n'ont rien à y voir. — Ah ! si la fontaine de Jouvence était retrouvée !

M. Galoppe d'Onequaire n'a pas toujours pu éviter le côté pénible des plaisanteries qui ressortaient naturellement de son sujet. Il était difficile, en effet, de ne pas blesser quelquefois le bon goût dans une matière si délicate. Cette comédie est, après tout, un des plus sinistres drames qui puissent se jouer sur le théâtre humain. Aimer et sentir que bientôt cet amour sera ridicule, s'il ne l'est déjà ; s'entendre dire tous les matins des choses inquiétantes par son miroir ; voir s'altérer les contours de cette poitrine où palpite un cœur si jeune, et, quoiqu'on ait des mains royales, des épaules d'impératrice, une large nappe de cheveux si noirs encore, comprendre qu'il vous manque ce qu'a votre femme de chambre, fine et preste dans sa petite robe d'indienne et sous son bonnet de percale ! quelle tragédie où le sang coule à torrents pourrait être plus lamentable qu'une pareille douleur !

La versification de M. Galoppe d'Onquaire, malgré quelques passages bien réussis, n'est pas suffisamment travaillée; la négligence de la rime dépasse tout ce qu'on peut imaginer. — Nous ne demandons pas des rimes à écho, des contre-petteries; mais, aujourd'hui que l'art de versifier est porté à un si haut degré, dans un mètre aussi facile que l'alexandrin, il n'est pas permis de se contenter d'une vague assonance. On peut dire, pour excuser l'auteur, que le vers s'adapte mal aux sujets modernes, et qu'on n'évite le prosaïque que pour tomber dans le maniéré.

PORTE-SAINT-MARTIN. *La Dame de Saint-Tropez.* — Voilà une pièce dont l'analyse serait tout à fait oiseuse. Le sujet, les scènes, les types, les personnages se retrouvent dans un procès qui eut, il y a quelques années, un immense retentissement. Les noms véritables des acteurs de ce drame sinistre étaient dans toutes les bouches.

MM. Anicet Bourgeois et Dennery se sont peut-être un peu bien hâtés de traduire au théâtre cette cause célèbre, dont les héros sont encore vivants, excepté la victime, bien entendu. — Mais ce que nous leur reprochons, sera sans doute une raison de succès, et ce plaidoyer, où l'art n'a rien à voir, aura peut-être cent représentations.

Quel acteur immense que Frédérick! Comme avec un geste, un mot, un cri, il enlève une salle, et remue son public, de l'orchestre au paradis! D'un rayon de sa fauve prunelle, il éclaire, à travers l'action, de livides abîmes, des gouffres du cœur humain, que ne soupçonnait pas le dramaturge de pacotille; la chose est à ce point qu'il nous est parfaitement égal de le voir (*Ruy Blas* excepté) dans une pièce ou dans une autre; il est toujours beau, imprévu, surprenant, haut comme le ciel, trivial comme la vie, passionné, railleur, désordonné et pourtant toujours maître de lui, dominant son rôle, ses interlocuteurs et son parterre! Dès qu'il entre dans une action, tout s'anime, tout s'agite, tout se précipite au dénoûment; les acteurs les plus froids s'échauffent, et cette mauvaise ébauche au charbon prend les couleurs d'un tableau de maître. Vous croyez entendre des scènes d'amour, des mots de flamme, des cris de vengeance : — lisez la pièce, il n'y a rien. C'était Frédérick qui écrivait tout cela en levant les yeux au ciel, en se jetant à genoux, en changeant une chaise de place, en laissant tomber son front orageux dans ses mains convulsives. — Un tel jeu, ce n'est plus du talent, c'est du génie et du plus haut !

XXII

DÉCEMBRE 1844. — Trois chœurs de Rossini. — L'Achille musical. — M. Troupenas. — Deux portraits du maestro. — Ses trois chœurs. — Italiens : *le Cantatrici villane*, de Fioravanti. — La partition, la pièce. — Lablache, Ronconi, madame Persiani. — Un comparse ambitieux. — Opéra : *Marie Stuart*, paroles de M. Théodore Anne, musique de M. Niedermeyer. — Le domaine de la musique. — Poëtes, peintres et musiciens. — Le paradis de l'art. — Le livret de M. Théodore Anne et la partition de M. Niedermeyer. — Début du ténor Gardoni. — Italiens : reprise d'*il Pirata*, de Bellini. — La pièce. — Caractère du talent de Bellini. — Mario, Giulia Grisi. — Concert de Félicien David : *le Désert*, symphonie. — La bonne nouvelle. — Gymnase : *Rébecca*, par M. Scribe. — Mesdemoiselles Rose Chéri et Désirée. — Les acteurs anglais. — *Othello.* — *Hamlet.* — La poétique de Shakspeare. — Macready, miss Helen Faucit. — Italiens : *Beatrice di Tenda*, de Bellini. — Londres à Paris.

2 décembre.

TROIS CHŒURS DE ROSSINI. — C'est toujours un événement que l'annonce de quelque œuvre nouvelle de Rossini. L'espérance se trouve aussi vivement mise en jeu que la curiosité. Au moindre murmure qui s'échappe du piano sur lequel ont résonné tant de mélodies sublimes ou charmantes, le monde entier prête l'oreille ; car on ne peut croire que le silence de Rossini soit définitif ; on a peine à comprendre que le grand maître ait à tout jamais scellé ces lèvres harmonieuses où se suspendaient tous les peuples, qu'il ait devancé lui-même la vieillesse et la mort, et se soit rayé du nombre des vivants.

Quelle peut être la raison qui a fait quitter à Rossini une scène où il venait de donner le plus élevé, le plus accompli de ses chefs-d'œuvre ? Est-ce, comme on l'a prétendu, l'ennui que lui causait l'invasion des tribus israélites ? attendait-il, ainsi qu'on l'a dit, que les juifs eussent fini leur sabbat ? Ce sabbat est fini depuis longtemps, et l'Achille musical reste toujours sous sa tente de Bologne, répondant par quelque recette culinaire aux impresarios implorant un opéra.

Quoiqu'une retraite si prématurée nous afflige, nous la comprenons : Rossini est arrivé au dégoût de sa propre gloire ; il lui déplaît de s'entendre appeler partout le juste, et il s'est donné sa propre coquille pour se bannir d'Athènes. — Certes, il n'est pas usé, et son soleil couchant aurait autant de splendeur que son aurore ; — s'il le voulait, il bâclerait encore, à main levée, quelque immortelle partition qui vivrait plus de siècles qu'il n'aurait mis de semaines à l'écrire ; mais à quoi bon ? Pour vous faire plaisir, à vous et à moi ? — Qu'importe ? Ne connaît-il pas sa force ? ne s'est-il pas prouvé à lui-même qu'il était le plus grand compositeur du monde, et le monde n'a-t-il pas été de son avis ? Qu'est-ce que cela ferait à l'auteur du *Barbier de Séville* et de *Guillaume Tell* de devenir l'auteur de *Jeanne d'Arc* ou de tout autre opéra ? Sa statue n'en grandirait pas d'un pouce, et vous savez qu'il est assez indifférent en matière de Paros ou de Carrare. — Il est venu, il a écrit son mot sur la marge du livre, comme tous les grands génies, et s'en est allé. — Du coin où il se tient à l'écart, il assiste à sa postérité, tout jeune encore, et entend parler de lui, comme d'Orphée, de Linus, de Palestrina, de Mozart et de tous ces demi-dieux qu'il surmonte de la tête ; il se voit passer tout vif à l'état de mythe et de symbole ; on l'appelle le cygne de Pesaro, comme Virgile le cygne de Mantoue. Il sera l'Apollon de la mythologie future. Beaucoup de dieux n'ont pas si bien gagné leur diadème sidéral !

C'est cela d'abord et autre chose. — Ce qui décourage l'artiste généreux, ce ne sont pas les injures, les diatribes, les calomnies, les critiques empoisonnées, les coups de dent de l'envie ; il y a en lui un instinct de lutte qui le fait se révolter contre les attaques. Mais c'est l'admiration des sots ; on ne résiste pas à cela ; rien n'est plus pénible pour un homme de génie que l'éloge adressé par un imbécile. L'imbécile sait si bien trouver pour les exalter les endroits faibles et mal venus! il va si droit à la phrase banale, à la pensée commune, que souvent l'on voudrait prendre sa louange pour une ironie ; mais non, il parle sincèrement : l'admiration des sots vous fait voir par quels côtés vous tenez au vulgaire et vous fait douter de vos qualités réelles. Quand vous en êtes là, votre rôle est fini, la foule a regagné la distance qui vous séparait d'elle.

Rossini est maintenant accepté, son panégyrique est devenu un lieu commun : on a pour lui cette vénération vague qu'on professe pour un grand maître ancien, et cela est arrivé à un tel point en Italie, qu'on ne le joue presque plus ; les généraux d'Alexandre se sont emparés de son empire, de son vivant même.

De notre temps, il ne faut pas quitter l'arène une minute ; on ne vit qu'à cette condition ; assurément, Rossini compte une assez glorieuse liste de chefs-d'œuvre, pour avoir le droit de se reposer ; mais, maintenant, le repos, c'est la mort. Grâce aux moyens de concentration modernes, la vie intellectuelle s'exalte, et le cerveau, traversé de mille courants électriques, produit avec une précocité de serre-chaude ; et ce phénomène de l'homme supérieur se croisant les bras et regardant son œuvre achevée, au milieu de sa carrière, sera dans l'avenir un spectacle fréquent ; la publicité use si vite les hommes et les choses ! — Une nouvelle qui, autrefois, mettait six semaines à se répandre, est connue, du soir au lendemain, par des millions de lecteurs. De nos jours, l'*Iliade* ne ferait pas quarante feuilletons et Homère serait parfaitement oublié, s'il ne donnait l'*Odyssée* six mois après.

Et qui sait si le maestro ne fait pas bien de se taire? On se lasse de tout, du beau principalement ; car le beau a quelque chose en soi de simple, de sincère, de noblement négligé qui choque toujours les esprits méticuleux et bourgeois, plus sensibles au mérite de la difficulté vaincue, des complications ingénieuses qu'à la grandeur aisée de l'inspiration naturelle. Les Nisard du contre-point trouveraient sans doute que la musique de Rossini ne sent pas assez l'huile et lui démontreraient que les Allemands s'y prennent d'une autre façon pour être sublimes, et le public serait peut-être de leur avis. On prend si vite les mauvaises habitudes ! Nous ne comprendrions sans doute plus cette belle facilité italienne, ce pur jet primitif que nul pédant n'a pu détourner et qui ne demande qu'à s'élancer en fusée de cristal dans la sérénité de l'azur, et à retomber en pluie de perles sur les feuilles d'émail des lauriers-roses.

L'autre jour, chez Troupenas, l'éditeur spécial de Rossini, quelques personnes choisies attendaient avec une impatience respectueuse l'exécution de trois chœurs, sinon nouveaux, du moins inconnus, de l'illustre maître. Rossini est le dieu de Troupenas, et, comme tout dévot fervent, Troupenas a dans tous les coins de sa maison l'image de son idole. Nous regardions, avant que la musique ouvrit ses ailes d'or dans l'étroit salon, le buste en marbre du maestro, sculpté par Bartolini de Florence; — un étrange sourire illumine sa bouche; ses yeux, son nez ont des angles et des plis narquois; on dirait un Méphistophélès obèse, un aigle empâté de macaroni. — Lorsqu'on fit ce portrait, Rossini était à l'apogée de sa gloire, et se défendait de ses admirateurs, comme il pouvait, à force d'ironie et de sarcasmes. Un second portrait, plus récent de quelques années, peint par Scheffer, nous le présente sous une tout autre face, non pas vieux, mais vieilli, morose et presque mélancolique. — Entre ce portrait et le premier, il y a un abîme. — Qui donc a pu abattre cette formidable hilarité méridionale, cette turbulence sans pitié, ce rire étincelant, infatigable? — La tristesse de Rossini! quel singulier accouplement de mots!

L'œuvre exécutée l'autre jour se compose de trois chœurs écrits exclusivement pour des voix de femmes. — Les deux premiers remontent à 1812, c'est-à-dire à la jeunesse de l'auteur; le dernier est tout récent : M. Goubaux a fait les paroles du premier chœur; M. Hippolyte Lucas celles du second, et madame Louise Collet celles du troisième. Les choristes étaient choisis parmi les meilleures élèves du Conservatoire. M. Henri Herz tenait le piano.

Le premier de ces trois chœurs ne vaut pas les deux autres; le dernier est tout à fait supérieur; le moins bon serait pourtant une bonne fortune pour quiconque ne s'appelle pas Rossini. C'est toujours ce dessin clair et ondoyant, cette belle ligne athénienne tracée de main de maître et suivie d'un bout à l'autre sans hésitation, sans reprise; cette simplicité abondante que nul ne peut imiter et qu'il n'est donné à aucun effort d'atteindre; cet effet surprenant obtenu avec rien, avec une seule note, un seul trait ! — mais le dernier morceau a quelque chose de nouveau dans la manière de Rossini. Personne n'a possédé comme lui, l'esprit, la passion, l'agitation théâtrale ; ici soupire une mélancolie voilée, involontaire, mille fois plus attendrissante que toutes les lamentations éplorées des compositeurs élégiaques, car c'est la mélancolie de la force, et, si les larmes d'une femme vous émeuvent, celles d'un homme sont bien plus poignantes. Il n'y a que les géants pour être tendres et plaintifs quand ils s'y mettent. Si Rossini n'était pas le plus grand sceptique de ce temps-ci, il irait finir ses jours dans quelque beau couvent aux cloîtres de marbre, aux cours parfumées d'orangers, en Italie ou en Portugal, et, là, il écrirait des messes, des motets, des *Alleluia*, des *Credo*, à faire blémir de jalousie, dans leur roide suaire, tous les vieux compositeurs catholiques qui s'imaginaient que le Père éternel n'aimait que les fugues, les canons et le contre-point, comme si un seul soupir parti de l'âme ne valait pas mieux que tout cela !

Maintenant faut-il espérer que Rossini abordera encore le théâtre, et que ce Charles-Quint musical sortira de son monastère de Saint-Just pour reprendre le sceptre de l'empire harmonieux ? Hélas ! nous craignons bien que non. Le marasme de la gloire ne se guérit jamais.

ITALIENS. *Le Cantatrici villane*. — Fioravanti a été un maître en réputation, il y a quelque cinquante ans, et cette réputation, il la mérite sous beaucoup de rapports, bien que plusieurs portions de son œuvre aient considérablement vieilli. — Il est bon, nous l'avons déjà dit, de remettre de temps à autre en lumière les ouvrages qui ont charmé la génération précédente et dont on se sert pour déprécier le mérite des compositeurs actuels ; on voit ainsi que la musique n'a pas été en décadence plus que les autres arts, malgré les récriminations des esprits chagrins. — L'opéra buffa di Fioravanti, presque tout composé de récitatifs, est très-pauvre en musique, et l'on a été obligé d'y intercaler des airs de Donizetti et du propre fils de l'auteur. Le public de nos jours est plus exigeant, et il dévore en un soir plus de mélodie que nos pères n'en dévoraient en six mois. — Certes, le style de Fioravanti est clair comme l'eau filtrée d'une carafe ; et nous préférons, pour notre part, la pourpre d'un vin généreux, quoiqu'elle soit moins transparente. Sa manière est aisée; on le serait à moins : il n'est rien de plus facile que de ne pas écrire un air. C'est de la musique comme l'aimait Napoléon ; de la musique qui *berce* et n'empêche pas de penser à ses affaires. Quelle différence, de cette gaieté qui chevrote, à la verve étincelante du *Barbier!*

Tout cela n'empêche pas la représentation des *Cantatrici villane* d'être une des choses les plus amusantes qu'on puisse *voir;* nous nous servons à dessein du mot *voir*, car Lablache, en *vecchio podagroso*, et Ronconi, en compositeur râpé, dessinent avec leurs personnes une de ces caricatures drolatiques comme Hoffmann seul sait en crayonner dans ses fantaisies à la manière de Callot et de Rembrandt ; Ronconi, fin et mince, famélique, leste comme un chat, grimacier comme un singe, gambadant autour de ce Titan bouffon, de ce Jupiter en belle humeur qu'on nomme Lablache, produit le contraste le plus singulier et le plus réjouissant. Ronconi fait de notables progrès dans la faveur du public, et nous le croyons appelé à de grands succès, surtout dans le genre bouffe, où la mobilité de son masque, la volubilité de son débit, la netteté de sa prononciation et la prestesse de ses allures le servent si heureusement.

Le sujet des *Cantatrici villane* est des plus simples : de jeunes villageoises, à force d'entendre chanter le rossignol, se sont imaginées d'en faire autant; cela n'est pas difficile quand on a le gosier de madame Persiani. Pendant que les jeunes filles gazouillent dans la fraîcheur d'une matinée d'avril, tout en se livrant à leurs travaux rustiques, vient à passer un de ces bons gros vieillards dont le gilet trop large, l'habit à vastes basques, les doubles montres à breloques, la perruque correcte et bien fournie, les souliers à boucles d'acier, annoncent l'aisance et le bien-être, et qui vont, pinçant d'un air gaillard, les joues de pomme d'api des fillettes ; ce vieux, à formes d'éléphant, comme tout Italien un peu riche, nourrit l'idée de devenir impresario. — Voilà sa prima donna toute trouvée, et sa seconde femme, et le reste. —Vite un poëme, un compositeur, une répétition, et les *cantatrici villane* n'auront rien à envier aux virtuoses les plus célèbres ; malheureusement ou heureusement, ce sera comme vous voudrez, il y a par là un cousin militaire et féroce qui s'obstine à ne voir que des amants dans l'impresario et le maestro, lesquels, pour se dérober à sa furie, sont obligés de jouer à cache-cache dans des tonneaux ; ce foudre de guerre tombe au milieu d'une répétition, et se livre à un effroyable massacre de pupitres et de chaises, effondre les contre-basses, démanche les violons, casse les flûtes, et met la musique en déroute. On s'explique enfin, et l'enragé s'apaise en songeant aux beaux écus d'or que lui rapportera l'engagement de sa fiancée.

Voilà toute la pièce ; à coup sûr, on ne saurait pousser plus loin l'oubli du sens commun et de la vraisemblance ; mais cela est chanté par madame Persiani, avec une si désespérante perfection, joué par Lablache et Ronconi, avec une si exubérante folie, qu'il est impossible de ne pas éclater de rire à un pareil spectacle.

A la première représentation, madame Persiani était merveilleusement en voix. Dans les talents les plus sûrs, les plus égaux, il y a des jours heureux qu'il faut marquer à la pierre blanche ; des jours où tout vibre et tout résonne, où tout sort avec un bonheur inouï, où le parfait trouve moyen d'être mieux. Madame Persiani était précisément dans cette disposition, ce soir-là. Les notes les plus pures, les plus agiles de la flûte ne sont rien à côté des trilles et des gammes exécutées avec cette vaillance !

Un incident bizarre est venu égayer l'entr'acte des *Cantatrici villane*. Se glissant par un coin de la toile, un individu, costumé en soldat de l'autre siècle, s'est avancé vers la rampe, et, faisant comprendre au public, par une gesticulation bizarre, qu'il voulait être écouté, a prononcé le *speech* suivant :

— Messieurs, il faut que je vous chante quelque chose... C'est une improvisation !

Et, là-dessus, l'extravagant personnage tire de sa poche un énorme rouleau d'une apparence peu improvisée.

— Paroles et chant tout est de moi... Pas d'orchestre ! musique idéale !...

Vous peindre la stupéfaction des spectateurs à cette annonce excentrique, est une chose difficile.

Son discours débité, le monsieur commence à chanter nous ne savons trop quoi dans un baragouin douteux, qui n'était plus de l'italien et n'était pas encore du français.

Malheureusement, deux garçons de théâtre, s'étant glissés à pas de loup derrière l'improvisateur, le saisirent à bras-le-corps et le réintégrèrent fort proprement de l'autre côté de la toile:

Amené devant le directeur, pour expliquer son incartade, l'individu déclara qu'il était simple comparse et faisait partie de la troupe fournie par M. Aymon, à raison de soixante et quinze centimes par soirée, pour représenter les Babyloniens, les Romains, les Écossais et le peuple généralement quelconque de toute espèce de pays; — qu'il se trouvait autant de talent que pouvaient en avoir MM. Lablache, Ronconi et Mario, et que, sachant bien qu'il n'obtiendrait pas d'audition, il avait choisi ce moyen de se poser devant le public.

Cet interrogatoire subi, le pauvre diable fut reconduit avec soin par quelques machinistes jusqu'à la porte extérieure, et l'incident n'eut pas d'autre suite.

Si, par hasard, ce comparse avait eu une belle voix et du talent, il était, pour nous servir de son expression, *posé du coup*. — Ce que l'*ut* de poitrine et les cent mille francs qu'on y croit attachés ont produit de maniaques, dérangé de cervelles, est vraiment inimaginable : en effet, quelle impression vertigineuse doivent faire sur tous ces pauvres figurants rangés en espalier, les applaudissements frénétiques, les couronnes, les ovations décernés aux premiers sujets, — et surtout cette intarissable pluie d'or, que les directeurs de tous pays répandent sur les virtuoses! Avec quel œil d'envie, en regagnant le soir leur taudis ouvert à tous les vents, les pieds dans la glace et la neige, ils doivent regarder ces mortels prédestinés s'élancer joyeusement dans leur voiture, encombrée de bouquets ; — car ils n'oublient qu'une chose, c'est qu'à un *don*, ces grands artistes joignent un *travail* opiniâtre, et qu'ils ont aidé leur *bonheur* par une énergie indomptable.

Hélas! combien auraient été d'estimables portiers, de consciencieux restaurateurs de savates, qu'un désir de gain, un fol orgueil, pris pour de la vocation, ont conduits à la misère et à la démence, suite de l'idée fixe et de la surexcitation désordonnée de l'amour-propre!

9 décembre.

Opéra. *Marie Stuart.* — La vie de Marie Stuart est sue par cœur de tout le monde. Ceux qui n'ont pas lu l'histoire de l'infortunée reine d'Écosse connaissent au moins le délicieux roman de *l'Abbé*, de Walter Scott. Cette vulgarité du sujet, qui serait peut-être fâcheuse pour un drame, ne fait pas mal pour un opéra, l'intérêt de curiosité n'y étant que très-secondaire. Dans un genre de composition où les paroles n'arrivent que par intervalles et par bouffées aux oreilles du spectateur, il est bon que le public ait une idée préconçue du sens général de l'action. — Nous ne ferons donc pas de reproches à M. Théodore Anne d'avoir choisi un thème tant de fois traité. Nous croyons seulement qu'il s'est mépris sur les conditions que réclame un livret d'opéra.

La musique, nous l'avons dit plusieurs fois, et nous ne saurions trop le redire, maintenant que tant de gens s'en exagèrent la portée, ne peut rendre que des sentiments et des passions. — C'est le moins historique de tous les arts; les faits, les dates, les détails, tout ce qui est particulier lui échappe : — la musique, et c'est là sa beauté, commence où finit la parole ; elle rend tout ce qu'il y a dans l'âme de vaguement sonore, d'onduleux, d'infini, d'inexplicable, tout ce que le *verbe* n'a pas pu formuler. C'est le soupir d'amour, et le cri admiratif de la créature devant la création; c'est la langue sacrée et mystérieuse qui a précédé tous les idiomes, la langue universelle qui se parlait avant la dispersion de la tour de Lylacq; langue sans mots, entendue de tous, tant que le monde a été en harmonie, et qui, grâce à la civilisation, va reprendre sa bienfaisante généralité.

Sans l'aide de la parole, la musique fait très-bien comprendre la joie, l'amour, l'effroi, la douleur ! — Elle peut, par la différence des voix et des timbres, marquer qu'il s'agit d'un homme ou d'une femme, d'un vieillard ou d'une jeune fille, indiquer même, par la lenteur majestueuse des rhythmes, la position souveraine des personnages ; mais là s'arrête son pouvoir. Il lui est interdit, par son essence, de rien spécifier. Est-ce Anne de Boleyn, ou Marie Stuart, ou toute autre? Vous ne le sauriez pas sans le livret et le costume de l'actrice. — Chaque art a ainsi son impuissance d'où résulte une partie de ses beautés : les efforts immenses du poëte à qui manque la plastique des formes, du peintre à qui manque la succession des idées, du sculpteur à qui manque le mouvement, du compositeur à qui manque le mot, ont produit les œuvres les plus merveilleuses de l'esprit humain. Chacun de ces artistes est dévoré d'un désir ardent, inextinguible, que Dieu assouvira sans doute dans l'autre monde, car tout désir a droit d'être satisfait. Dans le ciel, le poëte écrira des strophes qui se traduiront en belles femmes, en ombrages verts, en fleurs épanouies ; le peintre et le sculpteur réaliseront des formes douées d'idées et de mouvement ; le musicien condensera, sur des tables de cristal, les vibrations fugitives de ses mélodies, qui décriront des arabesques éblouissantes, aux rameaux d'argent, aux filigranes perlées comme les floraisons dont l'hiver étame nos vitres. — L'un touchera ses vers, l'autre entendra sa sculpture, et celui-ci verra sa musique. — Tous les arts palpiteront ensemble dans la même œuvre, et chaque œuvre nagera dans un milieu de lumière et de parfums, atmosphère de ce paradis intellectuel !

Le sentiment de l'impuissance relative de leur art, est la raison de l'incurable mélancolie et de l'inquiétude sans trêve des grands hommes. Quel est l'écrivain qui n'a dit cent fois dans sa vie en brisant sa plume sur le papier incolore : « Ah ! si je savais peindre !...» Quel peintre, jetant palette et pinceau, ne s'est écrié : « Ah ! si je savais écrire ! » Quel musicien, tourmentant l'ivoire et l'ébène du clavier, n'a soupiré : « Ah ! si je savais écrire et peindre ! »

Consolez-vous, nobles esprits qui faites couler votre âme dans vos œuvres par les fentes de votre cœur blessé ; tout sera exprimé et compris ; tout reluira, tout résonnera, tout palpitera ! Dans la parole, il y aura une couleur, dans la note un parfum, dans l'œil de marbre une larme, dans la poitrine peinte un soupir ! Il ne sera pas dit que vous aurez souffert pour rien ! Et toi aussi, pauvre journaliste qui crayonnes ton mot sur une feuille que le vent jette à l'oubli, ton mot se retrouvera gravé sur une lame d'airain, dans ce séjour où monte tout essor, toute flamme et toute aile !

Mais où diable allons-nous ainsi ? — Il s'agit bien du monde aromal et du paradis de l'art ! — Est-ce que l'odeur du vernis de notre chambre nouvellement peinte nous a grisé ? Ce verre de limonade qui gèle devant nous sur la table, nous a-t-il porté à la tête? Nous en étions, ce nous semble, au livret de M. Théodore Anne.

Marie Stuart, comme il l'a comprise, est une espèce de légende historico-lyrique dans le genre des drames chroniques de Shakspeare (toutes proportions gardées): la vie entière de l'héroïne y est déroulée, depuis son départ de France jusqu'à sa catastrophe; cette action, forcément ambulatoire, nécessite un grand nombre de personnages qui paraissent et disparaissent comme des ombres. Rizzio et Darnley sont tués dès le commencement de l'action. Élisabeth n'arrive qu'au cinquième acte; Marie Stuart et Bothwell traversent seuls la pièce tout entière. Dans un drame parlé, cette variété de caractères serait intéressante comme mœurs et comme étude; il suffit d'une scène pour poser une figure épisodique; mais la musique est plus lente que la parole; où le poëte a le temps de jeter un mot, le compositeur n'a pas la place de mettre une phrase. — Nous croyons donc que, développé avec art, chacun des actes de la *Marie Stuart* de M. Théodore Anne, eût suffi à faire un livret bien rempli.

Le meurtre de David Rizzio, l'assassinat de Darnley, la fuite de Lochleven, etc., sont des tragédies complètes et qui n'avaient pas besoin d'être réunies dans un canevas cyclique pour faire un seul opéra! Trop est trop, et le mieux est l'ennemi du bien. — Nous ne parlons pas de la longueur chronométrique de l'ouvrage; commencé à sept heures, il n'était pas fini à minuit. Ce n'est pas cela, du reste, qui nous l'eût fait paraître long. Il y a des ouvrages longs qui ne durent pas plus d'un quart d'heure!

Le compositeur à qui ce livret a été confié est M. Niedermeyer, musicien plein de science et de chant, — qualités qui ne s'excluent pas;— auteur d'une mélodie sur *le Lac* de Lamartine, dont la popularité a été immense il y a quelques années, et de *Stradella*, où se trouve un des meilleurs duos bouffes qui existent. M. Niedermeyer a fait sur *Marie Stuart* une musique pleine d'art, de science, de grâce et de mélodie; l'orchestre et les accompagnements sont traités avec un soin délicat, une finesse et une élégance rares. Tout annonce le musicien consommé, l'homme de goût. Que manque-t-il donc à M. Niedermeyer? du style? de la force? — Il en a. — Quoi donc? — Un peu de désordre, un peu de fougue, et, pour trancher le mot, un peu de brutalité. Oui, c'est là ce qui manque à ce grand artiste, à ce grand théoricien ! Le théâtre est ainsi ; il veut de temps en temps des touches violentes, des couleurs crues et tranchées. On ne doit pas s'y trop préoccuper des transitions et des ménagements ; ce qu'il ne peut dénouer, il le coupe.

Ce reproche que nous faisons à M. Niedermeyer n'empêche pas la partition de *Marie Stuart* d'abonder en motifs heureux, en morceaux excellents et d'ordre supérieur. Chaque audition en révélera de nouveaux.

Le ténor Italo Gardoni est un beau et grand jeune homme à la poitrine large, à la taille svelte, qui a, pour nous servir de l'argot des théâtres, tout le physique d'un amoureux ; sa voix est étendue, facile, sympathique et d'une grande fraîcheur ; il vocalise avec beaucoup de légèreté, et, chose remarquable pour un Italien, il a peu d'accent et prononce d'une façon très-nette. — Ce jeune ténor a réussi complétement, et l'on ne peut que féliciter l'Opéra de cette acquisition.

Madame Stoltz a fait des progrès comme chanteuse ; sa voix a pris de la souplesse et de la douceur, elle module plus facilement et soutient mieux la note ; son énergie accoutumée ne lui a pas fait faute aux endroits dramatiques. Il faut la louer de la fidélité courageuse de ses costumes, car la coiffure mignarde de la coquette reine d'Écosse ne sied pas toujours à sa physionomie fière et caractérisée.

Levasseur, Baroilhet et madame Dorus ont rempli avec talent et conscience des rôles nécessairement épisodiques.

Les décorations, au nombre de dix, sont fort belles, et dues moitié à MM. Philastre et Cambon, moitié à MM. Diéterle, Séchan et Despléchin. — La vue du port de Calais, le château de Lochleven au clair de lune, les jardins de Fotheringay, et la salle gothique d'Holyrood, méritent d'être cités avec éloges. — Félicitons aussi M. Théodore Anne d'avoir multiplié les changements à vue, sans lesquels le théâtre moderne n'est pas possible, et que tend à supprimer de jour en jour l'économie des directeurs.

ITALIENS. *Il Pirata.* — La reprise d'*il Pirata*, qui n'avait pas été donné depuis longtemps, a eu lieu jeudi dernier au théâtre Ventadour.

Le livret, un peu mélodramatique, renferme pourtant des scènes favorables aux développements musicaux.

Il s'agit ici d'un jeune homme qui, ne pouvant épouser sa maîtresse, se fait pirate de désespoir, comme il se serait fait bandit, si, au lieu d'éprouver ses malheurs au bord de la mer, ils lui fussent arrivés au pied de la montagne. « L'onde et la femme sont perfides, » a dit Shakspeare, qui s'y connaissait. Or, un beau jour, c'est-à-dire un mauvais jour, l'onde, d'humeur rétive, lasse de porter le pirate, le jette fort proprement sur un rivage quelconque, sous prétexte de tempête. — Sur ce rivage, Gualtiero (c'est le nom du corsaire) retrouve Imogène (c'est le nom de la femme) mariée à un certain M. Ernesto, et mère d'un enfant déjà grandelet. Ledit M. Ernesto, tyran de son état, a employé des moyens féroces et peu délicats pour obtenir la main de mademoiselle Imogène, qui n'a consenti à ce triste hymen, que pour sauver les jours de son père. Tout entiers à leurs reproches et à leurs transports, les deux amants sont surpris par le farouche époux. La querelle s'engage, un duel s'ensuit : pirate et tyran, les chances sont égales ; mais le corsaire, qui a la main mieux entretenue par l'exercice de sa profession, fait un coupé en dessous et pousse une flanconade à fond à M. Ernesto, qui tombe les quatre fers en l'air, exhalant son âme avec un jurement épouvantable. Gualtiero ne peut devenir l'époux d'une femme dont il a tué le mari, et la vie sans Imogène lui serait désormais insupportable. Il se livre donc aux soldats du tyran défunt, qui, terrifiés, par la mort de leur chef, n'eussent pas empêché le pirate de retourner à son navire. Imogène devient folle, s'habille de blanc, laisse pendre ses cheveux, et meurt de mélancolie, selon la règle invariable de ces sortes d'affabulations.

Ce canavas n'est ni fort vraisemblable, ni fort neuf ; mais il s'y trouve de l'amour, de la douleur, du désespoir, de la colère ; toutes ces passions générales qui sont plus du domaine de la musique que les complications ingénieuses du drame.

Un tel sujet était peut-être un peu violent pour Bellini, nature tendre et sereine, argentée et bleuâtre comme un clair de lune sicilien ; il n'a pas l'énergie nécessaire pour rendre les âpres douleurs du corsaire poursuivi dans sa vie de démon par le souvenir d'un ange, et les angoisses d'une femme placée dans l'alternative horrible de causer la mort de son père, ou de trahir son amant. Aussi *il Pirata* ne vaut pas, à beaucoup près, *i Puritani* et *Norma*.

Malgré quelques beaux airs et quelques morceaux bien venus, l'ensemble est languissant : Bellini est, avant tout, un compositeur de sentiment et d'inspiration, et, plus que personne, il ignore l'art de masquer par l'adresse des combinaisons et la complication des accompagnements, l'absence ou la faiblesse de l'idée. Un souffle l'élève ; le souffle cesse, il retombe ; il disparaît par instants de sa musique et l'on pourrait douter, pendant d'assez longs intervalles, qu'elle est vraiment de lui, s'il ne se constatait par des rentrées pleines de grâce et de mélodie. C'est ce qui explique l'attrait de ses compositions ; tout ce qui est défectueux vient de son éducation ; tout ce qui est charmant, de sa nature. Bellini a une qualité éminemment sympathique pour nous autres gens du Nord : la mélancolie.

Ces maîtres italiens ont tous une verve si étincelante, une gaieté si impitoyable, qu'ils arrivent presque à la cruauté ! Eh quoi ! jamais un petit nuage dans cet azur éternel, jamais une larme à travers ces rayons ! — ou faudra-t-il pour cela que vous ayez la pierre et l'hypocondrie de l'immortalité comme Rossini ? — Mais nous voici bien loin du *Pirate*. Retournons-y, et n'allongeons pas notre détour d'une transition laborieuse.

Mario a obtenu un vrai triomphe dans le rôle de Gualtiero. Il a été *bissé*, rappelé, applaudi à tout rompre, et c'était justice. Il serait difficile d'entendre une voix plus fraîche, plus pure et plus émouvante que celle du jeune ténor. A ces heureux dons commencent à se joindre les lumières de l'expérience et les artifices du chanteur consommé. Comme tenue et conduite du son, Mario a fait d'énormes progrès ; il avait autrefois, à de certains moments, des intonations gutturales peu agréables dont il s'est corrigé tout à fait ; son organe s'est assoupli et a beaucoup gagné en agilité. D'abord embarrassé, son jeu est devenu suffisamment théâtral ; car l'expression dramatique, pour un chanteur, doit être dans son chant, et non dans les mouvements de ses jambes et de ses bras. — Nous n'avons, du reste, jamais douté de l'avenir de Mario, et, dès sa première apparition à l'Académie royale de musique, dans *Robert le Diable*, nous avons tiré de lui un horoscope qui s'est accompli de tout point.

Giulia Grisi jouait pour la première fois Imogène, dont le rôle est peut-être écrit un peu trop haut pour elle : bien que jamais femme, jamais cantatrice n'ait été plus sûre de sa beauté et de sa voix, que le public l'ait toujours saluée avec des cris de joie et d'enthousiasme, la Grisi, à chaque rôle nouveau qu'elle aborde, ne peut se défendre d'être troublée, inquiète, nerveuse comme une élève du Conservatoire à son premier début ; c'est qu'il faut un si grand courage pour venir se poser devant ce cordon de feu qui vous éblouit et qui vous fascine !... C'est à cette émotion toujours nouvelle que les grands artistes doivent leurs plus beaux succès ; il leur semble chaque soir jouer leur réputation sur un coup de dé. — Oui, cette vaillante Grisi, qui d'un regard jette à genoux tout un peuple d'Assyriens, tout un collége de druides à barbe blanche, tremble de peur quand il s'agit de paraître devant vous et moi, devant cette collection formidable d'êtres inoffensifs qu'on appelle un public. — Les bouquets étoilés de camellias que vous tenez dans vos petites mains gantées de blanc, mesdames, lui paraissent de loin comme des météores, et les notes, abeilles d'or, hésitent et frissonnent dans ce col de marbre de Paros, qui fait penser à la Niobé antique !

Elle avait donc peur jeudi, cette noble et belle créature ; ses sourcils se contractaient sur son front grec ; sa narine remuait, inquiète ; son sein palpitait ; et pourtant qu'elle a été belle, tendre, fougueuse, désespérée ! comme elle animait tout ce pâle drame de sa puissante vie ! et quels beaux gages elle a donnés, dès ce soir-là, pour les représentations suivantes !

16 décembre.

CONCERT DE M. FÉLICIEN DAVID. *Le Désert.* — Il y a douze ou quinze ans, apparut sous le ciel de l'art une pléiade d'étoiles de différentes grandeurs et d'une lumière plus ou moins intense ; ces étoiles brillent toujours à leur place, et ceux qui lèvent les yeux en haut les retrouvent dans tout leur éclat primitif. Cependant, depuis cette époque, les astronomes les plus vigilants n'ont vu éclore aucun astre nouveau dans l'immuable azur ; quelques bolides, quelques nébuleuses ont bien traversé l'horizon, mais sans laisser d'autre trace que des lueurs aussitôt évanouies. Ce singulier phénomène semblerait faire croire à des températures spéciales propres à l'éclosion des talents.

Si quelqu'un désire ardemment le lever d'un nouveau soleil, c'est nous, pauvres critiques, bien qu'on nous traite souvent d'oiseaux de nuit offusqués par les rayons de la gloire ; c'est une idée répandue dans le public par les auteurs sifflés, que le critique est un être verdâtre, aux paupières rouges, au teint plombé, aux mains griffues comme les ailes de la chauve-souris, qui déjeune de crapauds, dîne de vipères, et sable du fiel au lieu de vin de Champagne. — Cette description du critique nous a toujours paru un peu forcée en couleur ; si nous avons mangé des serpents, c'est par erreur et sous prétexte de pâté d'anguille, et encore bien rarement, car nous n'aimons pas beaucoup cet amphibie hasardeux.

Admirer est une si belle chose ! Les anges n'ont pas d'autre bonheur que de contempler éternellement Dieu, ce poëte sans défaut ! Après l'amour, il n'y a rien de plus doux que l'admiration. — Admirer, c'est aimer par l'esprit ; aimer, c'est admirer par le cœur ! Qui voudrait se priver volontairement d'une telle félicité : la critique n'est pas, comme on se l'imagine, la recherche des défauts, c'est la recherche des beautés ! — Dans toute noble nature, le Virgile, le maître souverain marche de pair avec la Béatrix ! — Chacun, à moins d'être un cuistre ténébreux, porte en son âme une image et un nom. Le diable en enfer n'a pas de plus cruel supplice que de douter de tout et de ne rien trouver beau.

C'était avec une véritable douleur que nous voyions s'envoler chaque semaine nos feuilles sibyllines sans pouvoir y inscrire la prophétie d'un dieu naissant, et, quoique l'encre soit un liquide de peu de valeur, nous regrettions d'en avoir usé tant de bouteilles pour constater tant de médiocrités de tous genres.

Nous avons une bonne nouvelle à vous annoncer ; peut-être la connaissez-vous déjà. — Dimanche dernier, un grand musicien s'est révélé ; d'un seul bond, il est allé s'asseoir sur le trône d'ivoire et d'or des maîtres radieux et consacrés. — La veille, ce n'était dans la foule qu'un passant triste et doux ; aujourd'hui, c'est Félicien David !

Paris, qui a la mémoire si dure et qui reste quelquefois vingt ans pour apprendre un nom qu'il oublie en six mois, a déjà retenu ces syllabes hier inconnues. Dans huit jours, toute la France saura ce nom; dans un mois, toute l'Europe! — Sauter ainsi, sans transition, sans tâtonnement, de l'ombre dans la lumière, du néant dans la gloire, être ignoré à deux heures et célèbre à quatre! quel tour de roue vertigineux! quel rêve éblouissant!

Jamais peut-être il n'y eut d'exemple d'un succès pareil! Chacun était venu presque à regret, en s'arrachant avec peine du coin du feu et se disant : « Encore un concert ! » Jugez de la surprise! D'abord, on ne voulut pas y croire; mais bientôt les spectateurs, subjugués, entraînés, transportés, des applaudissements et des bravos ont passé aux cris, aux acclamations forcenées; les pieds, les mains, les cannes, tout se mettait de la partie; on voulait faire répéter chaque morceau, chaque note, la symphonie tout entière. C'était de la rage, du délire. L'enthousiasme, à son comble, avait gagné les exécutants, qui abandonnaient leurs instruments pour applaudir. Chose honorable à dire pour cette pauvre espèce humaine tant calomniée, devant un tel succès, devant une telle œuvre, toute rivalité, toute jalousie avaient disparu. Les compositeurs avaient les yeux pleins de ces nobles larmes de l'âme que le beau seul fait jaillir; les plus émus, les plus enivrés étaient ceux qui perdaient le plus à l'avénement du jeune symphoniste; on lui prenait les mains, on l'embrassait, on le félicitait; il n'était pas rentré chez lui, que deux cents personnes s'étaient déjà inscrites à sa porte.— *Le Désert* a été *aux étoiles*, comme disent les Italiens dans leur belle langue poétique.

Qu'est-ce donc, nous demanderez-vous, que ce Félicien David? — C'est un jeune homme à la figure olivâtre, aux yeux étincelants et charbonnés, à la chevelure abondante et crépue, que vous prendriez pour un Arabe kabyle, qui n'a jamais eu de prix et n'a pas fait le moindre voyage à Rome aux frais du gouvernement; il était du nombre des saints-simoniens retirés à Ménilmontant, qui avaient fait une application intelligente de leur fameuse maxime : « A chacun suivant sa capacité, » en le chargeant de mettre en musique les chœurs et les chants de la nouvelle religion. — A la dispersion du père et de ses apôtres, Félicien David se retira, avec quelques-uns de ses camarades, en Égypte, où il resta plusieurs années, errant dans les villes, les nécropoles et les solitudes, étudiant les mystères de la composition orientale, aux rhythmes si bizarres, à la tonalité si différente de la nôtre; apprenant des psylles le secret de leur incantation ; écoutant ce que le vent du désert murmure à l'oreille des sphynx ; notant les vibrations du granit qui se dilate aux feux du soleil, les mesures que battent sur le sable ardent les pas épatés du chameau et les pieds de gazelle des almées; s'inspirant à toute heure de cette nature inconnue, solennelle, plutôt endormie que morte, et que saturent les cendres de tant de civilisations superposées. — Telle a été sa vie; il a partagé la tente du Bédouin, mangé le couscoussou, et dormi à l'ombre de son cheval; le pain lui a souvent manqué et l'eau aussi, mais il a toujours poursuivi son rêve. Modeste, mais sûr de son génie, ne se plaignant pas quoique méconnu, acceptant son obscurité avec ce fatalisme tranquille, cette sérénité grave qu'il semble avoir appris des musulmans. — Revenu à Paris, il a fait ce que fait tout artiste pendant le brouillard : il a pensé au soleil et composé son ode-symphonie du *Désert !*

Cette symphonie commence par une ritournelle d'instruments à cordes d'un mouvement majestueux et lent, soutenue par une pédale, qui se prolonge pendant plus de trente mesures. — Cette note ainsi tenue, peint la grandeur vague, la pérennité monotone du désert, et les violoncellistes qui l'exécutent rendent à merveille le murmure pesant d'un océan de sable.

Sur cette phrase est déclamée la strophe d'introduction, l'entrée au désert — *déclamée* et non chantée, à peu près comme cela se pratique dans les mélodrames. — Cette innovation, toute hardie qu'elle est, a pourtant des précédents. On trouve dans le *Fidelio* de Beethoven beaucoup de musique instrumentale accompagnant la parole parlée. — Cette strophe, encadrée par la ritournelle, donne à l'introduction un caractère solennel et poétique du meilleur effet. L'attention est attirée tout d'abord par ce début insolite, et vous ne passez pas brusquement du silence à la musique.

Les strophes qui suivent, et dont l'une est fort belle, rentrent dans les lois ordinaires du récitatif; il y règne un sentiment large et panthéistique de la nature, qui prépare le chant du désert personnifié qui va suivre; car Félicien David a transporté dans son art les audacieuses prosopopées d'Edgar Quinet. Voici la dernière de ces stances :

> Ineffables accords de l'éternel silence !
> Chaque grain de sable a sa voix ;
> Dans l'éther onduleux le concert se balance ;
> Je le sens ! je le vois !

Le désert, ainsi doué de parole, célèbre Allah avec un rhythme très-clair, très-heureux, une harmonie religieuse mais mahométane, comme il convient à un désert arabe ; cela ne ressemble en rien au plain-chant catholique ; vous ne trouvez pas là les accents désolés, les gémissements profonds des prières chrétiennes : la nature a plus le sentiment de sa force et ne semble pas écrasée sous le poids de l'infini et de l'éternité. Le désert parle au dieu de Mahomet d'un ton respectueux mais non craintif, comme une majesté à une majesté. Grâce à la bonne disposition des voix et des instruments, la sonorité est énorme et l'impression immense.

La glorification d'Allah achevée, la caravane apparaît dans le lointain, mince serpent noir sur la plaine jaune. C'est d'abord un *pianissimo* presque insaisissable qui va toujours *crescendo* à mesure que la caravane approche. Il semble, tant le rhythme est approprié et significatif, entendre les pas s'enfoncer dans la poussière brûlante et voir grandir, d'instant en instant, la proportion des figures. Le motif de cette marche prêtait à autant de développement que celui du célèbre andante de la symphonie en *la* de Beethoven ; mais l'auteur a su se contenir, songeant qu'il avait affaire à des Français et non à des Allemands ; car une des plus étonnantes qualités de Félicien David, c'est qu'il sait s'arrêter à temps, qu'il a le sang-froid en même temps que la fougue ; jamais de longueur, jamais de temps d'arrêt ; il dit ce qu'il faut, avec hardiesse, originalité, mais pas une note de plus. Faire une coupure dans sa symphonie serait une chose impossible.

La caravane est surprise par le simoun, ce vent terrible qui change les dunes de place, qui courbe les palmiers, comble les sources, emporte les voyageurs avec le chemin ; — ce vent sec, torréfiant, qui semble s'échapper des fournaises de l'enfer, et dont les ailes lourdes chargées d'une poudre calcinée, impalpable, couchent sur le flanc les dromadaires aveuglés, abasourdis, et font onduler le sol comme une mer en furie. — De l'avis unanime, c'est le plus bel orage que la musique ait rendu. Nul maître n'a été plus loin.

Une brume de cendres s'élève; le soleil rouge s'élargit dans un crépuscule roux; l'air manque, la poitrine halète, et les cris d'épouvante se mêlent aux rugissements léonins de la tempête, parfaitement exprimés par le travail de l'orchestre. — Puis cette rage s'abat, le calme renaît, la caravane reprend sa marche.

Là se termine la première partie. — La seconde s'ouvre par une autre strophe déclamée sur une tenue d'orchestre — *l'Étoile de Vénus* — que suit un hymne à la nuit; — c'est un motif rêveur, frais et pénétrant, d'une teinte argentée, qui vous enveloppe comme l'eau d'un bain après une journée de fatigue; vous sentez votre peau s'assouplir, vos muscles se dénouer, vos yeux se fermer à demi pour suivre en l'air les spirales bleuâtres du chybouk, dans un repos et dans un oubli délicieux.

La *Fantasia arabe*, qui vient après cet hymne, est d'une couleur locale des plus authentiques, parfaitement orchestrée, avec un mélange d'instruments orientaux, tels que triangles, cymbales, tambours de basque, tympanons, très-adroitement introduits et ménagés.

La *Danse des almées* est une merveille de grâce et de légèreté. Il y a un effet de flûte et de hautbois qui se cherchent, s'évitent et s'enlacent avec une coquetterie charmante; la facture est si franche, la mesure si bien accentuée, qu'on entend les motifs par les talons, en même temps que par l'oreille et par le cœur. — Cet air a tout l'attrait des plus lestes boléros espagnols en y joignant quelque chose de primitif, de sauvage, qu'on ne peut rendre par des paroles. — C'est, pour ainsi dire, un chant inné; en l'entendant, vous vous souvenez de tout ce que vous n'avez jamais su. Cette mélodie si neuve, vous croyez l'avoir trouvée vous-même et fredonnée autrefois dans une existence antérieure, dans un paradis où vous étiez pour de bonnes actions commises avant le déluge ou la création de l'homme. Certaines phrases ont cette bizarre puissance de vous transporter au delà des univers connus, et doivent être des échos de la musique des sphères retenus par l'âme en passant d'un monde à l'autre; en entendant ce motif égyptien, sans doute contemporain des pharaons, comme toutes les mélodies de l'Orient, où rien ne change, il vous paraît démontré que vous avez été au mieux avec la reine de Saba ou avec la fameuse Rhodope qui fit bâtir à ses frais la troisième pyramide!

La *Liberté au désert*, chœur avec orchestre, mêle à la sérénité fière de l'Arabe des fusées d'étincelante gaieté : il est impossible de mieux rendre ce mâle enivrement, cette joie noble d'être maître de l'espace, au-dessus de toute loi et de toute contrainte, ce plaisir sans rival de la liberté dans l'infini !

Mais le temps du sommeil est arrivé, la *Rêverie du soir* commence : c'est un air égyptien d'une langueur ineffable; il y règne comme un crépuscule de volupté. Les rimes féminines entre-croisées sur lesquelles la musique est brodée augmentent encore la mollesse de l'effet et tombent comme des feuilles de rose ou des plumes de colombe sur un lac endormi. La mélodie s'éteint peu à peu; le sommeil jette sous les paupières sa poussière d'or, et le songe succède à la pensée.

> Des teintes roses de l'aurore
> La base des cieux se colore;
> L'astre du jour
> Rayonne tout à coup comme un hymne sonore,
> Et remplit le désert de lumière et d'amour.

C'est ainsi que commence la troisième et dernière partie. — Ce lever de soleil fournit un morceau d'orchestre de la plus grande beauté descriptive. L'aurore est annoncée par un trémolo suraigu des violons, avec sourdine; suit un crescendo admirable, aussi beau dans son genre que celui de la symphonie en *ut* mineur, mais obtenu par des moyens absolument différents : le *fortissimo* éclate lumineusement, et on croit voir s'élancer l'astre roi dans son royaume embrasé.

Le *Chant du muezzin* est peut-être bien arabe pour des oreilles européennes; on ne saurait rien imaginer de plus singulier :

El salam alek! — Aleikoum el salam! — Allah ou akbar. — Ja aless salah.

La allah ill' allah! — Ou Mohammed rassoul' allah. — Allah ou akbar. — Ja aless salah.

Sur ces paroles, très-simples pour des Orientaux, s'applique une mélodie fort étrange pour nous. Le tout est chanté par un M. Béfort, qui possède la voix la plus étonnante du monde : c'est un *contraltino* qui n'appartient ni à l'homme ni à la femme, et dont l'équivalent ne se retrouverait qu'à la chapelle Sixtine ou dans le sérail du Grand Turc. Ce chant se termine par un trait chromatique de la plus baroque excentricité.

Après le *Chant du muezzin*, la caravane reprend sa route onduleuse; la marche s'entend encore dans le lointain.—Au milieu d'une harmonie vague, le motif reparaît de temps en temps par tronçons, puis tout s'éteint.

> Elle fuit, elle fuit, on la voit disparaître
> Comme une vapeur du matin;
> Et, du désert redevenant le maître,
> Le silence éternel, que l'âme seule entend,
> Sur sa couche de sable, immobile, s'étend.

Le désert seul, avec Dieu, reprend son hymne de glorification.

Tel est ce drame si simple et si grand; cet opéra sans acteurs, sans costumes, sans décorations, sans mise en scène, qui a transporté tout un public en Orient, dimanche passé, par un froid moscovite et groenlandais! Tandis que le soleil d'Égypte, grâce à M. Félicien David, rayonnait dans l'étroite salle du Conservatoire, la neige s'entassait sur les toits, blanche et silencieuse; mais l'art est tout-puissant comme Dieu.

Depuis Beethoven, Rossini et Meyerbeer, il ne s'est rien produit de cette force, nous le disons tout de suite; — vaudrait-il mieux attendre pour cela que M. Félicien David n'eût plus de talent? — Il a satisfait à la fois le public et les artistes, les gens du monde et les théoriciens.—Il a la science et la mélodie, le contre-point et le chant. Sa musique est à la fois très-simple et très-difficile. Ses airs vous restent dans la tête comme des ponts-neufs, et pourtant les maîtres les plus farouches se pâment d'aise devant les ingénieuses combinaisons, le merveilleux travail de l'orchestre et des accompagnements. Nous avons maintenant un symphoniste à opposer à l'Allemagne.

GYMNASE. *Rébecca.* — Nous aimons à voir M. Scribe délaisser généreusement le Théâtre-Français, descendre sans scrupule, de la haute scène où il était monté, pour venir prêter au Gymnase en détresse l'appui de son nom et de son talent. Le fécond académicien montre par là autant de reconnaissance que de bon goût : vaudevilliste parvenu, il ne rougit pas de son origine, et cela nous raccommode tout à fait avec lui. — Du reste, quoi qu'en disent certains critiques moroses, au boulevard Bonne-Nouvelle, M. Scribe est toujours M. Scribe; il y a rapporté toute sa fraîcheur, toute son adresse et tout son esprit d'autrefois, témoin cette petite pièce de *Rébecca*, l'une des plus agréables assurément que nous ait données la direction Montigny.

Le premier acte a peut-être une couleur un peu lugubre au fond. — Il se passe dans une prison de Parme où le grand-duc régnant a fait enfermer quelques gentilshommes et quelques bourgeois accusés d'avoir conspiré contre son gouvernement. Et ne croyez pas que l'altesse parmesane plaisante le moins du monde : — comme chef de la conspiration, le marquis de Pallavicini se voit bel et bien condamné à mort, et l'arrêt doit être exécuté dans les vingt-quatre heures, conformément à la jurisprudence théâtrale. Avant de livrer sa tête au bourreau, le noble martyr songe à mériter le ciel par quelque bonne œuvre; il lui prend fantaisie de faire des heureux, et voici comment : — Un de ses compagnons de captivité, le jeune Ascanio del Dongo est éperdûment amoureux d'une certaine Rébecca, que ses parents refusent de lui laisser épouser, non pas tant parce qu'elle est juive que parce qu'elle n'a ni fortune ni noblesse. C'est dans l'espoir de le guérir de cette folle passion que les del Dongo ont fait claquemurer leur fils; mais, comme vous le pensez bien, ils n'ont réussi qu'à l'irriter : le jeune homme n'en poursuit son rêve qu'avec plus d'acharnement et d'ardeur.

Instruit de l'aventure, le marquis vient trouver Ascanio, et lui tient à peu près ce discours : « Mon ami, je veux vous rendre un service. Il faudrait, m'avez-vous dit, pour que Rébecca pût devenir votre femme, qu'elle fût riche et titrée. Eh bien, faites-la consentir à se marier avec moi sur-le-champ : ce soir, elle sera veuve ; je la laisserai seule héritière de mon nom et de mes biens, et votre famille ne s'opposera plus alors à ce que vous l'épousiez... » Le gaillard doit avoir pris cette idée-là dans *Gulistan* ou dans *le Mariage in extremis*, si ce n'est dans *Don César de Bazan*. Mais n'importe. — Il est d'autant plus facile d'arranger la chose, que la belle juive aime depuis longtemps en secret le marquis de Pallavicini. Ce petit fat d'Ascanio a grand tort, vraiment, de se croire adoré, car ce n'est pas pour lui que Rébecca se fût compromise jusqu'à corrompre un des geôliers de la prison. Si elle l'a fait, ce n'était pas même dans l'intention de sauver son père, compris au nombre des suspects, mais bien pour favoriser l'évasion du gentilhomme conspirateur, qui, malheureusement, n'a pas voulu accepter un bienfait dont il ignorait la source.

La jeune fille consentant à épouser, le père étant sous les verrous, en un clin d'œil le mariage est bâclé par l'aumônier de la prison, et voilà Rébecca marquise de Pallavicini. Ascanio ne se sent pas de joie : pour comble de bonheur, le moment approche où son généreux ami va monter sur l'échafaud. — Mais que signifient ces clameurs? On crie : « Vive celui-ci ! vive celui-là ! vive tout le monde ! » Qu'y a-t-il donc ? qu'arrive-t-il ? — Hélas ! pauvre Ascanio, il arrive que le grand-duc fait grâce aux conspirateurs, adopte leurs plans de réforme, et nomme le marquis son premier ministre. Qui diable s'y serait attendu ? On ne voit pas tous les jours de pareils revirements politiques, et, pour la rareté du fait, M. Scribe aurait bien dû nous transmettre le nom de ce magnanime grand-duc.

Pallavicini est tout aussi décontenancé qu'Ascanio : il ne tient aucunement à garder la femme qu'il s'est mise sur les bras, et, croyant lui être agréable, voulant au plus tôt la rendre à l'amour du jeune del Dongo, il s'empresse de solliciter, auprès de la cour de Rome, l'annulation de son mariage. — Le bref du pape ne se fait pas attendre : il déclare illicite et nulle de plein droit toute union contractée entre une juive et un chrétien. La marquise de Pallavicini redevient donc Rébecca, comme devant. Mais, si peu que son mari d'un jour l'ait approchée, c'est assez pour qu'il se soit épris de sa beauté, de sa candeur, de son charmant caractère, assez pour lui faire regretter le trésor qu'il a perdu. Et quelle n'est pas sa douleur lorsqu'il apprend que Rébecca n'a jamais aimé que lui! — Ah! s'il pouvait maintenant renouer son mariage! en rendre l'annulation nulle!... — Il le peut, Dieu merci! consolons-nous : du jour où elle a aimé le marquis, Rébecca, pour se rapprocher de lui, a secrètement abjuré sa religion. Elle est chrétienne!

> Quel bonheur! quelle ivresse!
> Par des chants d'allégresse,
> Célébrons en ce jour
> Et l'hymen et l'amour!

Ainsi, pour accomplir deux actes de vaudeville, pour en mener à bien la frêle intrigue, il a fallu quinze ou vingt arrestations et condamnations, une révolution, une répudiation et une abjuration; — des ficelles à remuer plusieurs drames dans le genre de Schiller et de Shakspeare! Mais qu'importent les moyens employés par M. Scribe, si, en somme, ils lui ont réussi? Peut-être, d'ailleurs, a-t-il voulu faire la contre-partie du *Verre d'eau*, et prouver que les grandes causes produisent souvent de petits effets. — Le second acte de *Rébecca* est charmant d'un bout à l'autre; il y a surtout une scène où Giannina, une amie de la marquise de Pallavicini, mariée comme elle de la veille, vient l'interroger sur ses premières impressions conjugales, scène infiniment scabreuse, et dont M. Scribe s'est tiré avec un incroyable bonheur.

La pièce est fort bien jouée par mesdemoiselles Rose Chéri et Désirée, qui ont l'honneur de diviser le parterre du Gymnase en deux camps, d'où il résulte parfois des incidents assez curieux, chaque parti tenant à faire triompher exclusivement sa protégée. — Entre deux jolies femmes, nous ne commettrons pas la faute de nous prononcer.

23 décembre.

SALLE VENTADOUR. *Othello*, — *Hamlet*. — *Les acteurs anglais*. — Les représentations anglaises, annoncées depuis longtemps, ont commencé enfin! La salle Ventadour, qui a trois jours libres par semaine, et dont les échos sont accoutumés à des désinences étrangères, était le lieu naturel où devait se produire une troupe d'acteurs britanniques; et, bien que la cordialité ne soit pas des plus grandes entre les deux peuples, une nation intelligente doit toujours l'hospitalité aux arts et aux talents. Macready et miss Helen Faucit méritent bien qu'on mette une scène à leur disposition.

Ils ont ouvert la série de leurs représentations par *Othello;* ce choix est judicieux. Comme la plupart des spectateurs n'entendent pas l'anglais, ou, du moins, n'ont qu'une teinture fort superficielle de cette langue, il était important de débuter par une pièce connue de tout le monde. Grâce à l'imitation du bon Ducis, à l'opéra de Rossini, — nous ne parlons pas ici de la belle traduction de M. Alfred de Vigny, qui n'a été jouée qu'un trop petit nombre de fois, — les aventures du More de Venise et de Desdemona ne sont ignorées de personne, et cela était important devant un public pour qui le drame représenté ne devait être, en quelque sorte, qu'une pantomime sans musique.

Othello, sauf quelques légères coupures qui se sont faites de tout temps, a été joué en son entier. Les Parisiens de 1844 ont donc pu supporter du Shakspeare tout pur; ils ont donc pu se convaincre que l'Eschyle anglais n'est pas un *sauvage ivre*, comme le prétend Voltaire, qui, du reste, trouve que Corneille écrit d'une manière barbare!

A propos d'*Othello*, dont l'action est tout à fait ambulatoire et change de décorations à chaque instant, disons encore une fois que, sans changements à vue, le théâtre moderne n'est pas possible. Il faut donc liberté entière sur ce point. Le théâtre est une chose de convention. Si l'on admet que vingt-quatre heures se passent dans une soirée, et que des Grecs anciens parlent en vers français, sans choquer la vraisemblance relative, ils peuvent se transporter d'un lieu à un autre. L'esprit se prête aisément à cette convention. Ne vaut-il pas mieux faire entrer les gens dans les maisons que de les faire descendre sur la place publique pour causer de leurs affaires et de leurs amours, comme cela se pratique dans Molière? — Le vieux Corneille ne s'est soumis qu'en rechignant à la fameuse règle des trois unités, et l'on peut voir, par *la Critique de l'École des Femmes*, l'opinion de Molière lui-même à ce sujet. Pourtant la règle absurde s'est maintenue, et le grand révolutionnaire Hugo, bien que, dans ses drames, il ait changé de décorations d'un acte à l'autre, n'a pas encore osé, malgré son audace endiablée, risquer le changement à vue! En effet, enlever une toile de fond dix minutes plus tôt ou dix minutes plus tard, ne voilà-t-il pas qui est d'importance! Et cependant quelle variété, quel mouvement, quelle puissance de contraste donne à une action la multiplicité de lieu! Il est certain que le grand William, emprisonné dans les prétendues règles d'Aristote, eût perdu la moitié de son génie et de ses effets.

Quoi qu'il en soit, Shakspeare a trouvé la forme moderne du drame, la forme naturelle et nécessaire, et toute pièce de théâtre, qui n'est pas composée dans ce système n'est qu'un pur jeu d'érudition, un simple travail littéraire qui ne peut produire aucun effet sur les masses.

Cela est si vrai, qu'à la salle Ventadour, personne ne s'est ennuyé un instant, bien que les beaux vers, la haute poésie, les pensées sublimes ne parvinssent pas aux spectateurs; mais la figure de l'action est si nettement dessinée et d'un relief si puissant, qu'il est impossible de s'y méprendre. Othello ne dit pas qu'il s'est justifié devant le conseil : il y va; vous voyez le doge, les sénateurs, l'accusé et les juges. Un confident ne vient pas annoncer, dans un long récit, que le More jaloux a tué Desdemona: vous assistez vous-même à la terrible scène; vous voyez les mains fauves du monstre se crisper sur l'oreiller, et les rideaux trembler, et les cheveux noirs de la victime ruisseler sous la pression dans la blancheur des draps en désordre! C'est sur la scène que Cassio s'enivre et que l'honnête Yago tue sa dupe et paye ses dettes d'un coup de poignard. Othello est envoyé à Chypre avec un commandement, vous l'y accompagnez. — Ne comprît-on pas un seul mot d'anglais, fût-on Chinois ou Botocudo, on sent qu'on assiste à un spectacle humain, qu'une existence se déroule devant vous avec ses aventures et ses péripéties variées, que ces gens-là s'aiment, se haïssent, se tendent des embûches, se tuent, boivent, mangent, ont chacun sa maison et son lit comme des êtres vivants.

Supposez, au contraire, qu'on représente une tragédie française devant un public qui n'entende point cette langue! Que devinera-t-il dans toutes ces longues conversations de prince à confident, qui ne sont, en effet, que des monologues; dans ces tirades à perte de vue, dans ces songes et dans ces récits? quelle occupation assignera-t-il à ces personnages si oisifs en apparence et qui gesticulent dans un endroit qui n'est ni une chambre, ni une rue, où l'on entre et d'où l'on sort avec une facilité idéale? Ces abstractions drapées de tuniques lui feront-elles l'effet d'hommes et de femmes ayant la pourpre de la vie dans les veines et le feu de Prométhée sous la mamelle gauche? reconnaîtra-t-il l'allure du monde et le train des choses humaines? Nous ne comptons pour rien l'ennui d'avoir, pendant quatre heures d'horloge, sous les yeux, cette architecture équivoque, pseudo-grecque, pseudo-romaine, palais, vestibule, portique, comme vous voudrez l'appeler, avec voûtes à rosaces, plafonds à compartiments, colonnes vertes, statues en grisaille, où se logent habituellement les tragédies.

Là-dessus, nous sommes un peu de l'avis du directeur de spectacle, dans le prologue de *Faust*, et nous dirions volontiers au poëte : « Mon cher, ne vous gênez pas ; montrez-nous le ciel avec ses nuages, la mer avec ses ondes, faites-nous voir des châteaux et des chaumières, des vallées et des montagnes, des villes et des bourgs; toute la création est à votre service. L'univers est contenu dans ces pots à couleur, il ne faut que quelques coups de brosse pour l'en faire sortir. » O brave directeur ! si nous savions où trouver ton pareil, nous écririons bien vite pour ton théâtre une pièce magnifique en vers rimés de trois lettres, — au moins !

Macready est un acteur soigneux, intelligent, qui a peut-être le défaut de vouloir mettre trop de nuances dans son jeu; il rappelle Bocage, comme Kean rappelait Frédérick Lemaître, ou plutôt, pour parler chronologiquement, comme Frédérick Lemaître rappelle Kean ; c'est un homme de quelque cinquante ans et *très-marqué*, comme on dit en argot de coulisses.

Le costume dont il s'était affublé pour jouer Othello, dépasse en ridicule les inventions grotesques de Rubini. Figurez-vous le More de Venise revêtu d'une étroite simarre de velours cramoisi frangée d'une crépine d'or ; coiffé d'un toquet ou mortier de même couleur bordé d'un galon ; portant des jarretières rouges sur des bas chocolat, qui ont la prétention de simuler un épiderme africain. Nous aurions autant aimé voir Othello en uniforme écarlate avec des épaulettes de colonel, un chapeau à trois cornes et poudré à blanc comme on le représentait autrefois en Angleterre. Nous ne demandons pas qu'Othello soit habillé comme un Bédouin ou un Kabyle; mais il nous semble qu'il eût été possible d'ajuster, dans le goût des vêtements orientaux de Paul Véronèse, un costume plus en harmonie avec le personnage.

Pourquoi ensuite faire du More de Venise un nègre? Le titre même de la tragédie de Shakspeare s'y oppose : les Mores ne sont pas noirs : ils sont olivâtres, basanés, couleur de cuir de Cordoue ou de bronze de Florence, mais non couleur de cirage anglais; Macready a fait du More Othello, que son séjour en Europe devait avoir blanchi, un Cafre de la plus hideuse espèce. Qu'une jeune Vénitienne se soit éprise d'un beau More, aux traits réguliers, à l'œil de flamme, à la stature imposante, malgré une légère couche jus de réglisse, cela n'a rien d'étonnant. La plupart des jeunes patriciens peints par Vecelli, Giorgione ou Tintoret ont, dans leurs chaudes carnations, des teintes de bistre et de peau d'orange qui n'ont pas grand'chose à envier au hâle africain le plus intense. Mais il y a loin de là au masque de singe anthropophage que s'était composé Macready.

Cependant, une fois cet extérieur ainsi compris, accepté, Macready s'est montré très-souvent à la hauteur de son rôle : les adieux à la guerre, la grande scène des soupçons, la scène de la prière, celle de l'étouffement, tout cela a été dit et rendu par le tragique anglais avec la plus rare énergie ; au dénoûment, ses longues dents blanches, que découvraient un rire sardonique, ses yeux jaillissant de leurs orbites faisaient frissonner la salle d'une véritable épouvante.

Miss Helen Faucit, qui remplissait le rôle de Desdemona, est une jeune femme, non pas précisément jolie, mais expressive et gracieuse, de cette grâce anglaise un peu maniérée des keepsakes et des livres de beauté. Vous connaissez cela : le sourire vague, l'œil noyé, les cheveux en pleurs, l'épaule onduleuse, des frissons de satin sur la chair, quelque chose de chiffonné et de miroitant dans la toilette, un hasard souvent heureux de gaze, de rubans et de plumes! — Miss Helen Faucit, par le costume, l'attitude, l'élégance affectée des poses, les façons de porter la tête et les mains, rappelle souvent les dessins de Chalon, de Stephanoff et de Ch. Heath. Il n'y a pas de mal à cela. Nous ne haïssons pas, pour notre part, les actrices maniérées ; car, aujourd'hui, sous prétexte d'être simples, les femmes trop souvent, manquent de grâce et de souplesse. Se remuer tout d'une pièce, avec les bras collés au corps, est une autre espèce d'affectation qui, pour être à la mode, n'en est pas moins désagréable ; d'ailleurs, il est naturel d'être maniéré : les femmes, les chats et les oiseaux ont, dans les mouvements, de certaines afféteries innées, pour ainsi dire, et charmantes. On en corrige les femmes par quelques années de pension et de corset ; mais les chats et les oiseaux les gardent, c'est ce qui assure leur supériorité et les rend des objets de comparaison flatteuse.

Pour en revenir à miss Helen Faucit, dont la première apparition en baüte vénitienne a d'abord un peu surpris le public, elle a montré, dans ses évolutions autour du More, une câlinerie craintive, une tendresse peureuse comme celle qu'on peut avoir pour un tigre apprivoisé qui veut bien faire patte de velours ; dans son intercession pour le lieutenant Cassio, elle a mis toute l'insistance d'une âme innocente, toute la témérité de la vertu sûre d'elle-même.

Il est à regretter que la scène de la romance du Saule — cette scène dramatique et qui ajoute tant à la catastrophe en la faisant pressentir à la victime — ait été supprimée. Quand la toile se lève, au cinquième acte, Desdemona est couchée, non pas sur un canapé, mais dans un lit réel, avec des draps, des couvertures, des oreillers (accessoire indispensable), et même, comme les Anglais n'oublient jamais le confortable, Desdemona est coiffée d'un joli bonnet de nuit orné d'une ruche.

A propos de confortable, *le More de Venise* se joue sur un tapis vert qui remonte à peu près jusqu'au quatrième plan ; les acteurs ont exigé cet aménagement, et, dans leurs plus furieux transports, ils ne dépassent jamais la moelleuse limite.

La partie française des spectateurs, qui ne s'attendait pas à une vérité si intime, aurait bien eu quelque envie de siffler ; mais l'imposante autorité du nom de Shakspeare, l'a heureusement retenue.

Yago a été un peu joué en traître de mélodrame par un acteur de belle apparence, M. Ryder, qui oublie, comme presque tous les artistes qui représentent des personnages odieux, que la scélératesse d'Yago n'est dévoilée qu'à la fin par les aveux accablants d'Émilia. Jusque-là, Yago est considéré comme un homme estimable et vertueux, et le généreux More ne prononce guère son nom sans y joindre l'hépithète d'honnête : *honest Yago!* Il est tout simple qu'on se laisse tromper par un misérable au visage composé, aux discours mesurés, aux manières mielleuses, et dont l'hypocrisie sait emprunter les dehors de la franchise ; mais, si vous vous habillez de noir et de rouge, comme un Méphistophélès; si vous avez des inflexions de sourcils diaboliques, un teint vert-pomme et le sourire assorti, l'on s'apercevra tout de suite que vous êtes une canaille, et l'on ira chercher le commissaire de police. Si Yago eût agi de la sorte, Desdemona n'aurait perdu que son mouchoir, et eût donné au More une charmante famille bigarrée !

Hamlet a suivi *Othello* avec un succès égal sinon supérieur. Quel drame, profond comme la mort, immense comme la vie! Hamlet, cet Oreste du Nord, qui, à l'angoisse de venger son père sur sa mère, joint toutes les tortures du doute, tous les sombres problèmes de la mélancolie moderne, est une des plus étonnantes figures qui se soient jamais promenées devant ce cordon de feu qui sépare le monde réel du monde idéal. Il y a tout dans *Hamlet*, et même, comme le disait madame de Staël à propos du *Faust* de Gœthe, — quelque chose de plus que tout!

Ah! pâle rêveur, sans doute, le fantôme armé de ton père te remplit d'épouvante quand tu le rencontres sur les remparts de la forteresse, par un clair de lune glacial et par un vent de bise de Norvége; mais ce n'est pas là ton principal souci; tu te familiarises même avec le grondeur souterrain jusqu'à frapper du talon la dalle qu'il veut soulever, et jusqu'à l'appeler *vieille taupe!* La grande question pour toi, c'est celle du monologue. Tu as le vertige de la vie, ce rêve d'une ombre ! D'où vient-on ? où va-t-on ? pourquoi naître ? pourquoi mourir ? Ces allées, ces venues, ces entrées, ces sorties, que signifie tout cela ? est-ce une tragédie ? est-ce une farce ? l'univers n'est-il que le cauchemar d'un dieu malade, le délire de l'éternité ivre d'infini ? — Au milieu de toutes ces brutes qui se croient des hommes, parce qu'elles ne broutent pas et se tiennent sur leurs pieds de derrière, toi, le seul qui penses, qui aies le sentiment de l'étrangeté de la vie, et qui avances en tremblant sur cette mince lame de rasoir, sur cet imperceptible fil d'araignée qu'on nomme le présent, ayant de chaque côté deux gouffres, le présent et l'avenir ; l'un qui t'a déjà englouti, l'autre qui t'engloutira, pauvre Hamlet ! tu es obligé d'attacher à ta sagesse les grelots de la folie, et de cacher ton inconsolable anxiété sous une bizarrerie apparente !

L'homme ne te plaît pas, ni la femme non plus.

Nous sommes bien de ton avis, cher prince de Danemark ; mais, de grâce, dis-nous si ton quatrain à Ophélia n'est pas une ironie amère, et s'il faut douter de l'amour comme de la vérité, et de tout le reste.

Ce drame étrange semble le triomphe de la folie. Polonius radote ; Ophélia, troublée par les divagations d'Hamlet, mêle, sur ses beaux cheveux, des brins de paille et de folle avoine à sa couronne de fleurs des champs, et se laisse soulever par l'eau du fleuve, comme un roseau de la rive, sans même essayer de se reprendre à la branche du saule ; personne ne paraît maître de ses paroles, et les personnages agissent comme dans le somnambulisme ; toutes les phrases prennent un air louche, un sens douteux, le terrible est bouffon, le bouffon terrible ; vous riez de ce qui fait pleurer, vous pleurez de ce qui fait rire : le vertige général finit par vous gagner et vous avez envie de jeter votre mouchoir en l'air comme Hamlet, et de laisser traîner vos bas sur vos talons.

Et cette scène du cimetière, quel mélange de poésie sublime, de plaisanteries funèbres et de verve cynique ! comme le néant de l'homme y est impitoyablement mis à nu ! Ces fossoyeurs pris de vin, à moitié enterrés dans la fosse qu'ils ouvrent, ont-ils une jovialité effrayante, et la chanson qu'ils chantent :

> Une bêche qui creuse,
> Un linceul blanc et chaud,
> Une fosse argileuse,
> C'est tout ce qu'il me faut !

Macready est malheureusement un peu âgé pour représenter

Hamlet; mais, à part ce défaut, qui ne dépend pas de lui, il est difficile de mieux rendre cette figure, la plus haute que poëte ait jamais dessinée.

Il a parfaitement compris ce caractère à la fois timide et violent, succombant sous un rêve et tâchant de se reprendre à l'action, ne pouvant pas vivre et ne pouvant pas mourir, trop faible pour la vengeance et trop rancunier pour le pardon; ce mélange d'ombres et d'éclairs, de sagesse et de folie, de sensibilité et d'indifférence, qui fait d'Hamlet un personnage abstrait et réel, impossible et vrai, comme les créations éternelles du génie, où toute l'humanité semble palpiter et vivre sous un seul nom.

Dans la scène des fossoyeurs, qui a inspiré un tableau à Eugène Delacroix, nous avons remarqué un trait caractéristique anglais. Macready prend la tête de l'ancien bouffon du roi, que les fossoyeurs ont déterrée en creusant la fosse d'Ophélie, et lui adresse la tirade si touchante : *Alas poor Yorick!* puis, quand il a fini, il jette le crâne immonde, extrait de sa poche un beau mouchoir de batiste, le déplie, s'essuie soigneusement les mains, et continue.

Miss Helen Faucit a obtenu, dans le rôle d'Ophélie, un beau et légitime succès; elle a joué la scène de la folie de la manière la plus pathétique et la plus touchante. — Comme les fleurs s'échappaient mollement de ses mains, que ne commandaient plus la volonté! quelle grâce maladive et fatale dans ces couplets incohérents qui lui reviennent par lambeaux, — et comme elle est déjà pâle de sa mort future!

Disons, à la louange du public, qu'il a accepté d'un bout à l'autre ce drame immense et bizarre, où le sublime se mêle au trivial, dans des proportions hasardeuses pour nous. Il n'a pas ri du fantôme, ni du rat derrière la tapisserie; la scène du cimetière, la plus hardie qui soit au théâtre, où les crânes et les tibias roulent sur le plancher, où l'on descend un cercueil dans une fosse, où Laërte et Hamlet se prennent à la gorge, les pieds sur la bière d'Ophélie, où le dialogue est entrecoupé par les sanglots du glas; cette scène, qui, il y a dix ans, eût soulevé des orages, a passé sans encombre! — Nous sommes enfin dignes de Shakspeare!

Remercions donc M. Mittchell, qui donne à Londres une si bienveillante hospitalité aux comédiens français, des nobles plaisirs littéraires qu'il nous procure : *Othello, Hamlet, Macbeth,* cela nous lave de bien des vaudevilles et de bien des mélodrames!

Puisque nous en sommes aux acteurs anglais, jetons un regret à cette pauvre Clara Webster, qui vient d'être brûlée vive dans sa robe de gaze; — c'était une charmante fille, et il nous semble encore la voir danser à Drury-Lane, dans *la Péri;* ses longues boucles blondes fouettaient ses blanches épaules quand elle achevait sa pirouette; et les Anglais, fiers d'avoir une danseuse née chez eux, l'applaudissaient avec fureur, et lui faisaient répéter tout ses pas. — On disait qu'elle en guérirait ; mais ses beaux cheveux avaient flambé le long de ses joues roses; son menton si pur était entamé. — Nous vous annonçons une bonne nouvelle... elle est morte!

30 décembre.

ITALIENS. *Beatrice di Tenda.* — Sommes-nous à Paris? sommes-nous à Londres? La question est douteuse. Depuis quelques jours, les brouillards de la perfide Albion semblent avoir élu domicile chez nous et s'être naturalisés français. A quoi attribuer ce changement de climature? Au déboisement, à l'amoncellement des glaces polaires, à l'absence de cette couronne boréale dont le besoin se fait généralement sentir, à la santé de la lune, cet astre malsain, aux yeux mornes, aux couleurs blafardes, dont l'influence est si pernicieuse à la terre?

A force de réfléchir, nous avons découvert que ces brouillards n'avaient pour cause ni le déboisement, ni l'accroissement des glaces polaires, ni l'absence de la couronne boréale, ni les pâles couleurs de Phébé.

Voici la raison du phénomène :

L'Hiver, en se promenant par le monde, avec ses gants fourrés, ses chaussons de lisière, son carrick à triple collet, son cache-nez et son bonnet d'astrakan, a fait, à son arrivée à Paris, les observations suivantes ; il s'est dit :

« La cheminée de mon salon est garnie d'une grille ; un seau plein de charbon de terre occupe un angle du foyer, en compagnie de tous les ustensiles propres à fourgonner. Mon valet de chambre m'a fait la barbe avec des rasoirs signés *Daniell, Oxford street* et du *Windsor soap*. On m'a servi à déjeuner du thé et des *sandwich*. Mon journal rend compte d'un *steaple chase*, et sa rédaction est émaillée de mots d'outre-Manche : *sport, turf, gentlemen riders, four in hand, fox-hunter, higt life, railways, rail-road, waggon, steamboat*, etc., etc., etc. Le tailleur vient de m'essayer une *twine* et un *makintosh*. J'ai demandé ce qu'il faut pour écrire, on m'a donné un *patent-Perryan gravitating inkstand*, rempli de *black-blue*, des plumes d'acier de Cuthbert, avec de la cire de Londres. Je veux dîner, on m'apporte du *beefsteak*, des patates, du *plumpudding*, du *soda-water*, du punch et du *bishop*. Je vais au théâtre, on joue *Hamlet*. Eh! pardieu! c'est Macready et miss Helen Faucit. Plus de doute, je suis en Angleterre, à Londres. J'avais pris la Tamise pour la Seine. — Où diable avais-je la tête? »

Et, là-dessus, l'Hiver s'est mis à nous composer une saison assortie à nos mœurs.

« Avec la fumée du charbon de terre, les exhalaisons du fleuve, les nuages rabattus par le vent, et la sueur de la terre humide, je vais, s'est-il dit, leur mixtionner un brouillard opaque, impénétrable, épais à couper par tranches, digne des rues les plus noires de la Cité, pénétrant, glacial, fétide, chargé de coryzas, de rhumes, de catarrhes, d'hypocondrie et de spleen; un vrai brouillard britannique! Ces gaillards-là ne méritent pas ces belles gelées claires, au ciel froid mais bleu, aux nuits micacées d'étoiles, aux végétations et aux filigranes d'argent. »

Or, l'Hiver l'a fait comme il l'avait dit, et il en est arrivé ce que vous savez.

Pour nous qui n'en avons pas l'habitude, il faut avouer que ce phénomène atmosphérique ne manquait pas d'un certain côté pittoresque; il est assez amusant de voir changer la décoration de l'univers; c'est pour cela que les saisons ont été inventées; mais quatre changements par année, c'est bien peu! Aussi nous accueillons joyeusement le givre et la neige, qui varient l'aspect un peu uniforme de la création. Seulement, il est dommage qu'il ne tombe pas de temps à autre des neiges roses, bleues, vert-pomme, orange, écarlate; cela serait fort joli et ferait ressembler la nature à ces paysages en camaïeu, dont Boucher enrichissait les impostes et les trumeaux ; mais, en attendant ce perfectionnement indispensable, contentons-nous de ce que nous avons.

Ce brouillard n'est pas venu par un épaississement graduel de l'atmosphère : il s'est avancé, comme un de ces nuages classiques qui ont quelque divinité dans le ventre, tout compact, tout formé, sur la place de la Concorde, où l'obélisque de Luxor a paru bien étonné de le voir. Le Garde-Meuble était encore parfaitement clair, et déjà la Chambre des députés — cela soit dit sans aucune allusion méchante — avait disparu sous de *blanches* ténèbres ; car l'une des particularités bizarres de cette obscurité diurne, c'est sa blancheur. Vous y voyez moins que dans la nuit la plus noire, et, pourtant, vous n'avez autour de vous qu'une brume laiteuse comme le côté bleu des camées. Vers six heures, les flocons de cette laine de l'air, cardée par quelque vent refaisant les matelas du ciel, se sont entassés si dru, qu'il était impossible à un homme de taille ordinaire d'apercevoir ses pieds. L'illumination du gaz piquait à peine de quelques points rouges cet immense rideau d'ouate. C'était quelque chose d'étrange de voir la lumière dénuée de rayons et de reflets. A travers cette fumée sans feu, — car, s'il n'y a pas de feu sans fumée, il y a de la fumée sans feu, — s'ébauchaient vaguement des formes monstrueuses et gigantesques ; on eût pu croire que les animaux antédiluviens, reconstruits par Cuvier, fourmillaient et rampaient par la ville ; les voitures avec les chevaux ne faisaient plus qu'une masse confuse, et prenaient des airs de mastodonte, de mammouth et d'anaplothérium ; le fouet du cocher paraissait comme l'antenne d'un insecte énorme, grossi vingt-cinq millions de fois par le microscope solaire.

Pour ajouter à la fantasmagorie de l'effet, des gardes municipaux à cheval secouaient des torches de résine, dont les flammèches s'éparpillaient sans projeter la moindre clarté ; leurs ombres, s'allongeant sur cette atmosphère dense, comme sur un mur, produisaient les silhouettes les plus extravagantes et les plus désordonnées. On ne savait plus dans quel monde on était, si l'on marchait sur la terre ou si l'on patinait sur les nuages ; les limbes chrétiennes, les champs Élysées païens doivent baigner dans ces brumes blanchâtres, dans ces lueurs de crépuscule, qui trompent plus qu'elles n'éclairent.

Enfin, le brouillard est devenu tellement épais, que toute circulation s'est arrêtée. Des gamins ont improvisé un commerce de bouts de chandelles qu'ils débitaient aux passants égarés : tel se croyait rue de Rivoli qui était place de la Madeleine ; tel a erré plus d'une heure dans la cour du Louvre sans en pouvoir sortir ; tous les dix pas, il fallait entrer dans une boutique et demander aux naturels du pays en quelle zone on se trouvait. Les chevaux, effrayés, refusaient d'avancer dans ce néant qui avait tout à coup remplacé Paris.

En notre qualité de feuilletoniste, pauvre esclave de ce maître qu'on appelle le public, nous nous étions mis en route pour remplir notre devoir au Théâtre-Italien ; car ni le feu du ciel, ni la pluie du déluge, ni les averses d'aérolithes, ni les raz de marée de la Martinique, ni la trombe qui ravage le Caucase tous les sept ans, n'empêcheraient un feuilletoniste d'aller chercher les ingrédiens de la macédoine qu'il sert tous les lundis à ses lecteurs. La migraine, les malaises, les indispositions n'existent pas pour nous ; il faut que nous soyons bien renseignés, bien informés et... spirituels une fois par semaine : — c'est beaucoup.

Nous ne sommes parvenu à notre but qu'en tâtant les murailles avec les mains. — Après beaucoup de recherches infructueuses, nous tombâmes dans un endroit qui se trouva être le théâtre Ventadour.

Autant qu'on pouvait le discerner, — car le brouillard, bien qu'il n'ait pas ses entrées et qu'il n'eût pas payé sa place, avait pénétré dans la salle, — il nous sembla qu'on jouait *Beatrice di Tenda*, un opéra de Bellini, qui n'a jamais beaucoup réussi en France, bien qu'il renferme un bel air, un trio et un duo remarquables.

Nous avons démêlé, à travers la brume qui l'estompait, Ronconi, reconnaissable par quelques points brillants de son pourpoint de brocart d'or, constellé de pierreries ; et même, ne l'eussions-nous pas vu, sa voix pleine, vibrante, sa prononciation nette et son excellente méthode ne nous eussent pas laissé un moment d'hésitation.

Madame Persiani a chanté, comme d'habitude, parfaitement bien ; mais nous croyons que la légèreté de son organe, la souplesse de sa vocalisation, la pureté italienne de son style, la rendent plus propre à rendre la musique bouffe ou de demi-caractère. Les grands élans dramatiques ne lui vont pas.

Un ténor espagnol, don Manuel Ojeda, débutait dans le rôle d'Orombello ; c'est un jeune homme d'une tournure élégante, d'une figure régulière, qui a une voix fraîche, douce, pure, et dont il sait se servir habilement. Il a été très-bien accueilli du public des Bouffes, assez farouche aux nouveaux visages ; il remplacera avantageusement Corelli, et pourra, dans l'occasion, suppléer Mario.

FIN DU TROISIÈME VOLUME

TABLE DES MATIÈRES

I

MARS 1843. — Théâtre-Français : *les Burgraves*, trilogie par M. Victor Hugo. — Analyse de la pièce. — La composition et le style. — Attitude du public. — Qualité dominante chez M. Hugo. — Les génies mâles et les génies féminins. — Les acteurs. — Italiens : représentation au bénéfice de madame Grisi. — *Otello*. — L'enthousiasme rétrospectif. — Mario. — Innovation dans le costume du More de Venise. — Tamburini, Lablache. — Variétés : *une Nuit de mardi gras*. — Le cancan. — Opéra : *Charles VI*, paroles de MM. Casimir et Germain Delavigne, musique de M. Halévy. — La pièce et la partition. — Le cortége de Lancastre. — Où les classiques rendent des points aux romantiques. — Baroilhet, madame Stoltz.   5

II

AVRIL 1843. — Palais-Royal : *les Hures graves*. — Variétés : *les Buses graves*. — En quoi consiste le comique des parodies. — Quels sont les vrais parodistes. — N'est pas parodié qui veut. — Ambigu : *les Enfants trouvés*, par M. Bouchardy. — L'auteur absent de son œuvre. — Tort de la critique. — Italiens : concert de Sivori. — *Le Carnaval de Venise*. —

Variétés : *les Caravanes de Mayeux.* — Des types originaux créés par l'époque actuelle. — Début de Neuville. — Le comique dans la difformité. — Rentrée de Dolorès et de Camprubi. — La rondalla 33

III

MAI 1843. — Théâtre-Français : *Judith*, tragédie de madame Émile de Girardin. — Grandeur et décadence de la tragédie. — Corneille et Racine. — Crébillon et Voltaire. — La révolution romantique. — La néotragédie. — Mademoiselle Rachel. — Tentative de restauration classique. — *Judith* est moins une pièce qu'un rôle. — Les décorations et la mise en scène. — Le costume de mademoiselle Rachel. — Beauvallet. — Odéon : *Lucrèce*, tragédie de M. Ponsard. — Les maladroits amis. — Caractère du talent de M. Ponsard. — Sa pièce; la composition et le style. — Madame Dorval, Bouchet, Bocage. — Porte-Saint-Martin : *Mademoiselle de la Vallière*, drame en vers de M. Adolphe Dumas. — Les abstractions au théâtre. — Frédérick Lemaître, mademoiselle Klotz, Clarence 41

IV

JUIN 1843. — Gymnase : *Lucrèce à Poitiers, ou les Étables d'Augias*, par M. Léonard (de Châtellerault). — M. Ponsard. — Le fétichisme littéraire. — Ce qu'on appelle une époque de décadence. — Un toast de Léon Gozlan. — *Lucrèce* atteinte et convaincue de romantisme. — Prosodie de l'école moderne. — Variétés : *la Quenouille et le Métier*. — Pourquoi pas *la Quenouille de Barberine* ? — Les Chinois de Paris. — Grande irrévérence du critique. — Les soleils couchés et les soleils levants. — L'Odéon subventionné. — Gaieté : reprise de *la Chambre ardente*, drame de MM. Mélesville et Bayard. — Quand les vaudevillistes s'en mêlent ! — Analyse qui réclame un chimiste. — Mademoiselle Georges. — A propos de la pluie et du beau temps. 56

V

JUILLET 1843. — Opéra : reprise d'*OEdipe à Colonne*, de Guillard et Sacchini. — Du simple et du composé en fait d'art. — Qualités de la musique de Sacchini. — L'opéra ancien et l'opéra moderne. — Porte-Saint-Martin : *Lénore*, drame de MM. Cogniard frères. — La ballade de Burger. — Ce qu'en ont fait MM. Cogniard. — Madame Dorval. — Opéra : *La Péri*, ballet de MM. Théophile Gautier et Corally, musique de M. Burgmuller. — A M. Gérard de Nerval, au Caire. — La nostalgie des âmes. — L'Orient rue Lepelletier. — Métamorphose d'un poëme en ronds de jambe. — Couleur locale et réalisme. — Carlotta Grisi. — Le pas de l'Abeille. — La musique de M. Burgmuller. 70

VI

AOUT 1843. — Ambigu : *un Français en Sibérie*, drame de MM. Noël Parfait et Charles Lafont. — Un canard qui a des chevrons. — Les dramaturges naïfs et convaincus. — Le seul qui existe à l'heure qu'il est. — Un nouveau Japhet. — Chauvinisme de deux hommes d'esprit. — Matis, Verner, Bousquet.—Salle Ventadour : *Pigeon vole, ou Flûte et Poignard*, opéra de M. Castil Blaze. — Revanche contre XXX. — Les *paroliers*. — La poésie et la musique. — Opéra : reprise des *Martyrs*, de MM. Scribe et Donizetti. — Massol, madame Dorus. — Un dieu déchu   85

VII

SEPTEMBRE 1843. — Palais-Royal : *Paris, Orléans et Rouen*, par MM. Bayard et Varin. — Le vaudeville à la vapeur. — Alcide Tousez, Ravel, Sainville, Grassot. — Opéra-Comique : *Lambert Simnel*, paroles de MM. Scribe et Mélesville, musique de feu Hippolyte Monpou. — Originalité du talent de Monpou. — OEuvres qui ont fondé sa réputation. — Son œuvre posthume. — Masset, mademoiselle Darcier. — Gymnase : *l'Amour et le Hasard*, par M. de Lucy (lisez : Vial).— Une plaisanterie de M. Poirson. — Gaieté : *Paméla Giraud*, drame de M. de Balzac. — Ténacité de l'auteur du *Père Goriot*. — Elle a fait son génie. — Facultés dramatiques de M. de Balzac. — Ses premières tentatives au théâtre. — Sa nouvelle pièce. — Ambigu : *les Bohémiens de Paris*, drame de MM. Dennery et Grangé. — Il y a bohème et bohème. — Succès de décorations   95

VIII

OCTOBRE 1843. — Italiens : réouverture. — Débuts de Salvi et de Ronconi. — La sainte ampoule des artistes. — Cirque-Olympique : *Don Quijote et Sancho Pança*, par MM. Ferdinand Laloue et Anicet Bourgeois. — Une victime de l'art théâtral. — Les types de Rossinante, de don Quijote et de Sancho. — Parallèle entre l'âne turc et l'âne espagnol. — Portée philosophique du roman de Cervantès. — Palais-Royal : *Brelan de troupiers*, par MM. Dumanoir et Étienne Arago. — Levassor. — Variétés : *Jacquot*, par MM. Gabriel et Paul Vermond. — Haine aux perroquets. — Neuville et ses imitations. — Lepeintre jeune. — Italiens : *Belisario*, opéra de M. Donizetti. — La pièce, la musique et l'exécution. — Début de Fornasari. — Vaudeville : *Madame Roland*, par madame Virginie Ancelot. — Ne touchez pas à la hache 108

IX

NOVEMBRE 1843. — Théâtre-Français : *Ève*, drame de M. Léon Gozlan. — La pièce et les acteurs. — Opéra-Comique : reprise du *Déserteur*, de Sedaine et Monsigny. — La simplicité de nos pères. — Odéon : débuts de M. Raphaël et de mademoiselle Rébecca Félix dans *le Cid*. — Opéra : *Dom Sébastien de Portugal*, paroles de M. Scribe, musique de M. Donizetti. — Le livret et la partition. — Duprez, Baroilhet. — Le champ de bataille d'Alcazar-Kébir. — Italiens : *Maria di Rohan*, opéra de M. Donizetti. — Inconvénient de la fécondité. — Vaudeville : *l'Homme blasé*, par MM. Duvert et Lausanne. — Arnal 122

X

DÉCEMBRE 1843. — Théâtre-Français : *la Tutrice, ou l'Emploi des richesses*, comédie de M. Scribe. — Le Briarée dramatique. — La littérature et les travaux forcés. — Le public a la mémoire courte. — Opéra-Comique : *l'Esclave de Camoëns*, paroles de M. de Saint-Georges, musique de M. de Flottow. — Porte-Saint-Martin : *les Iles Marquises*, revue de l'année, par MM. Cogniard frères. — Un filon épuisé. — Des plaisanteries qui portent à faux. — M. Puff, roi de l'époque. — Cirque-Olympique : *le Vengeur*, par M. Anicet Bourgeois. — Un drame qui n'a qu'une scène. — Odéon : *le Médecin de son honneur*, drame de Calderon, imité par M. Hippolyte Lucas. — Le dieu de Calderon. — Fleurs poétiques que l'on ne cultive plus. — Rouvière, mademoiselle Julie Berthaud. — Coup d'œil rétrospectif 134

XI

JANVIER 1844. — Théâtre-Français : *Tibère*, tragédie de Marie-Joseph Chénier. — La pièce, les caractères et le style. — Ce qui manque, en général, à notre poésie dramatique. — Ligier, Geffroy, Guyon. — Mademoiselle Araldi. — Odéon : *le Laird de Dumbicky*, comédie de M. Alexandre Dumas. — Heur et malheur. — Monrose, mademoiselle Virginie Bourbier. — *André Chénier*, drame en vers de M. Dallière. — Bouchet, mademoiselle Émilie Volet. — Théâtre-Français : *Bérénice*. — Le mancenillier tragique. — De la versification de Racine. — Mademoiselle Rachel. — Palais-Royal : *les Ames en peine*, par MM. ***. — Les auteurs joués malgré eux. 146

XII

FÉVRIER 1844. — Théâtre-Français : *un Ménage parisien*, comédie en vers de M. Bayard. — Opinion de Paris sur lui-même. — Où les Français mettent l'amour-propre national. — Variante à un vers de

Boileau. — Le frac et la poésie. — Porte-Saint-Martin : *les Mystères de Paris*, drame de MM. Eugène Sue et Dinaux. — La pièce et la censure. — Le tartufe de mœurs. — Frédérick Lemaître. — La mise en scène et les décorations. — Une rue de la Cité. — Incident de la représentation. — Allocution du régisseur au public...................... 158

XIII

MARS 1844. — Variétés : reprise de *la Fille de l'Avare*, par MM. Bayard et Duport. — Le Grandet de M. de Balzac. — La poésie de l'avarice. — Bouffé. — Ambigu : *les Amants de Murcie*, drame de M. Frédéric Soulié. — Un grand producteur littéraire. — M. Soulié romancier et dramaturge. — Ce que coûte de nos jours une réputation de paresse. — Vieille histoire toujours nouvelle. — Madame Émilie Guyon. — Variétés : *Trim, ou la Maîtresse du roi*, par MM. Duvert et Lauzanne. — Une réminiscence dangereuse. — Sterne et son *Tristram Shandy*. — Question d'étymologie. — *Les Trois Polkas*. — Mademoiselle Maria Volet.............. 165

XIV

AVRIL 1844. — Opéra : *le Lazzarone, ou la Fortune vient en dormant*, paroles de M. de Saint-Georges, musique de M. Halévy. — De l'introduction du genre bouffe à l'Académie royale de musique. — Deux talents hors de leur voie. — Une question traitée mais non résolue. — Madame Stoltz. — La musique de M. Halévy. — Début de mademoiselle Lola Montès. — Opéra-Comique : *la Sirène*, paroles de M. Scribe, musique de M. Auber. — La pièce et la partition. — Roger, mademoiselle Lavoye. — Odéon : *Jane Grey*, tragédie de M. Alexandre Soumet et de madame d'Altenheym. — M. Soumet poëte de transition. — Ses œuvres lyriques et dramatiques. — Sa nouvelle tragédie. — Mademoiselle Georges. — Concerts de Liszt...................... 172

XV

MAI 1844. — Odéon : *Sardanapale*, tragédie de M. Lefèvre. — *Erratum* à l'histoire. — Le *Sardanapale* de lord Byron. — Les spectacles forains. — Hercule et l'Amour. — Vaudeville : *le Carlin de la Marquise*, par MM. Varin, Jaime et Clairville. — Histoire de Fanfreluche. — Odéon : *la Ciguë*, comédie en vers, de M. Émile Augier. — Un nouveau poëte dramatique. — Mademoiselle Émilie Volet, Monrose, Mauzin, Bouchet. — Théâtre-Français : *Catherine II*, drame en vers, de M. Hippolyte Romand. — La pièce, les caractères et le style. — Mademoiselle Rachel. — Beauvallet. — Odéon : l'*Antigone* de Sophocle, traduite par MM. Paul Meurice et Auguste Vacquerie. — Du goût grec et du goût latin. — La férule du père Brumoy. — La tragédie antique. — Sujet d'*Antigone*. — La mise en scène. — Le chœur. — La traduction. — Bocage, mesdemoiselles Virginie Bourbier et Émilie Volet, Rouvière 184

XVI

JUIN 1844. — Opéra : rentrée de mademoiselle Taglioni. — Les transfuges et les revenants. — Les ailes des fourmis vierges. — Théâtre-Français : *le Mari à la campagne*, comédie de MM. Bayard et Jules de Wailly. — La pièce et ses interprètes. — Opéra : *le Dieu et la Bayadère*. — La ballade de Gœthe *arrangée* par M. Scribe. — Les bayadères authentiques. — Amany. — Mademoiselle Taglioni, sa danse et sa pantomime. — Mademoiselle Sophie Dumilâtre. — Porte-Saint-Martin : *le Songe d'une Nuit d'été*. — Une innovation dans la mise en scène. — Ce qu'elle laisse encore à désirer. — M. Risley et ses fils. — Une annexe qui serait utile à l'école de danse. — Les classiques de la chorégraphie . . . 209

XVII

JUILLET 1844. — Opéra : dernière représentation de mademoiselle Taglioni. — Les feuilletonistes dans l'embarras. — A propos des soirées d'adieux. — *La Sylphide*. — Le pas de l'Ombre. — Théâtre-Français : représentation au bénéfice des enfants Félix. — Mademoiselle Rachel dans *Phèdre* et dans *le Dépit amoureux*. — Son jeu. — Les spécialistes. — Reprise de *la Camaraderie*, de M. Scribe. — Le prétendu travers de la camaraderie. — Ce qu'on ne se dit pas à soi-même. — Opéra-Comique : *les Quatre Fils Aymon*, paroles de MM. de Leuven et Brunswick, musique de M. Balfe. — La bibliothèque bleue. — La vérité sur la monture des quatre fils Aymon. — Bayard, élève de l'enchanteur Maugis. — Théâtre-Français : *Diégarias*, drame en vers de M. Victor Séjour. — Beauvallet, madame Mélingue. — Ambigu : *le Miracle des Roses*, drame de MM. Antony Béraud et Hippolyte Hostein. — La légende de sainte Élisabeth de Hongrie. — Mélingue, madame Guyon . . . . . , ... 223

XVIII

AOUT 1844. — Porte-Saint-Martin : *Don César de Bazan*, drame de MM. Dumanoir et Dennery. — Les pirates littéraires. — L'or et le plomb. — Frédérick Lemaître. — Mademoiselle Clarisse Miroy. — Gymnase : *les Surprises*, par M. Scribe. — Retour du vaudevilliste prodigue. — Numa, mademoiselle Désirée. — Opéra : *Eucharis*, ballet de M. Corally, musique de M. Deldevez. — Le *Télémaque* de Fénelon. — Les nuages au théâtre. — Cours de mythologie *ad usum Delphini*. — Opéra-Comique : reprise de *Gulistan*. — Masset, madame Casimir. — Gaieté : *les Sept*

Châteaux du Diable, féerie de MM. Dennery et Clairville. — La pièce, les costumes et les décorations. — Opéra-Comique : *les Deux Gentilshommes*, paroles de M. de Planard, musique de M. Justin Cadaux. — Les grands prix de Rome induits en vaudevilles. — Nécessité d'un troisième théâtre lyrique. — Variétés : *les Aventures de Télémaque*, par MM. Dumersan, de Leuven et Brunswick. — Hyacinthe. — *Le Bal Mabille*, par MM. Siraudin et Danvin. — La reine Pomaré 240

XIX

SEPTEMBRE 1844. — Théâtre-Français : reprise de *Roméo et Juliette*, de M. Frédéric Soulié. — La pièce de Shakspeare. — Le dénoûment de Garrick. — Logique des changements à vue. — Opéra : l'*Othello* de Rossini, paroles françaises de MM. Alphonse Royer et Gustave Vaëz. — La science musicale et le génie de la musique. — La partition d'*Othello* au point de vue du poëme. — Les exécutants. — Une voix qui s'en va. — Théâtre-Français : l'*Héritière, ou un Coup de partie*, drame de M. Empis. — Du drame bourgeois en général et de celui de M. Empis en particulier. — Opéra-Comique : *la Sainte-Cécile*, paroles de MM. Ancelot et de Comberousse, musique de M. Montfort. — Le genre Ancelot ou pseudo-Pompadour. — Carle Vanloo. — Madame Anna Thillon, Mocker . . . 262

XX

OCTOBRE 1844. — Cirque-Olympique : représentation au bénéfice du jeune Ducrow. — *Panem et circenses*. — Le nouvel Hippodrome. — Le jeune Ducrow. — Les lutteurs anglais. — Auriol. — Une centauresse. — Opéra : *Richard en Palestine*, paroles de M. Paul Foucher, musique de M. Adolphe Adam. — Inquiétudes des dilettanti sérieux. — L'ennui à la mode en France. — Le livret de *Richard* et la partition. — Madame Dorus, Marié, Baroilhet, Levasseur. — Cirque-Olympique : *la Corde de pendu*, féerie. — A ceux qui demandent du nouveau. — L'opéra du Soleil et le mélodrame de la Lune. — Un préjugé qui tend à se perdre. — Conseils aux faiseurs de féeries. — La vrai couleur du diable 274

XXI

NOVEMBRE 1844. — Odéon : *les Nuées*, comédie d'Aristophane, traduite par M. Hippolyte Lucas. — L'esprit comique des anciens. — Rouvière. — Théâtre-Français : *le Tisserand de Ségovie*, drame d'Alarcon, traduit par M. Hippolyte Lucas. — Des traductions et imitations des chefs-d'œuvre étrangers. — Opéra-comique : reprise du *Maçon*, de MM. Scribe, Germain Delavigne et Auber. — Jeunesse de la partition. — Mocker, mademoiselle Darcier. — Odéon : *le Roi Lear*, drame de Shakspeare, imité par MM. Élie Sauvage et Duhomme. — Les beautés choquantes. — Aux jeunes gens. — Palais-Royal : *Deux Papas très-bien*, par MM. Lefranc et Labiche. — L'éducation des pères par les enfants. — Théâtre-Français : *une Femme de quarante ans*, comédie de M. Cléon Galoppe d'Oncquaire. — Les femmes sur le retour. — La plus triste des comédies. — Porte-Saint-Martin : *la Dame de Saint-Tropez*, drame de MM. Anicet Bourgeois et Dennery. — Frédérick Lemaitre 283

XXII

DÉCEMBRE 1844. — Trois chœurs de Rossini. — L'Achille musical. — M. Troupenas. — Deux portraits du maestro. — Ses trois chœurs. — Italiens : *le Cantatrici villane*, de Fioravanti. — La partition, la pièce. — Lablache, Ronconi, madame Persiani. — Un comparse ambitieux. — Opéra : *Marie Stuart*, paroles de M. Théodore Anne, musique de M. Niedermeyer. — Le domaine de la musique. — Poëtes, peintres et musiciens. — Le paradis de l'art. — Le livret de M. Théodore Anne et la partition de M. Niedermeyer. — Début du ténor Gardoni. — Italiens : reprise d'*il Pirata*, de Bellini. — La pièce. — Caractère du talent de Bellini. — Mario, Giulia Grisi. — Concert de Félicien David : *le Désert*, symphonie. — La bonne nouvelle. — Gymnase : *Rébecca*, par M. Scribe. — Mesdemoiselles Rose Chéri et Désirée. — Les acteurs anglais. — *Othello*. — *Hamlet*. — La poétique de Shakspeare. — Macready, miss Helen Faucit. — Italiens : *Beatrice di Tenda*, de Bellini. — Londres à Paris. 294

FIN DE LA TABLE DES MATIÈRES

TABLE

DES AUTEURS, ACTEURS, ETC., ET DES PIÈCES CITÉS DANS CE VOLUME

A

Adam (Adolphe), 99, 100, 125, 236, 253, 274, 277, 278, 280.
Alarcon, 283.
Albane (l'), 35.
Allegri, 255.
Allori, 45.
Altenheym (Mme d'), 172, 180.
Amants (les) de Murcie, 165, 167.
Amany, 209, 216, 217.
Ames (les) en peine, 146, 156.
Amour (l') et le Hasard, 95, 101.
Ancelot, 198, 262, 272, 273.
Ancelot (Virginie), 108, 121.
André Chénier, 14, 151.
Andrieux, 60.
Andromaque, 153.
Angèle, 269.
An (l') 1841 et l'An 1941, 137.
Anna Bolena, 120.
Anne (Théodore), 294, 302, 304, 305.

Antigone, 184, 200, 237.
Antony, 53, 269.
Anytus, 192.
Aqueduc (l') de Cozenza, 86.
Arago (Étienne), 108, 115.
Araldi (Mlle), 146, 148.
Aristide, 223.
Aristophane, 192, 202, 283, 284.
Aristote, 202, 320.
Arnal, 38, 122, 131, 133.
Athalie, 64.
Auber, 93, 172, 175, 178, 283, 286.
Auberge (l') des Adrets, 162.
Aubert (Anaïs), 264.
Augier, (Émile), 184, 192, 193, 237, 291.
Auriol, 222, 274, 276.
Aventure (une) de don César de Bazan, 240.
Aventures (les) de Télémaque, 240, 256.
Aymon, 301.

B

Bach (Sébastien), 255.
Balfe, 223, 232, 236.
Ballanche, 204.
Bal (le) Mabille, 240, 260.
Balzac (Honoré de), 58, 95, 101, 102, 103, 104, 105, 145, 158, 165, 166, 167, 237, 278, 289, 292.
Bandel, 168.
Barbier (Auguste), 58, 237.
Barbier (le) de Séville, 295.
Bardou, 122.
Baroilhet, 5, 27, 122, 129, 267, 268, 274, 279, 305.
Barrez, 85.
Barthélemy, 58.
Bartolini, 297.
Bayard, 56, 66, 95, 97, 158, 159, 160, 161, 165, 209, 211, 212.
Beatrice di Tenda, 294, 327, 330.
Beaumarchais, 93, 216, 240, 269.
Beauvallet, 20, 41, 47, 156, 184, 200, 223, 238.
Bédollière (Émile de la), 73.
Beethoven, 311, 312, 315.
Béfort, 315.
Belisario, 108, 118.
Bellini, 294, 306, 307, 330.
Benserade, 55.
Béranger, 58, 96.
Béraud (Antony), 223, 239.
Bérénice, 146, 152.
Bernard (Charles de), 292.
Berquin, 34, 103.
Bertall, 261.
Berthaud (Julie), 134, 144.
Bertrand et Raton, 245.
Blaze (Castil), 85, 92, 93.
Blaze (Henri), 74, 75.
Boastuau (Pierre), 168.
Bocage, 41, 53, 184, 208, 321.
Bohèmiens (les) de Paris, 95, 106, 107, 145, 165, 168.
Boileau, 158, 159, 201.
Boisgontier, 23, 172.
Bonjour (Casimir), 160.
Bouchardy (Joseph), 33, 34, 35, 36, 87.
Bouchet, 41, 53, 146, 152, 184, 186, 196.
Bouffé, 165, 167.
Bouilly, 36.
Boulanger (Louis), 289.
Boulanger (Mme), 286.

Bourbier (Virginie), 146, 151, 184, 208.
Bourgeois (Anicet), 108, 134, 283, 293.
Bousquet, 85, 91.
Brelan de troupiers, 108, 114.
Breughel, 81.
Brindeau, 125.
Brisebarre (Édouard), 58.
Brizeux, 237.
Brookes (Arthur), 168.
Brumoy (le père), 184, 202.
Brunswick, 223, 235, 240.
Burger, 70, 73.
Burgmüller, 70, 81, 85.
Burgraves (les), 5, 47, 57.
Buses (les) graves, 33.
Byron, 43, 184, 185.

C

Cabinets (les) particuliers, 89.
Cadaux (Justin), 240, 256.
Calderon, 134, 140, 142, 144, 200, 216.
Caligula, 49.
Callot, 244, 299.
Camaraderie (la), 223, 230, 245.
Cambon, 46, 82, 107, 140, 255, 305.
Camprubi, 33, 37, 38.
Camp (le) des Croisés, 53.
Canaple, 73.
Cantatrici (le) villane, 294, 298.
Caravage, 55.
Caravanes (les) de Mayeux, 55, 57.
Carlin (le) de la Marquise, 184, 188.
Caroline (Mlle), 85, 277.
Casimir (Mme), 240, 253.
Catherine II, 184, 196.
Cervantès, 108, 110, 112, 113.
Chacaton, 268.
Chalon, 323.
Chambre (la) ardente, 56, 66.
Chapelain, 179.
Charles VI, 5, 23, 57.
Chartier (Alain), 26.
Chassériau (Théodore), 46.
Chaste (la) Suzanne, 98.
Chat (le) botté, 232.
Chateaubriand, 58, 96, 161, 179.
Chénier (André), 59, 193, 252.
Chénier (Marie-Joseph), 146, 147.
Chien (le) de Montargis, 86.
Chilly, 239.
Choron, 98.

Christophe le Suédois, 35.
Cicéri, 101, 247.
Cid (le), 60, 64, 122, 127.
Ciguë (la), 184, 192, 237.
Cimarosa, 173.
Clairville, 184, 189, 192, 240, 254.
Clarence, 41, 55, 76.
Clari (l'abbé), 255.
Clarisse Miroy (Mlle), 240, 245.
Clotilde, 168.
Clytemnestre, 179.
Cogniard frères, 70, 74, 75, 76, 134, 137, 138, 139.
Collet (Louise), 297.
Comberousse (de), 262, 273.
Condé (le prince de), 155.
Corally, 70, 81, 84, 240, 252.
Corde (la) de pendu, 274, 280.
Corelli, 331.
Coriolan, 49.
Corneille, 19, 41, 42, 48, 57, 58, 59, 60, 64, 155, 169, 201, 202, 263, 287, 319.
Cornélius, 18.
Cottin (Mme), 88.
Crabbe, 282.
Crébillon, 41, 42.
Critique (la) de l'Ecole des Femmes, 319.
Cuthbert, 328.
Cuvier, 216, 329.

D

Dabbas (Mlle), 85.
Dalayrac, 253.
Dallière, 146, 151.
Dame (la) de Saint-Tropez, 283, 293.
Dante, 179, 229.
Danvin, 240, 261.
Darcier (Mlle), 95, 100, 127, 283, 286.
Daumier, 57, 258.
David (Félicien), 294, 308, 309, 310, 312, 315.
David (Louis), 119, 192, 202.
Debay, 251.
Decamps, 58, 77, 83, 106, 112, 129, 268.
Delacroix (Eugène), 58, 77, 94, 186, 326.
Delafontaine, 251.
Delatouche (Henri), 152, 231.

Delavigne (Casimir), 5, 23, 24, 28, 33, 43, 57, 198, 291.
Delavigne (Germain), 5, 283, 286.
Delaville, 160.
Deldevez, 240, 252.
Dennery, 95, 106, 146, 240, 245, 254, 283, 293.
Dépit (le) amoureux, 223, 227, 228.
Deschamps (Antony), 61, 289.
Désert (le), 294, 308.
Déserteur (le), 122, 125, 252.
Désirée (Mlle), 240, 246, 294, 318.
Despléchin, 32, 81, 94, 107, 129, 250, 255, 305.
Deux (les) Frères, 105.
Deux (les) Gentilshommes, 240, 255.
Deux Papas très-bien, 283.
Deux (les) Reines, 98.
Dévéria, 233.
Diamants (les) de la Couronne, 178.
Diaz, 268.
Diégarias, 223, 256.
Diéterle, 32, 81, 94, 107, 129, 250, 255, 305.
Dieu (le) et la Bayadère, 209, 215.
Dimier (Mlle), 85.
Doche (Mme), 122.
Dolorès Serral, 33, 37, 38, 174.
Dom Sébastien de Portugal, 122, 128.
Don César de Bazan, 240, 317.
Donizetti, 85, 108, 118, 122, 129, 130, 144, 298.
Don Pasquale, 120.
Don Quijote et Sancho Pança, 108, 110.
Don Sanche, 60.
Donzelli, 21.
Dormeuil, 115, 157.
Dorus (Mme), 73, 85, 94, 274, 279, 305.
Dorval (Mme), 41, 55, 74, 75.
Doze (Mlle), 215.
Dubuffe, 182.
Ducis, 263, 266, 285.
Ducrow, 222, 274, 276.
Duel (un) sous Richelieu, 130.
Duhomme, 283, 288.
Dumanoir, 108, 115, 240, 245.
Dumas (Adolphe), 41, 53, 54, 55.
Dumas (Alexandre), 44, 49, 58, 59, 98, 145, 148, 149, 151, 269, 278.
Dumersan, 240.
Dumilâtre (Sophie), 209, 218, 269.
Duport, 165.
Duprez, 109, 122, 129, 267, 268, 269.

Dupuis (Mme), 115.
Duval (Alexandre), 160.
Duvert, 122, 165, 169, 170.

E

Ecole (l') des Vieillards, 291.
Elisabeth, ou l'Orpheline russe, 88.
Elisir (l') d'Amore, 120.
Elssler (Fanny), 83.
Empereur (l') Octavien, 232.
Empis, 262, 269, 270.
Enfants (les) trouvés, 33, 34.
Eschyle, 19, 202, 319.
Esclave (l') de Camoëns, 134, 136.
Esther, 45.
Esther (Mlle), 23.
Eucharis, 240, 247.
Euripide, 201, 202, 228.
Ève, 122.

F

Fabri (Laura), 269.
Falstaff, 200, 263.
Faucit (miss Helen), 294, 322, 323, 326, 328.
Faust, 203, 321, 324.
Favorite (la), 84, 120.
Femme (une) de quarante ans, 283, 291.
Femme (la) jalouse, 291.
Fénelon, 240, 247.
Fenouillot de Falbaire, 34.
Fête (une) de Néron, 49, 179.
Fidelio, 311.
Filets (les) de Vulcain, 223.
Fille (la) de l'Avare, 165.
Fille (la) naturelle, 54.
Fils (le) de Louison, 162.
Fioravanti, 294, 298.
Firmin, 125.
Flore et Zéphyre, 225.
Flottow (de), 134, 137.
Fontaine (de la), 59, 60, 201.
Fornasari, 108, 120, 121.
Fouché (Paul), 129, 274, 278, 279.
Fourier (Charles), 247.
Français (un) en Sibérie, 85.
Frédégonde, 200.
Frédérick Lemaitre, 41, 53, 55, 103, 158, 163, 165, 229, 240, 244, 245, 283, 293, 321.

G

Gabriel, 108, 116.
Galoppe d'Onquaire (Cléon), 283, 291, 292, 293.
Garcia, 21, 267.
Garcia (Pauline), 20.
Gardoni (Italo), 294, 303.
Garrick, 117, 229, 262.
Gaspardo, 35, 87.
Gautier (Théophile), 70.
Geffroy, 20, 146, 148.
Georges (Mlle), 53, 56, 66, 67, 172, 181.
Gérard (le baron), 119.
Gérard de Nerval, 70, 73, 74, 76, 98, 135.
Giorgione, 21, 322.
Girardin (Mme Emile de), 41, 45, 57.
Giselle, 77, 84, 85, 262.
Gladiateur (le), 179.
Gluck, 72.
Gœthe, 43, 54, 209, 215, 282, 324.
Goubaux, 297.
Goujet, 67.
Gozlan (Léon), 56, 122, 123, 125, 145, 213, 237.
Grangé (Edouard), 95, 106, 146.
Grard, 101.
Grassot, 95, 97.
Grétry, 127, 253.
Grignon, 256.
Gringoneur (Jacquemin), 27.
Grisi (Carlotta), 70, 81, 82, 83, 84, 222, 226.
Grisi (Giulia), 5, 20, 21, 22, 120, 130, 226, 267, 294, 308.
Grisier, 132.
Guérin, 252.
Guillard, 70.
Guillaume Tell, 265, 267, 295.
Gulistan, 240, 252, 317.
Guyon, 20, 125, 146, 148.
Guyon (Mme), 165, 169, 223, 259.

H

Hafiz, 216.
Halévy (Léon), 5, 24, 93, 172, 173, 174.
Hameçon (l') de Phénice, 144, 283.
Hamlet, 294, 318, 324, 327, 328.
Haydn, 255.
Heath (Ch.), 323.

TABLE DES AUTEURS, ACTEURS, ETC.

Heine (Henri), 77, 225.
Henri, 101.
Héritière (l'), ou un Coup de partie, 262, 269.
Hermance, 121.
Hernani, 42, 238.
Herz (Henri), 297.
Hésiode, 216.
Hetzel (Jules), 261.
Hippolyte Stéphanophore, 227.
Hoffmann, 181, 299.
Homère, 58, 60, 95, 168, 202, 216, 296.
Homme (l') blasé, 122, 131.
Homme (l') de paille, 157.
Horace, 44, 54.
Horaces (les), 64.
Hostein (Hippolyte), 223, 239.
Hôtel (l') de Rambouillet, 121.
Hugo (Victor), 5, 6, 10, 12, 14, 15, 17, 18, 19, 20, 33, 34, 44, 47, 57, 58, 60, 61, 64, 77, 96, 145, 161, 179, 181, 201, 238, 240.
Huguenots (les), 267.
Hures (les) graves, 33.
Hyacinthe, 58, 240, 258.

I

Iles (les) marquises, 134, 137.
Impromptu (l') de Versailles, 250.
Ingres, 58, 96, 182, 262.
Italienne (l') à Alger, 267.

J

Jacotot, 247.
Jacquot, 108, 115,
Jaime, 184, 189, 192.
Jane Grey, 172, 179.
Janin (Jules), 161, 237.
Jay, 56, 64.
Jeune (le) Mari, 291.
Jodelle, 42.
Johannot (Tony), 233.
Jolie (la) Fille de Gand, 227.
Jomelli, 255.
Jouy (de), 158.
Judith, 41, 47, 57, 196.
Juive (la), 29, 267.
Jules César, 49.
Julie, 269.

K

Karr (Alphonse) 135.
Klein, 101.
Klopstock, 179.
Klotz (Volérie), 41, 55.
Kreutzer, 80.

L

Labiche, 283, 289.
Lablache, 22, 109, 120, 121, 267, 269, 294, 299, 300, 301.
Laferrière, 122.
Lafeuillade, 286.
Lafont (Charles), 85, 86, 87, 90.
Laird (le) de Dumbicky, 146, 148.
Laloue (Ferdinand), 108.
Lamartine, 58, 61, 77, 96, 161, 237, 304.
Lambert Simnel, 95, 97.
Lampe (la) merveilleuse, 253.
Laroche (Benjamin), 263.
Lauzanne, 122, 165, 169, 170.
Lavoye (Mlle), 172, 179.
Lawrence, 222.
Lazare le Pâtre, 35, 87.
Lazzarone (le), ou la Fortune vient en dormant, 172.
Lebrun, peintre, 58.
Lebrun-Pindare, 139.
Lecourt (Charles), 132.
Lefèvre, 184, 186, 187.
Lefranc, 283, 289.
Legs (le), 227, 228.
Leménil (Mme), 115.
Lénore, 70, 73.
Léo Burckart, 53.
Léonard, 56, 59, 63.
Lepeintre jeune, 38, 89, 108, 116, 117.
Letourneur, 263.
Leullier, 140.
Leuven (de), 223, 235, 240.
Levasseur, 73, 267, 269, 274, 279, 305.
Levassor, 108, 114, 115.
Ligier, 20, 125, 146, 148.
Linda di Chamouni, 120.
Liszt (Frantz), 173, 181, 182, 183, 184.
Lockroy, 130.
Loïsa, 121.
Lope de Vega, 134, 169.
Lord Nowart, 269.

TABLE DES AUTEURS, ACTEURS, ETC.

Lucas (Hippolyte), 118, 154, 144, 200, 285, 286, 297.
Lucia di Lammermoor, 109, 120.
Lucrèce, 41, 47, 49, 56, 57, 237.
Lucrèce à Poitiers, ou les Étables d'Augias, 56, 63.
Lucrèce Borgia, 53, 238.
Lucy (de) 95, 101.
Luguet, 101.
Luthier (le) de Vienne, 98.

M

Macbeth, 327.
Machiavel, 92.
Maçon (le), 283, 286.
Macready, 294, 321, 322, 325, 326, 328.
Madame Roland, 108, 121.
Mademoiselle de la Vallière, 41, 53.
Maillard, 156, 272.
Main (la) droite et la Main gauche, 122.
Malbranche, 68.
Malherbe, 59, 60.
Malibran (Mme), 210, 267.
Marcel, 189.
Marcello, 253.
Marguerite, 121.
Mariage (le) in extremis, 317.
Mari (le) à la campagne, 209, 211.
Maria (Mlle), 249.
Maria di Rohan, 109, 122, 129.
Marié, 274, 279.
Marie Stuart, opéra, 294, 302.
Marie Stuart, tragédie, 200.
Marilhat, 77, 85, 268.
Marino Faliero, 53.
Mario, 5, 20, 21, 22, 121, 267, 294, 301, 307, 331.
Marion Delorme, 47, 53.
Marmontel, 118.
Marquet (Delphine), 85, 249.
Mars (Mlle), 226.
Martynn, 186.
Martyrs (les), 85, 93, 95, 120.
Masset, 95, 100, 240, 253.
Massol, 30, 75, 85, 94.
Masuccio de Salerne, 168.
Matis, 85, 91.
Mauzin (Alexandre), 184, 196.
Mazères, 269.
Mazurier, 222.
Médecin (le) de son honneur, 134, 140, 200, 283.

Mélesville, 56, 66, 95.
Mélingue, 223, 239.
Mélingue (Mme Théodorine), 20, 223, 238.
Memmius, 201.
Ménage (un) parisien, 158.
Mercier, 158.
Mère (la) coupable, 269.
Mère (la) et la fille, 269.
Méry, 58, 257, 278.
Metsys (Quentin), 102.
Meurice (Paul), 184, 203, 208, 237, 263.
Meyerbeer, 73, 93, 315.
Michel-Ange, 12, 19, 229.
Mignard, 58.
Millevoye, 11.
Milton, 179.
Miracle (le) des Roses, 223, 238.
Misanthrope (le), 64.
Mittchell, 326.
Mocker, 101, 127, 262, 273, 283, 286.
Molière, 42, 58, 59, 60, 64, 102, 113, 166, 169, 201, 229, 230, 319.
Monpou (Hippolyte), 73, 74, 95, 97, 98, 99.
Monrose (Louis), 146, 151, 184, 196.
Montès (Lola), 172, 174,
Montès de Chiclana (Paquirro), 275.
Montespan, 55.
Monsigny, 122, 253.
Montfort, 262, 273.
More (le) de Venise, 323.
Mozart, 231, 255, 295.
Muller, 259.
Musset (Alfred de), 58, 61, 77, 96, 161, 237, 278.
Mystères (les) de Paris, 158, 161.

N

Nathalie (Mlle), 101.
Neuville, 33, 38, 108, 117.
Newgate, 162.
Niedermeyer, 294, 304.
Nisard, 296.
Nisseu (Mlle), 120.
Norma, 307.
Nuées (les), 283.
Nuit (une) de mardi gras, 5, 22.
Numa, 117, 240, 246.

O

Odry, 58.
OEdipe à Colonne, 70.
Ojeda (Manuel), 331.
Otello, opéra italien, 5, 20.
Othello, drame d'Alf. de Vigny, 285, 319.
Othello, drame de Shakspeare, 294, 318, 319, 327.
Othello, opéra français, 262, 265, 319.
Othello, tragédie de Ducis, 265, 319.
Ozy (Alice), 172.

P

Paganini, 56.
Page (Mlle), 122.
Palestrina, 255.
Paméla Giraud, 95, 101, 102, 103, 104, 105.
Paoli, 86.
Parfait (Noël), 85, 86, 87, 90.
Paris, Orléans et Rouen, 95, 96, 97.
Paris le Bohémien, 55.
Pastelot, 101.
Parrocel, 58.
Pasta (Mme), 267.
Pauvre (la) Fille, 179.
Père (le) de famille, 269.
Péri (la), 70, 76, 80, 81, 82, 83, 84, 222, 327.
Perrot, 221.
Persiani (Mme), 279, 294, 299, 300, 330.
Petit (le) Chaperon-Rouge, 232.
Petitpa, 81, 83.
Phèdre, 44, 223, 227.
Phidias, 77, 95.
Philastre, 82, 107, 140, 255, 305.
Philippon, 35.
Piccini, 72.
Pie (la) Voleuse, 266.
Pied (le) de Mouton, 253, 280.
Pigault-Lebrun, 193.
Pigeon Vole, ou Flûte et Poignard, 85, 92, 93.
Pillet (Léon), 73, 265.
Pilules (les) du Diable, 254, 280.
Piquillo, 98.
Pirata (il), 294, 305.
Planard (de), 125, 240, 256.
Planat-Naptal (Mlle), 264.
Planteur (le), 98.
Plaute, 166, 203.
Plessy (Mlle), 125, 228, 272.
Plutus, 284.
Poirson, 95, 101.
Polichinelle, 273.
Pomaré (Rosita, dite reine), 240, 260, 261.
Ponchard, 286.
Ponsard, 41, 47, 48, 49, 51, 52, 55, 56, 57, 59, 145, 257, 291.
Porpora, 255.
Porto (Luigi da), 168.
Poultier, 51.
Pradher (Mme), 286.
Précieuses (les) ridicules, 113.
Premier (le) Venu, 101.
Prométhée, 202.
Provost, 215, 272.

Q

Quatre (les) fils Aymon, 223, 232.
Quenouille (la) de Barberine, 56, 61.
Quenouille (la) et le Métier, 56, 61.
Quinet (Edgar), 237, 312.
Quinola, 103, 104.

R

Rabelais, 283.
Rachel (Mlle), 41, 43, 44, 45, 46, 47, 127, 128, 146, 152, 155, 184, 196, 200, 223, 227, 228, 229.
Racine, 19, 41, 42, 44, 48, 57, 58, 59, 60, 64, 146, 152, 153, 154, 155, 169, 180, 196, 201, 228, 229, 265.
Ramgoun, 216.
Raphaël, 19, 45, 46, 77, 229, 231, 272.
Raphaël Félix, 122, 127, 128, 223, 227, 228.
Raucourt, 76.
Ravel, 95, 97, 117.
Rébecca, 294, 316.
Rébecca Félix (Mlle), 122, 127, 128, 223, 227, 228.
Redisha, 222.
Regnier, 215.
Regnier (Mathurin), 59.
Rembrandt, 299.
Ricard, 251.

Richard Cœur-de-Lion, 125, 127, 252.
Richard en Palestine, 274, 277.
Rigaud (Mlle), 286.
Risley, 209, 218, 220, 222.
Robert (Mlle), 85.
Robert le Diable, 31, 307.
Robert Macaire, 162.
Roger, 127, 172, 179
Roi Lear (le), 283, 287.
Romand (Hippolyte), 184, 198, 199.
Roméo et Juliette, 168, 169, 262.
Ronconi, 108, 109, 130, 294, 299, 300, 301, 330.
Ronsard, 42, 59, 98.
Roqueplan (Nestor), 38.
Rose Chéri, 294, 318.
Rossini 20, 22, 73, 93, 130, 262, 265, 266, 294, 295, 296, 297, 298, 307, 315.
Rousseau (Jean-Jacques), 216.
Rouvière, 134, 144, 184, 208, 284, 288.
Royer (Alphonse), 262, 267.
Rubini, 20, 21, 121, 267, 268, 322.
Ruines (les) de Babylone, 86.
Ruy Blas, 47, 258, 241, 293.
Ryder, 324.

S

Sacchini, 70, 71, 72, 73.
Sainte-Beuve, 61, 96, 161, 237.
Sainte-Cécile (la), 262, 272.
Sainte-Foy, 127, 256.
Saint-Félix (Jules de), 49, 59.
Saint-Georges (de), 134, 136, 137, 172, 173.
Sainville, 95, 97.
Salomon, 131.
Salvator Rosa, 244.
Salvi, 108, 109, 130.
Samson, 160, 272.
Sand (Mme George), 58, 161, 237, 278.
Sandeau (Jules), 237.
Saoundiroun, 216.
Sardanapale, 184.
Sauvage (Elie), 283, 288.
Scheffer, 297.
Schiller, 43, 318.
Scribe (Eugène), 85, 93, 94, 95, 122, 123, 129, 134, 135, 136, 145, 160, 172, 174, 175, 209, 211, 215, 216, 223, 230, 232, 245, 246, 253, 283, 286, 294, 316, 317, 318.

Scudéri, 64.
Séchan, 32, 81, 94, 107, 129, 250, 255, 305.
Sedaine, 122, 126.
Séjour (Victor), 223, 237, 238.
Sénèque, 201.
Sept (les) Châteaux du Diable, 240, 253.
Shakspeare, 20, 43, 49, 59, 169, 193, 194, 199, 200, 201, 208, 216, 231, 240, 262, 263, 264, 266, 283, 285, 287, 288, 289, 294, 304, 306, 318, 320, 322, 323, 326.
Siraudin, 240, 161.
Sirène (la), 172, 174, 286.
Sivori (Camillo), 33, 36.
Six (les) Degrés du Crime, 162.
Socrate, 192, 283.
Songe (le) d'une Nuit d'été, 209, 218.
Sonneur (le) de Saint-Paul, 35, 87.
Sontag (Mlle), 267.
Sophocle, 200, 201, 202, 203, 208.
Soudraka, 203, 216.
Soulié (Frédéric), 165, 167, 168, 169, 262, 263, 264.
Soumet (Alexandre), 49, 59, 172, 179, 180, 181.
Sourdéac (marquis de), 219.
Staël (Mme de), 324.
Stephanoff, 325.
Sterne, 165, 169, 170.
Stoltz (Rosine), 5, 27, 32, 172, 173, 174, 267, 305.
Stradella, 304.
Sue (Eugène), 158, 162, 165, 167.
Surprises (les), 240, 245.
Sylphide (la), 209, 223, 225, 226.

T

Tacite, 147.
Taglioni, 83, 209, 210, 211, 216, 217, 218, 223, 224, 225, 226, 227.
Talleyrand, 57.
Tamburini, 5, 22, 267.
Tastu (Mme Amable), 289.
Théodorine. V. Mélingue.
Thierry (Joseph), 235.
Thillon (Anna), 127, 262, 273
Thilorier, 251.
Thomas (Ambroise), 236.
Tibère, 146.
Tieck (Ludwig), 232, 239.
Timon d'Athènes, 193.
Tintoret, 322.

Tisserand (le) de Ségovie, 283, 284.
Tite et Bérénice, 153.
Titien (Vecelli, dit le), 77, 322.
Titon du Tillet, 180.
Tousez (Alcide), 58, 95, 97, 117.
Traviès, 37.
Trim, ou la Maitresse du roi, 165, 169.
Trois (les) Polkas, 165, 170.
Troupenas, 294, 297.
Tutrice (la), ou l'Emploi des richesses, 134.
Trogmorton, 138.

V

Vacquerie (Auguste), 184, 203, 208, 237, 263.
Valentine de Milan, 86.
Vandermeulen, 58.
Van Dyck, 189.
Vanloo (Carle), 262, 273.
Vaëz (Gustave), 262, 267.
Varin, 95, 97, 184, 189, 192.
Vasantasona, 203.
Vasco de Gama, 136.
Vautrin, 103, 104.
Vecelli. V. Titien.

Velasquez, 189.
Vengeur (le), 134, 139.
Vermond (Paul), 108, 116.
Verner, 85, 91.
Véronèse (Paul), 21, 45, 322.
Verre (le) d'eau, 245, 318.
Vial, 101.
Vigny (Alfred de), 61, 77, 96, 152, 263, 285.
Vinci (Léonard de), 229.
Virgile, 60, 201, 231, 295, 309.
Vizentini, 286.
Volet (Emilie), 146, 152, 184, 194, 196, 208.
Volet (Maria), 165, 171, 172.
Volfgame, 282.
Volnys (Mme), 215.
Voltaire, 41, 42, 60, 147, 168, 179, 199, 216, 263, 266, 319.
Voragine, 272.
Vosgien, 258.

W

Wailly (Jules de), 209, 212.
Watteau, 249.
Walter Scott, 149, 278, 302.
Webster (Clara), 327.

FIN DE LA TABLE DES NOMS

www.ingramcontent.com/pod-product-compliance
Lightning Source LLC
Chambersburg PA
CBHW060451170426
43199CB00011B/1166